GÖSTERİM SANATLARI

Dünden Bugüne Tiyatro Düşüncesi

Sevda Şener

Sevda Şener 1928'de İstanbul'da doğdu. İlköğrenimini Anadolu'nun çeşitli il ve ilçelerindeki devlet okullarında, ortaöğrenimini Ankara Maarif Koleji ve Eskişehir Lisesi'nde gördü. 1950 yılında Ankara Üniversitesi DTCF İngiliz Dili ve Edebiyatı Kürsüsü'nden mezun oldu. 1958 yılında aynı fakültede o yıl açılan Tiyatro Enstitüsü'nün ilk asistanı olarak akademik kariyerine başladı. 1962 yılında doktor, 1967 yılında doçent, 1972 yılında profesör unvanlarını aldı. Bu arada İngiltere'de Bristol Üniversitesi'nde ve Avusturya Viyana Üniversitesi'nde birer sömestr eğitime katılarak tiyatro konusundaki bilgisini geliştirdi. Tiyatro kuramları, dramaturgi, eleştiri kuramları, çağdaş sanat, estetik, modern ve modern sonrası tiyatro gibi konularda dersler verdi. 1976-1981 ve 1985-1993 yıllarında DTCF Tiyatro Bölümü başkanı olarak görev yaptı ve çeşitli başka üniversitelerde tiyatro dersleri verdi.

Sevda Şener, Avni Dilligil Jüri Özel Ödülü'ne (1990), Tiyatro ve Televizyon Yazarları Derneği Hizmet Ödülü'ne (1990), İtalya'da Adelaide Ristori Ödülü'ne (1992), Kültür Bakanlığı Tiyatro Eleştiri, İnceleme ve Araştırma Ödülü'ne (1993), Nisa Serezli, Tiyatroda Yılın Kadını Ödülü'ne (1994) layık görüldü.

Sevda Şener altmışlı yıllardan bu yana çeşitli dergilerde eleştiri ve inceleme yazıları yazmaktadır. Uluslararası Tiyatro Enstitüsü Türkiye Milli Merkezi (ITI), Tiyatro Eleştirmenleri Derneği, Felsefe Kurumu, Dil Derneği, Edebiyatçılar Derneği üyesidir.

Eserleri: *Musahipzade Celal ve Tiyatrosu* (A.Ü. DTCF Yay., Ankara 1963), *Çağdaş Türk Tiyatrosunda Ahlak, Ekonomi, Kültür Sorunları* (A.Ü. DTCF Yay., Ankara 1971), *Çağdaş Türk Tiyatrosunda İnsan* (A.Ü. DTCF Yay., Ankara 1972), *Oyundan Düşünceye* (Gündoğan Yay., Ankara 1993) *Yaşamın Kırılma Noktasında Dram Sanatı* (Dost Kitabevi Yay., Ankara 2001), *Oyunlar ve Gerçekler* (Dost Kitabevi Yay., Ankara 2007).

D

GÖSTERİM SANATLARI

1) ROL YAPMAYIN LÜTFEN, Eric Morris - Joan Hotchkis, Ocak 1998
2) DÜNDEN BUGÜNE TİYATRO DÜŞÜNCESİ, Sevda Şener, Şubat 1998
3) POSTMODERN BRECHT, Elizabeth Wright, Nisan 1998
4) SAHNELEME, Patrice Pavis, Ocak 1999
5) OSMANLI TİYATROSU, Metin And, Şubat 1999
6) ABSÜRD TİYATRO, Martin Esslin, Ağustos 1999
7) TİYATRO, BALE VE OPERA SAHNELERİNDE KANUNİ İMGESİ, Metin And, Kasım 1999
8) GÖSTERİMLERİN ÇÖZÜMLEMESİ, Patrice Pavis, Şubat 2000
9) TİYATRO TARİHİ, Oscar G. Brockett, Kasım 2000
10) DEVLET-TİYATRO İLİŞKİSİ, Tahsin Konur, Ocak 2001
11) SHAKESPEARE VE KÜLTÜR BİRİKİMİ, Stephen Greenblatt, Mart 2001
12) HELIOGABALOS, Antonin Artaud, Aralık 2000
13) YAŞAMIN KIRILMA NOKTASINDA DRAM SANATI, Sevda Şener, Ocak 2002
14) FÜTURSUZ OYUNCULUK, Eric Morris, Mart 2002
15) OYUNCULUK TARİHİ I-II, Özdemir Nutku, Kasım 2002
16) KARAKTERİN ÖLÜMÜ, Elinor Fuchs, Ağustos 2003
17) AVANT-GARDE TİYATRO 1892-1992, Christopher Innes, Nisan 2004
18) OYUNLAR VE GERÇEKLER, Sevda Şener, Temmuz 2007
19) OYUNCULUKTA STANİSLAVSKİ SİSTEMİ, Rose Whyman, Mayıs 2012

OYUN

1) TOPLU OYUNLARI I, Tom Stoppard, Nisan 2000
2) TOPLU OYUNLARI I, Sam Shepard, Mayıs 2000
3) TOPLU OYUNLARI II, Tom Stoppard, Nisan 2000
4) TOPLU OYUNLARI III, Tom Stoppard, Ocak 2002
5) TOPLU OYUNLARI IV, Tom Stoppard, Mayıs 2003
6) TOPLU OYUNLARI II, Sam Shepard, Mayıs 2003
7) SEÇME OYUNLAR, Bernard-Marie Koltès, Haziran 2003

Şener, Sevda
Dünden Bugüne Tiyatro Düşüncesi
ISBN 978-975-7501-16-9 / Dost Kitabevi Yayınları
Mayıs 2012, Ankara, 325 sayfa
Tiyatro-Tiyatro Kuramı-Tiyatro Tarihi-Notlar

DÜNDEN BUGÜNE TİYATRO DÜŞÜNCESİ

Sevda Şener

DOST
kitabevi

ISBN 978-975-7501-16-9

Dünden Bugüne Tiyatro Düşüncesi
SEVDA ŞENER

Yedinci Baskı, Mayıs 2012, Ankara

Yayına hazırlayan, İnönü Bayramoğlu

Düzelti, Nur Yalçınkaya

Teknik Hazırlık, Mehmet Dirican - Dost İTB

Baskı ve cilt, Pelin Ofset Ltd. Şti.;
İvedik Organize Sanayi Bölgesi, Matbaacılar Sitesi
588. Sokak No: 28-30, Yenimahalle / Ankara
Tel: (0312) 395 25 80-81 • Fax: (0312) 395 25 84

Dost Kitabevi Yayınları
Paris Caddesi No: 76/7 Kavaklıdere 06680, Ankara
Tel: (0312) 435 93 70 • Fax: (0312) 435 79 02
www.dostyayinevi.com • bilgi@dostyayinevi.com

İçindekiler

Cihat'a, Engin'e, Aslı'ya

Önsöz

Tiyatro sanatçıları tiyatro sanatı konusunda yazılmış kuramsal yapıtları okumaktan kaçınırlar çoğunlukla. Genel kanı sanatın yalnızca bir yetenek işi olduğu ve sahne üzerinde yapılan uygulamalarla geliştirilebileceği doğrultusundadır. Tiyatro sanatçılarından çok azı kitaplardan da bir şeyler öğrenilebileceğine inanır. Üniversitelerin tiyatro bölümlerinde kuramsal derslerin verilmesi hep bir yakınma vesilesi olmuştur. Kimi oyuncuların, okuduklarının kendi öznel yaratıcılıklarını kısıtlayacağı kuşkusunu taşıdığına bile tanık olmuşumdur. Yaratıcılığın sanatçıya özel bir ayrıcalık olarak bağışlanmış bir tanrı vergisi olduğu inancı öylesine baskındır ki, yaratıcılık ile yetenek, yetenek ile bilgi birikimi, bilgi birikimi ile dünya görüşü arasındaki ayrım, tiyatro konusunda yapılan kongrelerde, açık oturumlarda, panellerde bile pek tartışılmaz. Bu yüzden, tiyatro yapanların, sırası gelip de sorulduğunda açıkladıkları sanat anlayışları, politik eğilimleri, tiyatromuzun bugünkü durumu ve sorunları hakkındaki görüşlerinin çoğunlukla basmakalıp genellemelerin tekrarı olduğu görülmüştür. Bu genellemeleri bir kez daha aklın süzgecinden geçirmeye, yeni bilgilerin ışığında değerlendirmeye nedense yanaşılmaz. Eğitim yöntemimiz olan ezberleyerek öğrenme, ezbere konuşma, ezbere değer yargılarını savunma, ezbere ülkü, ezbere inanç, sanat düşüncesini de kuşatmış durumdadır. Örneğin Batı taklitçiliği derken neyi karşımıza aldığımız, çağdaşlık derken neyi anladığımız, eskiyi överken neden söz ettiğimiz, yenilikçi olayım derken ne getirmek istediğimiz bir türlü aydınlığa kavuşmamıştır. *Dünden Bugüne Tiyatro Düşüncesi*'nin üçüncü basımında, bu kitabın yalnızca öğrenilmesi gereken bir tiyatro düşüncesi tarihi gibi algılanmamasını, yüzyıllar boyunca tiyatro sanatının niteliği, biçimi, işlevi üzerinde ileri sürülmüş görüşlerin harmanlandığı bir düşün ortamı yaratarak kafamızı karıştırmasını, bizi kendi tiyatro gerçeğimiz üzerinde yeniden düşünmeye zorlamasını diliyorum.

Sevda Şener

1
Antik Yunan'da Tiyatro Düşüncesi

Tiyatro konusundaki ilk kuramsal görüşler, Antik Yunan düşüncesinde filizlenmiştir. Antik Yunan uygarlığının Arkaik Çağını ve bu çağın doğacı düşünürlerini izleyen Klasik Çağ düşünürleri, fizik ötesini, insanı ve toplumu yöneten yasaları, sistemli bir biçimde ele alırlarken güzel kavramına ve sanata da eğildiler. Klasik Çağ filozofları sanatı önce toplumu eğitmesi açısından, sonra da estetik duygu yaratması açısından ele aldılar. Platon, yapıtlarında dağınık olarak sanat ve tiyatro sanatı konusuna yer verdi. Tiyatro konusunda ilk sistemli düşünce ürünü, Aristoteles'in *Poetika*'sı oldu. *Poetika*'da, sanatlar sınıflandırıldıktan sonra özellikle tragedya türü üzerinde duruluyor, bu türün tanımı yapılıyor, özellikleri, bölümleri saptanıyor, destan türünden farkları belirtiliyordu. Aristoteles tiyatro konusundaki görüşlerini Antik Yunan'ın oyun yazarlarının yapıtlarından yola çıkarak ve bu oyunlardan örnekler vererek açıklamıştır.

Antik Yunan uygarlığının İ.Ö. V. ve IV. yüzyıllarını kapsayan Klasik Çağı, sanat ve kültür açısından en parlak dönemi olmuştur. Tragedya ve komedya türünde en büyük yapıtların yazılması bu döneme rastlar. Sanatın her dalında görülen gelişme, Pers savaşlarından sonra Atina devletinin güçlenmesinin ve zenginleşmesinin sonucudur. Tragedya ve komedya, klasik biçimini İ.Ö. V. yüzyılda almış, yazılan oyunlar açık hava tiyatrolarında düzenlenen şenliklerde Atina vatandaşlarından oluşan seyirci topluluklarına sunulmuştur.

Tragedyanın, Antik Yunan uygarlığının Arkaik Çağı sayılan İ.Ö. VII. ve VI. yüzyıllarda Tanrı Dionysos onuruna yapılan törenlerde söylenen *dithirambos* şarkılarından doğduğu varsayılmaktadır. Bu koro şarkılarını söyleyenler, Dionysos'un kutsal hayvanı olan teke kılığına giriyor, şarkılar söylüyor, kaba saba danslar yapıyorlardı. Giderek belli biçim kalıplarına göre yazılmaya ve şiirsel bir nitelik kazanmaya başlayan bu koro şarkılarına bir de konuşan kişi *hipokrites* (yanıt veren) eklenince tiyatronun *dialog* çekirdeği oluşmuş oldu. Yunanca teke anlamına gelen *tragos* sözcüğü ile şarkı anlamına gelen *aoide* sözcüğünün birleşmesi ile bu konuşmalı şarkı *tragoidia* (tragedya) adını aldı ve dinsel törenin bir parçası olmaktan çıkıp bir sanat gösterisine dönüştü. Komedyanın Dionysos için düzenlenen bağbozumu törenlerinden doğduğu varsayılır. Bolluğu, üremeyi kutsayan ve köylerde yapılan halk geçit törenlerine *komos* deniliyordu. Komedya, bu eğlenceli geçit törenlerinde yapılan açık saçık taklitlerin düzenli bir biçim kazanmasıyla oluşmuştur.

Tragedya da, komedya da İ.Ö. V. yüzyılda Atina'da gelişmiştir. Kültür ve sanatın koruyucusu olan Peisistratus, Dionysos şenliklerinde tragedya yarışmalarını başlatmış, giderek komedya türü de yarışmalarda yer almaya başlamıştır. Bu yüzyılda oyunlarının ancak bir bölümü günümüze kadar gelebilen Aiskhylos, Sophokles, Euripides gibi tragedya, Aristophanes gibi komedya yazarları yetişmiştir. Bu usta yazarların yapıtlarında ilkel törenlerden kalma büyü ve sihir öğesinin yerini, çağdaş düşünce almış, taklit, tiyatrosal bir değer kazanmıştır.

Tiyatro sanatının Atina'da ve İ.Ö. V. yüzyılda gelişmesinin nedeni Atina'nın bu dönemde Yunan dünyasının kültür merkezi olması ve refaha kavuşmasıdır. Atina'ya zenginlik, Pers savaşlarından sonra gelişen ticaretle gelmiştir. Pers orduları İonya kentlerini ele geçirdikten sonra, Yunan yarımadasına yöneldiler. Bu saldırılara karşı Attika'da güçlü bir savunma birliği oluştu. Birliğin en güçlü üyesi Sparta idi. *Marathon, Thermopil, Salamis* savaşları kazanıldıktan sonra Perslere karşı direnişi sürdürmek üzere, İonya site devletlerini de içeren bir *Attika-Delos Birliği* kuruldu. Sparta'nın karada güçlü olmasına karşın, Atina'nın deniz savaşlarındaki başarısı, bu birliğin başına Atina'nın geçmesini ve öteki site devletleri üzerinde bir hegemonya kurmasını sağladı. Delos'ta, Birlik adına toplanan vergiler giderek Atina'nın bayındırlığına harcanmaya başlandı. Öte yandan ticaret geliştikçe Atina zenginleşiyordu. Perikles yönetiminde Atina altın çağını yaşadı. İ.Ö. V. yüzyıl Atina demokrasisinin yükselme dönemi, plastik sanatların ve tiyatronun da gelişme dönemi oldu. Bayındır Atina'nın sanat yapıtlarına duyduğu gereksinme ve sanatçıların devletten destek görmesi sanat dallarında hızlı bir gelişim sağlamıştı. Yapı, yontu, resim sanatlarında, yazında, tiyatroda bugüne dek önemini koruyan başyapıtlar verildi. Atina, kültür ve sanat alanındaki üstünlüğü ile Yunan uygarlığının kültür merkezi olmaya hak kazandı.

Atina'da tragedya ve komedyanın böylesine olağanüstü bir atılım yapmasının bir nedeni de toplumda birbirinden farklı, hatta birbiri ile çelişen değer yargılarının bir arada bulunmasıdır. Tiyatro sanatına özgü olan ve karşıtların çatışmasından doğan hareket bu toplumsal çelişkilerden hız almıştır. Bu toplumsal çelişki Yunan toplumunun feodal düzenden demokratik döneme geçmesi ile açıklanmalıdır. Antik Yunan'da Krallık döneminden başlayarak halkın haklarını koruyan yasalar çıkarılmış, giderek özgür vatandaşların yönetimde oy hakkına sahip olmaları sağlanmıştı. Bununla beraber, nüfusunun büyük bir bölümü vatandaşlık hakları olmayan kölelerden ve kadınlardan oluşan, ayrıca kırsal kesimde oturanların oy vermek için kolayca başkente gidemedikleri Atina'da, yönetime katılma hakkı, sınırlı bir kentli vatandaş topluluğunun elinde bulunuyordu. Bu uygulamada ülkeyi yönetmek üzere seçilenler çoğunlukla soylu ailelerden gelme, demokratik eğilimli kişilerdi. Uygulamadaki bu sınırlama içinde Atina'da demokratik bir yönetim gerçekleşmişti. Bu yönetimde soylular kadar, ticaret ve zanaatla uğraşan vatandaşlar da söz sahibi olmuştu. Öte yandan, giderek zenginleşen kent orta sınıfının, liberal eğilimine karşın, toplumda soylu sınıfın geleneksel değer yargıları yaşatılmaktaydı. İşte, biçimsel olarak demokratik olan, fakat eski çağların inançlarını ve ahlak ölçülerini de bir ölçüde yaşatan toplumun iç çelişkisi, tragedyaların çatışan güçlerini oluşturmuş, trajik olan, bu dengeli karşıtlıktan doğmuştur. Klasik dönem sanatının, bir yandan doğalcı sayılabilecek kadar gerçekçi, bir yandan kesin kurallar uygulayacak kadar biçimci olmasının nedeni aynı çelişkili durumdur. Bu ikilem *Poetika*'da "gerçeğe benzerlik" ilkesi ile yan yana yer alan "birlik, bütünlük, uyum" ilkesinde de görülür. Aristoteles'in, sağlam, mantıklı, değişmez biçim kuralları saptadığı halde yaratıcı düş gücüne özgürlük tanımış olması, sanatta karşıt değer ölçülerinin bir sentezde birleşebileceğini gösterir.

Antik Yunan tiyatro düşüncesini Klasik Çağ kültüründen ve bu kültürün ürünü olan tiyatro olayından ayırarak yorumlamak olanaksızdır. Bu bakımdan *Poetika*'yı, dönemin tragedyalarını da dikkate alarak değerlendirmek gerekir. Öte yandan, Platon olsun, Aristoteles olsun, tiyatro konusundaki görüşlerini kendi felsefelerinin bütünü içinde ve bu felsefeye bağlı olarak açıklamışlardır. Tiyatro düşüncesi, felsefeden bağımsız olarak açıklanamaz. Kısacası, Antik Yunan tiyatro düşüncesi, çağın tiyatrosu, sanatı, felsefesi ve toplum yaşamı ile bir bütün oluşturur ve tiyatro düşüncesinin evrimi içerisinde ilk önemli aşamadır.

PLATON

Tragedya ve komedya türlerinde en yetkin yapıtların yazıldığı ve oynandığı dönemde yaşamış olan Platon (İ.Ö. 427-348), tiyatro sanatına karşı olumsuz bir tavır almıştır. Şiir, musiki ve resim sanatlarında eğitim görmüş olduğu halde Sokrates'in öğrencisi olup felsefeye bağlanınca sanat uğraşından vazgeçen Platon, şiiri, halk üzerindeki büyük etkisi açısından tehlikeli buluyordu. Antik Yunan'da, şiirin ve gezginci ozanların, yaşamı yorumlamada, dünya görüşünü belirlemede, değer yargılarını pekiştirmede etkin oldukları bir gerçektir. Şiir ve dram sanatlarının, toplum yaşamında önemli bir yeri olması, Platon'u bu sanatların eğitici görevi konusunda düşündürmüştür.

Platon'un tiyatro sanatı konusundaki düşünceleri sistemli bir bütün içinde sunulmamıştır. Onun bu konudaki görüşleri, felsefesindeki gelişime koşut olarak her dönemde farklı özellikler gösterir. Platon, *Gençlik Dialogları*'nda şiiri kutsal bir ürün saymış, fakat şairlerin esinle yazdıklarını, yaptıkları işin bilincinde olmadıklarını, eserlerinin Tanrıdan gelme olduğunu ileri sürmüştür. Platon, felsefesinin ikinci dönemi olan *Geçit Dialogları*'nda ise, güzelin tanımını yapmaya, güzelin ne olmadığını belirtmeye çalışır. *Olgunluk Dialogları*'nda sanatın kullanım değeri üstünde durmuş olan Düşünür, sanatın gerçeklere yaklaşamadığını ileri sürmüştür. Platon'a göre, dram sanatının seyircide uyandırdığı coşku da sağlıklı değildir. Kişinin doğru düşünmesini engeller. *Yaşlılık Dialogları*'nda Platon, evrenin temelinde yatan düzene koşut olarak, sanatın da matematiksel bir düzeni olduğunu kabul etmiştir. Bu dönemde, insanda güzele karşı uyanan hoşlanma duygusunun güzeldeki uyumdan ileri geldiği, güzellik ölçülerinin orantı, düzen ve uyum olduğu ifade edilmiştir. Ancak, güzel ile sanat yapıtı arasında yeterince sağlam bir bağıntı kurulmuş değildir. Platon'un, tiyatro sanatına da uyguladığı görüşleri şöyledir:

ŞİİR SANATI ESİN ÜRÜNÜDÜR, BİLİNÇLİ BİR GERÇEK BİLGİSİ SAĞLAYAMAZ

Platon, *İon* adlı yapıtında, şiir- okuyanlar (rhapsodos) ile şiir sanatını ele alır. Platon'a göre şiir-okuyanlar, okudukları şiiri iyi bilmemektedirler.

Onların şiiri, ne bilgiden, ne sanattan kaynaklanır. Çünkü onlar çeşitli sanat ürünleri arasında karşılaştırma yapamaz, sanatı değerlendiremezler. Şiir-okuyanların iyi konuşmalarını sağlayan yetenek tanrıdan gelmektedir, bilinçli bir çabadan değil. Şairler için de aynı şey söylenebilir. Onları da esinleyen, kendi sanatları değil, sanat perileri olan Musa'lardır. Şairlerin aklı başında olmaz yazarlarken. Onlar tanrısal esinle esriktirler. Tanrının sözü, şairler aracılığı ile insanlara iletilir. Şairler, yalnızca çeviricidirler.

"Büyük epik şairlerin tümü o güzel şiirleri sanatla değil, tanrısal esinle, tanrısal telkinle yaratırlar; şairler de öyle. Korybantların ancak kendilerinden geçtikleri zaman raks etmeye başlamaları gibi lirik şairler de herkesin bildiği o güzel türküleri bestelerken kendilerinde değillerdir, müzik ve ritmin hareketine kapılır kapılmaz başları dönmüş, kendilerinden geçmişlerdir; tıpkı, akılları başlarında değilken ancak kendilerinden geçtikleri zaman ırmaklardan süt ve bal çeken bakhalar gibi. Kendilerinin de itiraf ettikleri gibi, lirik şairlerin ruhunu etkileyen de aynı sarhoşluktur.

"Gerçekten şairler, bal pınarlarından bal aldıklarını, şiirlerini Musa'ların bahçelerinden ve ormanlık vadilerden arılar gibi çiçekten çiçeğe uçuşarak topladıklarını söylerler; doğrudur bu söyledikleri. Çünkü şair, hafif, kanatlı, kutsal bir şeydir ve esinlenmeden, kendinden geçmeden, aklı başından gitmeden yaratamaz. Bu tanrı vergisi olmadıkça hiç kimse mısra kuramaz, kehanette bulunamaz...

"(...) Mısralarını esinleyen sanat değil, tanrısal güç olduğu için, her biri öbür türlerde pek başarılı değildir. Tanrı peygamberleri ve esinlenmiş kahinleri yaptığı gibi, şairleri de akıllarını başlarından alarak sözcüleri haline getiriyorsa, onları dinleyen bizler, bu kadar güzel şeyleri, söyleyenlerin akılları başlarında olmadığına göre, onlar değil, tanrı olduğunu; onların ağzından tanrının konuştuğunu anlayalım diyedir bu."[1]

Platon'un bu açıklaması, şiir sanatını yüceltiyor, fakat şairi, yazdığını bilmeyen kişi yapıyordu. Platon, düşünürün şairden üstün kişi olduğunu söylemiştir:

"Devlet adamlarından sonra tragedya yazanlara, dıthırambos şairlerine, her çeşidinden şairlere başvurdum. Kendi kendime, "Artık bu sefer göreceksin, onlardan çok daha bilgisiz bir kimse olduğunu anlayacaksın," diyordum. Yazılarından en işlenmiş olduğunu düşündüğüm parçaları seçtim; ne demek istemiş olduklarını gidip kendilerinden sordum. Bir şey öğreneceğimi umuyordum. Yargıçlar, inanır mısınız? Doğruyu söylemeye utanıyorum, ama söylemeliyim. O şairlerin yapıtları hakkında söyledikleri, orada bulunan hemen hemen herkesin diyebileceğinden daha iyi değildi. O zaman anladım ki, şairler yapıtlarını bilgiyle değil, bir çeşit içgüdüyle, tanrıdan gelme bir ilhamla yazıyorlar; tıpkı

> bir sürü güzel şeyler söyleyip de dediklerinden bir şey anlamayan tanrı-sözcüleri biliciler gibi. Şairler için de öyle olduğunu gördüm. Üstelik onlar, kendilerinde şairlik var diye bilmedikleri şeylerde de insanların en bilgini olduklarını sanıyorlar. Yanlarından ayrılırken devlet adamlarına nasıl bir üstünlüğüm varsa, onlardan da böylece üstün olduğumu anlamıştım."[2]

Görüldüğü gibi Platon, bu açıklaması ile, şairin tanrısal gerçeğe yakınlaştığını itiraf etmekle birlikte, bilimsel düşünceye üstünlük tanımış; şairin hayat sanatı konusunda bilgisiz, yaşam için yararsız kişi olduğunu kabul etmiştir.

SANAT TAKLİTTİR, İDEALAR DÜNYASINI AYDINLATMAZ

Platon'un idea felsefesine göre evrenin temelindeki asal gerçek idealardır. Dünyada algıladığımız her görüntünün evrende bir ideası bulunur. İdea, aynı adı taşıyan nesnelerin hepsini içine alan bir söz, bir genel kavramdır: "Sedir" ideası, "masa" ideası gibi. İnsanın duyumları ideaları algılayamaz, fenomenler gerçeğinin ötesine geçip asıl gerçeği göremez. Ancak, ideaların bu dünyadaki görüntülerini algılayabilir. Dünyada gördüğümüz nesneler, tanrısal olan ve tek olan ideaya benzetilerek yapılmış kopyalardır. Dülgerin yaptığı çeşitli masalar, sedirler gibi.. Ressam bir sedir, bir masa resmi yapmakla, aslında kendi kopya olan şeyi taklit etmiş olur. Yaptığı şey gölgenin de gölgesidir. Asal gerçekten, üç kez uzaktır. İşte gerçeğin üç kez uzağını yapan kişi benzetmeci bir sanatçıdır. Çünkü algıladığı görüntünün görüntüsünü yapmıştır. Sanatı seven kişi de, gölgenin de gölgesi olan görüntüde saplanıp kalmıştır. Sanat, kişiyi sanıdan (doxa) öteye götüremez. Gerçeğe yönelebilenler yalnızca filozoflardır. Sanatçı, benzerini yapacağı şeyin aslını tanımadığı gibi onu kullanmasını da bilmez. O, ne bir flüt yapabilir, ne de onu çalabilir. Kısacası sanatçı, bir taklitçi, bir benzetmeci olarak işe yaramayan kişidir. Platon, sanatın toplumsal ve siyasal yaşamdaki yerini araştırırken sanat hakkındaki görüşlerini şöyle dile getirmiştir:

> "-Şimdi tragedya ve onun babası Homeros'a dönelim. Kimine göre tragedya şairleri bütün sanatları, insanların iyi ve kötü yanlarını, hatta tanrılarla ilgili her şeyi bilirlermiş. Çünkü iyi bir şairin ele aldığı konuları iyi işleyebilmesi için, öncelikle bunları bilmesi gerekirmiş yoksa emeği boşa gidermiş tragedyada. Bakalım bunu söyleyenler benzetmeci olarak kalan sanatçılara düşüp aldanmadılar mı? Yapıtlarına bakarken bunların gerçekten üç kez uzak olduğu, gerçeği bilmeden bunların yapılamayacağı kaçmadı mı gözlerinden? Çünkü bu şairlerin yaptığı birer gölgedir olsa olsa, gerçek varlıklar değil. Bakalım sağlam bir taraf var mı söylediklerinde? İyi şairler, çoğu insanların 'ne iyi söylemiş' dedikleri şeyleri biliyorlar mı gerçekten?

> -Bunu araştırmak lazım doğrusu.
>
> -Sence insan, bir şeyin hem kendini, hem benzerini yapmak gücünde olsa, benzer şeyler yapmakla uğraşır mı var gücüyle? Hayatının tek kaygısı, şerefi yapar mı bunu? Yapacak daha iyi bir şeyi yokmuş gibi.
>
> - Yapmaz sanırım.
>
> - Benzettiği şeyleri gerçekten bilse benzetmekten çok yaratmaya çalışırdı bence. Birer anıt gibi birçok güzel varlık bırakırdı arkasından. Övgüsünü değil, kendisini yapardı her şeyin."[3]

Platon, şairlerin de ressamlar gibi birer benzetmeci olduklarını, gerçeğin kendisine ulaşamadıklarını ve anlattıkları şeyleri yapamadıklarını, örneğin, savaşın nasıl olduğunu ayrıntılı olarak anlattıkları halde, kendilerinin savaş yönetemediklerini söylüyor. O halde, sanatçının yaptığı iş "*ciddi insanlara yakışmayan bir oyundur.*"

Platon'a göre, her benzetmeci sanat, gerçeklerden üç kez uzak olmakla, insanlara gölge göstermekle kalmaz, onların bilgeliğe ulaşmasına da engel olur çünkü benzetmeci sanat duyularımızın aldanabilir yanına yönelip uzağı yakın, büyüğü küçük gösterebileceği gibi, duygularımızın çelişkiye elverişli yanını uyarıp mutluyken mutsuz, sevinçliyken üzüntülü izlenimi uyandırabilir.

SANAT DİZGİNLENMESİ GEREKEN HEYECANLARI UYARIR

Platon, *Devlet* adlı eserinde sanatın coşturucu niteliği üzerinde de durmuştur. Akla, sağduyuya ve erdeme dayanması gereken devlet düzeninde, kişinin heyecanlarını dizginleyebilmesi gerekir. Ölçülü bir insan, başına bir kötülük geldi mi, duyduğu acıyı başkalarına göstermemeye çalışır; utanır heyecan gösterisinden. Sıkıntılı bir durumda ona en doğru çareyi gösterecek olan duyguları değil, aklıdır. Oysa, sanat duygularımıza, heyecanlarımıza yönelmekte, bizim coşkun, taşkın, değişken yanımızı ortaya koymaktadır; kötü yanımızı besleyip güçlendirmektedir.

> Dinle de kendin söyle, Homeros yahut herhangi bir tragedya şairi, bir kahramanın acı duymasını, ahlar, vahlarla konuşmasını, göğsünü yumruklayarak derdini haykırmasını tıpatıp benzetiyor, içinden en iyileri de bunu dinliyor diyelim. Bilirsin nasıl hoşlanırız bundan, kanımız kaynar dinlerken, bize en coşkun heyecanları yaşatan şaire hayran oluruz gerçekten.
>
> -Öyledir bilmez olur muyum.
>
> -Ama kendi başımıza bir felaket gelince bunun tam tersini yaparız, onu da bilirsin. Bağrımıza taş basar, susarız; erkek adama böylesi yaraşır deriz; şiirde beğendiğimiz ağlaşmaları kadınlara bırakırız.
>
> -Bunu da bilirim.

-Peki benzemek istemediğimiz, hatta benzemekten utanacağımız bir adamı alkışlamaya, iğrenecek bir şeyden hoşlanmaya, coşmaya hakkımız olabilir mi?

-Olamaz Zeus için, akla sığmaz bu.

-Sığmaz ya; hele şunu da düşünürsen.

-Neyi?

-Felakete uğrayınca zorla tutmaya çalıştığımız neydi içimizde? Gözyaşı dökmek, dilediği gibi inlemek, acıdan bağırmak isteyen yanımız değil mi? İşte yaradılışımızdan bu isteklerle çevrili yanımızı doyurmak ister şairler. Tiyatrolarda budur coşturdukları yanımız. En iyi yanımıza gelince, akıl ve gelenek bizi tutmazsa, gözyaşları karşısında yumuşar, başkalarının felaketlerine ağlamayı ayıp saymayarak kendimizi acıma duygularına bırakıp, alkışlanmayı küçüklük saymaz, tersine iyi bir insanın buna ağlaması gerektiğine, bu şiirden aldığı zevkin faydalı bir zevk olduğuna, bütün şiiri atmakla bu zevkten yoksun kalacağına inanır. Bence çok azdır onun gibi düşünen adamlar; onlara göre başkalarının duyguları bizim de duygularımız olabilir; çünkü duygularımızı başkalarının dertlerine göre ayarlamışızdır, kendimiz için dizginlediğimiz acıları başkaları için dizginleyemeyiz.

-Çok doğru söylüyorsun.

-Komedya için de aynı şeyi söyleyemez miyiz? Bir tiyatroda, yahut eş dost arasında bir soytarılık gördün diyelim. Bunu kendin yapmaktan utanabilirsin ama, tiksinecek yerde beğendin diyelim. Tragedyada gelen neyse burada da o gelmez mi başına? Sana soytarı demesinler diye aklında tuttuğun gülünç yanını meydana koymuş, onu desteklemiş ve farkına varmadan bir soytarı haline gelmiş oluyorsun.

-Diyecek yok buna.

-Tutku gibi, öfke gibi içimize hoş veya acı gelen ve ister istemez gündelik hayatımıza giren duygular, şiir benzetmesinin etkisi altında kalmaz mı? Benzetme bu duyguları kurutacak yerde sulayıp besler, dizginlenmesi gereken tutkulara içimizin dizginlerini verir."[4]

Platon, *Gorgias, Philebus, Timaeus* adlı eserlerinde de erdemle ve bilgelikle dizginlenmeyen zevkin, insanın aşağı güdülerini besleyip üstün yanını kurutacağını ileri sürmüştür. Bu çeşit zevkler, insanı huzursuz, tedirgin etmekte hep yeni zevklere aç bırakmaktadır. Tragedyanın uyandırdığı karmaşık heyecanlar da, ruhsal sağlığa zararlıdır. Tragedyanın hem zevk vermesi, hem acı uyandırması, bu karşıtlıkla bir gerilim yaratması, tragedyayı seyreden kişinin, bir yandan ağlarken bir yandan bundan hoşlanması, ruhun dinginliğini bozar, aklı bulandırır, insanda durmadan yeni zevkler arama isteği uyandırır. O halde tragedyanın uyandırdığı karmaşık ve aşırı heyecanlar ruhsal sağlığa zararlıdır ve erkinliğe erişme çabasına da olumsuz etki yapar.

Platon, genel olarak sanata karşı olumsuz bir tavır takınmış olmakla beraber, sanatı iki yönde olumlu olarak değerlendirmiştir. Bunlardan biri, sanatı insanın ölümsüzlüğe ulaşma dürtüsünün ürünü sayması, öteki de, sanatın toplum yaşamında usa ve erdeme hizmet ederek, pratik bir yarar sağlayabileceğine inanmasıdır.

SANAT ÖLÜMSÜZLÜĞE KAVUŞMA İSTEĞİNİN ÜRÜNÜDÜR. SANATÇI ESERİNİ GÜZELİ ARARKEN YARATIR

Platon, *Şölen* adlı eserinde, insanların, ölümsüzlüğe karşı bir iç istekleri olduğunu ileri sürmüştür. Ölümsüzlüğe erişmek, asal gerçeğe varmak mümkündür. Asal gerçeğin özelliği ise iyiyi ve güzeli içermesidir. Beden yolu ile ölümsüzlüğe erişmek isteyen kişi, kadına yönelerek ve üreyerek ereğine ulaşır. Ruh yolu ile ölümsüzlüğe ulaşmak isteyen kişi, eğitimle erdeme ulaşmaya çalışır. Aynı zamanda dünyadaki güzelliklerle yetinmeyip güzelin kendini arar. Salt güzelliğe erişen kişi, ölümsüzlüğe ve mutluluğa da erişmiş olur.

Platon'un, ruhun ölümsüzlük dürtüsü ve eros adını verdiği, güzele yönelme gücü ile, sanat eseri arasında bir bağlantı kurduğunu da görürüz. Sanatçı, güzeli arayan, yaratma isteğini güzelde ürün vererek doyurmaya çalışan kişidir. Sanat, *Eros* öncülüğünde salt güzelliğe erişmek, onda doğurmak onda yaratmaktır.[5]

SANATTAN İNSANLARI EĞİTMEKTE YARARLANILABİLİR

a) Müzik insanın ruhunu yansıtır. Müzikte, insanın ruhsal özellikleri bulunur. Onun için kişi müzik dinlerken onda kendini bulur. İyi müzik iyi huyu ifade eder. İyi kişilerin hoşlanması iyi müziğin ölçüsüdür. İyi müzikte cesaret, adalet, bilgelik gibi ruhsal ve zihinsel nitelikler billurlaşmıştır. Çocuk eğitiminde bundan yararlanılabilir. Öğrenim süreci içinde çocuk farkında olmadan bu özellikleri özümler. Tartım ve uyum onun ruhuna işler, onu besler. Çocuğun beğeni düzeyinin ve düş gücünün doğal ve bilinçdışı olarak eğitilebilmesi için dikkatli bir eğitim programı düzenlenmeli, dans, şarkı, mitoloji öyküleri dinlemeye zaman ayırmalıdır. Böylece Platon *Kanunlar* adlı eserinde müzik, dans, şiir gibi sanatların doğru kullanıldıkları zaman çocuk ve genç eğitiminde yararlı olabileceğini kabul etmiş olur.

b) Sanat, toplumun değerlerini yüceltmek, ahlak eğitimine katkıda bulunmakla görevli olmalıdır. Platon, bu görüşü *Devlet* adlı eserinde savunur. Madem ki sanatın toplumu etkileme gücü vardır, akıllı yöneticilerin, sanatın bu gücünden yararlanmaları gerekir, toplumda iyi geleneklerin yerleşmesi için. Tanrıdan yalnız iyi şeylerin geleceği, Tanrı işlerinin hiçbir zaman kötü ve haksız olamayacağı gösterilmelidir. Homeros'un veya başka şairlerin bunun aksini iddia etmeleri zararlıdır ve bunlara kulak verilmemelidir. Hades'i korkunç göstererek vatandaşı ölümden korkutan ve gözüpek işler yapmasını engelleyen, kahramanları zayıf gösteren, büyük kişilere çirkin sözler söyleten, yanlış değerlendirmeler yapan kişiler atılmalıdır. Şair, iyi kişilerin yaptıklarını, söylediklerini taklit etmeli, iyi işleri anlatmalıdır. Görüldüğü gibi Platon, şiire ahlak değerlerini övmek görevini yüklerken, bu görevi yerine getirmeyen sanatlara, sansür konulmasını da önermiş oluyor.

Özetlersek: Platon'un sanata karşı tutumunun temelinde, onun idea öğretisi ile akla ve erdeme dayalı bir devlet düzeni anlayışı yatmaktadır. Platon, idea kavramında, doğruluk, iyilik ve güzellik ilkelerini gördüğü için, sanatı da doğru, iyi ve güzelle ilintisi bakımından incelemiştir. Platon'a göre, sanatsal yaratı, bilinçli bir çaba olmadığı için, akla aykırıdır, görünen gerçeği taklitle yetindiği için asal gerçeğe uzak düşer. Sanat, heyecanları körüklediği için ruh ve akıl sağlığına da zararlıdır. Öte yandan, Platon, güzeli iyinin ve ölümsüzlüğün parıltısı saydığı için, sanat dürtüsünü, güzele, dolayısıyla ölümsüzlüğe ve mutluluğa erişme isteği olarak açıklamıştır. Platon'un sanatın benzetmeciliğini küçümsemesine, heyecansal oluşunu tehlikeli saymasına karşın, sanattan toplum için pratik bir yarar umması, onun politikacı ve ahlakçı bir düşünür olmasından ileri gelir. Platon, gençlerin eğitiminde sanattan yararlanmak istemiş, sanata bazı yükümlülükler koymuş ve sansür düşüncesini getirmiştir.

ARİSTOTELES VE *POETİKA*

Sanat hakkındaki görüşlerini bir bütün içinde sunan ilk düşünür, Aristoteles (İ.Ö. 384-322) olmuştur. Onun, şiir sanatı ile ilgili kuramlarını içeren eserinin adı *Poetika*'dır.[6] Ayrıca *Politika* ve *Ethika* adlı eserlerinde de sanata, şiire ve müziğe yer verdiği görülür. *Poetika*'da çeşitli sanatlar, belli başlı özellikleri bakımından karşılaştırılmış, en çok da tragedya sanatı ve bu sanatın destandan farklılıkları üzerinde durulmuştur. Aristoteles'in, çağının en önemli tiyatro türü olan tragedya üzerinde bu denli durması, daha sonra tragedya türünün çoğu kez *Poetika*'daki görüşlerden yola çıkılarak incelenmesine neden olmuştur. Oysa, *Poetika*'da çok az ele alınmış olan komedya türü sonraki kuramcı ve eleştirmenler tarafından da daha az işlenmiştir.

Poetika tiyatro sanatı üzerinde yazılmış olan eserlerin en önemlilerinden biridir. Aristoteles tragedya sanatı hakkındaki görüşleri ile kendinden sonra gelen kuramcıları etkilemiştir. Antik Roma, ortaçağ, rönesans ve akılçağı eleştirmenleri, Aristoteles'in önerilerini tartışmasız kabul etmişler, çabalarını, onu daha iyi anlayıp yorumlamaya yöneltmişlerdir. Onsekizinci yüzyıldan başlayarak Aristoteles kuramlarına farklı yorumlar getirildiği görülür. Yirminci yüzyılın öncü akımlarında *Poetika*'nın önerdiği biçimlerin dışında kalan anlatım yolları denenmişse de, Aristoteles'in önerilerine ilk olarak açıkça karşı çıkan akım *Epik tiyatro* akımı olmuştur. Bu karşı çıkış bile *Poetika*'yı tümü ile yıpratmamış, *Poetika*'da önerilen görüşlerin, yeniden ele alınıp tartışılmasına yol açmıştır.

Poetika'yı kesin kurallar koyan kısıtlayıcı bir yapıt olarak kabul etmek yanlış olur. Aristoteles, tiyatro hakkındaki düşüncelerine çağının oyunlarını inceledikten sonra varmış ve bu görüşleri oyunlardan örnekler göstererek kanıtlamıştır. Aristoteles *Poetika*'yı yazdığı zaman, Antik Yunan tiyatrosunun altın çağı kapanmış, Yunan yaratıcı gücü en önemli ürünlerini vermiş bulunuyordu. Aristoteles'in önünde Aiskhylos'un, Sophokles'in, Euripides'in oyunları vardı. Aristoteles'i tiyatro sanatı hakkında genellemeler yapmaya götüren bu sanat ürünleri dikkate alınmadıkça, bu kuralların akılcı ve esnek karakteri iyice anlaşılamaz. Aristoteles'ten sonra gelen kuramcıların, Aristoteles kurallarına tartışma götürmez bir kesinlik kazandırmaları ve yaratıcı sanatçıyı önceden saptanmış kurallarla koşullamaları *Poetika*'nın ruhuna aykırı olmuştur.

Aristoteles'in *Poetika*'da ileri sürdüğü görüşler, onun felsefe sisteminin bütünü içinde bir anlam taşımaktadır. Aristoteles, felsefesinin Platon'dan farklı olan yanı ile, şiir sanatlarına toplum içinde saygın bir yer vermiştir. Aristoteles şiir sanatının, özellikle tragedya sanatının, zararlı olamayacağını, gerçeğe, sağduyuya ters düşmeyeceğini, sanatsal heyecanların bireyi olumsuz yönde etkilemeyeceğini göstermiştir.

Poetika'da belirlenen sanat tanımı Antik Yunan klasik sanatının ayırıcı özelliklerini dile getirir. Bu özelliklerden biri, evrensellikle çelişmeyen bir gerçekçilik anlayışıdır. Bu gerçekçilik anlayışında inandırıcılık ve genel gerçeğe uygunluk aranır. Aynı zamanda gerçeğe aykırı düşmeyen, onun gelişimi doğrultusunda olan bir erkinliğe yöneliktir. Yaratıcı düş gücü, olasılık ve doğaya uygunluk yasalarına uyar. Fakat doğanın eksikliklerini gidererek onu düzeltmeyi de amaçlar. Bu, gerçek olanın yadsınması ya da aşılması değil, onun tamamlanması ve erkinleştirilmesi demektir.

Poetika'da Yunan sanatının en belirgin özelliği olan sağduyuya uygunluk belirtilmiş, bireysel ve rastlantısal olana karşı, asal ve genel olan kabul edilmiştir. Gene Yunan sanatının ayırıcı özelliği olan denge, orantı ve uyum ilkesi *Poetika*'nın tamamlanmışlık, organik bütünlük ve birlik kavramları ile dile gelmiştir. *Poetika*'da gerçekçiliğe ve olasılığa önem verilmekle birlikte yaratıcı düş gücüne özgürlük tanınmıştır. Sanatın uyandıracağı heyecan yadsınmamış, yalnız heyecansal durumun aşılabileceğine işaret edilmiştir. Aristoteles, sanatın kendine özgü bir etkileme gücü olduğunu, özellikle tragedyanın, bu gücü tam olarak kullandığı zaman canlı bir hoşlanma duygusu uyandırdığını söyleyerek, tragedya ve estetik duygu arasında sağlam bir bağ kurmuştur. Aristoteles, sanata ahlak eğiticiliği görevi yüklememekle beraber, sanat yapıtının toplumun değer yargılarına ters düşmemesi gerektiğine de değinmiştir.

Aristoteles'in *Poetika*'sını incelemeye başlamadan önce şunu belirtmek gerekir. Bu yapıt, elimize birbirinden kopuk parçalar biçiminde ulaşmıştır. Bu yüzden tiyatro sanatı konusundaki görüşler düzenli olarak sıralanmış değildir. Akılda tutmada kolaylık olması için aynı konu ile ilgili olduğu halde çeşitli bölümlere dağıtılmış olan bilgileri kümeleyerek ve yapıttaki sırayı bozarak ele alıyoruz.

SANATLARIN AYRIMI

Sanatlar taklit etmede kullandıkları araçlar bakımından farklılaşırlar. Resim sanatının aracı renk ve biçimdir. Müzik, tartım ve uyum aracılığı ile taklit eder. Dans sanatı yalnızca tartımı kullanır. Şiirin taklit aracı sözdür. Söz de, çeşitli şiir türlerinde birbirinden farklı biçimlerde kullanılır. Ayrıca bilimsel eserler de sözle ifade edilmektedir. Tragedya ve komedya tüm anlatım araçlarından yararlanır. Onların aracı hem tartım ve uyum, hem melodi, hem koşuklu sözdür.

Sanatlar, taklit ettikleri nesnelere göre şöyle ayrılırlar: İyileri taklit edenler, kötüleri taklit edenler. Tragedya ortalamadan daha iyi kişileri, komedya ortalamadan daha kötü kişileri taklit eder. Biçem (üslup) açısından ele alındığında ise, anlatarak taklit etme ile, hareketle taklit etme ayrımı çıkar karşımıza. Destan türü anlatımı kullanılır. Tragedya ve komedya ise, kişileri devindirerek ve eylem içinde gösterir.

Destan türünün büyük yazarı Homeros ile, tragedya türünün büyük yazarı Sophokles, araç ve konu bakımından benzeşmekle beraber biçem bakımından farklıdırlar. İkisi de üstün kişileri ele alıp tartım ve uyumla (ritim ve ahenk) iletirler. Fakat biri anlatır, öteki göz önünde hareketli olarak canlandırır.

SANATIN KAYNAĞI

Poetika'nın III. ve IV. bölümlerinde tragedya ve komedyanın kaynakları hakkında bilgi verilmiştir. Bu bilgiye göre her iki tür başlangıçta doğmaca olarak yapılmıştır. Tragedya *Dithyrambos* şarkılarından, komedya *Phallos* şarkılarından doğmuştur. Tragedya, ağır ağır gelişerek son biçimini almıştır. Aiskhylos, ikinci aktörü eklemiş, dialogu öne çıkarmış, koronun önemini azaltmıştır. Sophokles, oyuncu sayısını üçe çıkarmış, boyalı dekoru getirtmiştir. Tragedya, giderek bugünkü ağırbaşlı anlatım yöntemini benimsemiştir. Tragedyada kullanılan koşukta değişiklik yapılmıştır. Episod ya da bölüm sayısı artırılmıştır.

Komedya, başlangıçta ciddiye alınmamıştır. Dorlar da, Megaralılar da, komedyayı ilk kez kendilerinin bulduğunu ileri sürerler. En eski komedya yazarı Epicharmos ise Sicilyalıdır. Aristoteles, sanatın kaynağı konusunda verdiği bilgiyi sanat türleri için verilen adların anlamını açıklayarak doğrulamaya çalışmıştır. Örneğin, Megara dilinde "köyler" anlamına gelen *komai* sözcüğü vardır. *Komödiant* sözcüğü, oyuncuların köy köy dolaşmalarından türemiş, komedya oynayanlara verilen ad olmuştur. Bir başka örnek de, gene Megaralıların kullandıkları *dran* sözcüğüdür. Bu sözcük, hareket anlamına gelmektedir. Drama sözcüğünün, hareket bildiren bu sözcükten türemiş olması mümkündür. Aristoteles bu açıklamalarında kesinlikten kaçınmış, söylenti olarak aktarmakla yetinmiştir.[7]

SANATIN NİTELİĞİ

Poetika'nın I. bölümünde sanat, "taklit" (mimesis) olarak nitelenir. "*Epos, tragedya, komedya, dithyrambos şiiri ve flüt, kitara sanatlarının büyük bir kısmı, bütün bunlar genel olarak taklittir (mimesis)*" denilmiştir[8]. Aristoteles taklit kavramını başka bölümlerde, örneğin, tragedyanın tanımını yaparken de yinelemiştir.

Genel olarak Antik Yunan'da sanatın ortak niteliğinin taklit olduğu kabul edilmiştir. Halk arasında bu sözcüğün, endüstri ürünleri ile sanat ürünlerini birbirinden ayırt etmek için kullanılmış olduğu sanılmaktadır. Şiir, müzik ve öteki sanatlarda "*taklitli sanatlar*", "*taklit tarzları*" gibi deyimler kullanılır. Taklit sözcüğüne yazılı olarak ilk kez Platon'da rastlarız. Platon, bu sözcüğü küçültücü olarak kullanmış ve sanatın, duyularla algılanan gerçeği taklit etmekle asal gerçekten üç kez uzaklaştığını, bir benzetmeci, bir kopyacı olduğunu söylemiştir.

Aristoteles'in taklit sözcüğüne verdiği anlam, Platon'unkinden farklıdır. *Poetika*'nın öteki bölümlerine bakarsak, taklit sözcüğünün yaşamı kopya etmek anlamında kullanılmamış olduğunu görürüz. Aristoteles tragedya ile gerçek arasındaki ilişkide şu özellikler bulunduğunu belirtmiştir: Gerçeğe benzerlik, tipiklik, olasılık, ülküsellik. Aristoteles'e göre, tragedya, yaşamı taklit eder, fakat yaşamın genel ve tipik yanını, evrensel yanını, akla uygun ve olası olanı ele alır. Ayrıca onu olduğu gibi değil, olması gerektiği gibi, yani düzeltip yetkinleştirerek yansıtır. Bu durumda tragedyanın yaptığı taklit, bir kopyadan ibaret değildir. İki düşünürün taklidi yorumlayışlarındaki bu ayrılık, felsefe görüşlerindeki farktan kaynaklanır. Aristoteles'e göre, düşüncenin konusu, görünen varlığın ötesindeki idea değil, varlığın kendi ve oluşumudur. Varlık, sürekli olarak gelişerek son varlığa erişmek ister. Somut gerçek bir gölge, bir yansı değil, gelişecek olan varlığın ilk şeklidir ve içinden gelen bir itilimle Tanrısal olana yöneliktir. Sanat, gerçekleri bu doğal gelişimleri içinde ve Tanrısala doğru erişme doğrultusunda erkinleştirerek yansıtır. Sanat, soyut güzellik ideasına, güzel olan somut varlıklardan giderek varır. Bu yüzden dünyasal gerçeklerden kopmaz, onlara dönüktür.

Aristoteles'in taklit kavramını yorumlayışı çağının sanat uygulamasına da uyar. Klasik Çağ plastik sanatında, konuların gerçeğe aykırı düşmeyecek biçimde yetkinleştirildiği gibi, doğal, hatta çirkin sayılabilecek gerçekleri ile de yansıtıldığına tanık oluyoruz. Plastik sanatlarda gerçekçilik Klasik Çağ'ın sonlarına doğru görülür.[9]

Gerçeğe Benzerlik: Sanat eserinin taklit oluşu, onun görünen gerçeğe bağlı olduğunu, simgesel, ya da düş ürünü olmadığını belirtir. Sanat eseri, duyumlarla algılanan gerçeklerin, sanatçının zihninde meydana getirdiği izlenimleri yansıtırken, görünüşteki benzerliği korur ve böylece insan gerçeğini dışa yansısı ile aydınlatmış olur.

Aristoteles sanatın taklit konusu olarak "*karakter, tutku ve hareket*"i göstermiştir. Bunlar, insanın dış görünüşüne yansıyan iç gerçeklerdir. Aristoteles bir başka yerde taklit konusunu, "hareket edenler" olarak betimler. Burada hareket sözcüğü insanın dış devinimini olduğu kadar, iç devinimini de anlatmaktadır. Düşünce, duygu akımı, devinim kapsamı içindedir. Dış görünüşü yaratan düşünsel ve ruhsal durum, hareketi ateşleyen dürtücü iç güç, taklit aracılığı ile dıştan yansıtılmış olur.

Tipiklik: *Poetika*'da tarih ile şiir sanatı karşılaştırılırken şiir sanatının "*daha çok genel olan*"ı betimlediği söylenmiştir. Aristoteles "genel" kavramını da şöyle açıklamıştır: "*Genel olan deyince de olasılık veya zorunluluk kanunlarına göre belli özellikteki bir kimsenin şöyle veya böyle konuşmasını, böyle veya şöyle hareket etmesini anlıyoruz.*" Yazar, insanı öncelikle belli bir tip olarak düşünmekte, böyle bir insanın belli bir durumda, genellikle nasıl davranması gerekirse o davranış içinde gösterilmesini gerekli görmektedir. İnsanın, oyun kişisinin belli davranışlarıyla belirtilen tipik yanı, aynı zamanda onun evrensel özelliğidir. Böylece şair, özel olanı, bireysel olanı, rastlantısal olanı değil, genel olanı, asal olanı ve evrensel olanı göstermiş oluyor.

Aristoteles oyun kişisinde aranması gereken nitelikleri sıralarken "*uy-*

gunluk" üzerinde de durmuştur (XV/2). Bu, kişinin tipine uygun olması demektir. Genel olarak böyle bir kişinin nasıl davranması gerekiyorsa öyle davranan, genel olarak hangi özellikleri taşıdığı biliniyorsa o özellikleri taşıyan kişi, tipine uygundur. "*Örneğin cesaret gibi erkeğe özgü bir karakter, kadın için hiç de uygun değildir; çünkü genel olarak böyle bir karaktere (cesaret) kadında alışılmamıştır.*"

Olasılık: Aristoteles, bir tragedyada olayların birbirini olasılık ilkesine göre izlediğini söyler. Olasılık ilkesi, sadece olaylar dizisi için değil, tüm tragedya öğeleri için geçerlidir. Eserde anlatılan gerçekler, sağduyumuza uygun gelmelidir. Örneğin, oyun kişilerinde aranan inandırıcılık niteliği, o kişilerin hayatta var olabilecek insanlara benzemesini, bu açıdan sağduyumuza aykırı düşmemesini gerektirir. *Poetika*'nın XV. bölümünde şöyle denilmektedir: "*Karakterlerin tasvirinde de, hikâyenin örülmesinde olduğu gibi, zorunluluk ve olasılık kanunları dikkate alınmalıdır, yani belli özellikteki karakterlerden belli konuşmalar ve hareketler zorunlulukla veya olasılıkla doğmalıdır; tıpkı bir olayın bir başka olayı zorunlu olarak kovalaması gibi.*"

Poetika'nın XXIV. bölümünde Aristoteles, eserin konusunda da akla aykırı bir şey bulunmamasını, sağduyuya aykırı gelen her şeyin ayıklanmasını öğütlüyor: "*İmkânsız olası, olası olmayan imkânsıza üstün tutulmalıdır.*" sözü ile hayatta inanılmaz şeylerin olabileceğini, sanatın hayatta olduğu gerekçesi ile bunları ele almamasını söyler. Buna karşın, hayatta olmayan, insanın gücünü aşan şeyler, bize sanki olası imiş, olabilirmiş gibi geliyorsa, sanat bunları ele alabilir. Kısacası sağduyuya aykırı gelenler atılmalı, sağduyuya uygun gelenler alınmalıdır. Bir kez sağduyuya uygun göründükten sonra gerçekte olup olmaması önemli değildir.

Tarih ile tragedya arasında bir karşılaştırma yapan Aristoteles, tarihin olmuş olanı, tragedyanın ise olabilecek olanı anlattığını söyler (IX). Aristoteles'e göre, tragedya tarihten daha felsefi ve daha yüksektir. Tragedyanın konusu, güncel gerçeklerin kökeninde yatan asal ilkedir, değişmeyen özdür, gerçeğin kendisidir, evrensel olandır. Aynı zamanda sağduyuya uygun görünen, olasılık kuralına göre yer alan, akılla çelişmeyendir.

Ülkusellik: Yunan sanatını incelerken, bu sanatın hayattaki gerçekleri yansıttığını, fakat onları düzelttiğini ve yetkinleştirdiğini söylemiştik. Aristoteles, ülküsel olana yönelmeyi şöyle ifade etmiştir: "*Çünkü şair, tıpkı bir ressam veya diğer herhangi şekil verici bir sanatçı gibi, taklit edici bir tasvircidir; buna göre de şairin şu üç imkândan belli birini zorunlu olarak taklit etmesi gerekir; yani, ya, 1) nesneleri nasıl idiyseler veya nasılsalar; ya da, 2) nesneleri mytlusların veya inançlarına göre nasılsalar; yahut da, 3) nesneleri nasıl olmaları lazım geliyorsa, o şekilde tasvir etmelidir.*"

Bu sözleri şöyle ifade edebiliriz: Sanatçı, gerçekleri, *olduğu gibi, bilindiği, inanıldığı gibi, istendiği gibi* taklit eder. "*Nasıl olması gerekiyorsa*" ifadesi, şairin düzeltici ve mükemmelleştirici işlevini göstermektedir. Sophokles'in oyunları, gerçeğe uymuyor diye eleştirilecek olursa, ona verilecek yanıt, Sophokles'in, insanları olması gerektiği gibi anlattığıdır. Oysa Euripides insanları olduğu gibi gösterir (XXV/6). Zeuxis'in resmettiği kişiler varolmaları mümkün olmayan kişilerse, bunlar "*ereğe uygun olan yani gerçeğin üstünde (ideal) olan kişilerdir. Çünkü ideal, gerçeğe (değerce) üstündür.*" (XXV/18).

Aristoteles, sanatın konusunu belirlerken tragedya türünün "*ortalamadan daha iyi olan hareketleri*" taklit ettiğini söylemiştir (II/3). Yazarın bu ifadesi şöyle de yorumlanabilir: Tragedya, insanları hayatta olduklarından daha iyi gösterir. Bu yorumda, var olanı aşarak ülküsel olana yaklaşma anlamı bulunmaktadır.[10]

Özetlersek; sanatçı, gerçekleri taklit ederken öncelikle konusunun gerçeğe uygun olmasına, sonra tipikliğe, genelliğe, evrenselliğe, daha sonra, akla ve sağduyuya uygun olmasına, inandırıcı olmasına dikkat ediyor ve ayrıca ideal gerçeğe uygunluk gösteriyor. Böylece, "taklit" sözcüğü, Platon'un dediği gibi, gerçeğin tıpkı benzerini yapma anlamına değil, gerçeğin tipik, inandırıcı ve ideal biçimde yansıtılması anlamına geliyor. Gerçek, gene duyuların algıladığı gerçektir. Fakat bu gerçeğin doğa paralelinde yetkinleştirilmesi mümkündür. Bu, sanatın ayrıcalığıdır. Aristoteles'te, "taklit" sözcüğü, sanatın yaratıcılık işlevini de kapsamaktadır. Sanat, gerçeği taklit ederken onu aşmakta, onu son amacına ulaştırmaktadır.

Poetika'da, dram sanatı savunulmaktadır. Platon'un bu sanatı gerçeğe yabancı, yararsız, coşturucu olarak görüp kınamasına karşın, Aristoteles şiir sanatına felsefe düzeyinde bir yer vermiştir. Tarih ile şiiri karşılaştırdığı IX. bölümde şiirin tarihten daha üstün olduğunu, çünkü tarihten daha felsefi olduğunu söylemiştir.

Aristoteles'in şiir sanatları içinde tragedya türünü yücelttiği görülür. *Poetika*'nın çıkış noktası, dram sanatları ile öteki sanatlar arasında bir karşılaştırma yapmaktır. Daha sonra bu karşılaştırma, destan şiiri ile tragedya arasında yapılmıştır. Aristoteles'e göre, tragedya ile destan şiiri, ortalamadan üstün kişileri ele almaları bakımından benzeşirler (III,V). Ayrıca, iki şiir türü de koşukludur. Sadece, destan şiirinde baştan sona tek koşuk ile yetinilmesine karşın, tragedyanın çeşitli bölümlerinde birbirinden farklı koşuk türlerine yer verilmektedir. Ayrıca tragedyanın uzunluğu, güneşin bir dönümü ile sınırlıdır, yani olaylar bir günde geçer. Oysa destan şiirinin zaman sınırı yoktur, istediği kadar uzatılabilir (V). Tragedyada bölümlerin birbirine zincirleme bağlı olmasına karşın, destan şiiri episodlardan oluşmuştur. Destan *şiiri* bir kahramanın başından geçen tüm olayları anlatabilir. Oysa tragedya yazmak için, olaylar arasında bir seçme yapmak, birlik ve bütünlük elde etmek gerekir (XVIII, XXVI). Destan şiiri aynı anda oluşan çeşitli olayları iletebilir (XXIV). Buna karşın tragedyada olaylar arasında bir seçim yapılır ve kısa bir süreye sıkıştırılır (XXVI). Destan şiirinin sözünü anlatımla iletmesine karşın, tragedya, göz önünde ve yoğun olarak canlandırır. Onun için daha etkilidir. Tragedya, görüntüsel etkisi ile zevk verir. Tragedya, bütünlüğü ve etkisinin yoğunluğu ile amacına ulaşabilmektedir. (V, XXVI)

Aristoteles, tragedyayı destan şiirine üstün tuttuğunu, tragedya sanatına karşı olanlar için söylemiş olmalıdır. *Poetika*'dan anlaşıldığına göre, destan şiiri "*olayları göz önünde görmeye ihtiyacı olmayan daha aydın*" dinleyiciye yöneliktir. Tragedyadan ise daha aşağı düzeyde olanlar hoşlanır. Bu genel kanıya karşın Aristoteles tragedyanın destan şiirinde olan her şeye sahip olduktan başka, görüntüsel etkisi ve müziği ile, çok canlı bir hoşlanma duygusu yarattığını, bu etkiyi hem yazılı metni olması, hem de sahnede oynanması ile sağladığını ve yoğun olarak etkileyerek amacına en kusursuz biçimde ulaşabildiğini ifade etmiştir. (XXVI)

TRAGEDYANIN TANIMI

Aristoteles tragedyayı şöyle tanımlar: "*Tragedya ahlaki bakımdan ağırbaşlı, başı ve sonu olan, belli bir uzunluğu bulunan bir hareketin taklididir; sanatça güzelleştirilmiş bir dili vardır; içine aldığı her bölüm için özel araçlar kullanır, hareket eden kişiler tarafından temsil edilir, bu bakımdan tragedya salt bir hikâye (mythos) değildir. Tragedyanın ödevi, uyandırdığı acıma ve korku duyguları ile ruhu tutkulardan temizlemektir (katharsis). Sanatça güzelleştirilmiş dil deyince, harmoni'yi, yani şarkıyı, mısra-ölçüsünü içine alan bir dili anlıyorum. Her bölüm için özel araçlar kullanılır deyince de, bazı bölümlerde yalnız ölçünün, bazı bölümlerde ise aynı zamanda müziğin ve şarkının kullanılmasını anlıyorum.*" (VI)

Bu tanım tragedyanın konusu, konunun biçimlenişi, konunun anlatım aracı ve biçemi ile seyirci üzerindeki etkisi ve dolayısıyla hayattaki işlevi hakkında bilgi vermektedir. "*Ağırbaşlı bir hareket*" tragedyanın konusunu belirler. Başı, sonu, belli bir uzunluğu olması, biçimini anlatır. Dil, müzik ve şarkı, anlatım araçları hakkında bilgi verir. Hareket eden kişiler tarafından temsil edilmesi, biçemini belirler. Ahlakça ağırbaşlı olması ve ruhu tutkulardan temizlemesi ise nasıl bir işlevle yükümlü olduğunu açıklamaktadır. Bu özellikler üzerinde ayrı ayrı durulacaktır.

TRAGEDYANIN ÖĞELERİ

Aristoteles *Poetika*'nın VI. bölümünde tragedyanın öğelerini şöyle sıralamıştır: 1) Öykü, 2) Karakter, 3) Düşünce, 4) Diksiyon (dil), 5) Görüntü, 6) Şarkı.

Öykü (Mythos): "*Bu elemanlar arasında en önemlisi olayların uygun bir biçimde birbiriyle bağlanmasıdır. Çünkü tragedya kişilerin değil, tersine onların hareketlerinin, mutluluk ve felaket içinde geçen bir hayatın hikâyesidir. Mutluluk ve felaket, harekete dayanır. Hayatımızın son ereği eylemdir. Eylemin dışında olan şey değil.*" Bu açıklamaya göre öykünün ve öyküdeki olayların bir eylemi belirtmesi gerekmektedir.

Karakter: Belli özellikleri olan oyun kişisidir. Bu özellikler kişinin davranışlarından anlaşılır. Yazar kişinin karakterine, onun davranışını göstererek ışık tutar.

Düşünce (Dianoia): "*Belli koşullarda söylenmesi olası ve uygun olan şeyleri söyleme ve tartışma demektir. Bir şeyin varolduğunu veya olmadığını kanıtladığımız şeydir. Politika ve Retorik'le aynı işi yapar.*"

Bu üç öğe taklidin konusunu oluşturur. Diksiyon, müzik, görüntü, taklidin aracıdır. Diksiyon vezinli de, vezinsiz de olabilir. Şarkı en önemli süsüdür. Görüntünün heyecanlara etkisi büyüktür. Fakat şiir sanatı ile ilintisi azdır. Tragedyanın gücü, oyuncuların göz önünde canlandırmasına gerek kalmadan da fark edilebilir. Ayrıca, görüntüsel etkiler yaratmak şairin işi değil, sahne uygulamacısının hüneridir.

Aristoteles, tragedyanın içeriğini meydana getiren öykü, karakter ve düşünce öğeleri arasında en çok öyküye önem verir. Aristoteles'e göre, tragedya, insanların değil, hareketin ve hayatın taklididir. Hayat, hareketten meydana gelir. Hayatımızın son ereği ise eylemdir. Karakter, insanın niteliğini gösterir. Oysa, insanı mutlu ya da mutsuz eden davranışlarıdır, nitelikleri değil. Onun için eylem ve öykü, karakterlerden daha önemlidir. Önem sırasına göre, en önde öykü, sonra karakter, üçüncü olarak da düşünce öğesi gelir.

OLAY DİZİSİ

Aristoteles *Poetika*'nın büyük bir bölümünde, tragedyanın en önemli öğesi saydığı öyküyü oluşturan olaylar dizisi üzerinde durmuştur. Eserin VII, VIII, IX, X, XI, XII, XIII, XIV, XVI. bölümleri bu konuya ayrılmıştır. Aristoteles, hareket (aksiyon) sözcüğünü sadece dış hareket anlamında kullanmaz. Hareket, düşünsel yaşantıyı ve kişiliği de içerir. Çünkü, geniş anlamda hareket, insanların kişilikleri ile yapılmaktadır. Hareketi anlatan Yunanca sözcük "*dran*"dır. Hareketi temsil eden şiire de "*drama*" adı verilmiştir. Sophokles de, Aristophanes de, eylem içindeki insanı taklit ederler. O halde tragedya da, komedya da dram türleridir.

Belli uzunluk, Tamamlanmışlık: Tragedyanın tanımında öykünün, "*başı sonu olan, belli bir uzunluğu bulunan bir hareketin taklidi*" olduğu söylenmiştir. VII. bölümde bu kural yinelenir ve açıklaması yapılır: Başı ve sonu olmak demek, başlayıp bitmiş ve tamamlanmış olmak demektir. Tamamlanmışlık bir bütünlüğe işaret eder. "*Tragedya, tamamlanmış, bütünlüğü olan bir hareketin taklididir.*" Bu bütünün bir başı, bir ortası ve bir sonu bulunur. Baş, kendinden önce gelen herhangi bir şeyi izlemek zorunda olmayan, herhangi bir şeyin zorunlu sonucu olmayan bölümdür. Son ise, baş'ın tam tersine kendinden önce geleni izlemek zorunda olan; fakat kendinden sonra onu hiçbir şeyin izlemediği bölümdür. Orta, bir başka şeyden sonra gelen ve kendinden sonra başka bir şey tarafından izlenen bölümdür. "*İyi kurulmuş hikâyelerin (mythos), ne gelişigüzel bir başı olabilir, ne de gelişigüzel bir sonu, tersine baş ve son, yukarıda onlar hakkında yapılan belirlemelere uygun olmalıdır.*"

Tragedyanın içerdiği hareketin belli bir büyüklüğü (uzunluğu) vardır. Yaşayan her organizma, ya da parçalardan oluşmuş herhangi güzel bir bütün belli bir büyüklükte (uzunlukta) olmalıdır. Çünkü güzellik düzene ve büyüklüğe bağlıdır. Çok küçük bir nesne bir kezde algılanamayacağından güzel olamaz. Çok büyük bir nesne ise, kavrayış sınırımızın üstünde olacağı için güzel değildir. Onun için belli bir büyüklük gereklidir. Bu büyüklük, bir bakışta görülebilecek, bir kez görmekle de akılda kalacak büyüklüktür. Bir tragedyanın uzunluğu, olasılık kuralına uygun olarak, mutluluktan yıkıma, ya da yıkımdan mutluluğa geçiş sürecini kapsayabilmelidir. (VII)

Birlik ve Bütünlük: Poetika'da öykünün birlikli olması üzerinde önemle durulur. Bu kural tiyatro tarihine "hareket (eylem) birliği" adı ile geçmiştir. Aristoteles'in çok dikkate alınan ve en uzun süre uygulanan kuralıdır. Hareket (eylem) Birliği, olayların belli bir konu çevresinde toplanması ve birbirini olasılık ve zorunluluk kurallarına göre izlemesi demektir. Asal konu ile ilintisi olmayan olaya yer verilmez. Rastlantısal olana da izin yoktur. Öykü, "*birlikli ve tamamlanmış bir hareketin taklidi olmalıdır.*" (VIII)

Hareket birliğini oluşturan olaylar birbirine neden sonuç bağı ile bağlıdır. Her olay kendinden sonra gelen olayın zorunlu nedeni, kendinden önce gelen olayın zorunlu sonucudur. Eylem birliği demek, olayların olasılık ve zorunluluk kuralına göre başlaması, gelişmesi ve tamamlanması demektir. Aristoteles, hareket birliğinin kahramanda birlik anlamına gelmediğini özellikle belirtmiştir (VIII). Birliği yapan oyun kişisi olamaz. Bu kişinin başından geçen tüm olaylar, yaptığı hareketler, bir birlik meydana getirmez. Birlik kuralı çeşitliliğe ve zenginliğe engel değildir. Fakat zorlama olanı da istemez. Örneğin, öyküde "*deus ex machina*"ya yer verilmemelidir[11]. Olayların düğümü ve çözümü, inandırıcı bir gelişimden doğmalıdır (IX., XVIII). Bölüklü anlatım birlik ilkesine aykırıdır. Episod denilen bölüklerden oluşan öyküde olaylar, birbirini olasılık veya zorunluluk yasalarına göre izlemez. Tiyatro eserinde böyle bir kurgu zayıf kurgudur. (IX)

Burada kısaca organik bütünlük kavramına da değinmemiz gerekir. *Poetika*'nın XVIII. bölümünün sonlarında, koro'nun bütünü tamamlayan organik bir parça olması gerektiği belirtilir. Sophokles'in buna dikkat ettiği, Euripides'in oyunlarında ise koro'nun dramatik harekete katılmadığı belirtilmiştir. Organik bütünlük demek, canlı bir organizmayı yaşatan tüm organların eksiksiz olarak bulunması fakat yaşam için gereksiz olan fazlalıklara yer verilmemesi demektir. Varlığı ile yokluğu arasında fark bulunmayan parça, organik değildir. Bir tragedyanın, tıpkı canlı bir organizma gibi, sadece kendini var edebilecek parçalarla yetinmesi, eksiklikten ve fazlalıktan kaçınması gerekir.

Zaman Birliği: Eylemde birliğe koşut olarak, zaman birliğine de değinilmiştir. Fakat Aristoteles öyküde birlik üzerinde uzun uzun durduğu halde, zaman birliğine sadece iki kez değinip geçmiştir. *Poetika*'nın V. bölümünde şöyle söylenmiştir: "*Tragedya hikâyeyi, güneşin doğuşu ve batışı arasında geçen zaman içinde tamamlamaya çalışır*". Oysa destan şiiri, zaman bakımından sınırlı değildir. Burada sözü geçen zaman süresinin ya yirmi dört saat, ya da on iki saat kadar olması gerekir. Aristoteles'in bu kuralı, hareket birliğine destek olmak üzere benimsediği düşünülebilir. Oysa destan şiiri, zaman açısından sınırlı değildir. Hareket Birliği ve Zaman Birliği kuralları daha sonraki çağlarda ve özellikle klasik akım içinde kesinlikle benimsenmiş, bunlara bir de Yer Birliği kuralı eklenerek üçünün de Aristoteles'ten geldiği ileri sürülmüş ve tiyatro tarihinde "Üç Birlik Kuralı" adını almıştır.

Beklenmedik ile Olağandışı: Aristoteles olay dizisinde birlik ve bütünlüğe çok önem vermekle birlikte, trajik etkiyi pekiştirmesi bakımından sürprize (beklenmedik) ve olağandışına (umulmadık) yer vermiştir. Tragedyanın amacı olan korku ve merhamet duygularının uyandırılabilmesi için, olayların beklenmedik bir biçimde birbirini izlemesi ve ortaya umulmadık bir durum çıkması gerekir. Fakat sürprizin bile salt rastlantısal olmayıp, gizli bir zorunluluk sonucu meydana gelmesi gerekir. Seyirci olayın umulmadık gelişimini hem şaşkınlıkla karşılamalı, hem de bu gelişimi inandırıcı bulmalıdır. Aristoteles bunu şöyle ifade etmiştir: "*Salt rastlantıya dayanan olaylar arasında en olağanüstü olan, aynı zamanda erekli gibi görünen olaylardır. Örneğin Argos'da Mytis'in heykeli, Mytis'in ölümünde suçlu bulunmuş olan adam ona bakarken üstüne yıkılıp öldürür. Böyle bir olay rastlantı imiş gibi bir izlenim uyandırmaz. Bunun için, bu tarzda kurulmuş öyküler, sanat yönünden daha değerlidir (güzeldir)*". Seyircide bu olayla Tanrısal adaletin yerine getirildiği izlenimi uyandırılmıştır. O halde olayın dolaylı bir anlamı daha vardır.

Olayların "*ironik*" (tersinlemeli) bir anlam taşıması, Antik Yunan tragedyalarında çokça rastlanan bir anlatım ustalığıdır. İronik olay veya durum, görünen gerçeğin ötesinde, gizli anlamları anıştırması ile öykünün anlamını zenginleştirir. Seyircinin bu gizli gerçeği, baş oyun kişisinden önce fark etmesi, buna karşın, oyun kişisinin bilmezlik içinde hatasını sürdürmesi ve yıkımını hazırlaması seyirciye bir anlayış üstünlüğü verir. İronik anlatım, seyircinin düşüncesini kurcalayan bir anlatım hüneridir.

Yalınlık, Karmaşıklık: *Poetika*'da olaylar dizisi yalın ve karmaşık olmak üzere ikiye ayrılmıştır. Yalın öykü, olayların mutluluktan yıkıma, ya da mutsuzluktan mutluluğa gelişimi içinde, durum değişimine ve değişimin oyun kişisi tarafından algılanmasına yer vermeyen bir düzenlemedir. Karmaşık öykü ise, bu iki aşamadan birini, ya da ikisini içerir. Olayların mutluluktan mutsuzluğa, ya da tersi yöne dönüştüğü noktaya "baht dönüşü" (*Peripeteie*), oyunun baş kişisinin bu dönüşü algılamasına "tanıma" (*Anagnorisis*) diyoruz. Baht dönüşünün ve tanımanın, zorunluk ve olasılık kurallarına uygun bir gelişmeyle ortaya çıkması, birbirinden doğması, zorlama olmaması gerekiyor.

Poetika'da peripeteie, "*hareketlerin düşünülenin tam tersine gelişmesi*", anagnorisis ise, "*bilgisizlikten bilgiye geçiş*" olarak tanımlanmıştır. Aristoteles oyun kişilerinin birbirini tanımasını da aynı sözcükle anlatır. Uzun süre ayrı kalmış kardeşlerin birbirini tanıması gibi (XVI). Bu tanımalarda çeşitli araçlar kullanıldığına da değinilmiştir. Bu araçların bazıları inandırıcıdır, bazıları değildir. Doğuştan insan vücudunda bulunan belirtiler, yara izleri, andaç eşya gibi şeylere bakarak tanıma, rastlantısal tanıma, anımsama, düşünerek bulma *anagnorisis* çeşitleridir. En iyisi olayların gelişiminden doğandır. (Burada Euripides'in bir eleştirisini anımsıyoruz. Yazar *Elektra* adlı oyununda kendinden önce aynı konuyu işlemiş olan tragedya yazarlarının tanıma olayını inandırıcı olmayan bir biçimde açıkladıklarını belirtir. Örneğin, Sophokles'in *Elektra*'sında olduğu gibi, Elektra'nın, kardeşi

Orestes'in baba mezarını ziyaret ettiğini anlaması için ayak izlerinin kendininkine uyduğunu görmesi, mezara bırakılan saç buklesini tanıması, Elektra'nın Orestes'e daha çocukken işlediği pelerinin yıllar sonra gene delikanlının arkasında olması saçmadır.)

Olay dizisi içinde *peripeteie* ve *anagnorisis*'den başka, bir de *pathos* öğesi vardır. Bu, "*acı veren hareket, yıkıcı, ıstırap verici bir hareket*" olarak nitelenmiştir. Acı çekme, öldürme, yaralama gibi.

Aristoteles'e göre, iyi bir tragedya olay dizisi yalın değil, karmaşık olmalıdır. Bahtın kötüden iyiye değil, iyiden kötüye doğru dönmesi uygun olur. *Odissea* gibi, çift gelişimli öykü iyi değildir. İyiler için başka bir son, kötüler için başka bir son olması seyircinin hoşuna giderse de tragedyaya özgü gerçek zevki vermez. Oyunun düşmanların uzlaşması ile bitmesi ve hiç öldürme ve öldürülme olmaması tragedyadan çok komedyaya yakışan bir sonuç olur. Olaylar öyle düzenlenmelidir ki, seyirci korkudan titresin, acımadan erisin. İstenen trajik etkinin sağlanabilmesi için, çatışmanın birbirine yakınlığı olan kişiler arasında yer alması iyi olur. İki düşmanın birbirini öldürmesi fazla heyecan, acıma, ya da korku uyandırmaz. Sadece acı çekilmesinin uyandırdığı merhamet duygusu uyanır. Birbiri ile hiç alıp verdisi olmayan kişiler arasındaki çatışma da fazla etkili değildir. Fakat birbiriyle akraba, dost olan kişiler çatışırsa etkili olur. Kardeşi kardeşin öldürmesi, oğulun anayı, babayı, ananın oğlunu öldürmesi veya öldürmeye niyetlenmesi tragedyada gerekli etkiyi uyandıracaktır. (XIV)

Tragedyada yıkıma yol açan davranış, bile isteye yapılmış olabileceği gibi, bilmeden, istemeden yapılmış da olabilir. Kişi, akrabasına veya eski bir dostuna zarar verdiğini sonradan öğrenir. Ya da kahraman, tam davranmak üzere iken vazgeçer. Bir dördüncü biçimleme, baş oyun kişisinin, yıkımına yol açacak davranışta bulunmak üzere iken gerçeği öğrenmesidir. Bu dört yoldan en iyisi sonuncusudur. Yıkımın, son andaki bilinçlenme ile engellenmesi trajik etki yaratır. Kişinin davranmak üzere iken, olayla ilgili yeni bir gerçek öğrenmediği halde, kendiliğinden yapacağı işten vazgeçmesi ise, etki bakımından en zayıf çözüm yoludur.

Düğüm ve çözüm: Her tragedyanın iki bölümü vardır: Düğüm ve çözüm. Baht dönüşüne kadar uzanan olaylar dizisi, düğüm bölümüdür. Baht dönüşünden oyunun sonuna kadar olan bölüm ise çözümü meydana getirir. Düğüm ve çözüm arasında mutlaka bir baht dönüşü yer alır (XVIII). Buraya kadar olay dizisi ile ilgili olarak verilen bilgi, kurgu tekniğini göstermektedir. Aristoteles tragedyanın istenen etkiyi bırakabilmesi için olayların nasıl seçilmesi, nasıl dizilmesi, nasıl geliştirilmesi, nasıl sonuçlandırılması gerektiğini açıklamıştır.

Aristoteles XII. bölümde bir tragedyanın dış yapısını anlatır. Tragedyanın bölümleri şunlardır: *Prologos, Epeisodion, exodos, koro şarkısı.* Koro şarkısı da kendi içinde *parodos* ve *stasimon* olarak ikiye ayrılır. Prologos en baştaki kesintisiz bölümdür. Sahneye koro çıkmadan önce söylenir. *Epeisodion*, koro şarkıları arasındaki konuşmalı bölümdür. *Exodos*, son bölümdür, ardından koro şarkısı gelmez. *Parodos*, tüm koronun toplu olarak söylediği ilk şarkıdır. Belli vezinler dışında yazılmıştır. *Stasimon*, bölümlü koro şarkısıdır. *Kommos*, sahnede bulunan tüm kişilerin koro ile birlikte söyledikleri ağıttır.

OYUN KİŞİSİ

Poetika'nın II., IV. ve XIV. bölümlerinde hem oyunun baş kişisi hem de öteki kişilerin özellikleri hakkında bilgi verilmektedir. *Ethos* sözcüğü, oyun kişisinin karakterini belirler. Bir oyun kişisinin *ethos*'u, onun davranışlarından belli olur. Onun özelliklerini, mizacını, eğilimlerini, duygularını, ahlaki amacını içerir. Aristoteles, şiir türlerini ayırırken, tragedya ve destan şiirinin ortalamadan daha iyi karakterleri, komedyanın ise ortalamadan daha kötü karakterleri taklit ettiğini söylemiştir (II). "Ortalamadan, ya da gerçekte olduğundan daha iyi" olarak tanımlanan oyun kişisi, üstün nitelikler taşır. Bu nitelikler ahlak değerleridir.

İyilik: Aristoteles, XV. bölümde bir karakterin ahlak bakımından iyi olması gerektiğine işaret eder. Bu iyi kavramı kadınlar, köleler için de geçerlidir. Ayrıca kişinin iyi olduğu, kendi davranışlarından, irade yönünün doğrultusundan anlaşılmalıdır.

Trajik Hata (Hamartia): Tragedya kahramanının seyircide istenen etkiyi yaratabilmesi, aynı zamanda seyircinin ahlak duygusuna ters düşmemesi için belli koşullara uyması gerekir. Eğer tragedyanın kaçınılmaz gelişimi içinde, mutluluktan yıkıma sürüklenen kişi çok erdemli ise, böyle erdemli bir kişinin yıkımı, seyircide korku ve acıma değil, öfke uyandırır. Öte yandan kötü bir kişinin yıkımı da seyirciyi çok etkilemez. Seyirci bunu doğal karşılar ve hakkın yerine geldiğini düşünür. Tersine, eğer kötü bir kişi mutluluğa erişirse, bu durum seyircinin adalet duygusunu çok incitir ve trajik etki yaratmaz. Onun için tragedyada karakterin ne çok iyi, ne çok kötü olmaması, bu iki tipin ortasında bulunması en iyi yoldur. Böyle bir kişi, iyi olmasına karşın, "*ne ahlak yetisi, ne adalet bakımından olağanüstü*" değildir. Ahlak bakımından düşük ve kötü de olmaması gerekir. Bu, ortalamadan daha iyi olan karakterin bir hatası olmalıdır. Bu hata (*hamartia*), iyi bir insanın, bilmeden yaptığı yanlış hareket, ya da ahlakı olmayan bir zayıflıktır ve kişi bu hatası yüzünden yıkıma uğrar. İşte, iyi bir kişinin bilmeden yaptığı bir hareket yüzünden, ya da küçük bir zaafa kapıldığı için yıkıma uğraması, seyircide korku ve acıma duyguları uyandırır ve istenen trajik etki elde edilmiş olur. Aristoteles, oyun kişisinde *iyilik*'ten başka dört özellik daha arar: *Tipine uygunluk, benzerlik, tutarlılık, üstünlük.*

Tipine Uygunluk: Daha önce sanatın gerçeğe benzerliği yanında genel, tipik ve evrensel olması koşulları üzerinde durmuştuk. Sanatçı, gerçeğin tıpkı benzerini yapan kişi değil, gerçeğin genel ve ortak yönünü belirten; bu genel gerçeğin aynı zamanda o türün ayırıcı özelliğini taşıyan tipik örneği olmasına dikkat eden ve böylelikle evrensele erişen kişi olarak tanımlanmıştır. Oyun kişilerinin ele alınışında da aynı kurala uyulmaktadır. Aristoteles, tipine uygunluk sözü ile, tragedya yazarının, oyun kişilerinin kendilerine özgü genel ve tipik niteliklerini belirtmesini istemiştir. Tipine uygunluk koşulu, oyun kişisinin kendi gibi olanların benzer ve ortak niteliklerini taşıması gerektiğini gösterir. Benzer özellikler, cinsiyetten, yaştan, meslekten, kişinin ait olduğu zümre ve sınıftan gelmektedir. Bu ayrım, genç-yaşlı, kadın-erkek, bilge kişi-yönetici, ya da asker-sivil, efendi-köle arasındaki farklılıkları belirlemektedir. Aristoteles, "*cesaret gibi erkeğe özgü karakter, kadın için hiç de uygun değildir; çünkü genel olarak böyle bir karaktere (cesaret) kadında alışılmamıştır.*" diyor. Aristoteles, komedyada kişilere karakteristik adlar konulduğunu söylemekle, tipik özelliklerin kişi adları ile de belirtildiğini anlatmış oluyor. (IX/4)

Benzerlik: Tıpkı oyunun kurgusunda olduğu gibi, oyun kişisinin belirlenmesinde de seyircinin gerçek olarak kabul edeceği niteliklerin bulunmasına dikkat edilmelidir. Oyun kişisi, belli durumlarda zorunluluk ve olasılığa uygun davranmalıdır. Seyirci, oyun kişisinin sözlerini ve davranışlarını inandırıcı, akla yakın bulmalıdır.

Tutarlılık: Oyun kişisinin belli özelliklerini oyunun başından sonuna kadar koruması ve hep ondan beklendiği gibi davranması demektir. Karakter, önceden tanıtılan kişiliğine aykırı düşecek davranışlarda bulunmamalıdır. Örneğin, oyunun başında yürekli olarak tanıtılan kişi oyunun sonunda korkaklık etmemelidir. Ya da iyiliksever bir insan, birdenbire seyirciyi şaşırtacak bir kötülükte bulunmamalıdır. Burada tutarlılık ilkesi, benzerlik ilkesi ile birlikte düşünülmüştür.

Üstünlük: Tragedya ortalamadan üstün kişileri taklit ettiğine göre yazar, tıpkı bir portre ressamı gibi, sergilediği kişiyi daha iyi göstermelidir. Tragedyanın oyun kişisi, hayattaki insana benzemekle birlikte ondan üstündür. Bu üstünlük ahlak bakımından olmalıdır (XIV). "*Taklit edici şair de, eğer hiddetli, hafif meşref veya bu gibi karakterlere sahip kimseleri tasvir edecekse, bütün bu tutkulara rağmen, onları ahlak bakımından üstün insanlar olarak tasvir etmelidir; örneğin Homeros'un, bildiğine giden Achilleus'u, iyi, ama sertlik örneği bir insan olarak tasvir etmesi gibi*". Aristoteles'in üstünlük ilkesi, gerçeğe benzerlik ilkesi ile çelişmemektedir. Ayrıca oyun kişisinin bir trajik hatası olması koşulu, bu iki farklı özelliği uzlaştırmaktadır.

Aristoteles'in sanat eseri ile yaratıcısı arasında bir benzerlik olduğunu söylediği IV. bölümdeki şu sözünü de anımsıyonız: "*Ağırbaşlı ve soylu karakterli şairler, ahlakça iyi ve soylu kişilerin hareketlerini taklit ederler*". Yazara göre, tragedya ve destan şairleri böyle kişilerdir. Bu sözlerden ortalama insandan daha iyi denildiği zaman, ağırbaşlılık ve soyluluk niteliklerinin kastedilmiş olduğunu anlıyoruz.

Özetlersek, Aristoteles karakter öğesine, öyküden sonra, ikinci derecede önem vermiştir. Bununla beraber, karakterde aradığı özellikler, öyküde aradığı özelliklere benzer. Bu özellikler, gerçeğe benzerlik, gerçeğin mükemmelleştirilmesi anlamında üstünlük, olasılık ve zorunluluk kuralına koşut olarak genel ve tipik olana uygunluk ve tutarlılıktır. Aristoteles ayrıca karakterin çiziminde ahlak değerlerine bağlı kalınmasını istemiştir.

DÜŞÜNCE

Tragedyanın içeriğini oluşturan öğelerin üçüncüsü *düşünce* (*dianoia*)dır. Aristoteles bu konuyu *Poetika*'nın VI. ve XIX. bölümlerinde ele almıştır. "*Düşünce deyince de, kendisi ile konuşanların bir şey kanıtladığı veya genel bir gerçeğe ifade verdikleri şeyi anlıyorum*", "*Düşünce deyince, koşulların emrettiği ve koşullara uygun olan şeyleri söyleme ve tartışma yetisini anlıyorum; başka zaman bu, politik ve retorik'in ödevini teşkil eder. Çünkü eski şairler, kahramanlarını devlet adamları gibi konuştururlardı, şimdiki şairler ise, hatip gibi konuşturuyorlar.*" Görüldüğü gibi, Aristoteles, düşünce öğesi ile, bugün "tez" ve "tema" dediğimiz öğeyi belirtmektedir. Oyunda ileri sürülen bir görüş, bir konu, bir öneri, ya da bir sav, oyunun düşünsel içeriğini oluşturur. *Poetika*'da düşünce, toplum ahlakına bağlıdır; doğru ve olası da olmalıdır.

Aristoteles düşüncenin sözle ve hareketle anlatımı üzerinde de durmuştur:

> "Düşüncelere gelince, bunların yeri retorik üzerine yazılmış kitaplar olmalıdır, çünkü düşünceler, bu retorik denen araştırma alanı içine girerler. Düşüncelerin teşkil ettiği alana, akla dayanan, söz aracı ile ortaya konan her şey girdiği gibi, kanıtlama ve çürütme, korku, kızgınlık ve daha bu çeşit duyguların uyandırılması ve bundan başka olayların büyütülüp küçültülmesi de girer. Şimdi şu da açık olarak ortaya çıkıyor: Eğer hareketlerle acı uyandıran korkunç veya önemli ya da olası olan bir şey (yani düşünceler) ifade edilmek istenirse, o zaman o hareket-

> ler için de (sözde kullanılan) görüş noktalarından hareket etmek gerekir. Ancak bu ikisi arasında (hareket ve söz) bu bakımdan bir fark vardır: Hareketlerde düşünceler, söz aracı olmadan da ifade bulurlar; buna karşılık sözde ise düşünce, söz aracı ile konuşan tarafından meydana getirilir ve onlar sözün ürünüdür. Aksi halde, eğer düşünceler söz aracı olmadan günışığına çıkabilselerdi, o zaman konuşanın ödevi neden ibaret olacaktı?" (XIX)

Düşünce öğesi bakımından tragedya sanatı ile retorik arasında bir benzerlik kurulmuş; böylece retorik sanatının sözle etkileme gücünden, tragedyanın da yararlanabileceği gösterilmiş oluyor. Ayrıca, tragedya sanatı, düşünceyi sadece sözle değil, hareketle de ifade etme olanağına sahiptir. *Poetika*'nın, dram sanatlarının öteki sanatlara olan üstünlüğünü dile getirdiği düşünülürse, Aristoteles'in burada tragedyanın, retorikten daha güçlü bir sanat olduğunu anlatmak istediği düşünülebilir. Ayrıca Aristoteles'in söze ağırlık tanıdığını ve tragedyanın salt okumakla da istenen etkiyi uyandıracağına inandığını biliyoruz. (XXVI/4)

DİKSİYON

Tragedyanın öğeleri sayılırken, öykü, karakter ve düşünce öğelerinin taklidin konusunu meydana getirdiği, diksiyon, müzik ve görüntünün ise taklidin araçları olduğu söylenmiştir: "*Dil deyince de burada kelimelerin ölçüye (vezin) sokulmuş bir düzenini, müzik deyince de herkesin bundan anladığı şeyi anlıyorum*". Tragedyanın tanımı yapılırken, dilin nasıl kullanıldığı üzerinde durulmuştu: "*Sanatça güzelleştirilmiş dil deyince, harmoniyi, yani şarkıyı ve mısra ölçüsünü içine alan bir dili anlıyorum. 'Her bölüm için özel araçlar kullanılır' deyince de bazı bölümlerde yalnız ölçünün, bazı bölümlerde ise müziğin ve şarkının kullanılmasını anlıyorum.*" (VI). Aristoteles, XX., XXI., XXII. bölümlerde şiirsel dil üzerinde ayrıntılı açıklama yapar. Söz sanatlarından, şiirli söyleyiş özelliklerinden söz ederken, anlatımın bayağılaşmadan açık ve seçik olmasını salık verir. Aristoteles'e göre, günlük konuşmada kullanılan sözcükler, kolay anlaşılır ama sıradandırlar. Gösterişli sözler ve alışılmamış deyimler ise anlatımı bilmeceye çevirir. Onun için, ikisinin karması olan bir dil kullanmak en iyisidir. Çifte anlamlı sözcüklerle anlatımı bayağılıktan kurtarmalı, günlük sözcüklerle de anlatımın belirgin olmasını sağlamalıdır.

GÖRÜNTÜ

Poetika'da dram sanatları ile öteki sanatlar karşılaştırılırken, en büyük ayrımın tarz bakımından olduğu, dram sanatlarının göz önünde canlandırıldığı belirtilmişti (III). Tragedyanın destan şiirinden farkı, birinin anlatmasına karşın, ötekinin "eylem içinde" göstermesidir. XXVI. Bölümde de tragedya ile destan şiiri karşılaştırılırken, tragedyanın, destan şiirinin tüm öğelerine sahip olmaktan başka, müzik ve görüntü etkileriyle çok canlı bir hoşlanma duygusu yarattığı ileri sürülmüştü. "*Şu halde, tragedya denen bu taklit, hareket halindeki kişiler tarafından oynandığına göre, zorunlu olarak ilk planda göz önünde bulundurulması gereken şey, dekorasyondur ve dekorasyon, tragedyanın bir elemanıdır.*" (VI)

Aristoteles hareket özelliği üzerinde durduğu halde, göz önünde canlandırma yöntemine ve görüntü özelliklerine az yer vermiştir. "*Dekorasyon en çok etki yapandır; ama dekorasyon teorik araştırmaya en az elverişli bir eleman olup, şiir sanatı ile bir iç-bağlılığı yoktur. Sahnede temsil edilmeden ve oyuncular tarafından oynanmadan da tragedyanın yarattığı etkiye ulaşılabilir. Bundan başka eserin sahneye konması, şiir sanatından çok rejisörlük sanatını ilgilendirir.*" (VI)

Poetika'nın XIV. bölümünde, korku ve acıma duygularının sahne dekoru aracılığı ile de uyandırılabileceği, fakat etkinin, olayların örgüsünden doğmasının daha iyi olacağı, yalnızca sahne dekoru ile elde edilen etkinin çok değeri olmayacağı belirtilir. Buna karşın, XVII. bölümde, şairin, olayları düzenlerken onları elden geldiğince göz önüne getirmeye çalışması, sanki bir seyirci imiş gibi tüm kusurları görmesi istenmiştir.

MÜZİK

Hareketin taklidinde dil ve görüntü ile beraber müzik üçüncü anlatım aracıdır. Aristoteles'e göre, tragedya sanatını zenginleştiren araçlar arasında dilden sonra en önemlisi müziktir. Bununla beraber görüntünün daha etkili olduğu da belirtilmiştir. Aristoteles, tragedya ile destan şiirini karşılaştırdığında, müzik ve dekorun yalnız tragedyada bulunduğunu, öteki öğelerin iki yazın türünde de ortak olduğunu söylemiştir (XXIV). *Poetika*'nın XXVI. bölümünde şöyle söylenmektedir: "*Tragedya eposa üstündür, çünkü tragedya, epik şiirin sahip olduğu her şeye sahiptir; zira o da aynı ölçüyü (vezin) kullanabilir; ve bunlardan başka müzik ve dekorasyondan da önemli derecede pay alır ve bu müzik ve dekorasyonla da çok canlı bir hoşlanma duygusu yaratılır. Tragedya bu etkiyi hem metni hem de eserin sahnede oynanması ile elde eder.*"

Özetleyecek olursak, Aristoteles tragedya sanatını genel olarak bir taklit sanatı olarak tanımladıktan sonra bölümleri ve öğeleri üzerinde durmuş, her öğesini destan şiiri ile karşılaştırmış, tragedyanın amaçladığı etkiye olan katkısını dikkate alarak açıklamıştır. *Poetika*'da içerik bakımından üzerinde en çok durulan ve en iyi açıklanan öğe, olayların örgüsü olmuştur. Anlatım aracı olması bakımından dil, ayrıntılı olarak işlenmiş, görüntü ve müzik ise, tragedyaya özgü etkiyi yaratmadaki katkıları bakımından değerlendirilmiştir.

TRAGEDYANIN İŞLEVİ

Eski Yunan'da şairin toplum içinde önemli bir yeri olduğunu biliyoruz. Dinsel inançları, töreyi, ahlaki ve siyasal düzeni ulu bir destanla dile getirmiş olan bu uygarlık, şairi, gerçeklere ışık tutan kişi olarak göstermiştir. Strabo'dan nakledildiğine göre, Antik Yunan'da şiir, bize hayatı tanıtan, karakter, heyecan ve davranışlarımız hakkında ilk zevkli bilgileri veren bir felsefe başlangıcı olarak kabul edilmiştir. Şiir, hem çocuklar için ilk ahlak dersi, hem yetişkinleri her çağda olumlu olarak etkileyen bir araçtı. Daha sonra felsefe ve tarih incelemeleri gelişmiş ve şiirin görevini üzerlerine almışlarsa da bu bilimler azınlığı ilgilendirmiş, büyük çoğunluğun eğitiminde en etkin araç gene şiir olmuştur.[12]

Antik Yunan'da şairin tanrısal esinle yazan kişi olduğuna inanılır. O, tanrının sözüne aracılık eden, Musa'ların sesini dile getiren kişidir. Bununla beraber şair, bazı sorumluluklar da yüklenmiştir. İ.Ö. V. yüzyılda yaşamış olan Pindaros, kendinde hem gerçeği, hem de doğruyu belirtme gücünü gördüğü için görevinin şerefli olduğuna inanır ve bu görevin dikkatle ve sorumluluk duygusu ile yerine getirilmesine önem verir. Şairin, gerçeği ve doğruyu söylemesi, hata yapmamaya ve kötü etki bırakmamaya dikkat etmesi gerekmektedir.[13]

Tragedyanın, çağının önemli sorunlarını, toplum yapısının çelişkilerini dile getirirken halkı eğitme görevini savsaklamasına izin verilmemiştir. Örneğin, oyunlarından hiçbiri günümüze kalmamış olan tragedya şairi Phrynikhus'un, *Miletos'un Zaptı* adlı oyunu, seyirci tarafından çok beğenildiği halde, yazarı, seyirciyi güncel olaylarla heyecanlandırdığı gerekçesiyle para cezasına çarptırılmıştır. Tragedya şairlerinin güncel konulardan kaçındıklarını, oyunlarının öykülerini tarihten, efsaneden aldıklarını biliyoruz. Güncellikten kaçınma, zamanda ve yerde uzaklara gitme, politik endişelerin sonucu olmalıdır. Bu uzaklaşma estetik uzaklık sağlamak açısından da yararlı olmuştur. Sanatın eğitici işlevine verilen önem, Platon'da açıkça görülür. *Ion*'da yazar, şairin, Musa'ların sözünü iletmekten ileri gidemediğini, anlattıklarını bilmediğini ve uygulayamadığını ileri sürmekle beraber, eserin pratik yaşamda işe yarayabileceğini de belirtmiştir.

Platon, *Devlet*'de, sanata, toplum yaşamında yararlı olma, gençleri eğitme görevini vermiştir. Platon, gerçeğe ve ahlaka uymayan, kötü etki yapan anlatıların yasaklanmasını önererek bu görevin ciddiliğine dikkati çekmiştir. Komedya yazarı Aristophanes, *Acharnialılar, Kurbağalar, Eşek Arıları* adlı oyunlarında komedyanın, halkı eğlendirmekle kalmayıp onu, hem beğeni, hem ahlak, hem siyasal düşünce bakımından eğitmesi gerektiğini söyler. Böylece komedyada ciddi olanla hafif olan bir arada sunulmuş olur. *Acharnialılar*'ın parabasis'inde Aristophanes, Atinalılara doğru yolu göstermeye cesaret ettiği için kendinin iyi bir şair olduğunu belirtir, *Eşek Arıları*'nda ise, sıradan kişilere değil, Kreon gibi dünyanın büyük kötülerine saldırdığı için kendini Herakles'e benzetir. Tragedya şairlerinden Euripides'i, ahlak eğiticiliğine önem vermediği, gelenekleri ve inançları hafife aldığı için eleştirir. Aristophanes, kolay anlaşılır olanla yetinen, duygu sömürüsü yapan, gerçekçi ayrıntılarla ucuz etki peşinde koşan popüler sanat anlayışına da karşı çıkmış, bu tutumdaki yüzeyselliği şairin ahlak sorumluluğuna aykırı bulmuştur (*Kurbağalar*).

AHLAK EĞİTİMİ

Aristoteles, *Poetika*'da estetik kuram ile, ahlak kuramını ayrı olarak düşündüğünü belli etmektedir. Sanatçıyı sanat kurallarına göre değerlendirir. Sanatçı, eserinin biçimsel düzeninden, inandırıcılığından, gerçeklere benzerliğinden, evrensel olana ışık tutmasından ve istenilen etkiyi bırakmasından sorumludur. Fakat toplumun ahlak değerlerine karşı sorumsuz da kalmamalıdır. Aristoteles, ahlakçı eğilimini en çok, oyun kişilerinin niteliklerini belirlerken göstermiştir; yazarın, oyun kişilerini yaratırken, bazı ahlak kurallarına uyması gerektiğini söylemiştir.

Karakter öğesi hakkında yapılan açıklamada da tragedyada taklit konusu olan insanların ortalamadan daha iyi olmaları gerektiği belirtilmişti. Burada iyilik, kişinin ahlak açısından niteliğidir.

"*Bir insanın konuşması ve hareket tarzı ne çeşitten olursa olsun, belli bir istem yönünü gösteriyorsa, o insanın karakteri vardır; eğer bu istem yönü ahlak bakımından iyi ise, o insanın karakteri ahlak bakımından iyidir.*" (XV). Görüldüğü gibi, ahlak özelliği davranışlarla ortaya çıkmakta ve davranışlara göre değerlendirilmektedir. Burada kullanılan *spoudaioi* sözcüğünün bazı yorumcular tarafından "ahlak bakımından iyi", bazı yorumcular tarafından "üstün nitelikleri olan kişi" olarak çevrildiğini anımsamalıyız. G.M.A. Grube, ilk yorumu, Butcher, ikinci yorumu yeğliyorlar. Çevirisinden yararlandığım Sayın Profesör İsmail Tunalı'nın ilk anlamı paylaştığı görülüyor.

Aristoteles, *Poetika*'nın XV. bölümünde oyun kişilerinin canlandırılmasında gerçeğe benzerlik gözetmekle beraber, bu kişilerin idealize edilmesi gereğine de işaret etmiştir. "*Böylece, taklit edici şair de eğer hafifmeşrep veya bu gibi karakterlere sahip kimseleri tasvir edecekse, bütün tutkularına rağmen onları ahlak bakımından üstün insanlar olarak tasvir etmelidir*".[14]

Aristoteles, *Poetika*'nın XIII. bölümünde, korku ve merhamet duygularının uyandırılabilmesi için, ne çok iyi ne de çok kötü kişilerin yıkıma düşmüş olarak gösterilmesini ister. Çok iyi bir kişinin yıkıma uğraması korku ve acıma değil, öfke uyandırır. Çok kötü bir kişinin yıkımı ise adalet duygusunu doyurursa da insanı fazla etkilemez. Öte yandan kötü kişinin mutluluğa ermesi, adalet duygusuna aykırıdır, ahlak duygusunu doyurmaz. O halde, istenen trajik etkinin uyandırılabilmesi için, oyun kişisinin ne çok iyi, ne de çok kötü olması gerekmektedir. O, "*küçük bir suçla suçlandırılmış*", ya da bir hata veya zaafı olan iyi bir kişi olmalıdır (*hamartia*). Aristoteles, "*hamartia*"nın, ahlak hatası ya da ahlak zayıflığı olmaması gerektiğine de işaret etmiştir. Aristoteles komedya türünün kişilerini tanımlarken de, ahlak amacı gözetmiş gibidir. Çünkü, komedyanın ortalamadan daha aşağı olan karakterleri taklit etmekle birlikte "her kötü olan şeyi taklit etmeyip, tersine gülünç olanı" taklit ettiğini söylemiştir. "Gülünç olanın özü, soylu olmayışa ve kusura" dayanmaktadır. Görüldüğü gibi, Aristoteles oyun kişilerinin tanımında ve özelliklerinin saptanmasında, ahlak kaygısıyla hareket etmektedir. *Poetika*'nın XXV. bölümünde belirtildiği gibi, bu, dar anlamda bir ahlakçılık değildir. Oyundaki kişiler ve sözler, tüm oyundan ve oyundaki işlevlerinden bağımsız olarak, ayrı ayrı değerlendirilmemeli, her sözün ve hareketin, tümün içinde taşıdığı anlama bakılmalıdır. Tek başına alındığında ahlaka aykırı gibi görünen bir söz veya davranış, bu sözü söyleyen veya davranışı yapan kişinin durumu dikkate alındığında yüksek bir iyiye hizmet edici ya da kötülükten koruyucu nitelikte olabilir.

Aristoteles oyun kişilerinde ahlak açısından olumluluk aramıştır. Fakat onun çok daha önemle üzerinde durduğu şey, seyircide bazı heyecanların uyandırılması ve bu heyecanların arıtılmasıdır. Tragedyanın asıl amacı bu "belli" etkiyi uyandırabilmektir. Tragedyanın başarısı böyle bir etki uyandırabilmesi ile ölçülür.

ARINMA (KATHARSİS)

Poetika'da tragedya tanımı şu sözlerle tamamlanıyordu: "*Tragedyanın ödevi, uyandırdığı acıma ve korku duygularıyla, ruhu tutkulardan temizlemektir. (Katharsis)*" (VI). Arınma kavramı üzerinde çok durulmuştur. Açıklamada ortaya çıkan en büyük zorluk dilimize arınma diye aktardığımız *katharsis* sözcüğünün anlamının kesin olmayışıdır. Eski Yunan'da katharsis sözcüğü bir hekimlik terimi olarak kullanılırmış. Kötü ve zararlı maddelerin vücuttan atılması anlamına gelirmiş. Bu sözcüğün dinsel ve ahlaksal anlamda, mecazi olarak da kullanılabildiği söylenmektedir[15]. Platon, *Gorgias* adlı eserinde, sözlerin ruh üzerindeki etkisi ile, ilacın, vücuttaki etkisini karşılaştırmıştır. Platon'a göre, ilaçlar, vücuttan bazı sıvıları çekerek hastalığa son verirler. Oysa güzel konuşma ustaları, ruhu sözleri ile iyileştiriyormuş gibi görünürlerse de sağladıkları geçici bir zevktir.[16]

Katharsis sözcüğünü doğrudan doğruya sanata uygulayan Aristoteles olmuştur. *Poetika*'da katharsis, korku ve acıma gibi ruha zararlı heyecanları boşaltarak, rahatlama anlamına gelmektedir. Tragedya seyredilirken önce bu heyecanlar uyarılmakta, yapay olarak uyarılan bu heyecanlar, duyula duyula tüketilmekte ve yerlerini boşalmadan gelen hoş bir duygu almaktadır. Böylece sanat, insan ruhu için sağlıklı bir etki yaratmış olur. Aristoteles'in *katharsis* sözünü hangi anlamda kullanmış olduğu üzerinde çeşitli yorumlar vardır. Bu yorumlardan ilki, bu sözcüğün tıptaki anlamı ile kullanılmış olabileceğidir. Buna göre *katharsis*, kötü olan maddelerin vücuttan atılması demektir. İkinci yorum, katharsis sözcüğünün dinsel ayin *(orphic)* anlamında kullanılmış olabileceğidir. Bu anlamda katharsis heyecanların sağaltılmasını ve ruhun arı, duru bir hale getirilmesini ifade eder. Aristoteles *Politika* adlı yapıtında aynı sözcüğü kullanmıştır. Yazar bu yapıtındaki müzikle ilgili açıklamasında şunu belirtir: Acıma, korku, kendinden geçme, vecde gelme gibi heyecanlar ruhu şiddetle etkiler. Dinsel müzik ve şarkılar ruhta böyle bir etki uyandırabilir ve ruhu önce çılgınlığa sürükler sonra da tıpkı bir hekimlik işlemi gibi, arıtıp dinginliğe kavuşturur. Arınma ile birlikte hoş bir rahatlama duygusu meydana gelir. Aristoteles'in *Poetika*'da da katharsis sözcüğünü aynı anlamda kullanmış olması inandırıcı bir açıklamadır. Tragedya da seyircide bazı heyecanları uyandırmakta, sonra onları tüketip rahatlık sağlamaktadır.

Aristoteles'in tragedyanın olumlu etkisinden söz etmesi, bu sanatı Platon'un suçlamalarına karşı savunmak isteğinden gelmiş olabilir. Anımsanacağı gibi Platon, dram sanatının, insanın günlük yaşamda denetim altında tuttuğu üzüntü ve ağlama eğilimlerini kışkırttığını ileri sürmüştü. Heyecanların uyarılması, insanın sağlıklı düşünmesine ve sağduyuya uygun yaşamasına engel sayılıyordu. Aristoteles, arınma kavramı ile, bu eleştiriye karşı, tragedyanın heyecanları uyardıktan sonra onları boşaltmakla insan ruhunu dinginliğe kavuşturduğunu belirtmiş oluyordu. S.H. Butcher, Aristoteles'in, dinsel coşkuya tutulmuş ve kendinden geçmiş insanlar üzerinde bazı ezgilerin bıraktığı etkiyi gözlemledikten sonra bu yargıya vardığını söyler. Böyle kendinden geçen kişilerin Tanrıların etkisi altında bulunduğuna inanılmaktaydı. Bu kişilerin bakımı ile rahipler görevlendiriliyorlardı. Rahiplerin uyguladıkları iyileştirme yöntemi ise onlara çok ilkel ve hareketli bir müzik dinletmekti. Bu uygulama sonunda, iç uyumu bozulmuş olan kişiler, dış uyumsuzlukla karşılaşınca kendi huzursuzluklarını atıp iyileşiyorlardı. Böylece müzik, dinsel coşkunun boşaltılmasına yarayan fiziksel bir dürtü görevini yapmaktaydı. Platon'un *Kanunlar* adlı eserinde bu iyileştirme yöntemi, dadıların çocukları sallayarak ve ninni söyleyerek uyutmalarına benzetilmiştir. Her iki durumda da korku ve huzursuzluktan uzaklaştırma durumu vardır, O halde, tragedya tanımında kullanılan arınma (*katharsis*) sözcüğü hekimlikte kullanılan teknik bir terimdir; mecazi olarak coşkunun arınması'na yaklaşık bir anlamda korku ve merhamet'in arınması olarak kullanılmış, estetik anlam taşıyan bir sanat terimi olmuştur.

Arındırılması gereken heyecanlar arasında neden öncelikle korku ve acıma duygularından söz edildiğine, bu heyecanların zararlı sayıldığına gelince, tamamlayıcı bilgiyi Aristoteles'in öteki yapıtlarında buluyoruz. Yazar *Retorika*'da merhameti de, korkuyu da bir çeşit acı olarak nitelemiştir (II/5). Acıma, layık olmadığı bir kötülüğe uğrayana karşı duyduğumuz acı verici bir duygudur. Özellikle bu kötülüğün bizi ve yakınlarımızı tehdit ettiğini bildiğimiz zaman acıma duyarız. Tehlikeli durum bize çok yakınlaşır, ıstırap kendimizinmiş gibi görünürse, acıma duygusu korkuya dönüşür. Böylece acıma ile korku birbirine çok yakından bağlı olan duygulardır. O halde Aristoteles'e göre, acıma ve korku duyguları bencil duygulardır. Kendimizle ilgili olarak yaptığımız değerlendirme sonucu bu heyecanlara kapılırız. S.H. Butcher'e göre, Aristoteles arınmanın bazı heyecanları, bencil heyecanlar olmaktan kurtardığını, bir değişime uğrattığını söylemek istemiştir. Tehlike bize yakın olduğu için değil, yıkımı hak etmeyen kişi acı çektiği için ona acır, sempati duygusu ile yakınlaşır, onun adına korkarız. Çünkü yıkıma uğrayan kişi, kaderine meydan okuyan üstün kişidir. Bununla birlikte bu üstün kişi, bir takım kusurları, zayıflıkları olan insandır. Üstünlüğü, hayranlığımızı, zayıflıkları veya kusurları sempatimizi uyandırır. Hem bize tüm yabancı olmayan, hem de kendimizden üstün saydığımız bir kahramanın hak etmediği bir yıkıma uğradığını görünce ona acır, karşılaştığı zorluklardan onun adına korkarız. Düşüş ne kadar yüksekten olursa, etkisi o kadar güçlü olur. Aynı zamanda bu yükseklik seyirci ile sahne arasına bir uzaklık koymuştur. Bu mesafe, olayları uzak açıdan görüp değerlendirmemizi sağlayacak kadar geniştir. Fakat bizi olup bitenlere karşı ilgisiz bırakacak kadar da derin değildir. Böylece, heyecanlarımıza bir ölçü uygulanmış olur. Sanat yoluyla uyarılan acıma ve korku duyguları, bu estetik uzaklık ile arınır, özgecil duygular olur. Korku ve acıma duygularının bizden uzaklaşması, iki heyecanın birbiri ile ilintisi olmasından ileri gelmektedir. Acıma, korku ile karışınca salt duygusallığa dönüşmekten kurtulur. Korku da acıma duygusu ile birlikte olunca sınırsız bir dehşete düşme aşamasına ulaşmaz, ılımlılaşır. Trajik acıma ve korku, heyecanlarımızı dengeli bir biçime sokar, onların aşırılıklarını biler. Kendimizi başka insanların yerine koydurur ve bizi kendimizle ilgili duygulanmalardan, kendimize acımaktan, kendimiz için korkmaktan korur. Kısaca bizi dar kişiliğimizden kurtarıp yüceltir. Evrensel gerçekle karşı karşıya getirir[17].

Bütün bu yorumların ışığı altında *katharsis*, insanı, ruhu için zararlı olan, bencil ve sivri heyecanlardan kurtaran, onu hem daha sağlıklı, hem özgecil yapan, günlük olayların ötesinde, insanın değişmeyen kaderi, bu kaderle kavgası üzerinde düşündüren bir işlemdir; bir arınma işlemidir. Doğrudan doğruya ahlaksal bir amaca hizmet etmez, kişiyi bir ahlak kuralı üzerinde eğitmez; fakat onu daha dengeli, daha olgun bir kişi yapar ve dolayısıyla toplum ahlakına hizmet etmiş olur. Aynı zamanda insanı, özel durumlar üzerinde düşünmekten kurtarıp evrensel olana yönelttiği için felsefi düşünceye katkıda bulunur. Görüldüğü gibi, *katharsis* sözcüğü ile Aristoteles, Platon'un yargıladığı sanata felsefe katında saygın bir yer vermiştir.

HOŞLANMA

Aristoteles, şiirin eğitici işlevine inanmakla birlikte, şiir sanatını toplumsal yararın ötesindeki etkinliği ile incelemiş bir düşünürdür. *Poetika* ve *Politika* adlı eserlerinde şiirin biçimsel özellikleri üzerinde durmuş, belli biçimsel düzenlerin özel bir hoşlanma duygusu yarattığını göstermiştir. *Poetika*'da tragedyanın ayırıcı özelliklerini açıklarken sık sık kendine özgü bir etkiden söz ettiği görülür. Bu etki, "*canlı bir hoşlanma duygusu*" (XXVI/5), "*hoş bir etki*" dir (XXVI/6). Burada anlatılan hoşlanma, gelişigüzel bir hoşlanma olmayıp "*tragedyanın vermesi lazım gelen bir zevk*" olmalıdır (XXIII/6). Aristoteles bu yaklaşımı ile, sanatın kendine özgü üstün bir zevk uyandırdığını kabul etmiş olmaktadır.

Aristoteles, tragedyanın uyandırdığı hoşlanma duygusunu ilkin insanlarda doğuştan varolan taklit içtepisiyle açıklamıştır. Düşünüre göre, taklit etme içgüdüsü insanın asal eğilimlerinden biridir ve insanı hayvandan ayıran özelliktir. İnsanoğlu taklit etmekten de, taklidi seyretmekten de hoşlanır. Taklit ürünleri karşısında duyulan hoşlanma tüm insanlarda vardır. Bunun nedeni insanın ilk bilgilerini taklitle öğrenmiş olmasıdır. "*Öğrenmeden doğan derin hoşlanma*" diyor Aristoteles buna (IV/1). İnsanda aynı zamanda, uyum ve tartımdan hoşlanma içgüdüsü vardır. Onun için insan, doğal olarak uyumu ve tartımı kullanan şiiri sever. Tragedya da böyle bir şiirdir. Bir tragedyada tüm öğeler, öykü, kişiler, düşünce, dil, görüntü, insanda doğuştan varolan taklitten ve şiirden hoşlanma yetisini geliştirip üstün bir zevke dönüştürmek amacına yöneliktir. Tragedya, salt okumakla da aynı etkiyi uyandırarak üstün bir etkileme gücüne sahip olduğunu kanıtlamıştır. Aristoteles tragedya sanatının, sıradan kişilerin beğenisine yönelik kaba bir sanat olduğunu ileri sürenlere karşı, kusurun, olsa olsa şarkılarında ve hareketlerinde aşırıya kaçan oyuncuda olabileceğini, tragedyanın müzik ve görüntünün katkısı ile çok canlı bir hoşlanma duygusu yarattığını söylemiştir.

Aristoteles, *Politika* adlı eserinde de sanatın eğitici görevini kabul etmekle beraber başka işlevleri de olduğunu belirtmiştir. Bu eserinde Aristoteles özellikle müzik sanatının üç işlevi üzerinde durur. Müzik sanatının eğiticilikten başka iki işlevi daha vardır. Bunlardan biri, insanı rahatlatmasıdır. Bu çeşit müzik, yorgunluktan sonraki dinlenme süreleri için yararlıdır. Kişiyi yeniden canlılığa kavuşturur. Müziğin diğer işlevi ise dinlenmenin ardından gelen boş zamanda görülür. Çalışmadan ve dinlenmeden arta kalan zamanda müzik, daha yüksek bir amaca yönelir. Bu amaç, kişiliği geliştirmek ve düşünce yeteneğini artırmaktır. Bu üçüncü işlevi ile müzik kültüre katkıda bulunur.

ELEŞTİRİLERE KARŞI SAVUNMA

Aristoteles'e göre, tragedyaya yöneltilen eleştiriler dört noktada toplanabilir: 1) Olanaksız olan anlatıldı diye, 2) Ahlaka aykırı düşüldü, etki sağlanamadı diye, 3) Çelişkili diye, 4) Sanat tekniği açısından yetersiz diye. Bazen bu eleştiriler haklı değildir. Bu durumda yazar kendini savunabilmelidir. Savunulabilecek durumlar şunlardır:

Olanaksız olan anlatıldı diye eleştiriliyorsa: Olanaksız olanın anlatılması inandırıcılık kuralını zedeler. Onun için de yanlıştır. Fakat sanatta bazı durumlarda olanaksız olana da yer verilebilir. Bu durumlar şunlardır: a) *Şiirsel erek için gerekliyse*: Şiirin istenilen etkiyi yaratması, amaçladığı mükemmelliğe ulaşması için olanaksız olanı da kullanması zorunluysa yazar olanaksız olana yer verebilir. Böylece sağduyu açısından yanlış olan fakat sanat yapmak için gerekli görülene izin verilmektedir. Aristoteles bu açıklaması ile sanatı, yaşam gerçeğinin üstünde saymış, sanatın amacına ulaşmak, kendini en mükemmel biçimde gerçekleştirmek için yaşam gerçeğinin, akıl ve sağduyunun sınırlarını aşabileceğini kabul etmiş, sanata özgürlük tanımıştır. b) *Rastlantısalsa*: Oyunda yapılan bir mantık hatası, özdeki yanlıştan ileri gelmiyorsa, kazara yapılmışsa bunun da önemi yoktur. c) *Kamu anlayışına, töreye uygunsa*. Bazen tarihten, efsaneden öğrendiğimiz şeyler akla ve sağduyuya uymaz. Fakat biz bunları okuya okuya, duya duya alışmışızdır. Onları akıl ve sağduyu açısından eleştirmek aklımızdan geçmez. Töreden geleni olduğu gibi kabul ederiz. Sanat da bu çeşit konuları, temaları alıp kullanır. Kamu anlayışına, töreye yerleşmiş konular, sağduyuya aykırı diye eleştirilmez. d) *Gerçekte olmuşsa*: Bazen de akla ve sağduyuya aykırı gibi görünen şeyler gerçekte olmuştur. Yaşamda rastlanabilen bu çeşit olaylara da yer verilebilir. e) *İdeale uyuyorsa*: Olası olmadığı halde "olması gerektiği gibi olan" kullanılabilir. Böylece bir yapıta olası olmadığı gerekçesiyle yöneltilen eleştiriler yanıtlanmış olur.[18]

Ahlaka aykırı düşüldü, etki sağlanamadı diye eleştiriliyorsa: Sanatta ahlaka aykırılık, tek tek sözlerin veya davranışların ahlak açısından iyi veya kötü olması demek değildir. Söz ve davranışları, eserin tümünden soyutlayarak yargılamak bizi yanlışa sürükleyebilir. Söz ve davranışlar, bunları söyleyen ve yapan kişiler göz önünde tutularak, bu kişileri böyle konuşmaya ve davranmaya iten nedenler dikkate alınarak incelenmelidir. Oyunun tümünün yüksek bir iyiye işaret edip etmediğine bakılmalıdır. İçinde ahlaka aykırı gibi görünen bir söz veya davranış bulunan bir yapıtın tümü çok yüksek bir amaca yönelik olabilir. Kısacası, bir yapıtı ahlak açısından gelişigüzel yargılamak sakıncalıdır.

Çelişkiye düşüldü diye eleştiriliyorsa: Eserin temelde çelişik mi olduğuna, yoksa bu çelişkinin görünüşten mi geldiğine bakılmalıdır. Şair görünüşte çelişkili gibi duran şeyi o anlamda söylememiş olabilir. Bunun akıllıca bir yorumla ortaya çıkarılması gerekir.

Sanat tekniği açısından yetersiz diye eleştiriliyorsa: Bu çeşit eleştirilere karşı teknik bakımdan hatalı olduğu sanılan sözün bir deyim olduğu, ya da mecazi anlamda kullanılmış olduğu gösterilebilir. Bazı eleştiriler de ölçünün (veznin), ya da noktalamanın gereği olduğu belirtilerek yanıtlanabilir. Bazen de eleştirilen sözcük çift anlamlıdır. Kısacası, sözlü anlatımda bulunan kusurların gerçekten teknik bir hatadan mı geldiğini, yoksa anlatımda özellikle kullanılan bir hüner gösterisi mi olduğu araştırılmalıdır.

Görüldüğü gibi, Aristoteles, sanatın gerçeği olan hünerleri bilmeden, sanatın yüksek amacını dikkate almadan, hatta eserin tümünü iyice anlayıp yorumlamadan kusur bulmaya kalkışmanın sakıncalarını göstermekte, sanat yapıtının gelişigüzel eleştirilmemesini salık vermektedir.

KOMEDYA

Poetika'da komedyaya ilişkin bilgi azdır. Yazarın bu konuya ayrılmış başka bir eseri olduğu fakat kaybolduğu bir söylenti olarak ileri sürülür. *Poetika*'da komedya türü, bir kez tragedya ile birlikte öteki sanatlarla karşılaştırılırken, bir kez de tiyatronun kaynağı açıklanırken ele alınmış ve kısa bir tanımı yapılmıştır. Tiplerle ilgili açıklamada da komedyaya değinildiği görülür. Komedyanın kökeni hakkında yapılan açıklamada bu türün, başlangıçta tıpkı tragedya gibi doğmaca olarak yapıldığı ve kaynağını *Phallos* şarkılarından aldığı belirtilir. Komedyanın uzun süre ciddiye alınmamış olmasının nedeni, kişisel taşlamalarla yetinilmiş, biçiminin düzene sokulmamış olmasıdır. Daha sonra komedya şairleri çıkmış, oyunlar yazmış, oyunlarını maskelerle, prologlarla donatmış, oyuncu sayısını artırmışlardır. Komedya böylece gelişerek, törenlerde yarışmaya katılma hakkını kazanmıştır.

Aristoteles, sanatların, konu, araç, tarz bakımından birbirlerinden nasıl ayrıldıklarını açıklarken şairlerin, "*ya ortalamadan daha iyi, veya daha kötü veya ortalama insanların hareketlerini taklit*" ettiklerini söylemiştir. Ortalamadan daha kötüleri taklit eden tür komedyadır. Benzer bir açıklama tragedya ile komedya karşılaştırılırken yapılmış, tragedyanın efsaneden aldığı kişileri soylulaştırmasına ve yüceltmesine karşın, komedyanın soylu olmayan, kusurlu kişileri ele aldığı belirtilmiştir. Latin ve ortaçağ tiyatro düşünürlerinin, Aristoteles'in bu savından hareket ederek, komedyayı gerçekçi bir tür olarak betimledikleri ve bu türün, gerçekleri yansıtma özelliğine dikkati çektikleri görülecektir. Aristoteles savını şöyle sürdürmüştür: "*Bununla beraber komedya her kötü olan şeyi taklit etmez; tersine gülünç olanı taklit eder ve bu da soylu olmayan bir kısımdır. Çünkü gülünç olanın özü soylu olmayışa ve kusura dayanır. Ama bu kusur hiç acı ve zarar veren bir etkide bulunmaz. Nasıl ki komik bir maskenin çirkin ve kusurlu olmakla birlikte asla acı veren bir ifadesi yoktur*" (V). Bu açıklamadan anlaşıldığına göre gülünçlük, bir kusurdan, bir eksiklikten doğmaktadır. Bu kusurun güldürmeyecek kadar önemli ve ciddi olmaması gerekir. Aristoteles, komedyanın kaynağı hakkında bilgi verirken de kişisel taşlamaya karşı olduğunu, acıtıcı alayı kınadığını belirtmiştir. Bugün mizah ile taşlama arasındaki farkın belirtildiğini, öfkeli ve saldırgan olan, ciddi kusurları gösteren taşlamanın, komedyanın dışında bir tür olarak kabul edildiğini görüyoruz.

Aristoteles tragedya ve komedya türlerini birbirinden konu bakımından ayırmakla kalmamış, iki türün yazarları arasında da mizaç, hatta ahlak düzeyi bakımından fark olduğunu ileri sürmüştür. "*Şiir sanatı, şairlerin karakterine uygun olarak iki yönelge alır; çünkü ağırbaşlı ve soylu karakterli şairler, ahlakça iyi ve soylu kişilerin iyi ve soylu hareketlerini taklit ederler; hafifmeşrep karakterli şairler ise, bayağı tabiattaki insanların hareketlerini taklit ederler. Birinciler bunu ilkin Hymos'lar ve övgü şiirleri ile yaptıkları halde, ikinciler alaylı şiirler yazmakla yapmışlardır*" (IV). Aristoteles, komedyanın öyküsü üzerinde ayrıca durmamıştır. Yalnız tragedyanın istenen etkiyi uyandırabilmesi için olayların iyiden kötüye doğru gelişmesini önerirken, dolaylı olarak komedyada da olayların kötüden iyiye gelişmesinin doğru olacağını ima etmiş olabilir. *Poetika*'da olasılık ilkesi üzerinde dururlurken, komedya yazarının konusunu olasılıkla kurduğu ve olasılığın tipiklikle pekiştirildiği, bunun, kişilere verilen adlardan anlaşıldığı belirtilmiştir. Komedya kişilerine karakteristik adlar verilmektedir. Bu kural daha sonra Latin güldürülerinde kesinleşmiş, yalnız adları değil, giysileri ve giysilerinin renkleri tipik olan, hiç değişmeyen komedya tipleri üretilmiştir.

Komedyanın işlevi üzerinde ayrıca durulmadığı halde, tragedyaya özgü zevk ile komedyaya özgü zevk arasındaki farka değinilmiştir. Aristoteles, tragedyanın mutlu sonla bitmesinin, tragedyaya özgü bir zevk verdiğini, komedyanın mutlu sonunun ise komedyaya özgü zevk sağladığını belirtmiştir. Etika'da aynı konuyla ilgili olarak, gülünç olanın genellikle ciddi olandan aşağı olduğu ileri sürülmüştür. Ancak Aristoteles, Platon kadar karşı değildir komedyanın sağladığı eğlenceye. Yalnız farklı zevk düzeyindeki kişilerin, farklı tür sanattan hoşlandıklarını, örneğin, kaba kişilerin hoşlandıkları müzikle, eğitilmiş kişilerin hoşlandıkları müzik arasında fark bulunduğunu söyler (*Politika ve Retorika*). Aristoteles'in tragedya ve komedya türlerini birbirinden kesinlikle ayırmış olması, kendinden sonraki eleştiricileri etkilemiştir. Rönesans eleştirmenleri tür ayrımına dikkat edilmesini istemişler, kendi çağlarında yazılmış ve trajik ve komik öğeleri karışık olarak kullanan oyunlara karşı çıkmışlardır. Klasik akım, tür ayrımı konusundaki tavrı sürdürmüştür. Türlerin birbirinden böylesine kesinlikle ayrılması konusundaki kural ancak XVIII. yüzyılda aşılmaya başlayacaktır.

Aristoteles'in izinden giden, yazan ve yazılış tarihi bilinmemekle beraber İ.Ö. IV-II. yüzyılda yazılmış olduğu tahmin edilen *Tractatus Coislianus* adlı eserde, arınma ilkesi komedyaya uygulanmış, komedyanın zevk ve kahkaha yaratarak seyirciyi bu gibi heyecanlardan arıttığı belirtilmiştir[19]. Aristoteles'in etkisinde yazıldığı açıkça belli olan bu eserde gülme kaynakları üzerinde de durulmakta, güldürücü durumlar, güldürücü sözcükler sıralanmaktadır. Bu açıklamalar belli bir sistem içinde yapılmamıştır ve Aristoteles'i yankılamakla beraber onun yöntemine uymayan bir biçimde sunulmaktadır. *Tractatus*'taki Eski Komedya, Orta Komedya ayrımı dikkate değer. Yazar, Eski Komedya'nın (Aristophanes Komedyası) saçmalıklarla dolu olduğunu, Yeni Komedyanın ise (Menandros Komedyası) ciddi olana eğilimli olduğunu ileri sürmüştür. Bu görüş Latin ve rönesans eleştirmenlerince de benimsenmiştir.

Aristoteles'in çağdaşı olan Theophrastus'un komedya tanımı, ortaçağ yazarı Diomedes'in *Ars Grammatica* adlı eserinde ele alınmıştır. Aslı kaybolmuş olan Theophrastus incelemesinin, Aristoteles'i yinelediği, onun tragedya tanımını komedyaya uyguladığı görülmüştür.

Komedya yazarı Aristophanes, komedyanın yalnızca eğlence sağlamakla kalmadığını, ayrıca toplumun beğenisini eğittiğini, ahlak eğitmeni ve siyaset danışmanı görevini yaptığını ileri sürmüş, eserlerinde doğruyu, gerçeği söylediğini, büyük mevkilerdeki kötü kişilere saldırarak ülkeyi pakladığını belirtmiştir.

Özetle, komedya türünün Antik Yunan'da, tragedyadan daha az önemsendiğini, kuramcılar tarafından daha az incelendiğini söyleyebiliriz. Bununla beraber *Poetika*'da komedya üzerine söylenenler, yüzyıllarca komedya tanımının temel çizgisini oluşturmuş, komedya Aristoteles'ten yola çıkılarak açıklanmıştır.

Sonuç olarak, Antik Yunan'da gelişmiş bir tiyatro sanatı vardır. Bu sanat en yetkin ürünlerini klasik çağda vermiştir. Yunan klasik çağı, Atina'nın siyaset alanında güçlendiği, ekonomik açıdan kalkındığı, demokratik yönetimi gerçekleştirdiği ve gelir fazlasının, sanat eserlerinin yapımına harcandığı dönemdir. Atina demokrasisinin gereksindiği özgür ve sorumlu vatandaşın yetiştirilmesinde, tiyatrodan da görev beklenmiştir. Bu ortamda tiyatro, önce dinsel gösterilerin bir uzantısı olarak, sonra da özgün ve bağımsız bir sanat dalı olarak gelişmiştir. Tiyatro, seyirciyi bir yandan dinsel kökenli bir coşku sürecine sokarken, bir yandan onu, toplumun ahlak kuralları doğrultusunda eğitmiş, duyguların akıl ve sağduyu ile denetim altına alınmasına yardımcı olmuştur.

Antik Yunan'da tiyatro sanatının niteliği üzerinde ilk düşünenler, çağın filozofları olmuştur. Platon, Aristoteles, tiyatronun toplumdaki işlevini araştırmışlardır. Bu araştırmalarda tiyatro sanatının, seyirci üzerindeki olağanüstü etkisi göz önünde tutulmuş, bu etkinin olumlu ve olumsuz yönleri üzerinde durulmuştur.

Aristoteles'in *Poetika* adlı eserinde billurlaşan Antik Yunan tiyatro düşüncesi şöyle özetlenebilir: Tiyatro, müzik, plastik sanatlar, şiir sanatı gibi bir sanat dalıdır. Sanatlar arasında bir karşılaştırma yapılırsa kullanıldığı araç bakımından ve tarzı bakımından destana benzer. Bununla beraber pek önemli noktalarda destandan farklıdır ve seyirci üzerinde bıraktığı etki ile ondan üstündür.

Tiyatroda birbirinden ayrı iki tür vardır: Tragedya ve komedya; tragedya üstün nitelikleri olan kişilerin işlerini, komedya kusurlu kişilerin davranışlarını yansıtır. Tiyatro okunmak için değil, oynanmak için yazılır ve görüntüsü ile, müziği ile çok hoşa gider. Yaşamı hareketli olarak taklit eden, bir eylem gösteren tragedyanın, gerçeğe benzerlik, sağduyuya uygunluk, inandırıcılık, tutarlılık gözetmesi, gerçeği tipik yanı ile yansıtması, hatta onu düzeltmesi gerekir. Tiyatro yapıtında, özünün gereği olan düzenli bir biçimlemeye, inceleme yapmaya özen gösterilmeli, gereksiz ayrıntıya, rastlantısal olana yer verilmemeli, tüm öğeler organik bir bütün oluşturmalıdır.

Platon'un, tiyatroda yaratılan heyecanları zararlı bulmasına karşın, Aristoteles arınma kavramını getirmiş, tragedya seyreden seyircinin oyuna duygusal olarak katılma yolu ile heyecanlarını boşalttığını, rahatladığını, arındığını, daha sağlıklı ve dengeli, hatta daha özgecil bir vatandaş olduğunu belirtmiştir. İki düşünür de, yazarların gençlere, doğru yolu gösterme sorumluluğunun bilincinde olmalarına önem verdiler. Aristoteles ayrıca tragedyanın yarattığı estetik duygu üzerinde durdu ve bunu canlı bir hoşlanma olarak niteledi.

2
Roma'da Tiyatro Düşüncesi

Roma düşüncesi sanat konusunda kuramsal sorunlara fazla ilgi duymamıştır. Sanat hakkındaki yazılarda daha çok sanatın topluma karşı görevi ve sanat teknikleri üzerinde durulmuştur. Roma'da sanatın günlük yaşamın gereksinmesine cevap vermeye çalışması gibi, sanat kuramı da yöntem bilgisine ağırlık vermiştir. Yapı, yontu, resim, yazı, konuşma gibi alanlarda eser sınıflaması yapan, katalog düzenleyen, tanıtma, inceleme ve açıklama yapan kitaplar yazılmıştır. Vitrivius'un (İ.Ö. 50-26) yapı sanatı ile, Quintillian'ın konuşma sanatı ile ilgili pratik açıklamalarda bulunan, bu sanatların tekniği, eğitim ve öğretim yöntemi hakkında bilgi veren yapıtları vardır.

Bu dönemde tiyatro ile ilgili kuramsal yazı azdır. Plautus, bazı güldürülerinin önsözünde, komedyaya ilişkin pratik açıklamalar yapmış, Terentius, kendisine yöneltilen eleştirileri yanıtlarken tiyatro hakkındaki düşüncelerini dile getirmiş, Cicero, tiyatro hakkında ilginç görüşler ileri sürmüştür. Bunların hiçbiri derli toplu bir kuram niteliği taşımaz. Livius'un tarihinde komedyanın doğuşu ile ilgili birkaç paragraf bulunmaktadır[1].

Quintilian ve Aulus Gellius, Roma oyun yazarlığını değerlendirirler. Bu yazılar geçici tanım ve eleştiri niteliğindedir[2]. Roma döneminde tiyatro sanatı ile ilgili en önemli eser, Horatius'un *Ars Poetika*'sıdır. *Ars Poetika*'da, tiyatronun eğitici işlevi ve biçimsel düzeni hakkında açıklamalar yapılmıştır.

Tiyatro konusundaki düşünce de soyut kuramlardan çok, somut eserin eleştirisine yöneliktir. Bu durum Roma'da felsefenin yönelişine koşuttur. Roma felsefesi, Yunan felsefesinden farklı olarak, varlığın asal nedeni ve insanın evrenle ilişkisi üzerinde değil, insanın bu dünyadaki yaşam biçimi üzerinde durmuştur. Romalı tiyatro eleştirmenleri ve kuramcıları, Yunan kuramcılarının görüşlerine yeni bir şey katmamış, kendi çağlarının oyunlarını eleştirmekle, yazarlara yol göstermekle, yöntem ve biçim bilgisi vermekle yetinmişlerdir. Roma döneminde, sanatın kuramsal olarak incelenmesine önem verilmemesinin nedeni, Roma'nın kendine özgü kültür yapısıdır. Bir kent devleti olarak başlayıp önce İtalya'yı, sonra tüm Akdeniz çevresini egemenliği altına alan ve büyük bir İmparatorluk kuran Roma devleti, Yunan uygarlığının etkisi altındadır. Bununla beraber kendi geleneksel kültürünü, inançlarını, törelerini de korumuştur.

Yunan Hellenistik döneminde, kültür ve sanat merkezlerinin Yunanistan'ın dışındaki kentlere kaydığını, İskenderiye'nin en önemli kültür merkezi olduğunu biliyoruz. Daha sonra Roma kenti gelişip siyasal yaşamda önemli yerini alınca kültür ve sanatın bu kentte de yoğunlaştığı görülür. Roma İmparatorluğu'nun egemenliği altına giren kentlerde yaşayan sanatçı ve düşünürler Roma'ya gidiyor, çalışmalarını Roma'da sürdürüyorlardı. Roma sanatı, başlangıçta Yunan sanatının devamı oldu. Daha sonra Roma'nın kendine özgü yaşam anlayışı, kültürü, ekonomik durumu, Greko-Romen sentezini yarattı.

Başlangıçta Romalının iki temel uğraş alanı, askerlik ve çiftçilik olmuştur. Önceleri aile çiftlikleri biçiminde yapılan tarım, aile biriminin önem kazanmasını sağlamış, ocak tanrıları yüceltilmiş, çocuklar aile içinde eğitilmiş, aile töreleri kutsallığını korumuştur. Ticaret gelişip, zenginleşen kişiler büyük topraklar satın alınca, aile çiftlik düzeni bozulmuş, büyük ekim alanlarında köleler çalıştırılmaya başlanmış, gelişen kentlerde geleneksel kültür, dış kültürlerin, özellikle Yunan kültürünün etkisi altına girmiştir. Bununla beraber kültürde ve sanatta bazı geleneksel özelliklerin korunduğu görülür. Örneğin, Roma sanatının en belirgin ayırıcı özelliği, pratik yarara yönelik oluşudur. Romalılar sanatın her dalında günlük yaşamın gereksinmelerini göz önünde tutmuşlardır. Yapılar, yontular, oyunlar, işlevseldir. Romalının işlevsellik anlayışı Yunanlınkinden farklıdır. Eski Yunan'da yapıların dış görünüm güzelliği aranır, yontularda gerçeklerle ideallerin uzlaştırılmasına, en yüce değerlerin yansıtılmasına çalışılır, şiirde ve tiyatroda çok geniş anlamda bir eğiticilik gözetilirdi. Buna karşın Roma sanatından beklenen, günlük yaşamı kolaylaştırmak ve insanı bu yaşama daha iyi uyacak biçimde eğitmekti. Roma tiyatrosunun iki büyük komedya yazarı *Plautus* (İ.Ö. 254-184) ve *Terentius* (İ.Ö. 195-159), Atina Yeni Komedyasından aldıkları konuları Romalının günlük yaşantısına, aile ilişkilerine uyarlamışlardır. Amaç, seyirciyi, günlük ilişkilerini yöneten kurallar konusunda eğitmektir. Yunan tiyatrosunda olduğu gibi ilgi, önemli siyasal sorunlara, yaşamın dramatik anlamına, gülünç çelişkilere yöneltilmemiştir. Roma komedyası dokusunu küçük sorunlardan örmüştür.

Roma sanatı ile tiyatrosu arasındaki benzerlik, başka hususlarda da görülür. Roma sanatının bir özelliği, dış görünüşü yansıtmasıdır. Yunan sanatında, gerçeğe benzerlik yanında tipiklik, olasılık, ülküsellik gözetilmesine karşın Roma yontularında dış görünüşteki benzerliğe önem verilmiştir. Yunan yontularında yüzün ayrıntılı olarak işlenmediğini, buna karşın gövdenin genel görünümüne, giysilerin altındaki biçiminin belirtilmesine özen gösterildiğini biliyoruz. Roma sanatında ise baş önem kazanmıştır. Bu değişim bir Etrüsk geleneği ile açıklanmıştır. Etrüsklerin ölü yüzünün kalıbını çıkardıkları ve mezar taşlarının üzerine bu kalıba dayanarak ölünün portresini yaptıkları bilinmektedir. Aynı geleneğin devamı olarak Roma yontularında portrenin gerçekçi olduğunu, yüzün anlam ve hareket ifade ettiğini görürüz. Roma komedyalarında da, kişilerin günlük yaşamdan alındığı, gerçekçi bir biçimde yansıtıldığı, belli kusurlarının sivriltilerek tipleştirildiği görülür. Tiyatro genel ve ortak sorunlardan, insan yazgısının trajik anlamından uzaklaşmış, bireysel ve öznel olana yönelmiştir.

Roma sanatının bir başka özelliği kompozisyonların dinamik oluşu, bu kompozisyonlarda yer alan figürlerin, Yunan kompozisyonlarında görüldüğü gibi birbirinden bağımsız, özgün parçalar olmaması, bir bütün içinde tek anlamı oluşturmasıdır. Kabartmaların ortak özelliği olan hareketlilik ve bağlantılılık ile, Roma komedyalarında görülen çok hareketli ve iç içe dolantı düzeni arasında bir koşutluk olduğu ileri sürülebilir. Bu komedyalarda seyircinin ilgisi, anlama, anlamın toplumsal önemine yönelik değildir. Roma komedyalarında dolantının nasıl çözümleneceği merak edilir. Yoğun, durağan, anlam yüklü durumların, uzun konuşmaların yerini, bol dış hareket ve canlı konuşmalar almıştır. Olay düzeni, birkaç Yunan komedyasının konusunu içerecek kadar karmaşıktır. Sonuca tüm karmaşık düğümlerin çözülmesi ile varılır. Tiyatronun bu özelliği eleştirmenlerin ilgisini kurgu tekniğinin özelliklerine, bir de oyunun ahlaki eğiticiliği üzerine çekmiştir. "Eğitme ve zevk verme" formülü Roma tiyatro düşüncesini çok anlamlı bir biçimde özetlemektedir. Bu formülü Horatius'un açıklamasına dayanarak ele almadan önce Plautus, Terentius, Cicero'nun tiyatro ile ilgili görüşlerine göz atalım.

PLAUTUS, TERENTİUS, CİCERO

Latin komedya yazarı Plautus (İ.Ö. 254-184) *Amphitrio* adlı oyununda oyun kişilerini tragedya türüne özgü kahramanlardan seçtiği için seyirciden özür dilemektedir.

> "Krallar, Tanrılar çıkacak bir oyunu başından sonuna kadar komedya etmek bence hiç yakışık almaz ama ne yapalım, içinde bir köle var, onun için, demin de dediğim gibi, yarı tragedya ederim, yarı komedya."[3]

Görüldüğü gibi türlerin birbirinden ayrılması gerektiğine öylesine inanılmış ve her türün özellikleri o kadar kesinlikle saptanmıştır ki, bir oyunda kölenin bulunması bile, o oyunu komedya saydırmaya yetmektedir.

Terentius (İ.Ö. 192-153) kendine yöneltilen eleştirileri yanıtlarken karşı suçlamalarda bulunuyor ve bu sözleri ile tiyatro konusundaki görüşlerini ifade etmiş oluyordu. Terentius, tıpkı Plautus gibi, oyunlarının malzemesini Yunan Yeni Komedyasından alırken bazen birden fazla oyunun öyküsünden yararlanmış, *kontamination* denilen teknikle, birkaç öykünün olay dizisinden bir oyun kurgusu meydana getirmiştir. Terentius *Andros Güzeli*'ni yazarken Yunanlı yazar Menandros'un aynı adı taşıyan oyunu ile *Perinthos Güzeli* adlı oyunundan yararlandığını, ikisinden de işine gelen yerleri alıp, malı gibi kullandığını belirtiyor[4]. Terentius, eski kaynaklardan yararlanırken özgür davrandığı, sözlerde değişiklikler yaptığı, özellikle de önceden Latin yazarlar tarafından kullanılmış olan konulara el attığı için eleştirilmiştir. Terentius, bu eleştirilere cevap olarak kendini suçlayanların Latin dilinin güzelliklerini gözetmediklerini, anlatımlarının bulanık olduğunu söylemiş, ayrıca kendinden önce Latince metinlerde kullanılmış olan kişi ve motifleri kullanma hakkı olduğunu savunmuştur[5]. Terentius'un bu açıklamasından anlaşılıyor ki Romalı eleştirmenler, Yunan kaynaklarından yararlanmayı doğru buldukları halde, Latin yazarlarından yararlanmayı bir *plagiarism* (aktarma) saymışlardır. Terentius duygu sömürüsü yapmak için, inandırıcı olmayan durumlar yaratan eserleri de yermiştir.

"Şimdiye kadar hiçbir şairin oyununda ateşten sayıklayan bir delikanlının, peşine köpekler düşmüş bir ceylana baktığı, hayvanın da gözyaşları dökerek gelip ondan imdat dilediği görülmüş müdür?"[6]

Cicero (İ.Ö. 106-43), yazın ve konuşma ile ilgili eserlerinde dram türüne de değinmiştir. *De Optimu Genere Oratorum*'da şiir türlerini trajik, komik, epik, lirik, dithirambik olarak sayar ve her türün ötekinden farklı olduğunu tragedyada komik olana yer vermenin kusur sayılacağını, komedyada da trajik olana yer bulunmadığını ileri sürer.[7]

Cicero, *De Oratore* adlı eserinde gülünç olanın niteliğini belirtmiş, komedyada sergilenen kusurun nasıl olması gerektiğini açıklamış, komedyaya uygun oyun kişilerinin tipik özelliklerini saymış ve çeşitli güldürme tekniklerini anlatmıştır. Cicero'ya göre gülünçlük, *batıcı olduğu belirtilen, fakat sahnede gösterirken seyirciye batıcı gelmeyen bir çirkinlik ve biçim bozukluğundan ileri gelir*. Komedyada sergilenen kusur, acı ve zarar verici olmamalıdır. Ne büyük bir fenalık, ne yoksulluk, ne silahlı saldırı bulunmalıdır. Acı çekmenin görüntüsü her zaman tatsızdır. Cicero, komedyaya uygun tipleri sıralarken, gülünç olmaya elverişli kusurları da belirtmiş olur. Bunlar "*huysuz, evhamlı, kuşkulu, övüngeç, budala*" olan tiplerdir.[8]

Cicero, sözle ve anlatımla güldürme yollarının neler olduğunu açıklamıştır. Anlatımdan gelen gülme, kelime oyunları, söz ustalıkları, yanlış anlama, şaşırtma ile sağlanır. Düşünceden gelen gülme ise, umutların yanlış çıkması, karikatürleştirme, çirkin ve utanç verici olana benzetme, ironi, uyumsuz bileşim, saf görünme numarası gibi, çeşitli yollarla elde edilir[9]. Bu güldürme teknikleri daha önce *Tractatus Coislianus*'ta da belirtilmiştir.

Ortaçağ eleştirmeni Donatus'a göre, Cicero, *De Re Publica*'da komedyayı şöyle betimlemiştir: "*Komedya hayatın yansısı, adetlerin görünüşü, gerçeğin aynasıdır.*" Cicero'nun bu tanımı kendinden sonra gelen kuramcılar tarafından benimsenmiş, komedyanın günümüze dek gelen en önemli tanımı olarak kalmıştır.[10]

Görüldüğü gibi, İ.Ö. II. ve I. yüzyıldan günümüze kalan en önemli görüşler, komedya ve tragedya türlerinin kesin ayrımı, güldürünün tanımı, gülünç kusurların niteliği, bir de gülme sağlayan söz ve durum düzenlemeleri ile ilgilidir. Cicero'nun güldürme teknikleri ile ilgili düşüncelerinde Tractatus Coislianus'un, güldürücü kusurlarla ilgili görüşlerinde ise Aristoteles'in etkisinde olduğu görülür. Komedyanın günlük yaşamın yansısı olması düşüncesi, Yunan'daki Yeni Komedya türünün ve Latin komedyasının genel eğilimini belirtmektedir. Tragedyanın, üstün kişileri ve olağanüstü durumları ele almasına karşın, komedyanın günlük ilişkileri göstermesi, olması gerekene uzanmayıp, günlük gerçeklerle yetinmesi kuralı, klasik anlayışın temel ilkelerinden biri olmuştur.

HORATİUS VE *ARS POETİKA*

Roma döneminden günümüze kalan tek tamamlanmış tiyatro eleştiri ve kuram eseri Horatius'un *Ars Poetika*'sıdır. İ.Ö. 24-20 yıllarında yazıldığı tahmin edilen bu eser "*Pisos'a Mektup*" (*Epistola Ad Pisones*) adıyla bilinmektedir[11]. Bu ad konusunda çeşitli tahminler yürütülmüştür. Horatius'un Pisos denilen baba-oğula dram sanatı hakkında bilgi vermek amacı ile bu yazıyı yazdığı ileri sürülmüştür[12]. Horatius'un ünlü mektubu, yazarlığa özenenlere gerekli uyarıyı yapıyor ve onlara yazarlığın önemli bir iş olduğunu hatırlatıyordu. Bu yazı Roma İmparatorluk döneminin edebiyat anlayışını belirleyen bir belge niteliği taşımaktadır. J.W.H. Atkins'in açıklamasına göre, Cumhuriyet döneminde sanata karşı duyulan kuşku, Augustus zamanında (İ.Ö. 31-İ.S. 14) azalmış, yazarlık saygı kazanmıştır. İmparator Augustus şairlerin kendisine destek olmasına önem verir, eli açık bir patron olarak onlara güvenlik sağlardı. Ünlü soylu kişiler çevrelerinde edebiyatçıların bulunmasından hoşnutluk duyuyorlardı. Şairlik, Romalılara layık, ciddi bir uğraş olmuştu.

Romalıların edebiyata ve tiyatroya karşı tavrının, belirgin özellikleri vardır. Bunların başında Yunan sanat eserlerini yüceltme ve Yunan sanat anlayışına bağlanma eğilimi görülür. Daha önceki yazarların İskenderiye okulunun etkisinde olduklarını, Hellenistik dönem yazın sanatını Roma'ya uyarlayarak sürdürdüklerini biliyoruz. Horatius, İskenderiye izinde olan yazarların romantik şiir anlayışına, heyecanlı anlatım biçimine karşı çıkmış, bu tedirgin sanat görüşünün yerine klasik dönem Yunan sanatının dinginliğini ve ölçülülüğünü benimsemiştir. Horatius'un klasiğe bağlılık yanında, biçimleme ustalığına önem verdiği, sanattan toplum ahlakına destek olmasını istediği görülür. Yunan döneminde tanrısal olana yaklaştırılan şiir, Roma döneminde, günlük yaşama katkıda bulunduğu ölçüde önem kazanmaktadır.

Horatius'un *Ars Poetika*'da Aristoteles'ten ve Pariumlu Neoptolemus'tan etkilendiği ileri sürülür[13]. Fakat Horatius'un Aristoteles'i okumuş olup olmadığı kesinlikle bilinmemektedir. Pariumlu Neoptolemus'un Horatius'u etkilediği ileri sürülen eseri de günümüze dek kalmadığından iki yazıyı karşılaştırma olanağı yoktur.[14]

Horatius, *Ars Poetika*'da şiir sanatı üzerinde durmuş, tiyatro sanatına ayrıca eğilmiştir. Yazının üç ana konusu vardır. Bunlar, *Poesis*, *Poema* ve

Poeta'dır. Bu bölümleme, Horatius zamanında moda olan Hellenistik inceleme yöntemine uygundur. *Poesis*'te konu seçimi, birlik, bütünlük, uygunluk gibi şiirin özü ile ilgili hususlar üzerinde durulur. *Poema*'da biçim kuralları tartışılır, malzemenin düzenlenmesi, anlatım, sözcük ve koşuk düzeni, dram türleri ve kişileri, dram malzemesinin seçilişi ve işlenişi, kişileştirme, sahne müziği ve styresk dram türleri ele alınır. Drama çok yer verildiği görülür. Üçüncü konu *Poeta* yazarlara ayrılmıştır. Yazarlığın amacı, işlevi, başarısı ve başarısızlığı, yazar olmak için nelere dikkat etmek, nelerden kaçınmak gerektiği hakkında bilgi verilir.

Horatius'un kendinden sonra gelen eleştirmenlerce en çok yinelenen önerisi, dramın eğitme ve eğlendirme görevi ile ilgili olanıdır. Sanatın eğitici işlevine eski Yunan'dan beri önem verildiğini biliyoruz. Socrates de, Cicero da, şiir sanatının uygarlaştırma gücüne dikkati çekmişlerdir. İnsanlar arası ilişkileri sağlam yasalarla belirlenmiş olan Roma toplumunda, yazarın görevi halkı eğlendirmek ve ona ahlaka uygun öğütler vermektir. Yunan ve Roma tiyatro eserlerinde eğitici işlevin birbirinden farklı olarak yorumlandığı görülür. Eski Yunan'da tiyatro, değer yargılarının tartışıldığı, önemli toplum sorunlarının incelendiği, sorumlulukların eleştirildiği bir alandır. Eğitim, seyirciyi düşünen, bilinçli, sorumlu ve erdemli bir yurttaş yapmayı amaçlar. Roma tiyatrosunda ise günlük ilişkiler sergilenmekte, bu ilişkiler içinde kişinin nasıl davranması gerektiği gösterilmektedir. Eğitimin amacı, seyirciyi tüm davranışlarında dinin, ahlakın ve yasaların kurallarına uyan, disiplinli bir yurttaş yapmaktır.

Horatius, yazarlığın ciddi bir uğraş olduğunu önemle belirtmiştir. Bununla beraber, çağının yazarlarını küçümsemekte, onları kolay başarı peşinde koşmakla suçlamaktadır. O, İskenderiye okulunun etkisine karşı, Klasik Yunan yazınını savunur. Yazarları, Klasik Çağ ustalarını tanımaya, eserlerini incelemeye çağırır. Gelişigüzel ve karmakarışık yazmaktan, gösterişe düşkünlükten, kolaya kaçmaktan sakınmayı öğütler. Şairlerin kusurlarını abartarak, renkli imgeler yaratır. Horatius'un şairleri küçümsemesi, akla çağdaş sanat ve kültür yorumcusu Arnold Hauser'in savını getirmektedir. Hauser, Antik uygarlıkta şairlerin, doğa ötesinden haber getiren gizemli varlıklar olarak değerlendirildikleri halde, ödül almak için çaba sarfeden kişiler olarak da küçümsendiklerini belirtmiştir. Hele yontu ve resim sanatçıları, elleriyle ve kirletici malzemeyle çalıştıklarından onların işi daha da küçültücü sayılmıştır. Hauser, bu tutumun kökeninde soylu ve halk ayrımı yattığını, soyluların, cesaret, hüner, beceri gerektiren yönetim, savaş ve sporu yeğlediklerini ve bu uğraşları kendi sınıflarının ayrıcalığı saydıklarını, para karşılığı yapılan, el emeği gerektiren işleri hor gördüklerini belirtmiştir.

Ars Poetika'da sanatlı anlatıma önem verilmiştir. Buna karşın, ele alınan konunun sistemli olarak incelenmediği, tiyatro sanatı ve şiir hakkındaki önerilerin dağınık olarak sunulduğu görülür. *Ars Poetika* Batı dillerine en önce çevrilen, Batı tiyatrosunu en çok etkileyen bir eser olarak önemlidir. Aristoteles'in *Poetika*'sı ile Horatius'un *Ars Poetika*'sı Klasik Batı tiyatro anlayışını yoğurmuş olan eserlerdir. *Ars Poetika*'nın içerdiği görüşler şunlardır[15]:

ŞAİRİN EĞİTİLMİŞ, BİLGİLİ, ÇALIŞKAN KİŞİ OLMASI

Daha önce de belirtildiği gibi, Horatius, çağının şairlerini eleştirmekte, onların kusurlarını gülünçleştirerek sergilemektedir. Horatius'a göre, orta karar şair diye bir şey yoktur. Sanat yapmayı amaçlayan kişi, en yüce olana yönelmelidir. Yükseklere tırmanamazsa yerin dibine düşer. Yazarlığın kuralı, usta olmayan kişinin yazarlığa özenmemesidir. Şairlik ciddi ve üstün bir iştir. Sırasında öğreti, din, büyü, kural olmuştur. Bunu Yunan sanatında gözlediğimiz örneklerden anlarız. Onun için yazarlar işlerini hafife almamalıdırlar.

Horatius, kişinin yazar olabilmesi için doğuştan yetenekli olması yanında, çalışması ve ustalık öğrenmesi gerektiğine de işaret ediyor. Usta yanında ter dökmeyen, şairlik edemez. Horatius çağının şairlerini, süslü, gösterişli, kolay etki sağlayan sanat yaptıkları, öğrenmek için çaba harcamadıkları, gerçekten şair olmadıkları halde, şair tavrı takındıkları için yeriyor. Saçını, tırnağını kesmeyen, hamama uğramayan, berber düşkünü kişilerin bu tavırları ile şairlik tasladıklarını söylüyor. Varlıklı kişilerin çevrelerinde, onların her yapıtına alkış tutan kişiler bulunduğunu hatırlatan yazar, şairliğe özenen varlıklı kişilerin bu pohpohlara kapılmamalarını öğütlüyor. *Ars Poetika*'nın son paragrafı, çılgınca davranışlarda bulunan şairlerle ilgilidir. Yazar, şairlerin herkesin garipsediği davranışlarda bulunmalarını yeriyor, şiir okuyacağım diye çevresindekileri rahatsız eden şair özentilerini de kınıyor: *"İninin kapısından fırlayan bir ayı gibi şair de hiç acımadan, herkesi kovalar. Bilgili olsun, olmasın, kimi görürse yakasına yapışır, şiirleri ile onu öldürür. Tıpkı, kana doymayan, insanın yakasını bırakmayan bir sülüğe benzer."*

YUNAN SANATINDAN YARARLANILMASI

Horatius, Roma sanatının gelişmesi için, Yunan sanatından alınan örneklerin iyice incelenmesini ve onlar gibi eser yazılmasını önerir. Roma yazarları arasında, Yunanların izinden ayrılanlar olduğunu, bunların günlük ilişkileri ele aldıklarını ve denemedik tür bırakmadıklarını belirten yazar, bu yazarlara, özgün olma hakkını tanımakla beraber, Roma yazarlarına duyulan aşırı hayranlığın yersiz olduğunu, gerçek başarının Yunan sanatında görüldüğünü söyler. Ancak Yunan sanatçılara öykünmekle iyi sanat yapılabilecektir. Onun için yazarların gece gündüz, Yunan sanat ürünlerini incelemeleri gerekmektedir. Roma'da şiirin gelişimi Yunan yazarlara öykünmekle gerçekleşecektir. Horatius, Yunan yazarları ile Roma yazarlarını karşılaştırdığında Yunan yazarların dâhi olduklarını, oysa Roma yazarlarının para hesaplarına daldıklarını söyler. Yerli yazarları, emek vermeden başarı peşinde koşmakla suçlar.

Görüldüğü gibi, Aristoteles'in ilk ilke olarak hayat ile sanat arasındaki ilişkinin niteliğini saptamasına ve sanatın, yaşamı taklit ettiğini belirtmesine karşın, Horatius, Yunan sanatı ile Roma sanatı arasındaki ilişki üzerinde durmuş, Roma sanatının, Yunan sanatını taklit etmesi gereğine işaret etmiştir. Bu anlayışa göre sanat, yaşam gerçeğinden uzaklaşmakta, kendine örnek olarak başka ülkelerin sanat eserlerini almaktadır. Daha sonraki yüzyıllarda sanatça gelişmiş olan ülkelerin eserlerine öykünme eğilimi tartışılacak, daha iyi olana karşı duyulan hayranlık yanında, sanatçının kendi gerçeklerinden kopmasının sakıncaları üzerinde durulacaktır.

ÖZ, BİÇİM VE BİÇEM ÖZELLİKLERİ

Yalınlık: Horatius eserin içeriğine önem vermekle beraber, en çok biçim ve anlatım özellikleri üzerinde durmuştur. Biçimlemede ve anlatımda karmaşıklığa, bulanıklığa, düzensizliğe, uyumsuzluğa karşıdır. Sanatçının çarpıcı etki yaratabilmek için, saçma bileşimler yapmasını eleştirir. Biçimsel düzene, akla ve sağduyuya aykırı fantezi ürünlerini gülünç bulur. "*Eğer bir ressam, insan başına at boynu takmaya kalkarsa, çeşitli hayvanlardan aldığı parçaları bir araya getirir, üzerlerini tüylerle kaplarsa, üstü güzel bir kadın, altı çirkin bir balık biçiminde olursa, böyle bir manzara karşısında gülmemek elde midir, dostlarım?*" Horatius, şairlerin ve ressamların, istediklerini yapma özgürlükleri olduğunu kabul etmekle beraber, onların bu hakkı "*evcil olanla yabanıl olanı yan yana getirecek, yılanlarla kuşları, kuzularla aslanları eş yapacak*" biçimde aşırı olarak kullanmamalarını salık veriyor.

Saçma bileşimler kadar, karmakarışık anlatımları da hatalı bulur Horatius. Açıklık ve seçiklik ister. Fakat açık seçik olmak demek yavan olmak demek değildir. Sanatçı ayrıntıları ele almadan önce eserin tümünü göz önüne getirmeli, onu nasıl tamamlayacağını bilmelidir. Ne söylemesi gerektiğini kesinlikle bilen kişi gereksiz ayrıntıları ayıklar; açık seçik ve yalın olmaya önem verir. Eserini yamalı bohçaya benzetmez.

Horatius'un biçimleme konusunda Aristoteles'in görüşlerini, yüzeysel olarak sürdürdüğü kendi önerilerini canlı imgeler yaratan örneklerle süslediği görülmektedir. Horatius, sözcük seçimi, vezin ve anlatım özellikleri üzerinde daha ayrıntılı olarak durmuştur.

Anlatımda Titizlik: Horatius, anlatımın açık ve arı olmasını istemiştir. Anlatım, yazının türüne uygun olmalıdır. Horatius, konu ve kişilerin seçiminde Yunan örneklerinden yararlanılmasını önermiş, anlatımda ise Latincenin özellikleri üzerinde durmuş, sözcük ve koşuk seçiminde Latinceye özgü nitelikleri dikkate almıştır. Malzeme bakımından Yunan eserlerine öykünürken, anlatımda ulusal olanı arama Roma yazarlarının ortak özelliğidir.

Sözcüklerin seçimi ve düzeni: Horatius'a göre yazar, tıpkı biçimlemede olduğu gibi, anlatım ve sözcük seçiminde de gelişigüzellikten kaçınmalıdır. Yazarın, gereksiz süslemeleri, anlaşılması zor olanı, saçma, önemsiz, kaba ve bayağı olanı ayıklayıp atması gerekir. Sanatçının sorumluluğu, işini ciddiye almak ve kötü olanı yayımlamamaktır. Sözcükler, konu ve kişilere sıkıca bağlıdır. Konu iyi seçilirse sözcükler kendiliğinden gelir. Sözcükleri seçerken onları kullanan oyun kişilerinin yaşı, orunu, işi, ulusu dikkate alınmalıdır. Yaşlı bir adamın konuşması ile gencinki birbirine benzemez. Bir hanımefendi ile bir dadının, bir köle ile bir beyefendinin, bir deniz tüccarı ile bir çiftçinin, bir Kolchisli ile bir Asuriyelinin, bir Thebaili ile bir Argoslunun konuşmaları birbirinden farklı olmalıdır.

Horatius'un, sözcüklerin kullanılışı hakkında bazı önerileri vardır. Aşırıya kaçmamak koşulu ile yeni sözcüklerin uydurulmasını gerekli görür. Bu sözcükler, Yunanca kaynaktan alınarak küçük bir değişim ile uygulanırsa daha geçerli olacaktır. Böylece yeni sözcükler dili zenginleştirecek, anlatımı çekici yapacaktır. Tıpkı her yıl yaprakların dökülmesi ve yerine yeni yaprakların çıkması gibi, bazı sözcükler de yıpranıp ortadan kalkar ve yerlerine yenileri gelir. Dilin canlılığı böylece korunmuş olur. Eskiyip atılan ve unutulan birçok sözcük bir zaman sonra yeniden canlanır ve anlatıma girer. Kullanılmakta olan bazı sözcükler de eskiyip dilden atılır. Horatius bu gelişimi yeni yazın türlerinin ortaya çıkmasına benzetmiştir.

Koşuk kullanılışı: Horatius, sözcük seçimi konusunda olduğu gibi, koşuk seçiminde de çeşitlilikten yanadır. Konuya ve türe göre farklı koşuklar kullanılması gerektiğini söyler. Tragedyaya uyan koşuk, komedya anlatımına uymaz. Her duygu, her heyecan kendine en yakışan söyleyişle iletilmelidir. Üzüntü, öfke gibi heyecanları uyaracak vurgulardan yararlanmalıdır.

Horatius, kullanılmakta olan koşuk çeşitleri hakkında ayrıntılı bilgi verirken, Romalı şairlerin eserlerindeki koşuk aksaklıklarının farkına varılmadığından yakınmaktadır. Horatius'a göre kişi, kaba bir şakayı ince vezinli bir sözden ayırabilmelidir. İyiyi kötüden ayırmak konusunda okuyucunun da şair kadar sorumluluğu vardır. Horatius, şiirin yapısal özellikleri ile ilgili bölümünde, dram sanatına uzunca yer vermiştir. Horatius'un tiyatroya ait görüşlerinde Aristoteles'in izinde olduğu görülür.

Oyun konusu seçiminde geleneğe uyma veya konu uydurma: Horatius dram şairlerinin bilinen öykülerden yararlanmada, ya da yeni bir konu uydurmakta özgür olduklarını belirttikten sonra şu hususlara dikkat edilmesini söylüyor: Eğer yazar, konusunu bilinen bir öyküden alıyorsa, o öykünün genel çizgilerine ve kişilerin asal özelliklerine bağlı kalmalıdır. Örneğin, Achilleus; öfkeli, gözüpek, yasalara meydan okuyan, yorulmak nedir bilmeyen, atak bir kişidir. Medea'nın korkunç, Orestes'in üzüntülü, İo'nun acınacak durumda olması, durmadan dolaşması gerekir. Şair efsanede belirtilmiş olan bu özelliklere uymak zorundadır. Malzeme seçiminde geleneğe bağlılık özgün konu bulmaktan daha kolaydır. Ayrıca eski bir öykü, farklı bir biçimleme ile yeni gibi olur. Eski öyküleri kullanırken ayrıntılara bağlı kalmak gerekmez. Böyle bir tutum kendini zincirlemek olur. Eğer şair öyküsünü kendi uyduracaksa, tutarlı olmaya dikkat etmelidir.

Oyun kişilerinin tipine uygun olması: *Ars Poetika*'da oyun kişilerinin tipine uygun olmalarına da değinilmiştir. Sözcük seçimi ile ilgili olarak da üzerinde durulduğu gibi, her yaşın, cinsiyetin, kendine özgü nitelikleri vardır. Yazar bunlara uymalıdır. Horatius, belli başlı dört yaş aşamasına göre dört ayrı tip tanımı yapar. Bu aşamaların ilki olan çocukluk çağında insanın huyu değişken olur, oyuna düşkündür. İkinci aşama gençliktir. Genç kişi spor sever, heyecanlıdır, tutarsızdır, kolay etki altında kalır. Olgunluk aşaması, hem tutkululuk, hem de girişimlerde ağırkanlılık dönemidir. Olgun kişi paraya ve dostluğa önem verir. Yaşlı insan ise cesaretini ve umudunu yitirmiştir, cimridir, gençlik günlerini özlemle anarken, gençleri kıyasıya eleştirir.

Horatius, her tipin canlandırılışında o tipe uygun olan ahlak özelliklerinin belirtilmesini ister: "*Ülkesine ve ailesine neler borçlu olduğunu, ailenin, kardeşin, dostun, nasıl sevilmesi gerektiğini, bir senatörün, bir yargıcın, savaşa giden bir generalin görevlerinin neler olduğunu bilen yazar, her oyun kişisine ona uygun nitelikler verir.*"

Olay dizisinde baş-orta-son ve başlangıcın önemi: Aristoteles'in baş-orta-son kavramına kısaca değinildikten sonra, olaylar arasında bir mantık bağı gözetilmesi gerekli görülmüş, ayrıca, tragedya yazarlarının başlangıca önem vermeleri, asıl konuya hemen girivermeleri, sıkıcı uzatmalardan kaçınmaları öğütlenmiştir.

Beş perde kuralı: Horatius'a göre, bir tragedyada beş perde olmalıdır. Oyunda ne eksik, ne fazla bir bölüm bulunmalıdır. Yazarın bu kuralı hangi gerekçeye bağladığı bilinmemektedir. Yunan tragedyalarında bölümlemeler olduğunu biliyoruz. Koro şarkılarının ayırdığı konuşmalı bölümlerin sayısı genellikle beş olmaktadır. Bunlardan ilki, oyunun önsözünü meydana getiren ve koro sahneye girmeden yer alan Prologos bölümüdür. Sonuncusu ise oyunun sonsözünü bildiren Exodos'dur. Arada üç Epeisodion, yani konuşmalı bölüm bulunur. Horatius beş perde kuralı ile bu uygulamayı dikkate almış olmalıdır. Beş perde kuralı, daha sonra, Klasik akım yazarları ve kuramcıları tarafından da benimsenmiştir.

Bir sahnede en çok, üç konuşan oyun kişisinin bulunması: Horatius'a göre bir sahnede üçten fazla konuşan oyuncu bulunmamalıdır. Oyun yazarı en fazla üç kişi arasında konuşma düzenleyebilecektir. Eski Yunan tragedyalarının gelişimini izlerken, oyuncu sayısının Aiskhylos tarafından ikiye, Sophokles tarafından üçe çıkarıldığını görmüştük. Yunan tragedyalarının bu geleneği daha sonra da sürdürülmüştür. Bu uyarlamaya göre bir oyunda üçten fazla oyun kişisi bulunabiliyor, hatta bir sahnede üçten fazla oyun kişisi yer alabiliyor, fakat bunlardan ancak üçü konuşturuluyordu. Horatius bu geleneksel uygulamaya bir kural kesinliği kazandırmak istemiş olmalıdır.

Koronun oyundaki organik yeri: Koronun oyunun eylemine sıkıca bağlı olan bir dramatik karakteri temsil etmesi gerekli görülmüştür. Bu durumda koro, oyuna bir oyun kişisi gibi katılmaktadır. Horatius'a göre, koro oyunun asal amacına katkıda bulunmalıdır. İyi olanı korumak, ona dostça öğütler vermek, öfkeliyi yatıştırmak, heyecanlıyı yönetmek, koroya düşer. Horatius, ayrıca koronun adaleti desteklemesini, sır tutmayı bilmesini, yasaları, barışı övmesini ve böylece oyunun ahlak amacını desteklemesini gerekli bulur.

Oynanmaya elverişli olmayan sahneler: *Ars Poetika*'da inandırıcı olarak sahnede canlandırılması olanaksız olan, ya da göz önünde yer alması yakışıksız bulunan olayların oynanmayıp anlatılması önerilir. Böylece, Progne'nin kuş olup uçuvermesi, Cadmus'un yılana dönüşmesi, Medea'nın çocuklarını öldürmesi gibi olaylar sahne dışında yer alır ve bir haberci tarafından seyirciye anlatılır. Bu kural da XVII. yüzyıl klasik kuramcıları tarafından benimsenmiş ve kanlı sahnelerin göz önünde oynanması yasaklanmıştır.

Tanrının ancak zorunlu olduğu zaman sahnede görünmesi: Tanrı ancak normal yollarla çözümlenemeyen düğümleri çözmek için sahneye çıkarılmalıdır. Gerekli, gereksiz her fırsatta Tanrının sahneye çıkarılması yakışık olmaz. Bu uyarı ile *deus ex machina* dediğimiz zorlama çözümlemelerin sakıncalı olduğu da belirtilmiş oluyor.

TİYATRONUN ETKİSİ VE İŞLEVİ

Sanatın duygusal olarak etkilemesi: Horatius, şiirde ve tiyatroda duyguların vurgulanarak anlatılmasını ister. Şiir etkili olmalıdır. Dinleyici, sahnede gülenle gülüp, ağlayanla ağlamalıdır. Oyuncu böyle heyecansal bir etki yaratabilmek için canlandırdığı duyguları kendi içinde de yaşamalıdır. Ancak içtenlikle duyulan duygular paylaşılabilir. Şairin iletmek istediği duyguları kendinde duyması, Yunan yazarları için de geçerlidir. Euripides *Yalvaran Kadınlar (Hiketides)* adlı oyununda şairin, başkalarına sevinç getirebilmesi için, kendinin de sevinçli olması gerektiğini söyler. Romalı yazar Cicero, aynı şeyi konuşma sanatı yapanlar için gerekli görür *(De Oratore)*.[16]

Görüntünün Etkisi: Kulak yolu ile daha geç etki uyandıran söz, göze yönelen görüntü ile desteklenince daha çabuk etkiler. Görüntünün etkisi göz önünde tutularak, bazı hoş olmayan olayların sahne arkasında geçmesi ve sonradan anlatılması uygundur.

Eğitme ve Zevk Verme: Horatius, sanatın işlevinin eğitmek ve eğlendirmek olduğunu söylemiştir. Yazar bu görevi ayrı ayrı oyunlarda, ya da aynı oyunda bir arada yerine getirebilir: "*Eğitici olanla hoş olanı bir araya getirmeyi başaran yazar tüm oyları toplar.*" Çünkü böyle yapmakla hem okuyucuya zevk vemiş, hem de onu aydınlatmış olur.

Horatius, "Augustus'a Mektup" yazısında, "*Şair, gençlerin eğitiminden büyük ölçüde sorumludur, onlara kendi dillerini ve bu dilin doğru kullanılmasına değer vermelerini öğretir. Şair eserleri aracılığı ile ahlak kurallarını, tanrılara karşı doğru duygular beslemeyi, tıpkı eski zamanlarda ürünü kaldıran insanların yapmış oldukları gibi, tanrılara nasıl dua edileceğini öğretir*" diyor.[17]

Eski Yunan'da da sanatın yararı üzerinde durulduğunu ve şairin bir eğitmen olarak değerlendirildiğini biliyoruz. Platon'un, sanatın pratik ahlaka katkısı üzerinde durmasına karşın, Aristoteles, sanat zevkine, tragedyanın uyandırdığı yüksek hoşlanma duygusuna önem vermişti. Gene Aristoteles'in sanata, hem eğitme, hem dinlendirip rahatlatma hem de kültüre katkıda bulunma hakkını tanıdığını anımsıyoruz. Aristoteles'te kristalleşen Yunan sanat düşüncesi, mükemmelliğe yönelikti. Horatius ise pratik yaşamı düzenleme kaygısını dile getirmektedir. Yazının görevi yurttaşları geleneksel değerler açısından eğitmektir.

Horatius'dan sonraki eleştirmenlerin de şiir sanatı ile ilgili eserlerinde Yunan ve Latin yazarlarının oyunlarını inceledikleri görülür.

Bu incelemelerde Roma sanat görüşüne egemen olan kaygılar dile getirilmiştir.

Biçimsel düzenlemeye önem verme, düş ürünü olandan kaçınma, Yunan eserlerine öykünme ve ahlak eğitimi bu kaygıların başında gelmektedir.

Martial (İ.S. 40-102) ve Juvenal (İ.S. 60-140), yazarların kurgusal yaratıklarla uğraşmayıp, gerçek yaşama yaklaşmalarını ve yaşayan insanların tutkularını, heyecanlarını yansıtmalarını salık verirler. Plutarchos, (İ.S. 48-120) Aristophanes ile Menandros'u karşılaştırırken, Aristophanes'i, gerçeğe benzerlik, inandırıcılık, olasılık, tipine uygun konuşturma gibi kurallara uymadığı, trajik öğelerle, komik öğeleri, gösterişli olanla sıradan olanı, anlaşılmaz olanla, günlük sözcükleri, ciddi ile saçmayı yan yana kullandığı, kaba, bayağı, açık saçık ve kötülükçü olana yer verdiği için eleştirir. Menandros'ta bu kusurların bulunmadığını söyler.[18] Plutarchos'un Aristophanes'e karşı olan bu tutumunun Rönesans eleştirmenlerince de benimsendiğini göreceğiz. Tıpkı Euripides'in ve Seneca'nın öteki tragedya yazarlarına üstün tutulmuş olması gibi, Menendros da Aristophanes'e üstün tutulmuştur.

Sonuç olarak, Horatius, Aristoteles'in kurallarını yankılamış, yazarların da Klasik Çağ Yunan sanatının ürünlerini incelemelerini ve onlara öykünmelerini salık vermiştir. Yunan sanatına tanınan bu üstünlük, Roma sanatının genel eğilimine uymaktadır. Roma'da sanata karşı duyarlığın Yunan sanat ürünlerini tanımakla başladığını ve eserlerin büyük ölçüde kopya edildiğini biliyoruz. Horatius tiyatroya ilişkin pek çok konuda Yunan düşüncesini dile getirmekle birlikte, konuyu ele alış tarzı, üzerinde önemle durduğu nitelikler, vurguladığı özellikler bakımından Romalıdır.

Aristoteles'in eseri çözümlemeye, genel kuralları tanımlamaya ve temelde yatan sanat ilkesini açıklamaya çalışmasına karşın, Horatius eleştiriye yöneliktir, çağının yazarlarını eleştirir, kusurlarını gösterir. Horatius pratik yarar gözetir. Yazarın, toplumun yadırgamayacağı biçimde yaşamasını, toplumu geleneksel değerler açısından eğitmesini ister. Yazar, topluma katkıda bulunurken onu yeni yönelişlere zorlamayan, törelerin dışına çıkmayan kişi olmalıdır. Eski Yunan'da olduğu gibi, yazarın değerleri denetlemesi, tartışması gereksizdir. Horatius'un bu tavrı Roma sanat anlayışına uygundur. Roma'da sanat sevilmekle beraber toplumdaki etkinliğini yitirmiştir. Artık sanat bir kültür yapıcısı değil, bir kültür anlatımcısıdır. Günlük gerçekleri dile getirir ve günlük yaşama katkıda bulunur. Gerçekçi ve işlevseldir. Gerçekçiliğinde ayrıntıda benzerliğe önem verir. Görevi eğlendirmek ve öğüt vermektir.

Horatius, Aristoteles gibi trajik olayın etkisi üzerinde durmamış, anlatımda ustalığa önem vermiştir. Pek çok konuda Aristoteles'i yankılamakla birlikte "arınma" tanımı üzerinde durmamış olması ilginçtir. Horatius'u en çok sözcük seçimi, koşuk düzenlemesi, parçaların uyumu ve yazarın çalışma yöntemi ilgilendirmektedir. Bu yaklaşım, özden çok biçim ve anlatım üzerinde duran, sanatta ustalığa ve hünere değer veren Roma eğilimine uygundur.

Horatius tümün uyumunu gözetir. Tıpkı Roma'da insanın çevresi ile uyum içinde olması, tümün düzeni dışına çıkmaması gibi, sanat eserinde de, her öğe tümün düzenine uymalı, kendi başına bir değer olmaya kalkışmamalıdır. Horatius, tümün anlam bütünlüğüne katkısı olmayan süslemeleri, fantezi çıkışlarını hatalı bulmaktadır. Yunan'da olduğu gibi, toplumsal uyumu yaratan özgür birey değil, toplumsal uyuma ayak uyduran bağımlı birey söz konusudur artık. Sanat, bu toplumsal gerçeğe ayna tutmaktadır.

Horatius, *Ars Poetika*'sı ile biçimsel ayrıntılar üzerinde durduğu, özgün bir sanat anlayışını dile getirmediği halde Batı yazarlarını en çok etkileyen yazar olmuştur. Rönesans eleştirmenleri Aristoteles'ten önce Horatius'u tanımışlardır. XVII. yüzyıl klasik akım düşünürleri, Horatius'un önerilerini tartışmadan benimsemişlerdir.

3
Ortaçağda Suçlamalar

Ortaçağda tiyatro gösterileri yasaklanmış olduğundan, tiyatro ile ilgili düşünce de üretilmemiştir. Yalnızca okullarda Latince öğrenimine bağlı olarak okutulan Latin ozanlarının oyunları bilinmekte, yazınla ilgili incelemelerde bu oyunların özelliklerinden söz edilmektedir. Öte yandan din adamları, halkın tiyatro sevgisinin içten içe yaşadığını gözlemledikleri için, her fırsatta bu sanatı suçlamış, tiyatronun zararlı etkilerine karşı uyarılarda bulunmuşlardır. Ortaçağda tiyatro düşüncesi, tiyatroyu suçlama biçiminde gelişir.

Roma İmparatorluğu'nun bölünmesi ile Hıristiyanlığın ilk yılları siyasal kargaşalara sahne olmuştur. Doğudan gelen kavimler Avrupa'yı istila ederler. Irkların, törelerin, inançların çatışması, değer yargılarında bunalıma yol açar. Hıristiyanlık Roma döneminden kalma tüm pagan kurumlarına karşıdır. Roma İmparatorluğu'nun toplum düzeni değişmektedir. Roma eğitim sistemi sona erdirilmiştir. Her çeşit tiyatro çalışması yasaklanmıştır. Yalnızca manastır okullarında Antik kültürün ve sanatın özü korunmaktadır. Bunda Kilisenin resmi dilinin Latince olmasının etkisi olmuştur.

Latince öğretimi için bu dilde yazılmış kitaplar okutulur. Bu kitaplar arasında dramatik eserler de vardır. Böylece tiyatro bir edebiyat türü olarak varlığını korumuş olur. Daha sonra, rönesans döneminde Avrupa kültürünü, kaynağı ortaçağda sürdürülen Latin kültürü meydana getirecektir. Batı dram sanatının gelişmesinde de manastır okullarında korunmuş olan Latin yazarlarının etkisi olmuştur.

Antik Yunan'da düşüncenin yeniyi aramaya, eleştiriye, özgün düşünce üretmeye eğilimli olduğunu görmüştük. Latin kuramcıları Antiklerin görüşlerine bağlı kalmış, aynı zamanda kendi gerçeklerini ve gereksinmelerini en iyi dile getirecek yeni biçimler aramışlardır.

Yaratmanın ve düşünmenin devingen olduğu antikçağı, düşünce açısından kısıtlanmış olan ortaçağ izlemiştir. Hıristiyan düşüncesi dinsel öğreti ile sınırlandırılmıştır. Kişi, bu öğretinin kurallarını bilmek ve onlara uymakla yükümlüdür. Özgür yaratma ve özgün düşünme, Hıristiyanlığın yaşam anlayışına aykırıdır. Bu anlayışa göre insan kul olduğunu akıldan çıkarmamalıdır. Doğarken beraberinde getirdiği günâhlardan arınmak için tüm zamanını Tanrıya yakarmakla geçirmelidir. Bağışlanmayı hak etmek için yaşantısını Kilisenin buyruğuna göre düzenlemelidir. Boyun eğerek, ahlak ve din kurallarına uyarak, bedenin tüm isteklerinden vazgeçerek kurtulma olasılığı vardır. İnsanın ilgisi bu kurtuluşun gerçekleşeceği öteki dünyaya dönük olmalıdır. Bu durumda dünyasal gerçekleri, duyumsal zevkleri kurcalayan sanatlarla uğraşması doğru olmaz. Sanat, ancak dinsel öğretiyi desteklediği, dinsel gerçeklere yöneldiği zaman geçerlidir. Sanat düşüncesi, sanat yaratısını Tanrısal yaratıya yaklaştığı ölçüde önemser.

Tiyatro ise dünyasal gerçeklere yönelik bir eğlence sanatıdır. Tanrısala yaklaşan genel sanat kapsamı içinde ele alınamaz. Saint Augustine, sanatı tanrısal bir eylem olarak yücelttiği halde tiyatro gösterilerini kuşku ile karşılamıştır. Platon'un bu konudaki görüşlerini benimseyen Saint Augustine, trajik sahne oyunlarının ayartıcı olduğunu, ruhu tuzağına düşürüp yozlaştırdığını söylemiş, bazı heyecanları kurutacak yerde beslediğini söyleyerek tiyatronun sakıncalarını belirtmiştir.[1]

Kilisenin tiyatroya karşı tavrı tümden düşmancadır. Tertullian, Jerome, I. Gregory gibi Kilise Babaları, şiiri ve tiyatroyu toplum ahlakına aykırı bulduklarını ifade ederler ve savlarını Platon'dan aktardıkları sözlerle desteklerler. Tiyatro yasaklanmış olduğu halde, kaçamak olarak oynanan halk oyunlarına karşı üst üste yeni yasaklar, buyruklar yayınlanmıştır.

Kilisenin tiyatroya karşı oluşuna gösterilen gerekçeler şunlardır: Tiyatro; a) gerçek olmayanı uydurur, b) susturulması gereken heyecanları uyarır, c) kutsal ruha aykırı düşen bir gerilim yaratır, d) ahlaka ve inançlara aykırı olana yer verir, e) kişiyi yararlı işler yapmaktan alıkoyar, işinden ayartır.

Bu durumda tiyatro düşüncesi gelişmemiştir. Ortaçağın tutuculuğu, yaşam konusunda yeni görüş üretmeye elverişli değildir. Kişi yaşama karşı eleştirel bir tavır alamaz. Sanat ve tiyatro sanatı konusunda özgün bir görüş üretemez, eleştiri yapamaz. Bu çağda güzelliğe ve sanata ilişkin görüşler, felsefe kapsamı içinde kalmış, din öğretisine özümletilmiştir. Bununla beraber Latince kapsamı içinde okutulan Antik oyunlara dayanılarak bazı görüşler ileri sürülmüştür. Bu konuda ortaçağ yazarları, Latin düşünürlerinin sözlerini yinelemekle yetinmişlerdir. Kuramsal yazılarda birbirine benzeyen tanımlar ve değerlendirmeler yapıldığı görülür.

Tiyatroya ilişkin düşüncelere en çok geçiş dönemi dediğimiz İ.S. 400-800 yıllarında ve rönesansa giriş dönemi dediğimiz dönemin sonlarında yazılan eserlerde rastlarız. Bu yazılarda tiyatro bir yazın türü olarak ele alınmış ve öyle değerlendirilmiştir. Horatius'un düşüncelerini açıklarken değindiğimiz *Poesis, Poema, Poeta* ayrımına bağlı kalan yazarlar, yazın sanatını da üç türe bölerler: *Narrativ, Dramatik, Karmaşık*. Dramatik olarak nitelenen yazın türü, tragedya ve komedyayı içermektedir. Bu iki dram çeşidi şiir türleri olarak düşünülmüş, oynanmaya elverişli olmayan dramatik şiirler de aynı kapsam içinde değerlendirilmiştir.

Dramatik tür konusundaki görüşler şu noktalarda kümelenir:

1) Türlerin ayrımı ve tragedya ile komedyanın tanımları,

2) Tiyatronun ahlaki eğiticiliği,

3) Tragedyanın sonundaki yıkımın yazgı olarak açıklanması.

Türlerin ayrımı ve tanımları: Tragedya, oyun kişisinin mutluluktan yıkıma düşüşünü üstün bir anlatımla dile getirir. Komedya ise, sıradan kişilerin karmaşık başlayıp mutlulukla biten öykülerini günlük halk dili ile yansıtır.

Geçiş dönemi yazarları olan Diomedes'in, Donatus'un, Seville'li İsidore'un türler konusundaki görüşlerini, Latin yazarlarından aktardıkları alıntılarla destekledikleri görülür. Cicero'nun komedya tanımı, Donatus'un bir alıntısı aracılığı ile günümüze kadar gelebilmiştir[2]. Komedya türünün gerçekçi olduğunu kabul eden Latin görüşü ortaçağ kuramcıları tarafından yinelenmiştir. Dante, ünlü eserini *İlahi Komedya* olarak adlandırırken bu görüşe dayandığını açıklamıştır. Eser, Cehennem, yani kötü olanla başlayıp, Cennet, yani iyi ile bittiği için, bir de ev kadınlarının, halkın, günlük dili ile yazıldığı için komedya olarak adlandırılmıştır.[3]

Komedyanın türleri, kaynağı, bölümleri konusundaki görüşler de, Latin kuramcılarının yorumunun izindedir. "Tipine uygunluk" ilkesi komedyada basmakalıp tiplerin kullanılması anlamında yorumlanmış, tiplerin giysilerinin rengi ve biçimi saptanmıştır. Donatus, yaşlı erkek giysisinin yıpranmış ve beyaz, yoksulların giysilerinin pembe, yosmalarınkinin yeşil, mutlu kişilerin beyaz, mutsuzların kirli beyaz, zenginlerin mor olması gerektiğini, gençlerin giysilerinde çeşitli renkler kullanılabileceğini, köylü tiplerinin şal örttüğünü, aracılık edenlerin alaca renkler kullandığını belirtmiştir.[4]

Tiyatronun ahlak eğiticiliği: Rönesansa giriş döneminde antik eserlere duyulan ilgi yeni eleştirel görüşlerin ortaya çıkmasını sağlamıştır. Dram kuramları ahlak kaygısını dile getirir. Horatius'un yarar ve eğlence ilkesi benimsenmiştir. Şiirin eğitici, öğretici, uygarlaştırıcı işlevine değinilir. Ünlü kişilerin sözlerinden kanıt getirilerek şiir sanatı savunulur. Şairin, hem doğayı izlemesi, hem de yaşa, mevsime, yere uygun olanı gözetmesi, yakışıksız olana yer vermemesi istenir.

Tragedyanın sonundaki yıkımın yazgı olarak açıklanması: Tragedyanın kişiyi kötü davranışlar konusunda uyardığını savunan yazarlar, tragedyanın bu uyarıyı insanın yazgısını göstermekle yaptığını ileri sürerler. Ünlü İngiliz şairi Chaucer, tragedyada kişinin yaşamında meydana gelen ve mutsuzluğa yönelen gelişimi, kader tanrısı Fortuna'nın işi olarak yorumlamış; tragedyanın, kralların, büyük efendilerin mutlu ve varlıklı yaşantılarının yıkıma doğru gidişini ele aldığını ifade etmiştir[5]. Chaucer hem yazgıya inanmakta, hem oyun yazarlarının ahlak kaygısı gözetmelerini istemektedir. Böylece Roma'nın kötücül kader tanrısı Fortuna, ortaçağ Hıristiyan kader düşüncesi ile birlikte değerlendirilmiş olmaktadır.

Özetlersek, ortaçağ tiyatro düşüncesi yeni bir görüş üretmemiş, türlerin ayrımı, ahlak eğitimi gibi antik dönem kuramcılarının düşüncelerini yinelemiş, tragedyada yıkımın yazgı olduğunu vurgulamıştır. Tiyatro düşüncesinin gelişmemiş olmasının nedeni, ortaçağda tiyatronun yasaklanması, din adamlarının tiyatronun zararları üzerinde bildiriler yayımlamış olmalarıdır.

4
Rönesansta Tiyatronun Savunulması

Rönesansta, doğrudan doğruya tiyatroya ilişkin görüşleri içeren çok az yazı vardır. Edebiyat kuramcıları, şiir sanatını ele alırlarken, dolayısı ile tiyatro edebiyatına da değinirler. Bu dönemde tiyatro düşüncesi, Antik Yunan ve Latin tiyatro anlayışının izindedir. Ortaçağ İtalyan yazarları aracılığı ile öğrenilmiş olan Antik tiyatro kuralları, yaşayan tiyatro oyunlarından bağımsız olarak benimsenmiştir. Ancak tiyatrosu çok gelişmiş ülkelerde yerli tiyatroyu da dikkate alma eğilimi görülür. Rönesans tiyatro yazar ve eleştirmenleri, bu sanatı kilisenin suçlamalarına karşı savunmak zorunda kalmışlar, savunurken de tiyatronun toplumu eğitici görevi üzerinde durmuşlardır.

XV. ve XVI. yüzyıllarda Avrupa'da çok canlı bir tiyatro hareketi görülür. Bu dönemde tiyatro, küçük esnafı da, varlıklı orta sınıfı da, soyluları da ilgilendirmektedir. Tiyatro, her sınıfın isteğine cevap verdiği için farklı sanat ölçülerinin başarılı bir sentezini yapmış, kendini canlı, hareketli, eğlenceli ve anlamlı bir sanat dalı olarak kabul ettirmiştir.

Kilisenin uzun yasaklama döneminden sonra ve ortaçağ sonlarına doğru tiyatronun gene kilisenin kendi içinden doğduğunu biliyoruz. Kilise

Babaları, Hıristiyan öğretisini okuma yazma bilmeyen halka daha kolay öğretebilmek için, Kutsal Kitaptan aldıkları bölümleri oyunlaştırdılar. İsa'nın yaşantısıyla başlayıp Azizlerin öykülerine kadar uzanan bu kilise oyunları giderek büyüdü; kilisenin içinden avlusuna taştı, oradan da kent alanlarına yayıldı. Çok genişleyen ve uzun bir ön çalışma isteyen bu temsillerin yönetimi lonca esnafına devredildi. Artık kutsal öykülere halk anlatıları, gülünçlü bölümler ekleniyor, tiyatro kendi bağımsız varlığını oluşturuyordu. Bu bağımsızlık, din adamlarını tedirgin etti. Tiyatronun keyifli gelişimini kınayan bildiriler yayınladı. Fakat tiyatro, halkın sevgisi, yazarların desteği ile gelişimini sürdürdü, kendine yeni konular buldu, yeni biçimlemeler yarattı. XV. ve XVI. yüzyıllarda İspanya'da Lope de Vega gibi, İngiltere'de Christopher Marlowe, William Shakespeare gibi usta yazarlar yetiştirdi.

Rönesans dönemi tiyatrosu, ortaçağ tiyatrosundan öncelikle sahne biçimlemesi bakımından ayrılır. Kilise oyunlarının eşgörünümlü (simultan) yan yana dizilmiş sahne düzeninin yerini, ilgiyi bir tek alana toplayan sahne düzeni almıştır. Plastik sanatlara egemen olan barok üslup tiyatro yapılarında, sahne düzenlemelerinde, oyunculukta, yazarlıkta etkisini gösterir. Çerçeveli İtalyan rönesans tiyatrosu, öne uzantılı Elizabeth dönemi tiyatrosu, bu gelişimin ürünüdür. Ortaçağ tiyatrosunda, rolü olsun olmasın oyun yerinde dolaşan, ilgiyi dağıtan oyuncular sahneden çekilmiştir artık. Oyunculuk, etkili ve gösterişlidir. Bazı rollerin gerçekçi olarak oynandığı, bazı rollerde ise biçimselliğin ağır bastığı görülür. Tiyatro yapısı, oyunculuk, sahne düzenlemesi ve yazarlık, her ülkede farklı bir gelişim göstermiştir. XV. yüzyılda ulusal farklılaşmaların ortaya çıkışı, ulusal kilise gibi, ulusal sanatı da belirlemiştir. Bu gelişime koşut olarak tiyatro, her ülkenin özel toplumsal koşullarına, yönetimine, kültür birikimine ve teknik olanaklarına göre farklı bir gelişme göstermiştir. İtalya'da mimarlık ve plastik sanatların gelişimi, yeni teknik bulgular tiyatro yapılarını ve sahne tekniklerini etkilemiştir. İtalyan rönesans tiyatrosunun en belirgin özelliği, çarpıcı, şaşırtıcı sahne gösterileridir. Bu gösteriler tiyatroyu besleyen Prensin gücünü, servetini kanıtlayan, elinin altında bulunan sanatçı ve teknisyen kadrosunu kıskanç gözlerin önüne seren bir övünme aracı olmuştur. Çağın başında sanata zaman ve para ayıramayan Fransa, zenginleştikçe İtalyan sahnesinin çekiciliğine kapılmış, İtalyan ustalara mekanik sahne düzenlemeleri yaptırmıştır. Fransız tiyatrosu giderek yabancı etkileri kendi gerçekleri ile bağdaştıracak, bir sonraki yüzyılda büyük Klasik Fransız tiyatrosunu yaratacaktır. İngiltere'de ve İspanya'da oyun yazarlığı şahlanır. Derme çatma fakat çoğunluğun rahatça gidip izleyebileceği gösterilerde dünya tiyatro tarihinin başyapıtları, büyüklüklerinden habersiz, seyircinin tutup tutmayacağı, gişe yapıp yapmayacağı endişeleri içinde sergilenir.

Ulusal farklılıklara rağmen oyunlar her ülkede birbirine benzeyen toplum koşullarının etkisini taşır. Seyircisi, derebeylik düzeninden koparak kentlere yerleşen, ticaretle, bezirgânlıkla zenginleşmiş lonca esnafı olan bu tiyatro, onların değer yargılarını, akılcı, gerçekçi, dünya görüşünü, çıkara ve yarara yönelik çabalarını yansıtır. Bu tiyatro aynı zamanda toplumda hâlâ yaşayan, orta sınıfın da özenmekten geri kalmadığı geleneksel derebeylik değerlerine saygılıdır. Kahramanlık, mertlik, sadakat, cesaret gibi, bireyi yücelten, soylulara özgü değerlerdir bunlar. Buna, seçkin aydın sınıfların, Latin ve Yunan hayranlığı içinde benimsediği idealizmi ve hümanizmi, ölçü, denge ve uyum bilincini de ekleyince ortaya Elizabeth dönemi tiyatrosunun dinamik sentezi çıkar. Shakespeare oyunlarında, öğrenmek, güçlü olmak ve elde etmek isteyen orta sınıfın tutkuları ile, fedakârlık, sadakat gibi geleneksel erdem ölçüleri çatışır.

Rönesansta güçlenen bireyin atılım gücü, yeni bir edim alanı bulmuştur sahnede. Yanılsama da olsa, gücünü sınama, tutkularını gerçekleştirme olanağı yaratılmıştır. Orta sınıfın zenginlik ve güçlülük tutkusu, oyunların ateşleyici gücünü oluşturur. Artık önemini yitirmeye başlasa da, çekiciliğini koruyan geleneksel ahlak değerleri boşuna direnir bu yıkıcı tutkuya karşı. Karşıt güçler bir ölüm kalım savaşına girmişlerdir. Güçlülük, hayranlık uyandırır, acımasızlık ise korku. Zayıflar değişime ayak uyduramamış olmanın bedelini canları ile öderler. Seyirci, acıma ve korku duyguları arasında yalpalar. Bu oyunlarda düşle gerçek, heyecanla sağduyu, coşku ile pratik düşünce, iç içedir. Çağın en tipik oyunları olan traji-komedilerde gerilim, güldürücü eklentilerle rahatlatılır. Tragedyalarda ise sağduyu ve akıl ölçüsü karşıtları dengelemeye, aşırılıkları törpülemeye çalışır. Aydınların salık verdiği orta yol, erdem yoludur. Bu yolu, yerini pekiştirmiş zenginleşmiş orta sınıf da, geleneksel değerlere bağlı kalan soylular da desteklerler; tiyatronun bu yolu göstererek yararlı olmasını isterler.

Rönesans tiyatrosunun gelişimi, Shakespeare'de doruğuna ulaşmıştır. Onun oyunlarında tiyatroyu besleyen toplum güçlerinin anatomisi yapılmış, özeleştirisine gidilmiş, ilişkileri yeni gereksinmelere göre düzenleyecek değerler aranmıştır. Kısaca bu tiyatro, değişmekte olan toplum bünyesinin gizilgücünü yansıtmaktadır. Kent orta sınıfına açıktır ve seyircisi boldur. Rönesans döneminde bir tiyatro olayına daha tanık oluruz. Saray ve akademi çevrelerinde, antik dönem oyunları, ya da bu oyunların taklitleri beğenilmektedir. Bu beğeniyi doyuran özenli, fakat yapay bir tiyatro doğmuştur. Çağın hareketli tiyatrosundan çok farklıdır bu tiyatronun oyunları. Antik tiyatronun bilinen öyküleri kullanılır. Yazarlar biçim bakımından da antik yazarların oyunlarına öykünürler. Amaç antik tiyatro sanatını yeniden canlandırmaktır. Oysa, usta yazarlarını yüzyıllar önce yetiştirmiş, çağını doldurmuş olan bir akımın başka bir ortamda yeniden doğması olanaksızdır. Bu tiyatro çalışmaları olsa olsa aydın kişilerin antik kültüre olan bağlılığını anlatır. İlkçağ sanatına karşı büyük hayranlık, oyun yazarlarına da yöneltilmiş, yazarlara antik oyunlara öykünmeleri öğütlenmiştir. Tiyatro kuramcıları, başarılı oyun yazmanın tek yolunun eski ustaları tanımak ve onlar gibi yazmak olduğunu söylemişlerdir.

Kültürel ve sosyal ortamı ile birlikte özetlemeye çalıştığımız bu çok canlı, çok renkli tiyatro olayı, yöneticileri ve din adamlarını olduğu gibi, düşünürleri de bu sanata eğilmeye zorlamıştır. Rönesans tiyatro kuramcıları ve eleştirmenleri tiyatro sanatı konusunda özgün görüşlü değildirler. Antik dönem kuramcılarının saptadığı tiyatro kurallarını benimsemişlerdir. Rönesansta filizlenen özgür düşünce, kendini İlkçağ kültürünün temel yasaları ile sınırlama eğilimindedir. Ortaya Aristocu, Platoncu okullar gibi, eski düşünürlere bağlanan çeşitli okullar çıkmıştır. Bu uygulama pekişik bir düşün ve sanat kuramı oluşturmaya elverişli değildir.[1] Yazarlar, ortaçağdan kopma bakımından benzeşseler de yeni değerleri saptama konusunda birbirinden farklı görüşlere sahiptirler. Böylece birbiri ile uzlaşmayan, kapalı ve sistemli bir bütün oluşturmayan, çok sesli ve çok renkli bir düşün ortamı belirmiştir. Tiyatro kuramları bu düşün ortamında Antik'e olan körükörüne hayranlığı üstlenmiştir.

Rönesans tiyatro düşünürleri Diomedes, Donatus gibi ortaçağ yazarlarının; Aristoteles, Theophrastus, Horatius, Cicero, Quintilian gibi Antikçağ düşünürlerinin görüşlerini açıklamakla ve savunmakla yetinmişlerdir. İngiliz, Fransız, İspanyol yazarlarının öncelikle İtalyan kuramcılarından etkilendikleri, onların aracılığı ile antik yazarları tanıdıkları görülür. Bu yüzden tiyatro sanatı hakkındaki görüşler, her ülkede benzer formüllerle ifade edilmişti. Bununla beraber, İngiltere ve İspanya gibi, kent orta sınıfının desteklediği canlı bir tiyatro yaşamının gerçekleştiği ülkelerde kuramcı ve eleştiriciler, İtalyan kuramcı ve eleştiricilerinden farklı olarak, antik yazarlar yanında yerli yazarlara da eğilmişler, çağdaş oyunları da değerlendirmeye çalışmışlardır. Başlangıçta ilkellikle, bayağılıkla suçlanan ulusal tiyatrolar giderek daha tarafsız bir görüşle ele alınmış ve antik tiyatro ile karşılaştırılmıştır.

Bu dönem eleştirisinin en belirgin özelliği, tiyatro sanatını, bu sanata karşı çıkanlara karşı savunmuş ve bunu yaparken, gerçek tiyatronun nelerden kaçınması gerektiğini göstermiş olmasıdır. Rönesansta canlılık kazanan tiyatro, din ve devlet yetkililerini bu konuya eğilmeye zorlamıştır. Kilisenin de, devlet yönetiminin de tiyatroya karşı tutumu olumsuzdur. Tiyatro ahlaka aykırılıkla suçlanmaktadır. Ortaçağdan beri din adamlarının tiyatroya karşı duydukları kuşku ve güvensizlik sürmektedir. Giderek yönetim de aynı güvensizliği paylaşmış yetkisini tiyatroyu denetlemek için kullanmıştır.

Başlangıçtan beri tiyatroyu topluma zararlı görme eğiliminin varolduğunu anımsıyoruz. Antik Yunan'da şiirin ve özellikle dram şiirinin halk üzerindeki etkinliği, düşünürleri tedirgin etmişti. Platon, tiyatroyu suçlarken bu tedirginliği dile getirmiş, gerçek bilgisine dayanmadığı, heyecanları uyardığı, geleneksel değerleri küçümsediği için bu sanatı suçlamıştı. Platon'a karşı Aristoteles, tiyatronun ahlak kaygısına yabancı olmadığını, heyecanları arıttığını, ayrıca zevk verdiğini ve kültüre katkıda bulunduğunu ileri sürdü. Aristoteles'in izinden giden Latin kuramcıları tiyatronun eğitici ve hoşa gidici özelliklerini belirttiler. Bununla beraber onlar da tiyatroyu belli bir sanat ve ahlak düzeyinde tutmak, bayağılığa düşmekten korumak için uyarılar yaptılar. Ortaçağda Kilise, tiyatroya karşı açıkça cephe aldı. Kilise Babaları bu sanatın kaba, bayağı, işten ayartıcı, ruh dinginliğini bozucu olduğunu ileri sürdüler. Bu suçlama XVII. yüzyıla dek sürdü. Tiyatronun bir halk sanatı olarak geliştiği ve orta sınıfın malı olduğu İngiltere ve İspanya gibi ülkelerde yöneticiler, tiyatro çalışmalarını dizginlemek, oyunları sıkı bir denetim altında tutmak açısından Kilisenin yanında yer aldılar. XVI. yüzyılda bu çevrelerden gelen eleştiriler, tiyatronun, dinsel konuları yanlış ve kötüye kullandığı, toplum ahlakını bozucu olduğu, oyuncuların disiplinsizliği, seyircilerin taşkınlığı, seyir yerlerinde yasaya aykırı işler çevrildiği ve bu yerlerin sağlığa aykırı olduğu noktalarında birleşiyordu. Örneğin, İngiltere'de Rahip T. Wilcocke, 1577'de verdiği bir vaazda, kalabalıkların doldurduğu tiyatroların Londra'nın budalalık ve savurganlık anıtı olduğunu ileri sürüyor, veba salgını dolayısı ile tiyatroların kapatılmasına değinerek, bu önlemin hastalığı ancak geçici olarak önleyebileceğini, hastalık nedenini ortadan kaldıramayacağını, çünkü asıl nedenin insanların günahı olduğunu ve bu günâha oyuncuların yol açtığını, dolayısıyla veba hastalığına tiyatronun neden olduğunu söylüyordu. Bu ve buna benzer suçlamaların etkisi ile oyunları da, oyuncuyu da, seyirciyi de denetim altında tutacak bir devlet sansürü gelişti.[2]

Kilisenin ve yönetimin yanında yer alan bazı yazarlar da, çoğunluk tiyatrosunu geleneksel değerler açısından eleştirdiler. İngiltere'de bu eleştiri bir saldırıya dönüştü. Tiyatroyu suçlayan yazılar yazıldı. 1577'de John Northbrooke, 1578'de George Whetstone, 1579'da Stephon Gosson, tiyatroyu bayağılıkla, iğrençlikle, dinsel değerlere karşı saygısızlıkla, erdem anlayışına aykırılıkla suçladılar. Bu yazarlara göre pagan kökenli olan tiyatro bir "şeytan yuvası" idi. Basit insanları tuzağına düşürüyor ve böylece Tanrının lanetine hak kazanıyordu. Ahlaka aykırı olduğu için devlet düzenine de zararlı idi. Gosson'un kendi yazısına verdiği ad ile tiyatro bir "School of Abuse" (Sövgü Okulu) olarak tanımlandı.[3]

XVI. yüzyılda tiyatroya yöneltilen eleştirilerin din ve ahlak adına olduğu kadar, gerçeklik ve sağduyu adına da yapılmış olması dikkati çeker. Sahnede inandırıcı olmayan, fantastik olaylara ve oyun kişilerine yer verilmesi, sağduyuya, dolayısıyla sağbeğeniye aykırı görülür. İspanya'da Miguel de Cervantes Saavedra'nın halkın sevdiği tiyatro türünde eserler vermiş olduğu halde halk tiyatrosuna karşı çıkmış olması ilginçtir. Yazar, *Don Quixode* (1605) adlı eserinde seyirciyi eğlendirmek için yazılan oyunların tutarsızlıklar ve saçmalıklarla dolu olduğunu söyler. Yazara göre bu, ulusal tiyatronun ilkelliğinden ve yazarların bilgisizliğinden ileri gelmektedir. Cervantes, yazar ve oyuncuların rezaletler çıkardıklarına da değinerek, Sarayın buna karşı şu önlemi almasını salık verir: Sarayın görevlendireceği akıllı ve sağgörülü bir kişi, tüm oyunları, oynanmaya başlamadan önce denetlemelidir. Onun onayını almamış oyunlar oynatılmamalıdır (I. Bölüm, 48. paragraf).

Aydın yazarlar, bu saldırılara karşı tiyatroyu savundular. Onların yazıları, hem tiyatroyu suçlayanlara karşı bir yanıt niteliği taşıyor, hem de çağın şiir ve dram anlayışının ölçülerini belirliyordu. Tiyatro ile ilgili görüşlerin çoğunun "savunu" sözcüğünü içeren adlar altında dile getirilmiş olması ilginçtir. Bu savunularda hümanist sanat anlayışının dayandığı ilkeler açıklanıyor, Antik kuramcıların koydukları kurallar belirtiliyordu. Fakat Antik yazarlara öykünülerek yazılmış olan oyunlara iyi uyan bu ölçüler, popüler oyunlara uymadı. Bu durumda tiyatro sanatı desteklenmekle beraber, kaba bir halk eğlencesi sayılan orta sınıfın oyunları ya görmezlikten geliniyor, ya da ilkelliğe, bayağılığa karşı uyarılıyordu. Popüler tiyatronun savunmayı hak etmek için, eğlendirerek eğitme ilkesini benimsemesi gerekiyordu. Boş bir güldürü sayılan fars türüne karşı çıkılıyor; uyumdan, orantıdan, düzenden gelen bir hoşlanma duygusu yaratılması salık veriliyordu. Tiyatroyu savunularında Antik kuramcılardan ve özellikle Horatius'tan kanıt getiren yazarlar, gerçek tiyatronun değerini ve önemini şöyle belirttiler:

a) Tiyatro sanatı ciddi bir türdür, gerçekleri gösterir, tarihten daha felsefi niteliktedir. En ilkel ulusların bile şiiri ve dramı sevdikleri görülür. Ünlü yazarlar bu sanatı övmüşlerdir. Şiir sanatı –dram şiiri de dahil–

insanların yasalarının, felsefi düşüncelerinin tohumlarını taşımış, kültür gelişiminde etkin olmuştur.

b) Tiyatro eğiticidir. Eğitimi tatlı ve eğlenceli bir biçimde yaptığı için felsefeden daha etkili olabilmektedir. Tiyatro, kusurları, zaafları göstererek seyirciye nelerden kaçınması gerektiğini gösterir, onu doğru davranışa hazırlar.

c) Tragedyada genel ve üstün gerçekler yansıtılır.

d) Tragedya heyecanları körüklemez, arınma yolu ile heyecanları düzene sokar, ruhsal taşkınlıkları yatıştırır.

e) Uygulamada görülen aksaklıklar tiyatronun zararlı oluşundan değil, uygulayanların hatalı davranışlarından ileri gelir.

Tiyatroyu savunan yazarların, açıkça Platon'un görüşlerine karşı çıkamadıkları, fakat onun yargılarını yeniden ve tiyatro adına daha olumlu biçimde yorumlamaya çalıştıkları görülür. Bu yazarlar Platon'un şiir sanatına değil, bu sanatın kötüye kullanılmasına karşı çıktığını ileri sürerler[4]. Örneğin; İtalya'da Bernardino Daniello, *La Poetika* (1536) adlı eserinde şiirin çok eskiden beri varolduğuna ve soylu bir sanat olduğuna değinmiş, şairleri, Horatius'un yapmış olduğu gibi, yaşama sanatını bulan kişiler olarak selamlamıştır. Daniello, şiirin felsefeden daha hoş ve eğlenceli bir biçimde eğittiğini, bunun tıpkı hekimin acı ilacı şekere bulayıp yutturmasına benzediğini söylemiştir[5]. Antonio Sebastiano Minturno *De Poeta* (1559) adlı eserinde, Horatius'un izinden giderek en ilkel ulusların bile şiire karşı olmadıklarını, her ulusun ilk eğitmenlerinin şairler olduğunu hatırlatmıştır[6]. İngiltere'de de ilk filozofların, tarihçilerin, ilk yasa koyucuların, şairler olduğu söylenmiştir. Sir Philip Sidney, *An Apology For Poetry (Defense of Poesie)* (1595) adlı eserinde, şiirin kutsallığı, eğiticiliği üzerinde durmuş, Antik kökenli taklit ilkesini hatırlatarak tiyatronun gerçeğe yakınlığını belirtmiştir.[7] Sir Philip Sidney'in, şiirin ahlak eğiticiliğinin yanında, sanatsal özellikleri üzerinde durmuş olması çağının estetik eğilimine örnektir. Bu yazarlar, genellikle tiyatroyu antik tiyatro anlayışı açısından değerlendirmekte, bu anlayışa ters düşen çoğunluk oyunlarını hatalara karşı uyarmaktadırlar. Bununla beraber ulusal tiyatronun güçlendiği ülkelerde eleştirmenlerin klasik kuralların ölçülerine uymayan çağdaş oyunları anlayışla değerlendirmeye çalıştıkları da görülür.

Rönesans tiyatro kuramcı ve eleştirmenlerini en çok etkileyen iki büyük yazarın Aristoteles ve Horatius olduğunu görüyoruz. Bu konuda öteki Avrupa ülkelerinin kuramcılarına öncülük etmiş olan İtalyan yazarları, önce Horatius'un *Epistola Ad Pisones (Ars Poetika)* adlı eserini, sonra da Aristoteles'in *Poetika*'sını tanıdılar. Platon'un rönesans tiyatro kuramcıları üzerindeki etkisi az oldu. Öte yandan, Cicero'nun komedya tanımı, Cicero ve Quintillian'ın kurgu özellikleri hakkındaki görüşleri, Donatus'un komedya ile ilgili açıklamaları benimsendi.

Aristoteles'in *Poetika*'sı ancak XIV. yüzyılda tanınmıştır. *Poetika*' nın yazma nüshası Arap dünyasında korunmuş ve 935 yılında Ebu Beşir tarafından Arapçaya çevrilmiştir. Averröes XII. yüzyılda *Poetika*'yı kısaltarak ilk kez Batı Dünyasına tanıttı. XIII. yüzyılda Alman Hermann yapıtı Latinceye, İspanya'da Tortosalı Mantinus gene Latinceye çevirdi. Roger Bacon ve Petrarcha bu yapıta değindiler. 1498'de Giorgio Walla, Venedik'te *Poetika*'nın Latince çevirisini yayımladı. 1508'de yapıtın orijinal Yunanca metni yayımlandı. 1536'da Alessandro de Pazzi, Yunanca orijinali ile Latince metni bir arada yayımladı. 1548'de Robortello, *Poetika*'yı Latince çevirisi ile birlikte yorumlayarak yayımladı. Bernardo Segro 1549'da ilk kez İtalyancaya çevirdi[8]. Trissino'nun *Poetika*'sında, Aristoteles'ten büyük ölçüde etkilendiği görüldü. Daniello, Minturno, Scaliger, Castelvetro gibi kuramcılar, yazılarında Horatius'un ve Aristoteles'in görüşlerine yer verdiler.

Aristoteles'i ve Horatius'u tiyatro sanatı üzerinde en yetkili düşünürler sayan rönesans yazarları, aslında *Poetika*'yı doğru olarak yorumlayamamışlardır. Bu yanılgının ilk nedeni Aristoteles'in önerilerini kesin kurallar olarak kabullenmeleridir. Yazıldığı düşünce sistemini ve sanat ortamını dikkate almadan *Poetika*'da ileri sürülen önerilere bir ön kural kesinliği kazandırmak, bu eserin öz anlamına aykırı olmuştur. Çünkü bu kuralların çoğu, çağın tiyatro uygulamasına dayanılarak saptanmıştır. Aristoteles'in, tanımlarını, açıklamalarını, çağının oyunlarından aldığı örneklerle desteklemiş olması bunun kanıtıdır. *Poetika*'yı doğru olarak yorumlayabilmek için Aristoteles'in, elindeki verileri nasıl değerlendirmiş olduğunu dikkate almak, vardığı sonuçları bilimsel bir yöntemle nasıl kurallaştırdığını saptamak gerekir. Klasik kurallardan yola çıkan yazarlar, toplumun doğal gereksinmesinden doğan ve halk beğenisine yönelik olan çoğunluk tiyatrosunu küçümsemişlerdir. Rönesans kuramcı ve eleştiricilerine göre bu oyunlar, halkın kaba zevkini okşamak için gelişigüzel yazılmıştır. Başarıları rastlantısaldır, çünkü yazarlarının bilgileri eksik, beğenileri güdüktür; Antik tiyatroyu yeterince tanımamış olmaları onları mantık ve biçimleme yanılgısına düşürmüştür.

Shakespeare gibi, Lope de Vega gibi, çağın büyük yazarları bu eleştirileri dikkate almamışlardır. Kurallar, ne kadar saygın kişilerce savunulmuş olursa olsun, halkın beğenisine ters düştüğü sürece oyun yazarları için geçersiz olmuştur. Örneğin, Lope de Vega, *Arte Nuevo* (1609) adlı yazısında tiyatro eserinin kurala göre yazılmayacağını, halkın isteğini dikkate almayan yazarların başarı sağlayamayacağını belirtir ve kuralları iyi bildiğini, fakat oyun yazarken onları değil, kendi tecrübelerini dikkate aldığını söyler. Lope de Vega'ya göre sanat kurallarının öngördüğü ve sağduyunun onayladığı gerçekler, halkın gerçeğine her zaman uymamaktadır. Onun için yazar, sanatı büsbütün gözden uzak tutmamalı, fakat halkın beğenisine de kulak vermelidir.[9]

Rönesans tiyatro düşüncesinin odaklandığı konular şunlardır: a) Tiyatro okunmak için değil oynanmak içindir, b) Tiyatro'da gerçeğe benzerlik gözetilmelidir, c) Tragedya ve komedya farklı özellikler taşıyan ayrı türlerdir, d) Antik kuramcıların önerdikleri biçimleme kurallarına uyulmalıdır, e) Tiyatro'nun görevi eğiterek yarar sağlamak, eğlendirerek zevk vermektir.

TİYATRO OKUNMAK İÇİN DEĞİL, OYNANMAK İÇİNDİR

Ortaçağda tiyatronun bir şiir türü olarak değerlendirildiğini anımsıyoruz. Tıyatro gösterilerinin yasaklanmış olduğu dönemde oyunlar, okuma parçaları olarak ele alınmış, şiirsel nitelikleri ile değerlendirilmişti. Tiyatro yeniden canlanıp toplum yaşamında önemli bir yer tutmaya başlayınca oyunların okunmak için değil, oynanmak için yazıldığını anımsatmak gerekmiştir. Trissino, *Poetika* (1529) adlı eserinde tiyatronun oynanmak üzere yazıldığını açıkladı[10]. Antonio Sebastiano Minturno, tragedyanın bir taklit sanatı olduğunu, anlatılmayıp konuşan devinen kişiler tarafından oynandığını, ayrıca şarkı, dans, dekor gibi sahne öğeleri de bulunduğunu belirtti[11]. Lodovico Castelvetro, *Poetika*'da (1570) tragedyanın, kendine özgü işlevini yerine getirebilmesi için sahnelenmesi ve oynanması gerektiğini söyledi[12]. Bu görüş İtalyan kuramcılarının sözlerini yankılayan öteki Avrupa ülkelerinin yazarlarınca da benimsendi.

TİYATRODA GERÇEĞE BENZERLİK GÖZETİLMELİDİR

Antik Yunan'da taklit ilkesinin somut bir benzetme olarak yorumlandığını, sanat eserinde duyumlarla algılanan gerçeklerin aslına benzer biçimde yansıtıldığını anımsıyoruz. Oysa ortaçağda sanat dolaylı anlatım yolunu benimsemiş, simge ve alegoriden yararlanmıştır. Hıristiyan düşüncesi, öyküleri ve öykülerdeki kişileri gerçek olaylar ve kişiler olarak değil, insan ruhunun gizli anlamının simgeleri olarak yorumlamayı daha uygun buluyordu. Böylece şiir mistik düşüncenin aracı olmuş, kendi adına değil, taşıdığı gizli anlam adına değerlendirilmişti. Ortaçağda Kilisede doğan tiyatro da simgesel anlatımı benimsedi. Fakat tiyatro Kiliseden uzaklaştıkça konularını ve kişilerini dünyasal olaylardan ve kişilerden seçmeye başladı. Bu tiyatronun seyircisi olan kent orta sınıfı, sanatta gerçeğe benzer olanı anlıyor, bunu seyretmekten hoşlanıyordu. Rönesans kuramcıları ise aydın, hümanist kişiler olarak Antik sanat anlayışının izinden giderek "taklit" ilkesini benimsemiş, bunu doğaya yakınlaşma olarak yorumlamışlardı. Bu yoruma göre şiir, doğal gerçeği somut biçimde yansıtmalı, dram, yaşamı doğanın yaşamına benzer biçimde canlandırmalıydı. Taklit ilkesi Aristoteles'in *Poetika*'sındaki gibi açıklandı. Gerçekler olduğu gibi değil, düzeltilerek yansıtılmalıydı. Tragedyada olaylar, olması gerektiği gibi, komedyada ise elden geldiğince günlük olaylara yakın olarak ele alınmalıydı. Kuramcılar gerçeğe uygunluk ilkesini sağduyuya uygunluk ve inandırıcılık ile eş anlamda kullandılar. Burada rönesans düşünürlerinin, doğal gerçek ile sanatın ilişkisini nasıl yorumladıklarını anımsamak gerekir. Bu yorum gerçeğin aslına sadık benzerini yaratmak olduğu kadar, gerçeği sanatla aşmak ve onu yetkinleştirmek düşüncesini de içerir. Sanatçı, aklı ile bir seçme ve düzeltme yapacaktır. Doğanın tüm olarak gerçekleştiremediği güzelliklere erişebilmek için doğal nesneler arasından en güzellerini seçecek ve onları düzenleyecektir. Güzel, hem doğaya bağlı kalarak elde edilmekte, hem de doğanın düzeltilmesi gerekmektedir. Güzellik, sayıların, orantıların, büyüklük, nitelik ve renklerin uyumlu düzeni ile elde edilir. Bu düzen doğanın kendi uyumlu düzeni ile özdeştir. Sanatın işi bu uyumun kurallarını öğrenmek ve uygulamaktır. Sanat hem doğayı taklit eder, hem de doğal olanı, kendi özündeki uyum ve düzen yasaları doğrultusunda düzeltir. Önemi hiç eksilmeyen sorun, böylece bir kez daha gündeme gelmektedir: Sanatçı doğanın sadık bir benzetmecisi midir, yaşamın arkasından mı gider? Yoksa sanatçı bir tanrı gibi yaratıcı mıdır? Yeryüzünden daha mükemmel bir dünya mı yaratır? Rönesans sanat düşüncesinin yaratıcılığa verdiği önemi J.E. Spingarn, Platon'un etkisi olarak açıklamıştır. "*Rönesans eleştirisinin bir bölümünü oluşturan bu yaratıcı özgürlük, esin ve düş ilkesinin kaynağı Platonizm'e dayanır.*"

Şiir sanatı üzerine yazılmış en eski yazılardan biri olan *De Arte Poetika*'sında (1527) Vida, şairin ilk işinin doğayı gözlemek ve onu taklit etmek olduğunu söylüyordu[13]. Daha sonra şiire ilişkin yazılarda dram şiirine de değinilmiş, tragedya ve komedya tanımlarında taklit ilkesi yinelenmiştir. Minturno, resmin, yontunun olduğu gibi, tüm şiir türlerinin temelinin de taklit olduğunu belirtti. Bu tanım tragedya için olduğu kadar, komedya için de geçerliydi[14]. Julius Caesar Scaliger, tragedyanın, tıpkı komedya gibi, gerçek yaşam düzeninde olduğunu, yalnız tragedyanın, kişilerin orunu, olayların niteliği sonucu bakımından komedyadan farklı olduğunu söyledi[15]. Scaliger bu ilkeyi daha da geliştiriyor, şairin, tıpkı tanrı gibi başka bir doğa, başka bir kader yaratabileceğini söylüyordu. Yazara göre sanat daha güçlü, daha güvenli bir yol gösterici olabilmekte, daha yetkin bir dünya yapabilmektedir[16]. Scaliger'in bu yorumu, Aristoteles'in "olması gerektiği gibi" kuralını kapsamaktadır.

İtalyan kuramcılarının izinden giden İngiliz, Fransız ve İspanyol kuramcıları gerçeğe benzerlik ve sağduyuya uygunluk kuralına sıkıca bağlandılar. Oysa bu ülkelerde gelişen çoğunluk tiyatrosunun kurgusal (fantastik) öğeler ile yüklü olduğunu biliyoruz. Bu oyunlarda doğaüstü yaratıklara, olağandışı olaylara, düş ürünü durumlara bolca yer verilirdi. Sanatta başarının tek ölçüsünün Antik yazarlara benzemek olduğunu kabul eden kuramcılar yerli yazarların bu coşkunluğunu hoş görmemişler, yerli yazarları gerçeğe ve sağduyuya uymamakla suçlamışlardır. Onlara göre Antik yazarlara öykünmek, doğayı taklit etmekle eşanlam taşıyordu. Çünkü Antik oyunlarda doğanın en iyi yansıtılmış olduğuna inanıyorlardı. Burada doğaya benzerlik, doğanın evrensel gerçeğine benzerlik anlamına geliyordu. Daha sonra göreceğiniz gibi, çoğunluk tiyatrolarının ortak kusurları olarak belirtilen, ahlak ve terbiye kurallarına uymamak, zaman ve yer birliği kurallarının dışına çıkmak, halkı eğlendirmekle yetinmek de gerçeğe aykırı sayılmış, oyunların bu kusurları yüzünden sağduyuya aykırı düştüğü söylenmiştir. Miguel de Cervantes Saavedra, *Don Quixode* adlı eserinde, yerli güldürülerin saçmalık ve tutarsızlıklarla dolu olduğunu ileri sürdü. William Shakespeare, *Hamlet*'te iyi bir tiyatronun doğaya ayna tuttuğunu, zamana kendi biçimini ve düzenini gösterdiğini belirtti (III. Perde, 2. Sahne). Giangiorgio Trissino, *Poetika* (1529) adlı eserinde tragedya yazarının hem gerçeğe benzerlik gözettiğini, hem gerçekleri daha güzel yansıttığını belirtti[17]. Daniello, şairin tarihçiden farklı olarak uydurma olanla gerçek olanı birbirine karıştırabileceğini çünkü onun tarihte olana değil, olası olana uymak zorunda olduğunu söyledi. Robortello, şairin malzemesini ya uydurduğunu, ya da gerçekleri yansıttığını, gerçekleri yansıtırken "*olması gerektiği gibi*" ilkesine, uydururken de "*olasılık*" ilkesine dikkat etmesi gerektiğini söyledi.[18]

TRAGEDYA VE KOMEDYA FARKLI ÖZELLİKLER TAŞIYAN AYRI TÜRLERDİR

Aristoteles'in oyun türleri olarak saptadığı tragedya, komedya ve satyresk dram ayrımı rönesansta benimsenmişti. Tragedyanın ve komedyanın ayrı ayrı tanımları yapılıyor, bu türlerin öykü, oyun kişileri, olay gelişimi ve seyirci üzerindeki etkisi bakımından farklılıklarına değiniliyordu. Trajik ve komik öğeleri yan yana kullanan halk oyunlarını eleştiren yazarlar, türlerin birbirinden ayrılmasını zorunlu saydılar. Ciddi olanla hafif olanı, soytarılık ile ağırbaşlılığı birbirine karıştırarak sunan traji-komedyalar, doğadışı yaratıklara benzetiliyor, halkı bu çeşit oyunlarla eğlendiren popüler yazarlar sağbeğeniye ters düşmekle suçlanıyordu.

Tragedya ve komedya tanımlarında şunlar belirtildi: Tragedya, konusunu tarihten ya da mitolojiden aldığı halde, komedya, konusunu günlük yaşantıdan alır. Tragedya kişileri bilinen, tanınmış insanlardandır, komedyada ise uydurma kişiler bulunur. Tragedyanın öyküsü, mutlu başlayıp yıkımla sonuçlanır. Oysa komedyada olaylar bunun tersi yönde gelişir, karışık başlayan öykü mutlulukla biter. Tragedyada oyun kişilerinin soylu ve erdemli olmasına karşın, komedya, ortalamadan aşağı kişileri, kusurlu ve eksikli olanları ele alır. Tragedya seyircide korku ve merhamet duyguları uyandırarak seyirciyi bu duygulardan arıtır. Oysa komedya kusurlara güldürerek, seyircinin bu gibi kusurlardan kaçınmasını sağlar.

Giangiorgio Trissino, tragedyada oyun kişisinin ahlak niteliklerinin daha iyi gösterildiğini belirtir. Korku ve acıma ilkeleri üzerinde durarak, tehlike olasılığının ve acı verici bir yıkımın korku, hak edilmeyen yıkımın ise acıma uyandırdığını söyler. Yazara göre, komedya kötü edimleri taklit eder. Fakat bu kötülük aşırı olmamalı, sadece çirkin olan, acı vermeyen, ölümü içermeyen ve gülüncü doğuran bir kötülük veya kusur ele alınmalıdır. Komedya, ahlak eğitimi, yapısal düzeni ve anlatımı bakımlarından tragedyaya benzerse de, olayları ve kişilerin adlarını gerçek yaşamdan almayıp uydurduğu için tragedyadan farklıdır[19]. Daniello, tragedyanın üstün kralların ölümünü, büyük imparatorlukların yıkımını ele almasına karşın, komedyanın günlük ve sıradan olayları yansıttığını[20], Minturno, tragedyanın soylu kişileri ilgilendiren ciddi işleri, komedyanın ise köy ve kentin sıradan insanlarını ele aldığını söylemişlerdir. Yalnız bu iki tür, kişilerinin orunu, edimin niteliği ve sonuçları bakımından birbirinden farklıdır ve farklılık, üsluplarında da yansır. Komedya karışık başlar. Oyunun sonunda bu karmaşıklık mutlulukla çözümlenir. Komedyanın dili konuşulan dildir. Oysa tragedya, kralları, prensleri ele alır, sakin başlayıp, korkunç bir sonla biter. Tragedyada hep bir kötü kader duygusu sezilir[21]. Lodovico Castelvetro aynı tanımı yineledikten sonra, tragedyanın da, komedyanın da, hem mutlu, hem mutsuz sonuçlanabileceğini, fakat tragedyanın mutsuzluğu ve mutluluğu ile, komedyanın mutsuzluğu ve mutluluğunun birbirine benzemediğini ileri sürdü. Tragedyanın mutlu sonu, kahramanının ve ona yakın olan kişinin başında dolaşan ölümün veya üzüntünün geçmesi ile sağlanıyordu. Oysa komedyada mutlu son, kahramanın veya ona yakın olan kişinin bir utançtan, bir hakaretten kurtulması, yitirilen şeyin bulunması, aşk isteğinin doyumu ile gerçekleşiyordu[22]. Sir Philip Sidney, komedyanın günlük kusurları taklit ettiğini ve onlarla alay ederek kişiyi, bu kusurlara karşı uyardığını, tragedyanın ise aynı uyarıyı üstü kabuk bağlamış çıbanları, yaraları, deşerek yaptığını ileri sürdü. Bunu seyreden krallar despotluk etmekten korkacak, tiranlar, tiranca eğilimlerini dizginleyecektir[23]. Jean de Taille, tragedyanın güzel, zarif, üstün bir şiir türü olduğuna işaret etti. Soylu kişilerin acıklı yıkımını, kaderin tutarsızlığını, sürgünleri, savaşları, salgın hastalıkları, kıtlıkları, müstebitlerin aşırı kıyıcılıklarını, kısaca hergün rastlanmayan olayları ele aldığını ve böylece bizde büyük heyecanlar uyandırdığını belirtti[24]. Lope de Vega, *Arte Nuevo*'da komedyanın tragedyadan farklı olarak aşağı türden davranışlara yer verdiğini, halkın işlerini, Lope de Rueda'nın oyunlarında olduğu gibi, bir teknisyenin başından geçenleri bir demirci kızının aşkını ele aldığını söyledi. Ben Jonson, komedyanın günlük kusurlara yönelik olduğunu söylerken, bu kusurları kendi "karakter" tanımı ile açıklıyordu.[25]

Ben Jonson'a göre, kişilerin kendi fizyolojik yapılarına uygun olarak bazı belirgin eğilimleri oluyordu. Bu eğilimler diğer nitelikleri baskı altına alıyordu. Komedya kişileri bu baskın eğilimi yansıtan tiplerdi. Komedya, kişinin başat niteliğini abartarak onu gülünçleştiriyordu. Ben Jonson güldürmenin kahkaha biçiminde olmaması gerektiğine de işaret etti. Yazara göre gülünç, çirkin ve kötünün bir türü idi. Oysa komedya zarar vermeyen bir eksikliği, bozukluğu veya çirkinliği ele almalıydı[26]. Böylece bu dönemde yalnız tragedya ve komedyanın tanımı yapılmakla kalmamış, gülüncün ve güldürünün ayrımları üzerinde de durulmuş oluyordu.

BİÇİMLEMEDE BELLİ KURALLARA UYULMALIDIR

Rönesans kuramcıları Antik tiyatronun biçim kalıplarını benimsediler. Denge, orantı ilkeleri, uzunluk ve üç birlik kuralları, biçimsel düzenleme için gerekliydi. Olayların gelişiminde neden-sonuç ilişkisi gözetiliyordu. Oyunlarda simetrik bölümleme, beş perde kuralı üzerinde duruldu. Bir temsil süresinin iki ya da üç saati geçmemesi önerildi. Antik oyun yapısı, klasik ve değişmez bir yapı olarak kendini kabul ettirme yolundaydı. Bu yapı XVII. yüzyılda tüm oyun yazarlığına egemen olacak ve "klasik akım"ı oluşturacaktır.

Uzunluk: Bir tragedyanın uzunluğu hakkında Aristoteles'in esnek bir ölçü tanıdığını anımsıyoruz. Aristoteles'e göre, bir tragedyanın belli bir uzunluğu olmalıydı. Oyunda büyüklük, seyircinin algılama gücü dikkate alınarak saptanıyor, ne fark edilmeyecek kadar küçük, ne algılanamayacak kadar büyük olana yer veriliyordu. Ayrıca bir tragedyada olayların mutluluktan mutsuzluğa dönüşmesi, ya da tersi yönde bir değişime uğraması gerekiyordu. Bütün bunlar oyunun uzunluğunu ve büyüklüğünü belirleyen koşullar olarak ileri sürülmüştü. Horatius, bir oyunun beş perdeden ne az, ne fazla olmaması gerektiğini söyledi. Rönesans kuramcıları bu konuda Antik yazarları izlediler. Bir oyunun uzunluğu, yazgı değişimini içerecek süreç olarak saptandı. Minturno, bir temsil süresinin üç ya da dört saati geçmemesini, çok kısa bir oyunun güzelliğinden yitireceğini, seyirciyi doyumsuz bırakacağını, fazla uzunluğun ise orantıyı bozup, oyunun çekiciliğini zedeleyeceğini ve seyirciyi sıkacağını ileri sürdü. Akıllı bir yazarın temsil süresini malzemesine göre ölçmesini, ne çok kısa, ne çok uzun tutmasını önerdi. Scaliger "belli bir uzunluk" tanımının dram şiirini destan şiirinden ayırmak için yapıldığını belirtti. Scaliger'e göre, bir oyunun içeriğinin elden geldiğince derli toplu ve kısa olması gerekiyordu. Ben Jonson, bir oyunun, olaylardaki iyiden kötüye gidişi kapsayacak uzunlukta olmasını gerekli gördü.

Üç birlik: Aristoteles'in "eylem birliği" üzerinde önemle durmuş olduğunu anımsıyoruz. Aristoteles öykünün zaman sürecine ilişkin bir öneride de bulunmuş, olayların güneşin doğuşu ve batışı ile sınırlanması gerektiğini söylemişti. Bununla beraber, yazarın zaman konusuna değinmekle yetindiğini, açıklama yapmadığını görmüştük. Rönesansta "eylem birliği" kuralı olduğu gibi benimsendikten başka, "zaman birliği"ne de kesinlik kazandırıldı ve bu iki kurala Aristoteles'in hiç değinmemiş olduğu "yer birliği" kuralı eklendi. Böylece ortaya "üç birlik" dediğimiz ve uzun süre oyun yazarlarını baskı altında tutan bir kural çıkmış oldu. Üç birlik kuralının önericisi Lodovico Castelvetro'dur. Castelvetro bir tragedya yazarının konusunu sınırlı bir alan ve sınırlı bir zaman süresi içinde ele alması gerektiğini ileri sürdü. Oyundaki olayların süresi ile temsil süresi eş olmalı, tüm eylem bir kişinin görebileceği tek yerde geçmeliydi. Oyunun yeri oyuncunun sahne üzerindeki yerine, oyunun kapsadığı zaman oyuncunun sahnede kaldığı süreye denk olmalıydı. Castelvetro, seyircinin temsil sırasında birçok gün geçmiş olduğunu farz edemeyeceğini, bunun bir aldatma sayılacağını ileri sürüyordu. Bir başka yerde de oyun öyküsünün yirmi dört saatten fazlasını kapsamaması gerektiğini belirtti. Aristoteles'in "eylem birliği" kuralı Castelvetro tarafından şöyle yorumlanmıştı: Tragedyanın ve komedyanın öyküsü, yalnız bir olay dizisini içermelidir. Bu öykü bir soyla değil, bir kişiyle ilgili olmalıdır. Zaman sınırı on iki saat olduğuna, olayın geçtiği mekân oynanan yere eş sayıldığına göre tüm bir soyun işleri ve pek çok olay bu kısıtlı yer ve zamana sıkıştırılamaz. Tek olay dizisini seyirciye zevk verecek biçimde işleyen yazar büyük bir başarı elde etmiş olur. Çünkü çeşitlilikle hoşa gitmek daha kolaydır. Oysa bir kişinin tek öyküsünü işlemek ustalık ister. Castelvetro'nun üç birlik kuralını aynı dönemin İngiliz, Fransız ve İspanyol kuramcıları benimsediler. Jean de Taille üç birlik ve organik bütünlük kurallarını benimsemiş, bir oyunun beş perde olması gereğine değinmiştir. Sir Philip Sidney, yerli oyunları Latin tragedyaları ile karşılaştırmış ve İngiliz yazarlarını ustalık kurallarına uymadıkları için kınamıştır. Sidney'e göre, yer ve zaman birliği sağduyu gereği idi.

> "Üç hanım çiçek toplamak üzere yürüyorlar, burada sahnenin bir bahçe olduğuna inanmak zorundasınız. Derken aynı yerde bir deniz kazasından bahsediliyor. Orasının bir kayalık olduğuna inanmazsak kabahat bizim oluyor. Bundan sonra ateş ve duman saçan korkunç bir dev görünüyor. Zavallı seyirciler bu kez de aynı yeri bir mağara olarak kabul etmek zorundalar. Bu arada dört kılıç ve kalkanla simgelenen iki ordu çıkageliyor. Şimdi de bir savaş alanı karşısında olduğunu kim yadsıyabilir? Zaman konusunda daha da özgür davranılıyor. İki soylu genç birbirine aşık oluyor, birçok buluşmadan sonra kız gebe kalıyor, güzel bir oğlan çocuk dünyaya getiriyor, çocuk kayboluyor, büyüyor, aşık oluyor, hatta bir de çocuk sahibi oluyor ve bütün bunların iki saatlik bir süre içinde yer alması olağan sayılıyor."

Cervantes, İspanyol tiyatrosunu "üç birlik" kuralına uyulmadığı için yerer. Bir oyun kişisinin ilk sahnede kundaklı bir bebek, ikinci sahnede karşımıza sakallı bir adam olarak çıkarılmasını, oyunun bir perdesinin Avrupa'da, ikincisinin Asya'da, üçüncüsünün Afrika'da geçmesini bir bilgisizlik ve ilkellik örneği olarak görür ve dördüncü bir perde olsa, onu da Amerika'da geçirtecekler, diye alay eder. Ben Jonson, eylem birliği ve organik bütünlük kurallarını benimsemiştir. Oyunun, tek ve erkin bir eylemin taklidi olmasını, orantılı bir büyüklük içinde, baş-orta-son gelişimini izlemesini, gereksiz ayrıntının ayıklanmasını, organik bütünlük gözetilmesini gerekli görür.

TİYATRONUN GÖREVİ EĞİTMEK VE EĞLENDİRMEKTİR

Horatius'un zevk ve yarar ilkesi rönesans kuramcıları tarafından benimsendi. Tiyatro, bir yandan müzikle dansla süslenerek seyirciyi eğlendirmeli, bir yandan da toplumu ahlak değerleri konusunda eğitmeliydi. Oyunda bayalığa ve ahlakdışı davranışlara yer verilmemesi, tragedyada kanlı sahnelerin göz önünde oynatılmasından kaçınılması, koronun acı çekenden yana olması, hakkı, adaleti, barışı savunması, kötüye boyun eğmemesi gibi kurallar tiyatronun eğitici görevini belirliyordu.

Tiyatroyu din adamlarına ve tutucu görüşe karşı savunan yazarlar, oyunun ahlak görevi üzerinde özellikle durdular. Tragedya ve komedyanın kişiye kusurlarını gösterdiğini, onu bu kusurlar konusunda uyardığını, umulmadık yıkımlara karşı hazırladığını belirttiler, yazarları bu konuda titiz davranmaya çağırdılar. Komedyada gülünçleştirilen kusurların seyirciye acı verecek kadar büyük ahlak bozukluğu olmaması, tragedyada kahramanın yıkımına yol açan hatanın, insanca bir hata olması gerekiyordu. Sahnede ahlak dışı olana yer verilmemeliydi. Tiyatronun geleneksel değerleri, yasaları ve dinsel öğretiyi güçlendirmesi, seyirciye kurulu düzenle uyum kurması ve ona boyun eğmesi yolunda öğüt vermesi gerekli görüldü. Aristoteles'i Avrupa'ya tanıtmış olan Trissino, zevk ve yarar üzerinde de durmuş, tiyatronun genel yarara çok iyi hizmet ettiğini söylemiştir. Daniello, tragedyada koro'nun haklı ve iyinin yanında yer almasını, dostlara öğüt vermesini, günahtan nefret edenleri desteklemesini, ciddiyeti, adaleti, barışı övmesini, dünya malını, gösterişli yerleri, göklere meydan okuyan yükseklikleri hor görüp, acı çekenleri eğitmesini istedi. Minturno, Horatius'un zevk ve yarar ilkesini yineliyor, komedyanın kusurlara, kötülüklere güldürerek, doğru yaşama yolunu gösterdiğini söylüyordu. Tragedya ise, orun sahibi kişilerin insanca bir hata yüzünden yıkıma uğradığını göstererek, dünya malına güvenmenin doğru olmadığını belirtmeliydi. Yazara göre, tragedya seyirciyi umulmadık yıkımlara karşı uyanık bulundurmalı, ayrıca kötü kadere sabırla katlanmayı öğütlemeliydi. Minturno, Aristoteles'in arınma kuralını şöyle yorumlamıştı: Sahnede başkalarının düştüğü mutsuzluğu görmek, dizginsiz tutkulardan kurtulmamızı, taşkınlıkları atıp arınmamızı sağlar. Böylece heyecanlar düzene sokulmuş olur. Sir Philip Sidney, çağdaş komedyayı farsa eğiliminden dolayı kınamakta, bu çeşit oyunları boş bir gülme aracı olarak nitelemekte, komedyada alayın kötüye karşı uyarı olması gerektiğini belirtmektedir. Tragedyanın sonundaki yıkım, yaşamın güvensizliğinin kanıtıdır. Tragedya ahlak açısından eğitmeli, uyumu ile hoşa gitmelidir. Tiyatro yaşantımızı çoğaltır, bize kendimizi tanıtır, yaralarımızı deşer, bizi zararlı çıkacağımız davranışlardan korur. Ben Jonson, komedyanın günlük kusurları gösterdiğini, bu kusurların acı vermemesi gerektiğini belirtmiş, gülmenin de kahkaha biçiminde olmamasını dilemiştir.

Özetleyecek olursak, tiyatro hareketi bakımından çok canlı olan XV. ve XVI. yüzyıllar, tiyatro kuram ve eleştirisine çok az yeni görüş getirmiştir. Tiyatro konusundaki görüşler çoğunlukla tiyatroyu Kilisenin suçlamalarına karşı bir savunu kapsamı içinde belirtilmiştir. Bu görüşler aynı zamanda Antik Yunan ve Latin kuramcılarının düşüncelerinin uzantısıdır. Rönesans tiyatro eleştirmenleri kendi çağlarının oyunlarını Horatius'un ve Aristoteles'in saptadığı ölçüler açısından eleştirmiş, türlerin ayrımı, taklidin niteliği, zevk verme ve eğitme, olayların düzenlenişi gibi konularda Antik düşünürlerinkine koşut olan kurallar getirmişlerdir. Fakat rönesansın başarılı oyun yazarlarının bu uyarıları dikkate almadıkları, halkın beğenisi doğrultusunda yazmayı sürdürdükleri görülür.

5
Klasik Akım

XVII. ve XVIII. yüzyıllarda Avrupa tiyatrosunda klasik akım egemendir. Tiyatro kuramcıları bu akımı desteklemektedirler. Rönesansta gözlemlediğimiz, tiyatro düşüncesi ile tiyatro olayı arasındaki kopukluk giderilmiştir. Antik Yunan tiyatrosunun örnek alınması, yalınlık gözetilmesi, bir önceki dönem tiyatrosunun taşkınlıklarından kaçınılması öğütlenir. Klasik tiyatro anlayışı, akla, toplumsal davranış kurallarına, ahlak değerlerine bağlılık, biçim kurallarına uygunluk ister. Tiyatronun eğitici görevi ve biçim kalıpları konusunda tutucudur, sınırların dışına çıkılmasını hoşgörmez, biçim değişikliklerini, özgün anlatımları kuşku ile karşılar. Klasik düşünce biçim kurallarını içerikten ve içeriğin malzemesine kaynaklık eden toplumdan bağımsız, evrensel ölçüler olarak kabul etmiştir. Klasik akım XVII. yüzyılda Fransa'da ortaya çıkmıştır, XVIII. yüzyılda bu akımın yaygınlık kazandığı, aynı zamanda yeni bir tiyatro anlayışına doğru evrimleştiği görülür.

Klasik akım, Fransa ve İngiltere'de krallık otoritesinin güçlendiği yıllarda gelişmiştir. İç ve dış savaşları izleyen merkeziyetçi yönetim dönemi, klasik tiyatronun belli başlı eserlerinin yazıldığı, kuramlarının belirlendiği dönem olmuştur. Fransa'da din çatışmalarından ve yetke kavgalarından sonra 1624-1642 yıllarında Kardinal Richelieu kararlı bir baskı yönetimi kurmuştu. Onu izleyen Kardinal Mazarin, kralın çocukluk döneminin çalkantılarını tehlikesizce geçiştirdi. XIV. Louis'nin görkemli yönetimi ile beraber yetke sağlandı. Devlet otoritesi, ortaçağdan kalma kilise, lonca gibi kurumlara, din adamlarına ve derebeylere karşı güçlü bir denge kurmuştu. İngiltere'de buna benzer durum elli altmış yıl sonra gerçekleşti. Kral I. Charles'ın öldürülmesi ile sonuçlanan iç çatışmaları Cromwell'in Cumhuriyet rejimi izlemişti. 1660 yıllarında bu dönemin sona erdiğini, II. Charles'ın tahta geçtiğini, Stuart Hanedanının yeniden güçlü bir krallık yönetimi kurduğunu görüyoruz.

Fransa'da da, İngiltere'de de krallık kültür ve sanat çalışmalarını desteklemiştir. Tiyatro sanatı, sarayın gözetimi ve denetimi altına girmiştir. Daha önce tutucu çevrelerin tiyatroya karşı çıktıklarını anımsıyoruz. Yalnız Katolikler değil, Protestanlar da bu sanatın halk üzerindeki etkisini kuşku ile karşılamışlardı. İngiltere'de Püritenlerin egemen olduğu Cromwell döneminde tiyatrolar kapatılmıştı (1648-1660). Ortaçağ düşüncesinden ayrılmayı simgeleyen ve kültürel değişmeye elverişli bir ortam yarattıkları ileri sürülen Protestanların, tiyatro sanatına karşı bu düşmanca tutumları, temsilcisi oldukları orta sınıfın eğiliminden kaynaklanmıştır. Protestanlar dünya malına önem vermişler, orta sınıfa özgü olan çalışma ve kazanma tutkusunu desteklemişlerdir. Tutucu ve tutumlu orta sınıf eğlenceyi sevmediği, pahalı giyime, kadına ve kumara karşı olduğu gibi, yararsız bir eğlence türü saydığı tiyatroya da karşıdır. Sanat karşısındaki bu bağnaz tutuma koşut olarak boş inançlar da sürdürülmektedir. Önemli bilimsel buluşların ortaya çıktığı, akılcı düşüncenin felsefeye egemen olduğu bu dönemde bile doğal olayların, tanrının öfkesini ya da hoşnutsuzluğunu yansıttığına, ayın, yıldızların, gezegenlerin insan yazgısını etkilediğine inanılır, cadı kıyımlarının sürdürüldüğü görülür. Daha önceki yüzyıllarda tiyatroyu sevmiş, açık hava tiyatrolarını doldurmuş olan halk, tutucu çevrelerin etkisiyle tiyatroya gitmez olmuştur. İngiltere'de on iki yıl süren yasaklama dönemi tiyatro coşkusunu söndürmüştür. XVII. yüzyılda tiyatronun yeniden canlanması Sarayın desteği ile olur.

Onyedinci yüzyılda Sarayın tiyatro sanatına harcayacak bol parası vardır. Krallık yönetimini besleyen ekonomik kaynaklar, tarıma ve ticarete dayanır. Tarımdaki devrim İngiltere ve Fransa'yı güçlü devletler haline getirmiştir. Tüm Avrupa devletleri sömürge ticareti yapmaktadır. Batının malları satış alanı bulmuştur. Ticaret kaygısı, savaşları ve iç politikayı etkilemektedir. Kağıt paranın kullanılmaya başlanması ticaretin gelişmesini kolaylaştırmıştır. Krallık yönetiminde devlet zenginleşmektedir. Varlık ve güvenlik saray yaşamında, saray eğlencelerinde yansır. Çoğunluğun yoksulluğuna ve güvensizliğine karşın bu yaşam alabildiğine görkemlidir. Sanatçılar korunmakta, sanatsal gösterilere bol para harcanmaktadır. Bu konuda Fransa Sarayı öteki Avrupa saraylarına öncülük eder. Akıl ve bilgi güneşi, Kral XIV. Louis'nin sarayında doğmaktadır. Kralın bir tiyatro gösterisi sırasında sahnede güneş rolünü oynaması, resmi yaşantısında da bu rolü ne kadar benimsediğini gösterir. Öteki ülkeler Fransız kültürünün üstünlüğünü tartışmasız olarak kabul etmişlerdir. Fransa Sarayının savurganlığına değilse de şatafatlı görüntüsüne öykünülür. Fransız dış politikasının kaygı ile izlendiği yıllarda bile sarayın incelik kurallarına uyulmazlık edilmemektedir. Tiyatro sanatı bu görkemli yaşamın vazgeçilmez öğesi olarak benimsenmiştir. Kral zenginleştikçe tiyatroya ayrılan ödenek de çoğalmaktadır. İngiltere'de eski büyük, üstü açık tiyatroların yerini kapalı özel tiyatrolar almıştır. 1609'da tahta geçen II. James, sarayda gösterişli temsiller verdirir. Böylece tiyatro sarayın ve aydınların sanatı olarak gelişir, soylu beğenisine hizmet eder, bu beğeninin özlediği nitelikleri benimser ve onları sanat kuralları olarak kesinleştirir. Krallık yönetimi tiyatroyu kendi yasaları ve kuralları doğrultusunda koşullamaktadır. Tiyatro yasal düzeni korumakla yükümlüdür. Kurulu düzenin değer yargılarını titizlikle savunur. Toplumun yerleşik din ve ahlak kurallarını yüceltir. Bu konuda eğitici olmayı ve toplumsal yarar sağlamayı üstlenmiştir. Sarayın Kilise ile bir güçler dengesi kurmuş olması, çelişkilerini bu güç birliği içinde eritmesi gibi, tiyatro da bu iki gücün temel ilkelerini kendi sanat değerleri ile uzlaştırmıştır. Bu durumda tiyatro hiyerarşik bir dünya düzenini yansıtmakta, aynı zamanda fizikötesi gerçeğe inancı dile getirmektedir. Tragedyada yazgısına mahkûm olan kahramanın, bağlı olduğu değer yargılarını kurtarmak için kendini kurban edişi gösterilir. Komedyada bu değerlerden sapan kişi gülünç düşürülerek cezalandırılır. Onu bu sapkınlığa iten neden, gene yazgı niteliğinde olan zaafıdır. Kısacası tiyatro, Hıristiyan dünya görüşünü benimsemiş, bu dünya görüşü ile krallık değer yargılarını sanatsal bütünü içinde bir araya getirmiştir.

Tiyatronun içeriğini topluma karşı görevi belirler. Aydınlar ve seçkinler ise tiyatroyu çağın usçu felsefesine uygun bir sanat anlayışı içinde değerlendirerek insan aklının doğruyu, iyiyi, güzeli bulacağını kabul ederler. Bu inancın yerleşmesinin nedeni XVII. ve XVIII. yüzyıllarda büyük bilim ve düşün adamları yetişmiş olmasıdır. Galilei, Toricelli, Paskal, Newton, Keppler, Descartes, Bacon gibi büyük bilim ve düşün adamları bu çağda yetişmiştir. XVII. yüzyılın Akıl Çağı olarak adlandırılması bundandır. Doğa bilimleri gelişmiş, gözleme ve ayrıntıya önem verilmiş, tümdengelim yanında tümevarım yöntemi uygulanmıştır. İlk nedenleri bulmak için gözlemin ve deneyin önemi kabul edilmiştir. Doğru bilgisine doğa olaylarını açıklayarak ulaşmak olası görülmüştür. Büyüteç, mikroskop, teleskop gibi araçların bulunması bilimin gelişmesine yardımcı olmuş, giderek bu bilgi yaygınlaşmış, aydın kesiminin tümüne ulaşmıştır. İngiltere'de "Royal Society for Improving Knowledge" (1622), Fransa'da "Académie des Sciences" (1666) kurulmuştur.

Bilimdeki bu gelişme felsefeyi de etkilemiştir. Descartes'e dayanan akılcılık, evrenin temelinde matematiksel bir düzen olduğunu kabul ediyordu. İnsan aklının işleyişi de evrenin düzenine koşuttu. Bu düzen evreni kaostan kurtarıp kosmos içinde tuttuğu gibi, insan aklını da saçmalıktan kurtarıp sağduyu sınırları içinde tutuyordu. Kosmos'un bir parçası olan akıl, onun ilkelerini paylaştığı için düşünerek en doğruyu bulabilir, evrenin gizine varabilirdi. Görüldüğü gibi bilimdeki gelişme sonucunda insan düşüncesi yüzeydeki karışıklığın altında uyumlu bir düzen yattığını varsaymış, insan aklının bu düzenin işleyişini çözümleyebileceğine inanmıştı. Bilime ve insan aklına duyulan bu güven, giderek aklın her alanda yetkin olanı bulacağı inancını pekiştirdi. İnsan aklı, kendi doğal işleyiş düzeni içinde ahlak ve sanat alanlarında da en iyi ve en güzel olanı bulabilecekti: Madem ki ahlaksal alanda da evreni yöneten kurallar geçerlidir, o halde akıl, insanı erdeme ve dolayısıyla mutluluğa götüren yolu gösterebilir. Sanat için de aynı açıklama geçerlidir. İnsanın sanat eserlerinden hoşlanması onda bir düzen fark etmesinden ileri gelir. Hoşa giden, sanat eserinin evren düzenine eş olan düzenidir. Bu düzenin kesin ve değişmez kuralları vardır. Bu kurallar evrenseldir ve ancak akılla saptanabilir. Güzeli yaratmak için, evrensel olan estetik kurallara uymak gerekir. Sanat, esin ürünü, coşku ürünü değildir. Çünkü heyecanlar yanıltıcıdır. Göz boyayıcı heyecanların altında yatanı ancak akıl bulacak, kaba ve yanıltıcıya karşı olan güzeli ve doğruyu ancak akıl görecektir.

Ahlaksal ve estetik konularındaki bu görüş, tutkuları dizginlemeyi, heyecanları durultmayı, yüreği aklın buyruğuna sokmayı önerir. Böylece rönesansın insanın yaratıcı gücüne, atılım özgürlüğüne, büyüklük tutkusuna ve serüven duygusuna duyduğu hayranlığın yerini, ölçülüğüne duyulan saygı almıştır. Akılcılık ve ölçülülük klasik akımı belirlemektedir. Klasik akım, akılla açıklanan açık ve kesin biçim kuralları koymuş ve bu kurallara uyulmasını zorunlu saymıştır. Klasik akım tiyatroda en başarılı ürünlerini XVII. yüzyıl Fransız tiyatrosunda vermiştir. Pierre Corneille, Jean Racine, Jean Baptiste Poquelin Molière gibi büyük oyun yazarlarının yetiştiği klasik dönem, Fransız tiyatrosunun en parlak dönemidir. Tiyatro sanatında öncülük etme görevi İngiltere ve İspanya'dan sonra Fransa'ya geçmiştir. Sarayın desteği ile gerçekleştirilen temsiller zengindir, gösterişlidir. Bu temsillerin sahne mekanizmasında, son teknik buluşlardan yararlanılmaktadır. İtalya'dan getirilen ustalar hünerlerini şatafatlı temsillerde sergilerler. Fransa'da tiyatro saray çevresinin beklentisi doğrultusunda gelişmektedir. Ortaçağ misterlerinden kaynaklanan bol olaylı ve heyecanlı oyunlar sunan gezici halk toplulukları varsa da genellikle halk, tiyatrodan uzaklaşmaktadır. Bağnazlığın yaygınlaşmasının sonucu olarak tiyatro, çoğunluğun sevdiği bir sanat türü olmaktan çıkmıştır. XVII. yüzyılda tiyatro, aylak soylularla, varlıklı orta sınıfın eğlencesi olmuştur, kadın seyirci çoğalmaktadır. Onun için hareketten, tutkulu davranışlardan, soytarılıktan, korkutucu olandan hoşlanan halk eğiliminin yerini, incelikten, süslülükten, sarsıcı olmayandan hoşlanan soylu beğenisi almıştır. Aydınlar, yerli tiyatronun İtalyan tiyatrosunda olduğu gibi Antik yazarları izlemesini isterler. Soyluların, varlıklıların, aydınların tiyatrosunda "klasik ruh" aranır. Oyunların konuları genellikle mitolojiden seçilir. Düşündürücü ve ibret verici olmaya önem verilir, kurulu düzenin ahlak anlayışı desteklenir. Bireysel isteklerin karşısına toplumun değer yargıları ile çıkılmaktadır. Oyunlarda felsefe derinliği değil, ahlak kuralları egemendir. Aykırı tutkular, ölçüsüz davranışlar, taşkınlıklar eleştirilir. Kişisel kahramanlığın yerini görev ve sorumluluk duygusu almıştır. Tragedyalarda düzenle çatışan üstün kişinin eylemi değil, düzeni korumak için çevresi ve kendi tutkuları ile savaşan erdemli kişinin dramı sergilenir. Duygusal etki, yerini akılcı ilgiye bırakmıştır. Duygusal titreşimler yalnızca aşk konusunda geçerlidir. Bu konu ustalıkla işlenmektedir. Tek geçerli tutku olarak ele alınan aşk bile görev duygusu ile dengelenmiştir. Özürü ne olursa olsun akılcı davranışın dışına çıkanlar tragedyalarda yargılanır, komedyalarda alaya alınırlar. Oyunlarda hareket azalmış, dış eylemin yerini iç çatışmalar almıştır. Kişiler uzun konuşmalarda içlerini dökerler. Oyun devinimini iç çatışmalar oluşturur. Klasik tiyatro, didaktik olduğu kadar durağandır da.

Klasik tiyatronun biçimini akla ve mantığa uygun kurallar, biçemini (üslubunu) ise saray yaşamının incelik kuralları belirlemiştir. Tiyatro yapıtından soylulara yaraşır incelikler beklenir. Ahlak açısından olduğu kadar üslup açısından da "uygunluk" aranır.

Kısacası, XVII. yüzyılda, Fransa'da, kurulu düzenden yana, ahlak açısından eğitici, ince anlatım tarzları arayan, dile özen gösteren, kesin biçim kuralları uygulayan, yalın ve durgun bir tiyatro sanatı gelişmiştir. Bu tiyatro, derin düşünceler peşinde koşmaz, sorunları tartışmaz, aşırılıkları cezalandırmakla yetinir. Bu sanat anlayışı, iyi yazarların özlü ve sağlam oyunlar yazmasını sağlamış, zayıf oyun yazarlarının elinde, kasıntılı, kuru ve katı olmuştur. Bu çerçeve içinde ruhsal incelemelere girişilmiş olması, bu incelemelerde şaşırtıcı bir gerçeklik gözetilmesi, Fransız klasik tiyatrosunun başarısıdır.

Tiyatroda klasik akım gelişir ve ürünlerini verirken, tiyatro kuramcı ve eleştirmenleri bu akımın ilke ve kurallarını saptamışlardır. Klasik akımın ilk görüşleri 1630-1660 yılları arasında belirlenmiştir. Bu görüşlerin belirlenmesinde Alman kuramcısı Heinsius'un etkisi olmuştur. 1635'te Kardinal Richelieu'nün kurduğu Fransız Akademisi ise Klasik akımın gelişmesini sağlamıştır. Rönesansta olduğu gibi yazarlar ile eleştirmenlerin düşünceleri arasında karşıtlık yoktur. Çünkü oyun yazarları da, eleştirmenler ve kuramcılar da "klasik ruh" olarak tanımlanan sanat ölçüsünü benimsemişlerdir. Yazar ancak halkı temsil ettiği zaman eleştirmene karşı çıkabilmektedir. Bunun örneğini Molière'in *Kadınlar Mektebi*'ne yazdığı önsözde görüyoruz.

Klasik akımın belli başlı kurallarının saptanmasında Corneille'in *Le Cid* oyunu üzerinde açılan tartışma büyük rol oynamıştır. 1630 yılında oynanan ve başarı kazanan bu oyun sağbeğeni sahibi olduklarını iddia edenlerin kıskançlığına yol açtı. Kardinal Richelieu bu oyuna karşı olumsuz bir tavır takınmıştı. Onun etkisi ile tartışma genişledi. 1637'de Georges de Scudéry oyunun konusunu değersiz buluyor, biçiminin iyi olmadığını, dramın belli başlı kurallarına uyulmadığını, güzellik gözetilmediğini ileri sürüyordu. Corneille bu suçlamaya "Lettre Apologétique" ile cevap verdi. Tartışmaya başkaları da katıldı. Scudéry durumu Akademiye sunmuştu. Corneille karşı çıkmadı. Akademi yargılama görevini üzerine aldı. Jean Chapelain ile iş birliği yapmak üzere seçilen bir komite sonuca varamadı. 1637 sonlarında Jean Chapelain, "Les Sentiments de l'Académie Française sur la Tragicomédie du Cid" yazısını Kardinal Richelieu'ye sundu. Kardinal, ufak değişikliklerle eserin Akademiye layık bir biçime sokulmasını salık verdi. Akademinin düzelttiği nüshayı onaylayıp 1637 Aralık ayında basılmasına izin verdi. 1640 sıralarında tartışma sona erdiğinde ortaya yeni bir dram kuramı çıkıyordu. Üç birlik kuralı savaşı kazanmış, olasılık ve uygunluk kuralları benimsenmişti. Bu yeni sanat görüşünün sözcüsü Jean Chapelain oldu. Abbé d'Aubignac, 1657'de basılan "Pratique du Théâtre" ile tiyatro sanatının kurallarını akıl ve mantıkla açıkladı. 1660 yıllarında klasik akımın ana çizgileri, henüz düzensiz bir biçimde de olsa belirlenmişti.

XIV. Louis döneminde (1661-1715) klasik akım son ve kesin biçimini aldı. Boileau akımın genel ilkelerini hatırda kalacak biçimde saptadı. Kurallar doğa ve akılla bağdaştırılmıştı. René Rapin konuyu daha ayrıntılı olarak işledi. Le Bossuet ve Dacier bu akımın etkinlik kazanmasını sağladılar. François Ogier, Saint-Evremond gibi düşünürler ise Klasik akımın kesin kuralcılığına karşı çıkarak bu düşünceye esneklik getirdiler.

İngiliz tiyatrosunda klasik düşünce XVII. ve XVIII. yüzyıllarda benimsenmiştir. İngiliz kuramcıları Fransız yazarlarının etkisindedirler. John Dryden ile Samuel Johnson bu akımın önde gelen sözcüleridir.

XVII. ve XVIII. yüzyıllarda eleştirmenler, Fransa'da da, İngiltere'de de tiyatro sanatını savunmak zorunda değildiler. Ölçülülük, düzen, üç birlik gibi kurallara uymayan, trajik olanla komik olanı bir araya getiren, eğiticilik gözetmeyen, açık saçık, bayağı, edepsizce bölümleri içeren oyunları eleştirdiler. Genellikle İngiliz eleştirmenleri yerli oyunların kurallara uymayışını kendi koşulları içinde değerlendirme ve sınırlı bir hoşgörü ile karşılama eğilimindedirler. Bunda İngiliz tiyatrosunun farklı bir dram sanatı geleneğinden gelmesinin ve seyircinin bu gelenekle yetişmiş olmasının etkisi vardır. Öte yandan Shakespeare'in, klasik kurallar açısından eleştirildiği, dram tekniği ve sağduyu açısından kusurlu bulunduğu görülür.

Klasik tiyatro düşüncesinin üç asal ilkesi vardır: *1) Ahlak açısından eğitici olmak, 2) Biçim kurallarına uymak, 3) Yalınlık içinde inceliğe özen göstermek*. Bu üç ilke toplumun daha önce belirtilen koşullarından çıkmıştır. Tiyatroya arka çıkan yönetici sınıf bu sanatın yönetim erkini desteklemesini, kurulu düzeni koruyan değer yargılarını pekiştirmesini istemiştir. Aydınlar ise tiyatroda akla ve sağduyuya uygunluk ararlar. Bu eğilim çağın akılcı felsefesinin gereğidir. Akıl ve sağduyu ölçüsü öncelikle biçimsel düzenlemeye uygulanmış, biçim kuralları saptanmıştır. Eğitici özle, akla uygun biçim arasında organik bir bağ kurulmuştur. İki ilke birbirini tamamlar. Öte yandan saray çevresi tiyatroda kendi gelişmiş beğenisine uygun incelikler arar. Akılcı biçimleme ve ahlakçı eğitimle çelişmeyen bir zarafet istenir. Bu incelik özenli bir anlatımla gerçekleştirilmelidir.

Klasik kuramcılar, bu ilkelere dayanan biçim kurallarını tutarlı bir bütün olarak sunmuşlardır. Bu kurallar tartışılmaz, kesin ve evrensel olarak kabul edilir. Bu kuralların Antik dönem yazar ve kuramcılarınca benimsenmiş olması, onların evrensel değerine kanıt olarak gösterilir. Klasik akım kuramcılarının temel ilkelere bağlı olarak savundukları tiyatro kurallarını şöyle sıralayabiliriz:

ANTİK YUNAN KURAMCILARININ ÖNERİLERİ DOĞRUDUR

XVII. yüzyıl Fransız kuramcılar, Antik otoriteye duydukları saygı ile çağdaş otoriteye duyulması gereken saygıyı bir tutarlar.

Antik Yunan yazarlarının oyunlarında gözettikleri biçim kurallarını tartışmaya gerek görmezler. Onlara göre, bu eserlerin başarıları ortada olduğuna göre kuralların geçerliğinden kuşkulanmak yersizdir; yazarların başarısı bu kuralların akıl ve sağduyuya uygun olmasından ileri gelir. Olasılık, inandırıcılık, üç birlik kuralları, kendi de mantıklı bir düzen içinde olan gerçeğe uymak içindir.

Rönesans kuramcılarının Antik kültür ve sanatını hayranlıkla benimsemelerine ve onu irdeleme gereği duymamış olmalarına karşın, Klasik kuramcılar Antik kültürün özünü kavramak savındadırlar.

Klasik dönem kuramcıları yerli yazarlar ile Antik dönem yazarları arasında karşılaştırma yaparlar. Çoğu kez yerli tiyatro eserleri, düzensiz ve derbeder bulunur. Onlara göre bu tiyatro halkın isteklerini yanıtlamaya çalışmaktadır. Oysa halkın beğenisi incelmemiştir. Halk sahnede de kendi alışkanlıklarına uygun kabalıklar görmekten hoşlanır. Bu yüzden çağdaş tiyatro, düzensiz, saçma ve bayağı ürünler vermiştir. Fransız eleştirmeni Hedelin, halkın kaba komedyadan, aydınların ise tragedyadan hoşlandıklarını ileri sürer. Ben Jonson, Jeremy Collier, Richard Flecknoe, Thomas Rymer gibi İngiliz eleştirmenleri İngiliz tiyatrosunu saçmalıkla, edepsizlikle, dinsizlikle suçlarlar. Tiyatro yazarlarını, şairden beklenen ağırbaşlılıktan yoksun oldukları için kınar, bu yazarların Fransız yazarlarına öykünmesi gerektiğini ileri sürerler. Geleneksel İngiliz tiyatrosu, hem ahlaka aykırılıkla, hem de konularının dolambaçlı ve tıkız oluşu ile suçlanmıştır. Bu eleştirmenlere göre, sahne, ahlaki görevini yapmamaktadır. Bayağılıklara, edepsizliklere, açık saçıklığa yer vermekte, böylece halkın kaba beğenisini okşamaya yeltenmektedir.

İngiliz dram eleştirmeni John Dryden yerli tiyatroyu biçim bakımından düzensiz ve özensiz bulmakla beraber, bu tiyatronun bazı özelliklerini övmüştür[1]. Dryden'e göre, doğaya ve insana daha yakın oluşu, insanı daha canlı yansıtması, daha keskin, daha çekici olması İngiliz tiyatrosunun üstünlükleridir; bu canlılıktan ve çeşitlilikten vazgeçmeden akılcı ve inandırıcı olmayı denemelidir, hem akla ve sağduyuya aykırı düşmemeli, hem de ulusal özelliğini korumalı ve çağın gereğine uymalıdır. Dryden, yazarların kuralları bilmelerini fakat onları önyargı olarak kabullenmeyip aşabilmelerini salık vermiştir.

Bazı Fransız ve İngiliz kuramcıları ise bu konuda farklı görüşler ileri sürmüşlerdir. Bu yazarlara göre kurallar, toplumun gereksinmesinden doğar. Bu kuralları evrensel ve değişmez saymak yanlıştır. Fransız yazarlar, bu kurallara uymadan da güzel eserler vermiş, yeni sanat kuralları bulmuşlardır. İngiliz yazarları doğanın gerçeğine daha iyi ışık tutabilmekte, insanı daha iyi yansıtmakta ve böylece daha çok hoşa gitmektedirler. François Ogier, her ulusun zevk ve güzellik ölçülerinin ayrı olduğunu belirtmiştir. Öykünmenin yanlış bir yol olduğunu, yazarın, kendi ülkesinin insanına göre yazmasının daha doğru olduğunu ileri sürmüş, Klasiklere benzeme çabası yüzünden eski yazarın başarısına erişilemediğine dikkati çekmiştir[2]. Pierre Corneille, koşulların değiştiğine ve körükörüne kopya etmenin tehlikeli olduğuna değinmiştir[3]. Molière, yerli sanatın halkın beğenisine hizmet ettiğini belirtmiş, ölçütün halkın alkışı olduğunu söylemiştir.[4]

Sonuç olarak, Klasik kuramcıların Antik Yunan yazar ve kuramcılarını otorite olarak kabul ettiklerini, çağdaş otoriter yönetim düzeni ile sanattaki otorite arasında bir koşutluk kurduklarını, Antik tiyatro kurallarını sanatın eğitici işlevi bakımından, akla ve sağduyuya uygunluk bakımından yücelttiklerini söyleyebiliriz. Kuramcı ve eleştirmenler çağlarının oyunlarını bu ölçütlere vurarak eleştirmiş, bazı kuramcılar ise kuralları önyargı olarak benimsemenin sakıncalarına işaret ederek, sanatın kendi koşulları içinde değerlendirilmesini ve bu koşullara uyarak gelişmesini yeğ tutmuşlardır.

BİÇİMLEMEDE KURALLARA UYULMALIDIR

Sağduyu kurallara uymayı gerektirir. Önemli olan, düzenlemede uygulanan kuralların, sağduyuya bağlı olarak saptanmış olmasıdır. Antik Yunan ve Latin kuramcılarının önerileri sağduyuya uygundur. Onların ileri sürmüş oldukları biçim kuralları benimsenmelidir. Bu kurallar çağın sanattan beklediği niteliği sağlamaya gerekli ve yeterlidir.

a) Aristoteles'in *Poetika*'da önerdiği biçim kuralları, akılcı yöntemle saptanmıştır. Benzerlik, olasılık, inandırıcılık, üç birlik gibi kurallar akıl ve sağduyu gereğidir. Bu kurallara uyularak başarılı yapıtlar verilmiştir.

b) Kurallar ölçü ve disiplin sağlar. Aristoteles, önündeki sanat birikimini aklın süzgecinden geçirmiş, bu eserlerde, seçmeye, düzenlemeye, ölçüye, yalınlığa, arılığa önem verildiğini görmüştür. Bu kurallar sanatta biçim disiplininin ne kadar önemli olduğunu kanıtlar; başarı sağlamak için ölçülü olmanın zorunluluğunu gösterir.

c) Evrensel uyuma paralel bir sanatsal uyum sağlamak için de bu kurallara uyulması gerekir. Evrenin dengeli ve uyumlu bir düzeni, bir işleyiş tartımı vardır. İnsanoğlu bu düzene uygun olarak yapılandan hoşlanır. Onun için sanatta da aynı düzenin uygulanması gerekir.

d) Biçim kuralları insanda ahlak duygusunu, edep duygusunu geliştirir. Sanatta kurallara uyma alışkanlığı, hayatta da edepli ve uygun davranılmasını sağlayacaktır.

Klasik kuramcıların Aristoteles'e ve öteki Yunan ve Latin kuramcılarına dayanarak önerdikleri biçim kuralları şunlardır:

1) *Arılık, yalınlık*: Klasik düşünce tiyatro yapıtında olay dizisinde, kişilerinde, söyleşilerinde azla yetinilmesini ve özlü olunmasını gerekli görür. Oyun açıkça anlaşılmalıdır. Gereksiz uzatmalarla şişirilmemelidir.

2) *Belli uzunluk, tamamlanmışlık*: Aristoteles'in belirttiği gibi, oyunun, serim, düğüm, gelişim ve sonuç bölümlerini içermesi, "baş-orta-son" düzeninde olması gerekir.

3) *Organik bütünlük*: Olayların düzenlenmesinde bir tertip aranır. Bu düzenleme sağduyuya uygun ve organik olmalıdır.

4) *İnandırıcılık, tutarlılık*: Bu konuda Aristoteles'in *Poetika*'da ileri sürdüğü görüşler bütünü ile benimsenmiştir.

5) *Üç Birlik*: Klasik akım, eylemde, zamanda ve yerde birlik gözetilmesini ister. Eylemde birlik Aristoteles'ten gelmedir. Olayların birbirini neden-sonuç ilişkisi içinde izlemesi, her olayın bir öncekinin zorunlu sonucu, bir sonrakinin ise zorunlu nedeni olması ile sağlanır. Ayrıca oyunda tek olay zinciri bulunmalı, Shakespeare tragedyalarında olduğu gibi iki olay zinciri bulunmamalıdır.

Zaman birliği kuralı, bir oyun zamanının yirmi dört saati geçmemesini, tüm olayların bir günde geçecek biçimde düzenlenmesini gerekli görür. Bu kural Aristoteles'te zaman birliği biçiminde kesinleşmemişti. Aristoteles zamana kısaca değinmekle yetinmişti. Klasik dönemde ise, zaman birliği kesin bir kuraldır. Bu kurala uymayan oyunlar sağduyuya aykırılıkla suçlanır. Bir oyunda yılların geçmesi, kişilerin doğup, büyüyüp, ölmeleri, seyircinin gerçeklik duygusuna aykırı sayılır. Bazı kuramcılar daha da ileri giderek, oyunda geçen zamanın oyunun oynanış süresi ile eş olmasını, bunun daha inandırıcı olacağını ileri sürmüşlerdi.

Yer birliği kuralı bir oyunun başından sonuna dek belli bir yerde geçmesini zorunlu kılar. Bu tek yerin bir kent, hatta bir ev olarak yorumlanması, her sahnenin kentin çeşitli yerlerinde, ya da evin başka başka köşelerinde geçirilmesi bile hatalı görülür. Oyunun geçtiği yer, kişinin durup baktığında görüş açısı içinde kalan alan olmalıdır. Klasik oyunlarda sarayın önü, pazar yeri, tapınak kapısı gibi yerler, oyun kişilerinin yer birliğini bozmadan birbirleri ile karşılaştığı ortak alanlardır.

6) *Beş perde*: Oyunlar beş perdeli olmalıdır. Horatius'tan aktarılan bu kural Antik oyunların genel olarak üç epeisodion, bir öndeyiş ve bir sondeyişten oluşan biçimine dayanılarak üretilmiştir.

7) *Üç oyun kişisi*: Bir sahnede üç kişiden fazla "konuşan" oyun kişisinin bulunmaması kuralı da Antik uygulamalardan çıkarılmış, oyunun yalın ve arı olması için gerekli görülmüştür.

8) *Kanlı olayların sahnede gösterilmemesi*: Latin kuramcılarının izinden

gidilerek, ölüm, acı çekme, adam öldürme gibi sahnelerin göz önünde yer alması yakışıksız sayılmıştır.

Fransız yazarı Georges de Scudéry, Corneille'in *Le Cid* adlı oyunu üzerine yazdığı yazıda, tiyatroda uygulanması gereken biçim kuralları üzerinde durmuştur. Bu kurallar Aristoteles'in *Poetika*'sından alınmadır. Scudéry, tiyatro eserinde belli uzunluk ölçüsüne uyulmasını, oyunun ne çok kısa, ne de çok uzun olmasını ister. Merak uyandıran bir düğüm bulunmasını ve bu düğümün oyunun sonunda çözülmesini gerekli görerek, *Le Cid* adlı oyunu bu bakımdan yetersiz bulur. Oyunun baş kişilerinden biri olan Chimène'nin babasının, oyunun başlarında öldüğünü, bu yüzden de "Gordion düğümünü çözmek için İskender'in kılıcına gerek kalmadığını" belirtir. Scudéry, Corneille'in eserinin yıllar sürecek olaylarla yüklü olduğunu, bu olayları bir tek güne sıkıştırmanın oyun kişilerini bir çeşit "deux ex machina" durumuna soktuğunu da belirtmiştir.[5]

Bir başka klasik Fransız kuramcısı, François Hédelin, Antik yazarların uygulamalarından geçmiş ve denenmiş oldukları için biçim kurallarını doğru ve gerekli bulduğunu belirtmiştir. Hédelin, karmaşıklığın, aklı yanılttığını, seçme ve düzenlemenin ise sağduyuya uygun olduğunu söyler. Yazara göre, olaylarda yalınlık gözetilmeli, tek bir eylemle yetinilmelidir. Bir resim aynı insanı nasıl iki kez gösteremiyorsa, bir oyun da birden fazla olay dizisini içeremez. Yer birliği, Zaman birliği kurallarına uymamak, gerçeğe, doğaya ve olasılığa karşıdır. Aynı oyuncunun belli bir süre içinde birden fazla yerde bulunması olanaksızdır. Öte yandan bir insanın yirmi dört saat uyumadan, dinlenmeden devinmesi de inandırıcı olmaz. Hédelin, sahnede olayların olduğu gibi değil, olması gerektiği gibi gösterilmesi gerektiğini, sahneye uymayan olaylarda değiştirme ve düzeltme yapılabileceğini belirtir.[6]

Jean Chapelain, gerçeklik ve inandırıcılık sağlanması için biçim kurallarını gerekli görür. Bazen kurala uymayan oyunların da hoşa gittiğini, bunun kurallara gereksinme olmamasından değil, bu oyunların başka güzel yanlarının bulunmasından ileri geldiğini söyler. Jean Chapelain de yer ve zaman birliğinin zorlamadan inandırıcı olarak uygulanmasından yanadır; Corneille'in *Le Cid*'ini bu açıdan eleştirir, Chiméne'in, babasının öldüğü gün evlenmeye razı olmasını zorlama olarak niteler.[7]

René Rapin, biçim kurallarını gerçeğe benzerlik sağlamak için zorunlu sayar. Yer, Zaman ve Eylem birliği gözetilmezse gerçeğe benzerlik sağlanamayacağını, ancak bu kurallara uyularak her şeyin ölçülü, orantılı, haklı ve doğal gösterilebileceğini, çünkü kuralların sağduyuya ve sağlam düşünceye dayandığını belirtir.[8]

Jean Racine de tiyatroda yalınlıktan, kurallara bağlılıktan yanadır. Antiklerden gelme en önemli görüşün yalınlık ve birliklilik olduğunu, insanların yalın devinimli oyunlardan hoşlandığını ileri sürer. Yazara göre, Zaman birliği kuralı yazarı yalın olmaya zorlamaktadır. Bir güne fazla olay sıkıştırmak, inandırıcılığı zedeler. Tek günde geçecek olayların yalın olması gerekir. Onun için yalınlık bir yaratı eksikliği sayılmamalıdır. Asıl yaratıcılık hiçten eser çıkarmaktır. Oyunlarında bir sürü olaya başvuranlar, seyircilerini beş perde boyunca yalın bir hareketle, düşüncenin güzelliği ile, anlatımdaki incelikle oyalayamayanlardır.[9]

Voltaire de çok olay kullanmayı beceriksizlik belirtisi saymaktadır. Yazarların, üç saate sığan ve tek bir yerde geçen bir olay dizisi ile yetinemeyecek kadar usta olmayınca bu kurallara uymadıklarını, oysa inandırıcılığın ancak bu kurallarla sağlanabileceğini hatırlatır.[10]

Nicholas Boileau-Despéraux, akıl ve sağduyuya öncelik tanır. İnandırıcı olmak için yer ve zaman birliklerini gerekli görür. Söz ile davranışın birbirini desteklemesini, uyum sağlamasını ister. Oyun düzeninin seyirci üzerinde etki sağlamakta önemli olduğunu belirtir.[11]

André Dacier, Aristoteles kurallarını akla uygun bulur. Düş ile duygunun yanıltıcı olduğunu, gerçeğin ancak akılla bulunacağını hatırlatır. Kurallarla sağlanan düzenin ve birliğin doğa düzeninin uyumuna benzediğini, onun için de hoşa gittiğini ileri sürer.[12]

İngiliz klasik kuramcıları, Fransız yazarlarının izindedirler. Türlerin ayrımı ve birlik üzerinde durdukları, bu konuyu tartıştıkları görülür. İngiliz tiyatro geleneği klasik kurallarla bağdaşmadığı için bu konudaki görüşler çoğu kez ikilemlidir. John Milton, yer ve zaman birliklerini gerekli görmüş, gülünç ile acıklının yan yana verilmesini hatalı saymış, tragedyada hatalı kişilerin ele alınmaması düşüncesine karşı çıkmıştır[13]. Ben Jonson, klasik tiyatro akımının üç birlik, organik bütünlük, orantı, yalınlık ve özlülük kurallarını benimsemiştir.[14]

Klasik akımın ilkelerini benimsemiş olan bazı kuramcı ve eleştirmenler ayrıntılarda ve uygulamada biçim kurallarını tartışma gereğini duymuşlardır. Antik tiyatro kuramlarını yeniden ele almak, derinden anlamak yolunda girişimlerde bulunulmuştur. Bu girişim sonucu Aristoteles'in yanlış anlaşıldığı ileri sürülmüştür. Ayrıca sanatın kendi yaradılış koşulları ile olan bağlantısını dikkate alan kuramcılar, yerli tiyatronun geleneksel biçim özelliklerinin de dikkate alınmasını istemişlerdi. Bu açıdan bakılınca klasik biçim kurallarının uygulanmasında esneklik gözetilmesi gereği ortaya çıkmıştır.

Boileau'nun 1693'de Longinus'tan çevirdiği "On the Sublime" adlı yazı, eleştiri anlayışına bir yenilik getirmiş, yaratı gücüne ve yaratma özelliğine dikkati çekmiştir[15]. Tirso de Molina gibi, Lope de Vega gibi, kurallara karşı çıkmış olan yazarlar anımsanmıştır. Klasik bağnazlığı kırma eğilimi giderek sanat yaşamında bir hoşgörü ortamı yaratmış, çağdaş tiyatro ürünleri daha insaflı olarak eleştirilmiştir, XVIII. yüzyılda daha ılımlı bir tiyatro anlayışının doğmasına olanak hazırlamıştır. Örneğin, François Ogier 1628 yılında *Tyre et Sidon* adlı oyuna yazdığı önsözde Antik yazarlara körükörüne öykünülmesine karşı çıkmıştır. Üç birlik kuralının olaylarda gereksiz bir sıkışıklık yarattığını, haberci kullanma zorunluluğunu doğurduğunu, habercinin anlatımının ise sıkıcı olduğunu ileri sürmüş, salt kurala uyarak iyi oyun yazılamayacagını belirtmiştir. Antik yazarların bile her zaman kurallara uymadıklarını, *Antigone* adlı oyunun buna iyi bir örnek olduğunu söylemiştir.[16]

Saint Evremont "Antik ve Modern Tragedya Üzerine" adlı yazısında, kurallara uyularak her zaman iyi oyun yazılamayacağını belirtmiş, savını bir örnekle pekiştirmiştir. Anlattığına göre, Abbe d'Aubignac'ın kurallara uygun olarak yazdığı, fakat hiç de başarı göstermediği bir oyun hakkında Conde Prensi şöyle demiş: "*Aristoteles'in kurallarına tümden bağlı kaldığı için M. d'Aubignac'a minnettarım. Fakat onu bu kadar kötü bir tragedya yazmaya yönelttiği için Aristoteles'i hiç bağışlamayacağım.*" Evremont, iyi oyun yazmanın kuralı olmayacağı kanısındadır. Biçim kurallarının her zaman, her ulusta geçerli olamayacağını, değer yargılarının değiştiğini belirttir.[17]

Pierre Corneille, "Konuşmalar"ında kuram alanında katı olmanın kolay, fakat bunları uygulamanın zor, bazen de olanaksız olduğunu gösterir. Kuramcıların aradığı nitelikte on veya yirmi oyun adı sayılmaya çalışılsa ne zorlukla karşılaşılacağını ve kuralların iyice gevşetileceğini, çünkü kurallara uyma zorunluluğunun birçok şeyi tiyatrodan kovmayı gerektireceğini belirtir. Corneille'e göre, Üç birlik kuralına elden geldiğince uyulmalıdır. Fakat bu kurallarla ne kastedildiği iyi bilinmelidir: Eylem ya da karakter birliği, kurguda birlik demektir. Komedyada kurulan düzen ve bu düzene karşı çıkan engeller, tragedyada tehlike ve kahramanın yıkımı ya da kurtuluşu, kurguyu oluşturur. Hareket birliği, hareketin bir başı, bir ortası, bir sonu olması, tamamlanmış bir eylem oluşturması demektir. Bir eylemi, tamamlanmamış başka edimler izler. Böylece bir gelişim elde edilir. Merak uyandıran, seyirciyi tatlı bir heyecan duygusu içinde tutan olaylar en sonunda çözülür. Aristoteles'in, bir güneşin döngüsü demekle neyi kastettiği belli değildir. Bu süre yirmi dört saat ya da on iki saat olabilir. Bu kural ile belli bir süre saptamaktan çok elden geldiğince kısa bir zaman süresinin korunması amaçlanmıştır. Zaman birliği kuralı, komedya türünde çok sıkışıklık yaratmazsa da, tragedya gibi, devlet işlerinin, devrimlerin, savaşların ele alındığı bir türde olayların sıkıştırılmasına neden olmaktadır. Yer birliği kuralına ise ne Aristoteles'te ne Horatius'ta rastlanmaz; gerçeğe benzerlik bakımından uygun bir kural olmakla beraber uygulanması zordur. Bir kentte geçen olaylar yer birliğine uymuş sayılmalıdır. Sahnede tüm kent gösterilmezse de kent duvarları içindeki iki, üç ayrı yer gösterilebilir.[18]

Jean-Baptiste Poquelin Molière, *Kadınlar Mektebi* önsözünde, halk tarafından beğenilmenin önemli olduğunu, tüm kuralların hoşa gitmek, eğlendirmek için olduğunu ileri sürdü. Molière, eserin kuraldan önce geldiğini söylüyor, kuralları bilenlerin yazdıkları oyunların kimsenin hoşuna gitmediğini hatırlatıyordu. Bu ünlü yazara göre, bir oyundan hoşlanan kimsenin aklına, acaba hoşlanmakla hata mı ediyorum, acaba Aristoteles'in kuralları gülmemi yasaklar mı diye bir soru gelmez, tıpkı mükemmel bir sosisi tattıktan sonra kimsenin, bunun yemek kitabındaki tarife uyup uymadığını sormadığı gibi![19]

İngiliz yazarı ve eleştirmeni John Dryden, "An Essay on Dramatic Poesy" adlı yazısında bir üçlü söyleşi düzenlemiş, Antik kurallar yanlısı Crites'e ve Fransız tiyatrosunu öven Lisideus'e karşı İngiliz tiyatrosunu savunan Leander'in ağzından şunları söylemiştir:

> "Fransızların konularını daha ustalıkla ördükleri bir gerçektir. Onlar komedyanın kurallarına daha iyi uymakta, sahnenin gereğini daha titizlikle uygulamaktadır. Buna karşın İngiliz oyun yazarları daha kusurludur. Fakat ne onların erdemleri, ne bizim kusurlarımız Fransız yazarlarını İngiliz yazarlardan üstün duruma getirecek niteliktedir. Oyunun tanımında doğanın canlı olarak taklidi düşüncesi bulunduğuna göre, bu yasayı kim en iyi yerine getirirse ötekilerden üstün olur. Fransız şiirinin güzellikleri, yetkinliği daha da yetkinleştirir, fakat yetkin olmayana yetkinlik veremez. Bunlar tıpkı bir yontunun güzelliklerine benzer. İnsanın güzelliklerine değil. Çünkü mizaç ve tutkuların taklidi olan şiirin ruhu ile can bulmamışlardır."[20]

Dryden'in olay birliği konusundaki düşünceleri ise şöyledir: Evrende nasıl karşıt hareketli uydular varsa oyunda da karşıt devinimli, kendi başına gezegenler gibi dönen, yan olaylar, yan kişiler, yan konular olabilmelidir. İyi düzenlenirse çeşitlilik daha çok hoşa gider, çünkü doğada da çeşitlilik vardır. Kısacası, Fransız yazarları daha çok kurallara uymakta, daha az hata yapmaktadırlar. İngilizler ise kuralları daha az gözetirler. Onlar doğaya daha yakın, daha canlı, daha zevk verici çeşitlemeler yaparlar. Yaratıcılık zengin öz, çeşitlilik, akılla ve düzenle dizginlenirse iyi sonuç verir.

TRAGEDYA İLE KOMEDYA FARKLI ÖZELLİKLER TAŞIR

Komedya ile tragedya farklı türlerdir. Bu farklılaşma iki türün farklı amaçlara yönelik olmasından ileri gelir. Tragedyanın amacı korku ve acıma duyguları uyandırmak ve Aristoteles'in önerdiği gibi, arınma sağlamaktır. Bunu sağlamak için oyunun baş kişisi, yıkımına neden olacak bir hata yapar. Üstün kişinin bu hatasının ve onu izleyen yıkımın istenen etkiyi bırakabilmesi için gülünç olmaması, güldürü öğelerinden sıyrılması gerekir. Güldürücülük, istenen etkiyi bozar. Komedya ise güncel olanla ve sıradan kişilerle yetinir. Sıradan kişinin kusurlarını gösterir. Bunlarla güldürmeyi amaçlar. Bu yüzden komedya güldürü öğeleriyle yetinmek zorundadır. Trajik etki yapabilecek bölümler güldürüye zararlı olur.

Tragedyanın ve komedyanın ayırıcı özellikleri üzerinde duran kuramcı ve eleştirmenler, iki türün farklılığını belirtmeye özen göstermişlerdir. Saint Evremont, Aristoteles'in tragedya ile uyandırılmasını istediği heyecanları, soylu heyecanlar olarak nitelemiş, korku ve acıma duygularının kötüye kullanılmamasını istemiş, sahnede gereksiz heyecan gösterisinin uyandıracağı etkinin kısa ömürlü olacağını belirtmiş, "Antik ve Modern Tragedya Üzerine" adlı yazısında, tragedya türünün uyandırdığı etkiyi şöyle tanımlamıştır: "*Tragedyada her şeyden önce ruh büyüklüğünün iyi ifade edilmesine bakmalıyız. Bu bizde ince hayranlık duyguları uyandırır. Bu çeşit heyecanla düşüncelerimiz aydınlanır, cesaretimiz artar, ruhumuz derinden etkilenir.*"[21]

Hédelin, tragedyada prenslerin ve küçük insanların, kuşku, dert, huzursuzluk, üzüntü, isyan, savaş, ölüm, her çeşit tutku ve büyük serüvenlerle dolu yaşantılarının yansıtıldığını, oyunun genellikle ölüm veya başka bir yıkımla sonuçlandığını söylemiştir. Hédelin, komedyanın, gençlerin taşkınlıklarını, kölelerin düzenlerini gösterdiğini, evlenme, ya da hoş bir eğlence ile sona erdiğini, günlük yaşantının olayları içinde kaldığını belirtmiştir. Hédelin, ciddi ile komiği karıştırmış olan iki yan tür olan "pastoral dram" ve "satir dram" üzerinde durmuştur.[22]

Pierre Corneille, türlere daha esnek bir tutumla yaklaşır ve anlamlı açıklamalar yapar. Corneille, tragedyaya özgü kişilerin, kesinlikle soylu, komedyaya özgü kişilerin ise, kesinlikle aşağı tabakadan insanlar olması gerektiği kanısındadır. Örnek olarak kralların aşk ilişkilerinin trajik olmayabileceğini gösterir. Corneille'e göre, oyunun ağırbaşlılığı, büyük bir devlet işinden, intikam gibi güçlü bir tutkudan gelir. Bu gibi işler bizi, metresimizi yitirmekten daha büyük kayıplara uğratır. Yazar, aşkı önemli bir tema saymakta, fakat aşk entrikasının konuyu trajik yapmaya yetmeyeceğini belirtmektedir.[23]

Corneille, Aristoteles'in korku, acıma ve arınma kavramlarını da yeniden yorumlamıştır. Corneille'e göre, korku duygusu, oyunun baş kişisini yıkıma sürükleyen tutkuların bizi de yıkma olasılığından gelir. Yüksekten düşenlerin sonu bize ders olur. Koskoca bir kralı bunca etkileyen tutku bizi daha çok sarsacaktır. Onun yıkımı bizi korkutur. Acıma ise tragedyanın baş kişisi ile aynı duyguları paylaşmaktan doğar. Aynı zaafları biz de gösterebiliriz. Bu insanca eksiklikler acımasızdır. Arınma, büyüklerin hatasını görüp aynı tutkulara kapılmaktan kaçınmak demektir. İstenen etkiyi yaratmak için yazar abartma yapar, iyi davranışların pırıltısını artırır, kötülerin uyandırdığı dehşeti pekiştirir. Abartırken, olasılık kuralının dışına çıkmamaya dikkat eder.

Jean Racine, *Andromaque* oyununa yazdığı önsözde, tragedya kahramanının niteliklerini, Aristoteles'e uygun olarak açıklar. Aristoteles'in yetkin kahramanlar değil, trajik karakterler istediğini belirtir. Bunlar, yazgıları ile tragedyanın sonundaki yıkımı gerçekleştiren kişilerdir. Bu kişilerin ne çok iyi ne de çok kötü olmaları gerekir. Salt iyi kişilerin cezalandırılması seyircide acımadan çok öfke uyandırır. Salt kötü bir kişiye de yıkıma uğradı diye kimse acımaz. Onun için trajik karakter iyi fakat zaafları olan kişi olmalı, bir hatadan dolayı yıkıma uğramalıdır.[24]

Jean-Baptiste Poquelin Molière, *Kadınlar Mektebi* önsözünde komedyanın özelliklerini ve komedya yazmanın zorluklarını belirtmiştir. Yazar tragedyanın oyun kişilerini çizerken abartma yapabilir, portreyi istediği gibi canlandırabilir. Oysa komedya yaşama bağlı kaldığı için gerçeğe benzerlik gözetmek zorundadır. Komedya yazarı doğayı kendine örnek almalıdır. Seyirci oyun kişilerinde kendi çağını tanımalıdır. Ciddi türlerde sağduyuya uygun yazmak yeterlidir. Oysa komedyada ayrıca güldürmek zorunluluğu vardır.[25]

Klasik kuramcılar arasında François Ogier, Pierre Corneille, John Dryden gibi yazarlar bu çeşit kesin ayrıma karşı çıkmış, tür tanımlarında daha esnek davranılması gerektiğini savunmuşlardır. François Ogier, İtalyanların traji-komiği başlattıklarını, trajik ile komiğin karışımının hoşa gittiğini, yalnız bu çeşit tür karışımlarında oyun kişilerinin her türün ayırıcı özelliğine uygun olarak konuşması gerektiğini ileri sürmüştür. İngiliz tiyatro geleneği İngiliz kuramcılarını bu konuda esnek bir tavır almaya zorlamıştır. John Dryden, sürekli ciddiyetin ruhu karарttığını, araya sokulan eğlenceli bir sahnenin tıpkı bir sahne arası musikisi gibi, insanı rahatlattığını söylemiş, zevkten üzüntüye geçilebileceğini belirtmiştir.[26]

OYUNLAR MERAK UYANDIRMALI, ETKİLİ OLMALIDIR

Klasik akım düşünürleri, oyun kurgusunun, merak uyandıracak biçimde düzenlenmesini önerirler. Dramatik biçimlemede Aristoteles'ten başlayarak merak öğesine ağırlık verildiğini görüyoruz. Olayların birbirini neden sonuç ilişkisi içinde izlemesi, karmaşık bir oyunda mutluluktan mutsuzluğa bir dönüm noktasının bulunması, bu dönemi bir algılama aşamasının izlemesi, olay dizisinde olağandışına, umulmayana yer verilmesi, seyircide merak uyandırma yöntemidir. Antikleri izleyen Fransız klasik kuramcıları da, olay dizisinin merak uyandırmasını gerekli görürler. İlgi, oyunun sonuna dek sürmeli, çözüm sanki doğalmış gibi gelmeli, fakat gene de önceden tahmin edilmemelidir. Boileau, etkinin, olayların düzenlenişi ile sağlanabileceğini ileri sürmüş, fakat fazla olayla yüklü oyunların bellekte kalmayıp aklı karıştıracağını belirtmiştir[27]. François Hédelin, merak ile duygu arasında bir karşılaştırma yapmış, olayların ilgi çektiğini, duygular üzerinde yaratılan etkinin ise daha sürekli, daha kalıcı olduğunu, ruhu doyurduğunu söylemiştir[28]. Jean Chapelain, heyecansal etkinin oyunun sonuna dek sürdürülebilmesi için tüm sorunların oyunun en sonunda çözülmesi gerektiğini anımsatmıştır.[29]

GERÇEĞE BENZERLİK VE İNANDIRICILIK GÖZETİLMELİDİR

Klasik akımda biçim kurallarına çok önem verilmesinin bir nedeni, evrenin yapısal bir düzeni olduğu konusundaki bilgidir. Felsefede evrenin dengeli ve düzenli olduğu, doğanın bir uyum içinde bulunduğu görüşü benimsendiği için, sanat yapıtında da aynı dengeli ve uyumlu düzen gözetilir. Ancak böyle bir sanat yapıtı gerçeğe benzerlik savında olabilir. Klasik akım yazarı için gerçek, evrenin düzenli ve uyumlu devinimi içindedir. Bu düzen hiç değişmez, her zaman varolmuştur ve varolacaktır. İnsanoğlu aklı ile bu evrensel düzeni kavrayabilir. Akıl ve sağduyudan ayrılmayan yazar, yapıtında bu düzenin gerçeğini yansıtabilir, aynı uyumu, aynı tartımı gerçekleştirebilir. Böylece doğa, temeldeki değişmez düzeni ve yasallığı ile sanata yansıtılmış olur. Burada duyumlarla algılanan yüzeysel gerçek, ya da sezgiyle kavranan gizli gerçek değil, doğru düşünceyle varılacak olan temel gerçek söz konusudur. Aklın bu işleyişinde, düşlemeye, kurguya (fanteziye), heyecana, coşkuya yer verilmediği gibi, düzensizliğe, huzursuzluğa, tutarsızlığa da izin verilmez.

İnandırıcılık, bir yandan akılcı gerçeğe bir yandan toplumun ahlak kurallarına uymakla sağlanır. Yazarın seyircisine kendi aklı ile doğru bulduğunu söylemesi yetmez. Seyircisini buna inandırması gerekir. Onun için de seyircisinin paylaştığı toplumun yasal ve ahlaksal düzenini, bu düzenin kurallarını göz önünde bulundurmalıdır. Seyirci, aklı ve vicdanı ile onayladığına inanır. Klasik düşünce, gerçek olanla töre ve ahlaka uygun olan arasında doğal bir bağ olduğu görüşündedir. Bu görüşe göre ahlak kuralları temelde evrenin gerçeğine uygundur, o halde sanatta gerçeklik, sağduyuya olduğu kadar, ahlak kurallarına da uymakla sağlanır.

Jean Chapelain, gerçeklik duygusunun, sağduyuya uymakla ve yaşamın yansısı olmakla sağlanacağını ileri sürmüştür. Burada yaşamın yansısı kavramı, dış gerçeği, duyumlarla algılanan gerçeği yansıtmak anlamına gelmez. Chapelain, zaman, yer, töre, durum, tipler, karakterler bakımından hem gerçekçi, hem tutarlı olmanın gereği üzerinde durmuştur[30]. Georges de Scudéry, bir oyunda, kişiler ne kadar canlı, güçlü, iyi işlenmiş olursa olsunlar, inandırıcı olmadıkça seyircide istenen etkinin bırakılamayacağını ileri sürmüştür. Scudéry'nin inandırıcılık kavramını edeplilik kavramı ile eş anlamda kullandığı görülür[31]. René Rapin, edebe uygunluk kuralının en önemli kural olduğunu, ona bağlı kalınmadıkça inandırıcılığın sağlanamayacağını, buna karşın hangi koşullar altında olursa olsun, edebe uyulursa her şeyin olası olabileceğini ileri sürmüştür. Yazara göre, töreye, düşünce ve anlatım kurallarına uyulmazsa, tüm kuralların en evrenseli olan edebe uygunluk kuralına da ters düşülmüş olur.[32]

AKLA VE SAĞDUYUYA UYULMALIDIR

Klasik düşünce, gerçeği bulmada aklın önderliğini kabul etmiştir. Doğru olana, erdemli olana nasıl akıl yolu ile varılıyorsa, biçim kuralları nasıl akılla saptanmışsa, gerçeğe de akıl yolu ile yaklaşılmalıdır. Doğa iyi incelenmeli, genelleme yaparak tipik olan bulunmalıdır. Olayların, oyunun geçtiği yerin ve zamanın olası olmasına, seyircide bir yerde ve bir zamanda böyle şeylerin olmuş olabileceği kanısının uyandırılmasına özen gösterilmelidir. Sanat yapıtında yansıtılan tüm değerlerin akıl ve sağduyu süzgecinden geçmiş olması inandırıcılığın koşuludur. John Dennis, Aristoteles kurallarının, doğanın ve sağduyunun kurallaştırılmasından başka bir şey olmadığını ileri sürmüştür[33]. Thomas Rymer, şairi aklının yönetmesini istemiş, şiirin bir esin, bir kendinden geçme, arı bir istek olduğunu söyleyenlere karşı, aklın düzeninde olan şiiri savunmuştur. Yazara göre düş, dindeki inanca benzer. Aklın üstünde dolaşır ama akla karşı çıkmaz. Düş gücü coşup havalandıkça akıl onu dizginler. Aklın onayından geçmemiş düş ürünü geçerli olamaz. Rymer, örnek olarak Shakespeare'in *Othello*'sunu almış ve bu ünlü oyunun saçmalıklarla dolu olduğunu ileri sürmüştür[34]. Jean Chapelain, beğeniyi sağduyu ile koşullayan görüşün sözcüsü olmuştur. Bu görüşe göre sağduyu, doğaya uygunluktur, gerçekliktir, inandırıcılıktır. Boileau, Dryden, Pope aynı görüşü paylaşmışlardır.

TİYATRO YARARLI VE ZEVK VERİCİ OLMALIDIR

Klasik düşünce Horatius'tan beri benimsenmiş olan "yarar ve zevk" ilkesini Yeni boyutlar içinde ele almıştır. Yararlı olan, ahlak açısından eğitici olandır. Klasik akım düşünürleri, sanatın ahlaktan yana olması gerektiğini, bunun bir görev olduğunu ve sanatın doğasından kaynaklandığını ileri sürerler. Çünkü güzel ancak iyide ve doğruda bulunmaktadır. Sanat, ahlaklı olmakla gerçeğe uymuş ve güzeli bulmuş olacaktır. Bir tiyatro oyununun, ahlak açısından eğitici olması için toplumun değer yargılarını savunması gerekir. Yapıt bunu üç yolla gerçekleştirecektir: İyiyi ödüllendirip kötüyü cezalandırmakla, erdemi sevdirip kötülükten nefret ettirmekle, tutkuları dizginletmek ve kötüye pişmanlık duyurmakla. Böylece sanat, adaleti gözetmiş olmaktadır. Thomas Rymer, buna "şiirin adaleti" demiştir. Bu deyimi ilk bulan Rymer, sanatta katı bir adalet uygulayıcısıdır.

> "Eski zamanda şiir tarihten de, ülkenin yasasından da ayrı bir şeydi. Şiir, yasaların asla bulup çıkaramayacağı suçluları bulur, yasanın salıverdiği kişileri cezalandırırdı. Areopagus, Orestes'i akladı. Fakat şairler onu intikam perileri ile kovaladılar ve ona işkence ettiler. Ya Oidipus'un o onarılmaz aymazlığını hoşgörenlere karşı şairler onu rezil etmediler mi?.."[35]

Georges de Scudéry de, dramda erdemin ödüllendirilmesinden, kötülüğün cezalandırılmasından yanadır. Oyunda mazlumların başarıya ulaşmasını, zalimlerin, suçluların yenilgiye uğratılmasını gerekli görür. Kötülük dehşet uyandırmalı, erdem ise sevgi duygusu üretmelidir. Scudéry, *Le Cid*'i bu açıdan eleştirmiş, ahlaka aykırı bulmuştur. Yazara göre, Chiméné'nin babasının katili ile evlenmesi şerefli bir kızın yapacağı iş değildir. Tarihte böyle bir şey olmuşsa bile, şairin bunu kullanmaması gerekir. Kızın aşkı ile görevi arasında bocalaması, iç çatışması geçirmesi, Kralın bu evliliğin gerçekleşmesi için istemini belirtmesi bile yeterli değildir bu evlenmeyi haklı göstermek için. Böyle bir konu hoş görülemez. *Le Cid*, adalete de, sağduyuya da aykırıdır.[36]

Jean Chapelain, Corneille'in oyunu üzerindeki görüşlerini sergilerken Scudéry ile aynı görüşü paylaşmıştır. Chapelain de toplumun iyiliği için tiyatroda kötü işlerin sergilenmemesinden yanadır. Yazara göre, kötü işler gizlenmese bile, olağan olarak değil, olağan olmayan işler olarak gösterilmelidir. Chapelain *Le Cid*'in konusu için şu seçenekleri önermiştir: Öldürülen generalin Chiméné'nin asıl babası olmaması, ya da Generalin, aldığı yaralardan değil, başka bir nedenden ölmesi. Chiméné'nin, babasının katili ile evlenmesini mazur göstermek için, devletin kurtuluşunun bu evliliğe bağlı olması, genç kızın, Kralın ve devletin çıkarı için kendi doğal duygularını baskı altına alıp razı olması.[37]

François Hédelin, *Sahne Sanatı* adlı yazısında, dram şiirinin en başta gelen, en vazgeçilmez kuralının, erdemin ödüllendirilmesi olduğunu söyler. Kötülüğün, bir sahnede başarı sağlasa bile seyirciler tarafından kötülenmesi, korku ile itilmesi gerektiğini, inandırıcı ve etkileyici olan sahnenin böyle kullanıldığı zaman felsefeden daha iyi bir öğretim aracı olacağını belirtir. Hédelin'e göre, ahlak eğitimi sahneden seyirciye doğrudan doğruya iletilmemeli, olay ve durumlara sindirilmelidir. Gene Hédelin'e göre, tiyatroda ahlaklı olmak, inandırıcı olmak kadar önemlidir. İyi yetişmiş, eğitilmiş seyirci erdemli ve güzel olandan hoşlanır. Bayağı farslardan hoşlanan kimseler, kötü eğitilmiş kişilerdir.[38]

Pierre Corneille, bir oyunda ahlak amacının dört yolla gerçekleştirilebileceğini söylemiştir: Bunlardan ilki, oyuna eğitici sözler serpiştirmektir. Ancak bu sözler, oyun kişilerinden birine, oyunun asal sorunuymuş gibi söyletilmemeli, bu sözlerin devinimi yavaşlatmamasına, seyirciyi sıkmamasına, oyunda yama gibi durmamasına özen gösterilmelidir. İkinci yol, iyilik ve kötülüğün iyice belirtilmesi, bulanık bırakılmamasıdır. İyi, mutsuz da olsa sevilmeli, kötü, zafere ulaşsa bile nefret uyandırmalıdır. Seyirci, iyinin yıkımına üzülmeli, ödüllendirilmesine sevinmelidir. Üçüncü yol, kötünün zaferi karşısında seyircide korku uyandırmaktır. Dördüncü yol ise, korku ve acıma duyguları ile arınma sağlamaktır. Corneille, arınmayı kötü işler yapmaktan kaçınma olarak yorumlamıştır. Kralların aşırı tutkularından dolayı yıkıma uğradıklarını gören seyirci, benzer bir yıkıma uğramamak için kendi tutkularını dizginleyecektir. Corneille, iyi ile erdemli arasındaki farka da işaret etmiştir. Yazara göre, oyunun baş kişisi erdemli olmaktan da öte, yüceliği ile, üstünlüğü ile hayranlık uyandırabilir. Çünkü iyilik, üstünlüğü, yüceliği gösterir. Erdemlilik ise ahlaka uygunluktur. Aristoteles erdemden değil, iyiden söz etmiştir.[39]

Saint Evremont, ahlak eğitiminin sağlanması için korku ve acımanın ölçülü kullanılması üzerinde durmuştur: Acımada aşırılık, yas, korku, gözyaşı, erdemi gölgeleyebilir. Oysa erdem sevdirilmelidir. Bu da hayranlık uyandırma yolu ile yapılabilir. Soylu heyecanlar uyarılmalıdır. Önemli olan, anlamlılık ve ruh büyüklüğüdür. Aşırı acıma ve korku ise bir heyecan sömürüsüdür. Aristoteles buna karşı arınma düşüncesini getirmiştir. Arınma, seyirciyi, büyük kişilerin eylemleri karşısında korku ve acıma duyguları ile doldurmaktır. Küçük işlerin etkisi heyecan verici olmaz. Aristoteles'in belirttiği anlamda arınma, salt aydın kişiler için olasıdır. Halktan kişiler bu yolla bir arınmaya varamazlar. Burada ölçü gene de Tanrı değil, insandır. Bu insan, üstün ve büyük insandır.[40]

Jean Racine, *Phédre*'e yazdığı önsözde, bu oyunda erdemi güzel gösterdiğini, küçük hataları bile en katı biçimde cezalandırdığını söylemiştir. Racine, *Phédre*'de, suçun düşünülmesinin bile suç kadar iğrenç kabul edildiğini, kötülüğün tüm çeşitleri ile gösterildiğini ve kötülendiğini, karışıklığa yol açan tutkuların sergilendiğini, aşkın gerçek bir zaaf olduğunun belirtildiğini açıklamıştır. Racine, halkın yararına çalışan herkesin böyle bir amaç gütmesi gerektiğini, ilk tragedya şairlerinin bu görevi hep dikkate aldıklarını, oyunlarında ahlakçı filozoflardan hiç de aşağı kalmadıklarını belirtmiştir.[41]

René Rapin, tiyatronun iyiyi ödüllendirip kötüye ceza vererek, ya da kötüye pişmanlık duyurarak eğittiğini söyler. Rapin'e göre, tragedya, erdeme engel olan korku ve acıma duygularını düzeltir, komedya ise, aynı görevi halkın saçmalıklarını, gülünçlüklerini göstererek yerine getirir. René Rapin, edep kuralının Horatius'tan gelme olduğunu, bunun en temel ilke sayılması gerektiğini çünkü edep ve terbiye gözetilmezse inandırıcılık sağlanamayacağını, buna karşın, hangi koşullar altında olursa olsun, edeplilik kuralına uyulmakla her şeyin olası gösterilebileceğini de belirtmiştir.[42]

John Dennis, tiyatronun, tutkuları ölçüye düzene soktuğu ve öyküsü ile ahlak eğitimini gerçekleştirdiği kanısındadır.[43] John Dryden, korku ve acımanın bizi erdeme götüren yol olduğunu ileri sürmüş, tiyatronun kötüyü cezalandırıp iyiyi ödüllendirme, erdemi sevdirme, kötülükten nefret ettirme işlevi üzerinde durmuştur[44]. Andre Dacier de, tragedyada heyecanların dizginlenmesinden, aşırılıkların törpülenmesinden yanadır. Tragedyanın mutsuzluğu körükleyen kötülükleri gözler önüne sererek bizi dikkatli olmaya çağırdığını, aşırılıklarımızı dizginlemeye yönelttiğini belirtir[45]. Jean-Baptiste Poquelin Molière, *Tartuffe* önsözünde komedyanın geleneksel ve dinsel görevinin kötülükleri düzeltmek olduğunu söylemiştir; komedyanın bunu yaparken özellikle ayrıcalıklı kişilere yönelmesini önerir. Çünkü toplumu daha çok etkileyen bu kişilerin zararları da daha çoktur. Yazara göre, komedya tragedyadan daha eğiticidir. Zira, insanlar kötülenmeye o kadar aldırmazlar ama, alay edilmeye gelemezler. İnsanları yola getirmenin en etkin yolu, başkalarının onların kusurları ile alay etmesini, gülmesini sağlamaktır.[46]

Jeremy Collier, şiirle sağlanacak adalet üzerinde dururken, kötülüğün zevk vermesinin sakıncası üzerinde durmuş, bunun kötülükle bir uzlaşma tehlikesi yaratacağını belirtmiştir. Kötülüklerin süslendiğine, allanıp pullandığına örnek olarak pek çok oyun gösterebileceğini ileri süren yazar, sahnede töreye aykırı işler, iki yüzlülüğe, yalana, bayağılıklara, onursuzluklara, aşırı tutkulara bolca yer verildiğinden yakınmıştır.[47]

Klasik kuramcılar, "yarar" ile beraber "zevk" ilkesi üzerinde de durmuşlardır. Yararlı olanın zaten zevk de vereceği, çünkü insanın iyiden hoşlandığı belirtilmiştir. Nasıl kurallara uygun olarak yazılan bir eser, gerçeğin uyumlu, dengeli düzenini yansıttığı için hoşa gitmektedir. İyi ve doğru olan, aynı zamanda inandırıcıdır. Çünkü insan, doğru olanı inandırıcı bulur. Zevk de inandırıcılıkla ve doğrulukla sağlanır.

Klasik kuramcılar Horatius'un, "hem zevk, hem yarar" kuralını şöyle geliştirmişlerdir: Bir eser, eğitici olduğu için zevk verir, zevk verdiği için de eğiticidir. Zevk vermek, dolayısıyla eğitmek demektir. Çünkü ikisi de aynı kaynaktan beslenmektedir. Zevkle eğitme anlayışı, kaba ahlak dersinin yerine, güzellik yolu ile insanı inceltmek, onu daha iyi bir insan yapmak düşüncesini getirmiştir. Zevk vermenin yolu, kurallara uygun sanat yapmak olduğuna göre, yalın, arı, birlikli ve uyumlu bir düzenleme, doğrudan doğruya yarar amacı gütmeden de yarar sağlıyor demektir.

Jean Chapelain, zevk ile erdemin yan yana gittiğini, zevk veren şeyin yararlı olduğunu, yalnız zevk deyince halkın kaba beğenisini değil, aydın ve sanatçı kişilerin incelmiş beğenisini dikkate almak gerektiğini belirtir. Chapelain, beğeni ile sağduyu arasındaki ilişkiye de değinmiş, ince beğeniye yönelen oyunun sağduyu ile yazılmış sayılacağını, sağduyuya aykırılığın, karışıklığın, beğeniyi inciteceğini söyler.[48]

Pierre Corneille, zevk ve yarar tartışmasını gereksiz görmüş, kurallara uygun olduğu için hoşa giden sanatın mutlaka yararlı olacağını ileri sürmüştür. Görüldüğü gibi Corneille, tiyatro sanatının, ahlak bakımından eğitici olması gerektiği düşüncesine karşı çıkmamakla, hatta böyle bir yararın nasıl sağlanacağı konusunda yöntemler önermekle beraber, sanatın yarara bağlı olmadan zevk verme özelliği üzerinde de durmaktadır. Corneille, Aristoteles'in tragedyanın bu özelliğini belirttiğine dikkati çekmiştir[49]. Molière de, komedyanın ahlak amacını belirtmekle beraber en başta gelen kuralın "hoşa gitme" olduğunu kabul etmiştir. Hoşa gitme konusunun kuramcılardan çok oyun yazarlarını ilgilendirmesi, uygulamada beğenilmenin öneminden ileri gelmektedir.

ANLATIM İNCELİKLİ OLMALIDIR

Klasik tiyatro Saray çevresinin beğenisine yöneliktir, bu çevrenin incelik kurallarına uymak zorundadır. Biçimlemede, Antik Yunan sanatına özgü yalınlığı ve ölçülülüğü gözetmiş olan Klasik akım yazarları, sözlü anlatımda ayrıntı inceliğine önem vermişlerdir. Fransız tiyatro sanatı, dile ve şiirle söyleşiye gösterdiği özenle tanınır. Bu bakımdan, Jean Racine Fransız klasik tiyatrosunun en usta yazarıdır.

Voltaire, "*Tragedya Üzerine Bir Söyleşi*" adlı yazısında İngiliz ve Fransız tiyatrolarını karşılaştırırken, Fransız tiyatrosunun dile gösterdiği özen üzerinde durmuş, Fransız sanatının, ününü, diline ve şiirine borçlu olduğunu belirtmiştir. Yazar, koşuğa uyma zorunluluğunun bazılarına bir baskı gibi göründüğüne, İngilizlerin bu bakımdan daha özgür olduklarına değinerek, İngilizlerin istediklerini söyleyebildiklerini, bununla beraber, kurala uyarak sanat yapmanın daha zor ve daha çok ustalık isteyen bir iş olduğunu belirtir. Voltaire, uygulaması ne kadar zor olursa olsun, koşuktan ve uyaktan vazgeçilemeyeceğini, koşuğun tragedyaya olduğu kadar komedyaya da gerekli olduğunu ileri sürmüştür.[50]

GÖRÜNTÜDE AŞIRI ÇARPICILIKTAN KAÇINILMALIDIR

İngiliz tiyatrosu, kendi geleneği gereği, sahne üzerinde kanlı olaylara, heyecan verici durumlara, bol devinime yer vermiştir. Klasik dönem yazarları ise, göz boyayan görüntüye değil, arınma sağlayacak uyumlu düzene önem verirler. Tiyatronun, özü, biçimi, sözlü ve görüntülü anlatımı ile kaba ve yanıltıcı olmaması, sağduyuya uyan ölçülü bir etki uyandırması istenir. Bununla beraber, tiyatro sanatının etkili bir sanat olduğu da yadsınmamıştır. Voltaire, İngiliz tiyatrosunun görüntü ile etkileme eğilimini eleştirmiş, bunun kolay bir etkinlik yöntemi olduğunu belirtmiştir.[51]

SHAKESPEARE ELEŞTİRİSİ

Klasik akım eleştirmenlerinin, Shakespeare'in oyunlarını değerlendirişleri klasik eleştiri anlayışının tipik örnekleridir. Klasik kuramcı ve eleştirmenler, Shakespeare'in dehasını anlayacak sanat beğenisine sahiptirler. Bağlandıkları kurallar, onları kuraldışı bir büyüklüğü tanımayacak kadar duyarsız yapmamıştır. Ancak, bu oyunlar karşısında duydukları hayranlık duygusu ile kendi sanat ölçülerini bağdaştırmakta zorluk çektikleri görülür. Klasik akım eleştirmenlerine göre, Shakespeare, tanrı vergisi bir yeteneği olan olağanüstü bir oyun yazarıdır. Fakat bilgisizliği büyük hatalar yapmasına, oyunlarını gelişigüzel yazmasına neden olmuştur. Shakespeare'in üç birlik kuralına uymaması, komik ile trajiği yan yana kullanması, kanlı sahneleri seyircinin gözü önünde geçirmesi, mantık hatalarına düşmesi, edeplilik kuralına her zaman bağlı kalmamış olması onun bağışlanmaz hatalarıdır.

Ben Jonson, Shakespeare'i çok değerli bir yazar, bir deha olarak tanımladığı halde, hatalar yaptığını, saçmalıklara düştüğünü belirtir. Shakespeare'in, oyunlarını yazarken hiçbir satırı karalamadığını söylediğine değinerek, "keşke binlercesini karalasaydı" yargısına varır.[52]

Thomas Rymer, Shakespeare konusunda son derece katıdır. Onu, akla, sağduyuya, edebe aykırı, sıradan ve bayağı bulur. *Othello* oyununu eleştirirken, "*Bir atın kişnemesinde, bir köpeğin hırlamasında, Shakespeare'in oyunlarında bulunduğundan daha çok anlam, daha canlı ifade, hatta daha çok insanlık*" olduğunu iddia eder. Othello'yu adalete, yasalara, insanlığa aykırı görür. Rymer'e göre, ne zenciden bir general olabilir, ne de böyle bir generale Türklere karşı savaşacak bir ordu emanet edilir. Desdemona'nın böyle bir evlilik yapması olanaksızdır. Bu oyun barbarcadır, gerçeğe aykırı, uydurma bir oyundur.[53]

John Dryden, Shakespeare'i, tüm şairler, hatta Antik yazarlar içinde en büyük, en kapsamlı ruha sahip olan bir yazar olarak değerlendirir. Shakespeare'in, doğanın tüm imgelerini elde ettiğini ileri sürer. Bu yazarın bir şeyi tanımladığı vakit onu görmekten de öte hissetttiğimizi belirtir. Fakat bütün bunlar yazarın çalışarak, emekle elde ettiği şeyler değildir, bir tanrı vergisidir. Dryden'e göre, Shakespeare doğayı tanımak için okumaya gereksinmemiştir. O, doğayı içinde görmüştür; çünkü doğal olarak bilgilidir. Zekâsına uygun bir konu buldu mu, bunu tüm öteki şairlerden daha iyi işler. Her zaman büyük şairdir.[54]

Voltaire, Fransız beğenisinin sahnede kan dökülmesini hoş görmediğini, Julius Caesar oyununda olduğu gibi aşağı tabakadan insanların sahnede toplanıp ayaklandırılmasının Fransa'da hoşa gitmediğini belirterek, farklı bir beğeninin yazarı olan Shakespeare'i, bilgisizlik döneminin kaçınılmaz kusurları ile yüklü, fakat büyüklüğü yadsınamaz bir yazar olarak kabul eder. Shakespeare'de büyük yanlışlar bulur. Fakat Julius Caesar'ı, tüm barbarca düzensizliklerine karşın hayranlıkla seyrettiğini ifade eder.[55]

Özetleyelim: XVII. ve XVIII. yüzyıllarda Avrupa tiyatrosuna egemen olan Klasik akım; en parlak örneklerini, Saray gözetimi altındaki Fransız tiyatrosunda vermiştir. Onun klasik akım tiyatro düşüncesi, soyluların, varlıklı orta sınıfın, aydınların beğenisini dile getirir. Bu beğeni, tiyatro yapıtının yetkeye saygılı, geleneksel değer yargılarını pekiştirici, akla, edebe uygun olmasını ister. Akıl ve Aydınlanma Çağı'nın tiyatrosunda yalınlık ile inceliğin bir araya gelmesi beklenir. Bunun sağlanabilmesi için kesin biçim kuralları saptanmış, zevk ve yarar ölçüleri belirlenmiştir.

Klasik tiyatro düşüncesi, antik kuramcıların görüşlerini, çağının amacına uygun bir yorumla benimsemiştir. Artık tiyatronun görevi de, niteliği de değiştiği için antikten aktarılan kurallar yeni bir anlam kazanmıştır. Klasik akımın kuralları antikten farklı olarak, açıklayıcı, betimleyici değil, belirleyici ve koşullayıcıdır. Antik Yunan tiyatrosunda gözlemlediğimiz, yazgısına karşı sonuna dek savaşan onurlu bireyin yerini, kendini kurban ederek toplumun düzenini koruyan toplum üyesi almıştır. Antik Yunan tiyatrosunda, çatışan güçlerin ikisi de kendi içinde haklı ve geçerli olmasına karşın, klasik Fransız tiyatrosunda ikilem bireyin kendi içindedir ve birey, toplumun yararı için bu ikilemi yok etmek zorundadır. Doğru tektir ve ikircikli insanın tutkusu, bu doğruyu tehdit etmektedir. Bu yüzden, klasik tiyatro en çok "birlik" kuralı üzerinde direnir. Oysa antik tiyatro'da önemli olan, karşıtları dengeli bir düzen içinde tutacak bir bütünlüktür. Aristoteles'in üzerinde durduğu "organik bütünlük" kavramı bu düzenin biçimsel ifadesidir. Aristoteles'in "inandırıcılık", "olasılık", "arınma", "zevk verme" tanımları da bu çerçeve içinde yeni anlamlar kazanmıştır. Aristoteles'in, arınmayı, aşırı heyecanları boşaltmak, doğru düşünmeye elverişli dingin bir ruhsal ortam hazırlamak anlamında kullanmış olmasına karşın, Corneille'in aynı kavramı kötü işler yapmaktan kaçınma, tutkuları dizginleme olarak açıklaması ilginçtir. Antik Yunan kültüründe amaç, ölçülü olmak, aşırılıktan kaçınmaktır. Klasik Fransız düşüncesinde ise amaç, yasalara ve kurallara uygun davranmaktır. Onun için tiyatronun tüm kuralları akla, ahlaka ve edebe uygunluk sağlama açısından işlevseldir.

Kendi içinde sağlam bir bütüne hizmet eden bu kurallar, uzun yıllar tiyatro yazmanın vazgeçilmez biçim özellikleri olarak kabul edilmiştir.

6
Onsekizinci Yüzyılda Yeni Yorumlar

Onsekizinci yüzyıl tiyatro düşüncesi, klasik akımın ana ilkelerine bağlı kalmıştır. Fransa'da Voltaire klasik tiyatro görüşünü pekiştirirken, İngiltere'de Samuel Johnson, klasik akımın güçlenmesine çalışmıştır. Bu yüzyılın sanat anlayışının temelinde, Aydınlanma Çağı'nın akılcı felsefesi yatar. Doğanın yalın bir düzeni olduğu, bu düzenin akılla kolayca kavranabilecek yasaları bulunduğu düşüncesine dayanılarak, aynı düzenin sanat yapıtına uygulanması istenir. Yazar, oyununda doğa yasalarına koşut olan biçim kurallarını uygularsa, gerçeğin sağduyusal düzenini yansıtmış olacaktır. Sanat kurallarının ana ilkesi, doğa yasalarının ana ilkesi olan yalınlık ve ölçülülük olarak saptanır. Doğa gerçeğinin ancak böyle bir yalınlık ve ölçülülük içinde yansıtılabileceği belirtilir. Sanatın görevi, aynı ölçülülüğün insan davranışlarında ve toplum ilişkilerinde gözetilmesini sağlamak olacaktır.

Onsekizinci yüzyılda toplumda meydana gelen değişiklikler, seyircinin yeni beklentileri ve klasik akım oyunlarının bu beklentiyi karşılamakta yetersiz kalışı, tiyatroda yeni eğilimlerin ortaya çıkmasına neden olmuştur.

Tragedya ve komedya türleri dışında ara türler oluşmuş, "duygusal dram", "gözü yaşlı komedya" gibi türler yaygınlık kazanmış, seyirciyi duygulandırarak etkileme yöntemleri geliştirilmiştir. Bu gelişim, tiyatro eleştirisini ve kuramını da etkilemiştir. Kuramcılar akılla duygu, duyguyla beğeni arasındaki ilişkiyi yeniden ele alarak bir "acıma" estetiği geliştirmişlerdir. Fransa'da Diderot, Almanya'da Lessing, tiyatronun duygusal etkisinin kuramını saptamışlardır. Klasik akılcılıktan ayrılmadan, duygulandırarak eğitme kuramı belirlenmiştir. Tiyatronun seyircinin duygularına yönelmesi, kötülükleri değil erdemli davranışları göstermesi, iyiliğe karşı tatlı duygular ve güçsüzlere, ezilmişlere, yoksullara karşı sevgi ve acıma duygularını uyandırması gerekli görülmüş, bu işlevi ile tiyatronun, insanların kişiliklerini geliştireceği ileri sürülmüştür. Tiyatro düşüncesinde meydana gelen bu değişimde güçlenmeye başlayan orta sınıfın etkisi vardır. Soylu beğenisinin kalıpları kırılmaya başlanmış, tiyatroda günlük olaylara, sıradan kişilere yer verilmesi hatta oyunların günlük konuşma dili ile yazılması onaylanmıştır. Klasik kuralların bazı yönlerde aşılması tiyatro düşüncesinde önemli bir gelişimdir.

Onsekizinci yüzyılda tiyatro anlayışında yeni eğilimlerin belirmesinin nedeni toplum yapısında ve değer yargılarında meydana gelen değişmelerdir. Aydınlanma döneminde, ticaretin iyi geliştiği görülür. Tarım ve endüstri alanlarında da gelişmeler olmaktadır. Ekonomiye, Adam Smith'in formülünü saptadığı "liberal" anlayış egemendir. Kazanç özgürlüğü bir doğa yasası olarak kabul edilir. Güçlü ve becerikli olanlar için varlığını artırmak doğal bir hak sayılır. Bu, krallığa ve soylulara karşı varlıklı orta sınıfın güç kazanması demektir. Orta sınıfın güçlenmesine koşut olarak kültürde yeni değerler, sanatta yeni bir beğeni kendini kabul ettirme yolundadır. Liberal görüş, üstyapı kurumlarını etkiler. Dinsel inançlarda hoşgörüsüzlüğe karşı tepkiler başgösterir. Kendi bu kadar iyilikçi, bu kadar kusursuz olan Tanrı'nın, nasıl olup da kötülüğü yarattığı, evreninde kusurluya yer verdiği sorusu sorulur. Voltaire gibi bazı düşünürler, bu soruya karşı "Deism" anlayışı ile cevap verirler. Deistlere göre, tanrı evrenin yaratıcısı ve insanların en son yargılayıcısıdır. Fakat insanların dünyada yaptıkları işlere karışmaz. Onların kaderlerine yön vermez, yakarılarını yanıtlamaz. İnsanlar kendi çirkin işlerinden, kötülüklerinden kendileri sorumludurlar. Kişi iyi olmalıdır. Ya da yaradılıştan iyi olan insan tüm davranışlarında bu iyi özü korumaya özen göstermelidir. Bu, insanı özgürlüğe götüren bir güçtür. İyi olma ve iyiliğini koruma gücü doğadan gelir. Doğa, değişmez, bozulmaz, yalın ve güzeldir. Doğanın düzeni akla uygundur. İnsanlar bu düzeni anlar ve davranışlarını ona uydururlar. Akla ve doğaya uygunluk, her ortalama insana açık olan son amaçtır. Bu amaca ulaştıracak güce sahip olma insana özgürlüğünü olduğu kadar sorumluluğunu da anımsatır. Yoksula ve zayıfa acımak, onların duygularını paylaşmak doğru davranışlardır. Yoksulun ve zayıfın da, ne kadar acı çekerse çeksin erdem yolundan ayrılmaması, acınmaya hak kazanması gerekir. Böylece hem özgür kazanç savaşımının yol açtığı acılar duygu açısından hafifletilmekte, hem de kazanç çabasına ket vurulmamış olmaktadır. Yeni ekonomik düzenin değerler sisteminde meydana getirdiği açığı bu düzeni sarsmadan kapatmanın bir başka yolu da halka yalın yaşamayı, azla yetinmeyi salık vermek olmuştur. Erdemli olmak, yalın yaşamayı bilmek, acılara katlanmak, zor koşullarda bile doğru yoldan ayrılmamak, acı çekenlerin acılarını paylaşmak gibi öneriler, yeni gelişimlerin ortaya çıkardığı güçleri dengelemek için dinin, ahlakın, eğitimin ortaya attığı, sanatın ve tiyatronun benimseyip savunduğu ahlak değerleri olmuştur.

Bu yüzyılda insanın duyguları da önemsenmeye başlanmıştır. Doğruların yalnızca akılla bulunamayacağı, gerçeği görmek için duyguların da gerekli olduğu görüşü güçlenir. David Hume (1711-1766) aklın bulgularını gözlem ve deneyle kanıtlama gereğini duyar, yalnızca akla güvenmenin sakıncasını belirtir. Ayrıca, değişmez doğa yasalarının toplum ilişkilerine ve insan davranışlarına uygulanmasını da eleştirir.

Jean Jacques Rousseau (1712-1778), doğanın yasalılığını savunmakla beraber yaşamda, inanç gibi, heyecan gibi öğelere de yer vermektedir. Immanuel Kant (1724-1804), insanın ezeli gerçeklere ancak akıl yolu ile varabileceğini söylerse de, akıl sözcüğünü yalnızca sağduyu olarak değil, bir sezgi olarak açıklar. Aydınların akılcılığa karşı tepkisi, yaşam kavgasının somut gerçeğinin önem kazanmasından, bu kavganın yarattığı ortamda duygu ve heyecanlara daha çok değer verilmesinden ileri gelmektedir.

Toplumun ekonomisinde, inançlarında, düşüncesinde meydana gelen değişim, sanatı ve tiyatroyu da etkilemiştir. Önceleri, soyluların kültürünü ve sanat anlayışını benimsemiş olan ortasınıf, kendi değerlerini, beğenisini ortaya koymaya başlamıştır. Bu sınıf, tiyatroda üstün kahramanların olağanüstü işlerini izlemektense onu yakından ilgilendiren günlük olayları, sıradan kişileri görmeyi yeğler. Düşündürücü, yüceltici, arıtıcı tragedyalardan çok duygulandırıcı ve heyecan verici dramlardan hoşlanır. Paylaştığı durumların yarattığı acılarla duygulanmayı, dengeli ve uyumlu bir sanat yapıtının sağladığı estetik heyecana yeğ tutar. Acıma duygusunun uyarılmasından, gözyaşlarının dökülmesinden hoşlanır. İnceliğinin tadına varamadığı şiir dili yerine, düz yazı ile yazılmış oyunları beğenir. Seyircinin bu eğilimini yanıtlamak üzere yeni oyun türleri denenmektedir. Duygusal tragedya, gözü yaşlı komedya gibi yeni türler, en önemlisi "dram" türü üretilir. Bu oyunlarda gülümseme ile hüzün yan yana getirilmiştir. "Duyguların okşanması", "tatlı üzüntü", "ruhun tellerinin titreşmesi" gibi duyguya yönelik etkilerden söz edilir. Tiyatro, eğitici olma işlevini sürdürmektedir. Eğiticilik, erdemin ödüllendirilmesi, kötülüğün cezalandırılması biçiminde değil, erdemlinin sonuna dek erdemini koruması ve seyircide acıma uyandırılması biçimindedir. Sanat, kendi adaletini gerçekleştirmez. Adalet, seyircide uyandırılan duygusal etki ile sağlanmış olur. Seyirci, erdemliyi tanır ve ona acır. Acı çeken erdemlinin ödülü, seyircinin onun acısını paylaşmasıdır.

Alman edebiyatında "*Sturm und Drang*" akımı, Akıl ve Aydınlanma Çağı sanat anlayışına, özellikle de Fransız zevkine karşı bir tepkiyi dile getirmiştir. 1770'lerde ortaya çıkan bu akım, yaşama ve sanata konan zincirlere şiddetle karşı çıkıyordu. Sanatta disiplin ve düzenin önemi yadsınıyor, Tanrı vergisi yaratma gücü yüceltiliyordu. Bu heyecansal tepki, tiyatro anlayışını da etkiledi. Klasik akım kuralları yeniden gözden geçirildi. Fransız klasikçiliğinden farklı bir klasikçilik anlayışı belirlendi.

Tiyatro sanatında görülen yeni eğilimler, klasik kurallara karşı savunulurken, akıl yanında duyguya yer veren, akılla duygu, duygu ile beğeni arasındaki ilişkiyi yeni baştan irdeleyen, tür ayrımında, oyuna malzeme seçiminde önceden belirlenmiş olan sınırları bir kez daha gözden geçiren bir düşünce sistemi oluşturulur. Onsekizinci yüzyılda yeni bir tiyatro kuramı gelişirken, üzerinde durulan belli başlı yeni görüşleri şöyle kümeleyebiliyoruz:

TİYATRODA GÜNLÜK OLAYLARA VE SIRADAN KİŞİLERE YER VERİLMELİDİR

Bu anlayış, klasik gelenekte önemli bir değişmeyi gösterir. Eleştirmenlere ve kuramcılara göre tiyatro seyircisi kendini yakından ilgilendiren konulara, kendine benzeyen kişilere karşı daha büyük bir ilgi duymaktadır. Günlük olaylar, herkesin başına gelebileceğinden seyirci için daha trajik bir anlam taşır. Bu nedenle, tragedyalarda yüzyıllardır ele alınan soylu ve üstün kahramanlardan, olağanüstü olaylardan vazgeçilmelidir. Tragedya, masalın uzaklığından, yaşamın yakınlığına getirilmelidir. Orta halli seyirci sahnede kendi acılarının yansıtılmasından, kendi gibilerin karşılaşabileceği durumların canlandırılmasından hoşnut olmaktadır. Aile ilişkileri ile bu ilişkilerin günlük olaylar içinde çatışmaya dönüşmesini ele alan konular her zaman ilginçliğini korur.

Aile tragedyası (domestik tragedya) türünün babası sayılan George Lillo (1693-1739), tragedyanın ortalamadan üstün, soylu kişileri ele almak zorunda olmadığını, genel olarak insanları işleyebileceğini, sıradan insanları bekleyen tehlikelerin ve yıkımların daha çok olduğunu, bu insanların da bahtsız olduklarını belirtmiştir.[1]

Denis Diderot (1713-1784), domestik tragedya türünü benimsemiş ve bu türde eser vermiştir. Diderot, bize yakın konuların, gerçek olayların, törelerin ele alınmasını, içtenlikle anlatılmasını istemiştir. Yazara göre, annemizin, babamızın, dostlarımızın kendimizin başına geleceğinden korkup titrediğimiz olaylar bizi en çok etkiler. Yazgının kötüye dönüvermesi, onurunu yitirme, yoksulluğa düşme korkusu, korkunç bir ölümün uyandırdığı umutsuzluk hiçbirimizin yabancısı değildir. Bunlar bizi bir zorbanın olağandışı durumundan, bir çocuğun Atina, ya da Roma tanrılarına kurban edilmesinden daha çok heyecanlandırır. Diderot, iyi bir dram yazarının bir dünya görüşüne sahip olmasını, toplumsal durumlar hakkında bilgili olmasını, aynı zamanda kendisini ve insan doğasını gözlemleyip toplumun işleyişi, aile ilişkileri, babaların ve çocukların görevleri, eğitim gibi konularda söz sahibi olmasını gerekli görür.[2]

Diderot'un etkisinde tragedya ile komedya arasındaki dram türünü benimsemiş olan Beaumarchais de (1732-1799), dramın günlük yaşantımızla ilgili olmasını, ancak o zaman istenen duygusal etkiyi sağlayabileceğini belirtmiştir.[3]

Gotthold Ephraim Lessing (1729-1781), prenslerin, kahramanların, adları ile bir oyuna gösteriş sağlasa bile, seyircinin heyecanlarına katkıda bulunamayacağını, bizimkine benzeyen koşullarda yaşayan insanların başlarına gelenlerin yüreklerimizi daha derinden etkileyeceğini belirtmiştir. Yazara göre, krallara acıyorsak, bu onların kral olmalarından değil, insan olarak acı çekmelerinden ileri gelir.

Krallık onları belki daha önemli kişiler yapar ama daha ilginç kişiler yapmaz. Lessing, Fransız seyircisinin unvan gibi dış ayrıcalıklara düşkün olduğunu, onun için soylularla düşüp kalkmak istediğini, kendi çevresini küçümsediğini belirterek, bu kendini beğenmiş ulusun, aile tragedyalarını kolay kolay tutmayacağını ileri sürmüştür[4]. Lessing, İngiliz tiyatrosunun, Alman tiyatrosu için daha uygun bir örnek olduğu kanısındadır.

TİYATRO ESERİ DÜZYAZI İLE YAZILMALIDIR

Günlük ilişkileri, sıradan kişileri ele alan tiyatronun dilinin de içeriğine uygun olması istenmiştir. Onsekizinci yüzyıl tiyatro eleştirmenlerinin bir bölümü tragedyanın ölçülü ve uyaklı dilini fazla süslü ve yapay bulur. Diderot, tiyatroda düz yazıyı yeğlediğini belirtir. Buna karşın, klasik geleneğe sıkıca bağlı kalmış olanlar, tiyatro yapıtının ölçülü dille yazılmasında direnmektedirler. Beaumarchais, iki tarafı da kendi açılarından haklı gördüğünü belirterek kahramanlıklarla dolu düş yüklü oyunlarda ölçülü dilin daha iyi durduğunu, ciddi oyun (dram) türünde ise yaşamda kullanılan dile benzer bir dil kullanılmasının doğru olacağını belirtir. Beaumarchais'ye göre, ölçülü dil, yakından bakılınca fazla büyük görünür. Onun için de tragedyaya yakışır. Bizim yaşantımıza benzeyen oyunlara ise yalın ve süssüz bir deyiş uygun düşer. Bu yalın dilin güzelliği, içerdiği derindeki güçten, dile getirdiği doğrudan kaynaklanır. Lessing de, yalın ve açık günlük dilin duyguları, şatafatlı konuşmalardan daha iyi ifade ettiğini, tumturaklı konuşmaların gerçek duygulardan doğmadığını belirtmiştir.

Antoine Houdar de la Motte (1672-1731), tragedyada bir kahramanın, bir prensin, konuşurken sözlerini belli sayıda hecelere sıkıştırmak zorunda kalmasını, en heyecanlı anlarda bile uyakları yinelemeye çalışmasını, tartım duraklarını kalıplara göre ölçmesini, dil hünerleri göstermesini doğaya aykırı bulur. Düzyazı ise daha gerçek, daha doğaldır.[5]

TİYATRO SEYİRCİSİNİ DUYGULANDIRMALIDIR

Klasik tiyatro anlayışında meydana gelen en büyük değişim, tiyatronun seyirciyi duygulandırma yolu ile etkilemesi ilkesinin kabul edilmesidir. Klasik tiyatro düşüncesinin, akla uygunluğu tek sağlam ölçü saymasına, gerçeği bulmak için akıl yürütme yöntemini benimsemesine ve seyircinin mantığına seslenmesine karşın, Onsekizinci yüzyıl duygusalcıları (sentimentalistler) duygulandırmanın öneminden, duygulandırma yöntemlerinden söz ederler.

Tiyatro sanatı yazında yaygınlık kazanan duygusallık eğilimini benimsemektedir. Duygusal oyunlar orta sınıf seyircisinin hoşuna gider. Duygulanma, hem kişiyi kendi iyiliğine inandırdığı, hem de onu iyi, güvenli, sıcak bir ortam içine yerleştirdiği için güçlü olanın da, güçsüzün de işine gelmektedir. Kazanç özgürlüğünün benimsendiği bu dönemde duygusal dram, vicdanları rahatlatmaktadır. İyiliğin, erdemin sevgi ile ödüllendirilmesi seyirciyi avutur. Bu yüzden duygusallık eğilimi tiyatro piyasasına egemen olmuştur. Kent orta sınıfına yönelmiş olan tiyatrolar, giderek bu duygusallığı bir duygu sömürüsüne dönüştürecek, duyguculuk, ticari amaçlarla piyasa oyunlarının ayırıcı özelliği olacaktır. Kuramsal düzeyde ise duygusallık kalıcı bir etkinlik olarak değerlendirilmiş, dram türü bu yönü ile çağdaş anlayışa uygun görülmüştür. Duygusal etkinin, başlangıçta Aristoteles'in, korku, acıma ve arınma tanımları ile ilintili olarak ele alındığı, tragedyanın uyandırdığı acıma duygusu üzerinde önemle durulduğu görülür. Aristoteles'in yeni yorumuna göre acıma, arınma aşamasına gerek kalmadan seyirci üzerinde en olumlu etkiyi bırakan bir duygu olarak değerlendirilmelidir.

İngiliz eleştirmeni Joseph Addison (1672-1718), seyircide acıma duygusu uyandırmanın öneminden, acımanın hoşa gittiğinden söz etmiştir. Yazara göre seyirci, sonu acıklı biten tragedyadan hoşlanır. Aristoteles bu gerçeği belirtmiştir. Acıdan ve korkudan gelen hoşlanma kalıcıdır.[6]

Sir Richard Steele (1672-1729) de, komedya tanımında duygusallık eğilimini şöyle dile getirir: Klasik komedya insanın zaaflarını, saçmalıklarını gösterir. Oysa duygusal komedya seyircide insana karşı sevgi uyandırır ve iyi insanları mutlulukla ödüllendirir. Çünkü insan sevgisi, mutluluk verici bir duygudur. Kişi mutluluğa layık olanın mutlu olmasını ister, bundan hoşlanır, bundan duygulanır.[7]

Fransız kuramcısı Jean Baptiste Du Bos (1670-1742), duygusallığı hoş olmasının yanı sıra kendi başına bir değer olarak kabul etmiştir. Öteki sentimentalistlerin acıma ve ağlamayı iyi ahlakın belirtisi saymalarına ve duygulandırmayı ahlak eğitimi açısından değerlendirmelerine karşın Du Bos, duygulandırmanın, ruhsal etkisi üzerinde durmuş, sıkıntıyı hafifletme özelliğine işaret etmiştir.[8]

Denis Diderot, tiyatronun duygusal etkisi üzerinde özellikle durur. Diderot'ya göre, seyirci iyiliği görmekten, erdemli bir davranışa tanık olmaktan mutluluk duyar ve buna duygulanır. Döktüğü yaşlar sevinç göz yaşlarıdır. Ciddi ve içtenlikli bir oyun, seyirciyi gözyaşları içinde eritir. Yazar ruha, kalbe yönelmelidir. Ruhun tellerini titretmelidir. İçtenlikle anlatılan gerçekler bizi çok etkiler. Bu gerçekler insanın insana karşı olan iyiliğini dile getiriyorsa bizi daha da çok etkileyecektir. Çünkü insanın doğası temelde iyidir. Kişi, iyi insanın acılarını paylaşır, kendini onun yerine koyar, yazgısına ortak olur. Oyun seyrederken iyi kişinin de, kötü kişinin de gözyaşları birbirine karışır. Kötü kişi, kötülüğe karşı daha az eğilim duyar, yaptığı haksızlıkları anlar, kendini yargılar. Seyircinin ruhundan kopup gelen uzun bir iç çekiş, alkıştan daha değerli bir ödüldür yazar için.[9]

Beaumarchais'ye göre, tiyatro eserinin duygulandırması onun başarı ölçüsüdür. Aydınların beğenisi akılcı çizgidedir. Oysa seyirci çoğunluğu, sanatı, duyguları ile ölçer. Halkın duygu ve heyecan biçimindeki tepkisi doğrudur. Bu tepkiye güvenmek gerekir. Ayrıca ahlak eğitiminde duygulandırma önemli bir rol oynar. Çünkü erdemli kahramanın davranışları yüreğimizi kabartır, bizi daha iyi insan yapar. Ancak seyircide uyandırılan heyecanlar yüksek sesle, kahkaha biçiminde dışarı vurulmamalıdır. Sevgi, sessizliği getirir. Yüze yansıyan hafif bir gülümseme ve rahatça dökülen gözyaşları, namuslu ve ciddi bir dramın kalbi doğru yolda etkilediğini gösterir. Sevgi ifadesi gözyaşlarına eşlik eder. Sevinme ile hüzünlenmenin dokunaklı çatışması insanın duyabileceği en tatlı duygudur ve sanatın en güzel zaferidir.[10]

Sebastian Mercier (1740-1814), tiyatrodaki yeni eğilimi, başkalarının acılarına dökülen gözyaşı olarak betimlemiştir. Yazara göre, yüreğin başkalarının acılarına karşı acıma ile dolması bize erdemli olmayı öğretecektir. Yüreğin duygu eşliği ile ısınması, soğukluktan, bencillikten kurtulmak demektir; gözyaşlarının, ruhun buzlarını eritmesi demektir. Sebastian Mercier, acıma ve sevecenlik duygularının tüm duyguların üstünde olduğunu, bu duyguların insanları birbirlerine yaklaştırdığını ileri sürmüş, ayrıca duygusal tiyatronun yararlı bir yansıtıcı olduğunu belirtmiştir.[11]

Gotthold Ephraim Lessing (1729-1781), kendi oyunu *Miss Sara Sampson*'u Samuel Richardson'un *Clarissa Harlowe* romanını örnek alarak yazmıştır. Bu oyun "aile tragedyası" türündedir. Lessing, acıma duygusunu önemli ve değerli bir duygu olarak kabul etmiş, sadece belli bir yıkıma uğramış kişilere değil, her zaman, her yerdeki bahtsız kişilere karşı da acıma duyulmasını istemiştir. Lessing en çok acıyanın, en iyi insan olduğunu belirtir, tragedyanın, bizde acıma gibi iyi duygular uyandırarak bizi daha iyi insanlar yaptığını söyler. Lessing, acının ve sevincin yan yana gittiği, üzünç ile sevinç karışımının insanı ağlattığı kanısındadır. Yazar, bu duyguları birbirine çok yakın bulur, insanın ağlarken gülebileceğini, gülerken ağlayabileceğini ileri sürer. Lessing'e göre, duygulandırmak yazarın önemli görevidir. Bir tragedya şairinin en bağışlanmaz kusuru, seyirciyi sahneye karşı soğuk bırakmaktır.[12]

YENİ TÜRLER DENENMELİDİR

Tiyatro eserinde sıradan kişilere yer verilmesi, aile ilişkilerinin ele alınması, seyircide acıma duygusunun uyandırılması, üzünç ile sevincin iç içe duyulması gibi öneriler, ne klasik tragedya anlayışına, ne de klasik komedya tanımına uymaktadır. Onun için konu ve etki bakımından başka özellikler gösteren oyunlara "duygusal tragedya", "gözyaşlı komedya" gibi yeni adlar verilmiştir. Diderot, bu yeni tiyatro türüne "dram" adını verir.

Bugün orta sınıfın beğenisi doğrultusunda gelişen bu türe duygusal dram, ya da burjuva dramı diyoruz. Burjuva dramında seyircinin, içinde bulunduğu durum ile uyum kurması amaçlanmaktadır. Duygu eşliği ve acıma duygusu ile toplumdaki adaletsizliğin yarattığı suçluluk duygusu giderilmekte, kişi, kendi durumunu değiştirmeye gerek kalmadan vicdanı ile uzlaşmaktadır. Çünkü acıma yeteneği kişiyi iyi yürekli olduğuna inandırmakta, onu kendi gözünde aklayıp rahatlatmaktadır. Acınmaya layık olma duygusu ise, başka bir yönden adaletsizlik duygusunu hafifletir. Bu kez de toplum koşulları yüzünden kendini haksızlığa uğramış sayan kişi, acınmaya hak kazanarak içindeki ezikliği giderir. Böylece toplumda geçerliğini yitirmeye başlayan, fakat toplum düzenini yaşatmak için sürdürülmesinde yarar görülen değer yargıları yaşatılmış olur. Seyircinin sahnedeki kişilerle bir duygu eşliği içine girmesi, acıyan ve acınan olarak iyilik duygusu ile dolmasını, bundan mutluluk duymasını sağlamıştır. Oysa klasik tragedyanın çok farklı bir işlevi olduğunu anımsıyoruz. Tragedya, bireyi zor koşullarla, çetin engellerle sınayarak onun kendi gizil gücünü tanımasını ve kullanmasını gösteriyordu. Tragedya, kahramanın ölümü ile sona erse bile oyun süreci onun kolay başedilemeyen gücünü kanıtlar; böylece seyircideki acıma duygusu da aşılarak hayranlık uyandırılmış olur. Klasik tragedya bu özelliği ile kralı, merkezi otoriteyi desteklemişti. Duygusal dram ise burjuvanın desteğidir.

Kişinin zayıf yanını alaya alan, gülünçleştiren klasik komedya da yerini duygusal komedyaya bırakmıştır. Duygusal komedya seyirciyi, oyun kişilerinin hoş ve tatlı yanlarına güldürür. Bu gülme iyilikle gülmedir. Seyirci sahnedeki gülünen kişi ile aynı duyguları paylaşır. Lessing, bu komedyanın amacını ve etkisini açıklarken üzüntü ile sevinç duygularının karmaşık olduğuna, gülmenin gözyaşına, gözyaşının gülmeye dönüşebileceğine değinmiştir. Bu karmaşık duygular seyirciye zevk verecektir: Komedya zevkli olduğu için yararlıdır da. Çünkü zevk vermeyen oyun, yarar sağlamaz. Seyirci saçmayı, gülüncü görecek, her çeşit budalalıktan kaçınmak isteyecektir. İngiliz tiyatro yazar ve kuramcıları bu türü benimsemişlerdir. Ancak Oliver Goldsmith bu türün yeni çıktığı için hoşa gittiğini ileri sürerek kuşkularını dile getirir. Goldsmith, duygusal komedyada mizahın yitirildiğine, gülme sanatından yoksun kalındığına işaret etmiştir.[13]

TİYATRO DUYGULANDIRARAK EĞİTİR

Onsekizinci yüzyıl tiyatro kuramcıları, bu sanatı eğitici işlevi ile savunurlar. Bu eğiticilik anlayışı kişiyi iyi insan yapma amacındadır. Klasik tiyatro anlayışında olduğu gibi, seyirciye belli doğruları öğretmek, ona geleneksel değer yargılarını, saraylı zevkine uygun davranış kurallarını benimsetmekle yetinilmez. Duygusal dramın amacı, kişiyi içten eğiterek onun kişiliğini yoğurmaktır. Bu da onda acıma duygusu uyandırmakla sağlanabilir. Çünkü acıma insanlara özgü bir duygudur ve insanın doğuştan iyi olmasından ileri gelir. Acıma duyması sağlanan insan, kendi içindeki iyilik tohumunu geliştirir. Temelde iyi olan insanda iyilik eğiliminin uyandırılması ve güçlendirilmesi, onu kötülük yapmaktan korur. Bu eğitme yöntemi klasik akımın doğru düşünceye akıl ve sağduyu ile varılması ilkesine karşıt değildir. Akıl pratik yaşamda ortaya çıkan yanlışları ayıklayıp arıtmakta, duygunun bu tortularla köstekenmeden doğal iyiliğine kavuşturulmasına yardım etmektedir.

Tiyatronun eğitici işlevini duygulandırarak yerine getirmesi için, oyun kişilerinin erdemli olmaları, acınmaya hak kazanmaları gerekir. Oyun kişisi yıkıma uğrasa da sonuna dek erdemini korumalıdır. Erdemli insanın sevgi ve acıma ile ödüllendirilmesi de bir bakıma şiirsel adaletin yerine getirilmesi demektir.

Görüldüğü gibi şiirsel adaletin yerine getirilmesi için klasik kuramcıların kabul ettikleri, kötünün cezalandırılması, iyinin ödüllendirilmesi görüşünde değişiklik olmuştur. İyinin, erdemini koruyarak acınmaya layık olması yeterli sayılmaktadır. Burjuva dramı, kurulu düzenin işleyişini hiç bozmadan, salt duygularda meydana getirdiği bir yoğunlaşma ile seyircisini rahatlatma yoluna gitmiştir.

Diderot, tiyatronun eğitici işlevini, duygulandırma yolu ile yerine getirdiğini belirtmiştir. Duygu yolu ile insanları etkilemek daha kolaydır. İyi insan, doğasındaki iyilik eğilimi ile sahnede gördüğü erdemi sever, onu sıcak bir yürekle kucaklar. Kötü kişi ise kötülüklerinin, haksızlıklarının farkına varır, kendini suçlar, kötülüğe karşı içinde daha az istek duyar. Tiyatro, kötüyü azarlamaktan, cezalandırmaktan daha iyi bir düzeltme yoludur; çünkü insan temelde iyidir. Onu bozan kötü alışkanlıklar, kötü adetlerdir.

Diderot, sahnede erdemli kişilerin bulundurulmasını ister. Seyirci sahnede çevresinde görmekten hoşlandığı kişileri görmelidir. İnsanca olanı sahnede görmek ve onunla uzlaşmak seyirciyi, insanlığın –az da olsa– var olduğuna inandırır. Bu ona sevinç gözyaşları döktürür.[14]

Beaumarchais de seyircinin erdemlinin çektiği acı karşısında duygulanmasını, insanın temelde iyi olması ile açıklıyor, tiyatronun duygulandırma yolu ile erdemi sevdirdiğini söylüyor. Yazara göre, haksız yere acı çeken bahtsız kişiyi düşünmek, yüreğimizi duygulandırır. Bu duygulanma bizde, hem kendimizi düzeltme isteği uyandırır, hem de haksızlığa, kötülüğe uğrayan oyun kişisinin masumluğu, erdemliliği için gözyaşı döktürür.

Seyirci iyiliksever olduğundan tiyatrodan duygulanmış, doymuş olarak çıkar. Ağlamaktan korkan, duygulanmak istemeyen adam; yüreğinde kötülük olan adamdır. Beaumarchais, böylesi kişilerle ilişkisi olmadığını, onlara seslenmediğini, oyundan sonra şakalar yapanları; perde indikten sonra yüreklerinde bir şey kalmayanları değil, yararlı ve hoş duygular duyanları dikkate aldığını belirtir.[15]

Tiyatronun işlevini belirlerken erdemli kişinin acı çekmesi ve seyircide ona karşı bir acıma duygusu uyandırılması düşüncesi David Hume tarafından eleştirilmiştir. Fakat Hume'un eleştirisi tragedyanın ahlaksal işlevi açısından değildir. Hume, erdemlinin acı çekmesini, baskı altında ezilmesini, seyircide bırakacağı duygusal etki bakımından sakıncalı görmüştür. Hume'a göre, seyircide tam bir doyum sağlanması için, ya erdem duygusu soylu ve yürekli bir umutsuzluğa dönüşmeli, ya da kötülük cezasını bulmalıdır. Ancak o zaman duygusal etkinin başarılı olduğundan söz edilebilir.

Sebastian Mercier, duyguların insanları sevgiyle sevecenlikle birbirlerine yaklaştırdığını belirterek tiyatronun işlevini, insanın insana tanıtılması olarak tanımlamıştır. Yazara göre, tiyatro bize öteki insanlarla ilgilenmeyi öğretir, düşüncemizi hızlandırır, aklımızı ve duygularımızı geliştirir, zayıf yanlarımızı düzeltmeyi, utanmayı öğretir. Sahnede yansıtılanlar aracılığı ile kendi bayağılıklarımızı tanır, onları düzeltiriz. Mercier de, öteki duygusal dram kuramcıları gibi, yüreğin sevgi ile ısınmasını bencillikten kurtulmak ve erdemli olmak için yararlı bulur. Gözyaşlarının ruhun buzlarını eriterek bizi yumuşattığını, duygulanmanın hem hoşa gittiğini, hem de ahlak bakımından yarar sağladığını belirtir.

Duygulanmanın yapıcı etkisi üzerinde duran ve duygu-akıl, duygu-beğeni ilişkisine yeni bir yorumla yaklaşan, Lessing olmuştur. Lessing, klasik tiyatro anlayışını benimsemiş olmakla beraber Fransız klasikçiliğini eleştirmiş, Alman tiyatrosunun Fransız klasik tiyatrosunun izinden gitmesine karşı çıkmıştır. Bu karşı çıkışta duygu ve heyecanlara önem vermesi rol oynar. Lessing, seyircide uyandırdığı güçlü duygular bakımından Shakespeare oyunlarının, Fransız klasik oyunlarından üstün olduğunu belirtmiştir.

Lessing, Mendelson ve Nicolai ile mektuplaşmasında tragedyanın işlevi üzerinde dururken ahlaksal eğitim konusuna yeni bir yorumla yaklaşmıştır. Lessing'e göre, önemli olan, tek tek ahlaklı davranışların sahnede gösterilmesi değildir. Sanat, geçici iyi duygular yaratmakla yetinmemeli, bu duyguları kalıcı iyiliğe dönüştürebilmelidir. Bu, insanda ahlaklı davranmaya yol açan bir duygu yatkınlığı yaratmakla sağlanır. Bunu yaratacak olan da "acıma" duygusudur. Ahlak açısından akla uygun olan, acıma ile kişiliğimize siner ve davranışlarımızın ahlaklı olmasını sağlar. Bu yaklaşım, kafa ile yürek, akıl ile duygu arasında bir bağıntı kurmuştur. Düşünce ahlaklı olanı saptar. Duygular ahlaklı olanı kendiliğinden tanır. Sanatın işlevi böyle anlaşıldığında, tiyatro, ahlaklı kişilerin yetiştirilmesinde önemli bir görev üstlenmektedir.[16]

Tiyatro, yanılsama (*illüzyon*) yolu ile sahne ve seyirci arasında bir özdeşlik, bir duygu eşliği yaratmakta, bu duygudaşlık içinde oyunda acı çeken kişiye duyulan acıma, insanın özündeki ahlaklılığı ortaya çıkarmakta; bu, iyiliğin gündelik yaşamında da sürmesini sağlamaktadır. Sahnedeki kişinin bahtsızlığı bizi gerçekten duygulandırmışsa, acıma duygusu yürekleri sarmış, içimizdeki iyilik uyandırılmış demektir. Böylece sahne, seyirciyi insancıllaştırmış olur. Bu insancıllık, seyircinin dışarıdaki yaşamında da sürüp onun bir insan dostu olmasını sağlar.

Lessing, "Hamburg Dramaturgisi" adlı kuramsal yazılar ve eleştiriler destesinde acıma kavramını yeniden tanımlamıştır. Bu tanıma göre acıma, başkasına karşı duyulan özgeci bir hayıflanma değil, onun acısına katılma, aynı acıyı çekmedir. Lessing bunu şöyle bir benzetmeyle açıklamıştır: İki teli aynı oranda gerdiğimiz zaman tellerden birine dokunduğumuzda öteki tel de birlikte tınlayacaktır. Tiyatro seyircisi de tıpkı bu tellerde görüldüğü gibi trajik olayların etkisini oyun kahramanı ile birlikte duyar, onunla birlikte tınlar. Birlikte tınlamaya hazır olmayan, ahlak özü saklı kalmış olan seyirci ise, kendini sık sık oyunun tınlayışına bırakacak olursa, zamanla kendi doğasında yatan tınlama yetisini gün ışığına çıkaracaktır. Bu durumda tiyatronun ahlaksal görevi, seyirciye ders vermek, doğruyu göstermek değil, onun doğal ahlaklılığını uyarmaktır.[17]

Lessing, komedyanın işlevinin de kötülükleri düzeltmek değil, sağlıklıları sağlıklı olduklarına inandırmak olduğunu ileri sürer. Lessing'e göre, Molière'in *Cimri*'si hiçbir cimriyi cimrilikten vazgeçirmemiştir. Tiyatronun yararı koruyuculuğundadır; doğruları eğitmesinde, onlara kötüyü tanıtmasındadır.

Schiller, aynı görüşü paylaşır. Sahneyi yasaların, dinin, felsefenin yardımcısı olarak tanımlarken; yasaların, dinin yetmediği yerde sahnenin suçları sergilediğini, erdemi ve kötülüğü, acıları ve sevinçleri göstererek doğruyu güçlendirdiğini, kötüden nefret ettirdiğini söyler. Schiller, sahnede edinilen tecrübenin seyirciye kaderin darbelerine karşı dayanma gücü verdiğini, örnekleme yolu ile insana, yüreklilik ve dayanıklılık sağladığını, bahtsızlara karşı daha anlayışlı olmayı, onları gelişigüzel suçlamamayı öğrettiğini belirtir.[18]

Burada Jean Jacques Rousseau'yu anmak gerekiyor. Jean Jacques Rousseau "Politika ve Sanatlar" (1758) adlı yazısında tiyatronun ahlak eğitimi yaptığı inancına karşı çıkmıştır. Yazar, halkın ahlakına etki edecek üç araç sayar. Bunlar yasa, düşünce ve zevktir. Yasalar tiyatro ile uzlaşmaz çünkü en küçük bir zorlama, bu sanatı eğlence yerine işkence yapar. Düşünce de tiyatronun harcı değildir, çünkü tiyatro halka öğretmez, ondan öğrenir. Tiyatrodan alınan zevke gelince, bu sanatın tüm etkisi bizi yeniden tiyatroya getirecek ölçüdedir, fazlasını veremez. Rousseau, tiyatronun bize erdemi sevdirdiği, kötülükten nefret ettirdiği düşüncesine de karşı çıkmıştır. İnsanların tiyatro olmadan da erdemi sevdiklerini belirten yazar, doğanın ve aklın, zaten yaptığı şeyin, bir tiyatro mucizesi olarak gösterilmesine şaştığını belirtir. Rousseau'ya göre, seyircisi olduğumuz bu kavgada iyinin yanını tutmamız bunun çıkarımıza dokunmadığındandır. İnsan, erdemli olanı, başkaları erdemli olsun, ben de ondan yararlanayım diye sever. Öte yandan kendine pahalıya mal olacağını sezdiği erdemi ise kimse sevmez. İnsanların tiyatroya gitmesinin nedeni, halka erdem dersi verilirken kendini bundan ayrı tutabilmesi, herkes görevi için özveride bulunurken kendi bir şey yapmak zorunda kalmamasıdır.

Rousseau, korku ve acıma ile arınma düşüncesine de karşı çıkmıştır. Yazara göre, acıma duygusu sahnede onu yaratan illüzyon kadar kısa ömürlüdür. Tutkularımız bu duyguyu çabucak boğar. Birkaç damla gözyaşı ile beslenen, en küçük bir insanca davranış bile üretmemiş olan kısır bir duygudur acımak. Sahnede iyi bir davranışın hoşumuza gitmesi ise, özbeğenimizi beslemesinden, kendimizden hoşnut olmamızı sağlamasından, kendi erdemimize alkış tutturmasından ileri gelir. Yoksa oyun kahramanının erdemli davranışını kimse üstlenmeye kalkmaz. Tragedyaların en yararlı etkisi, olsa olsa insanın tüm görevlerini geçici ve kısır heyecanlara indirgemesidir. Bu oyunlarda başkalarının cesaretini överek kendi cesaretimizi, iyileştirebileceğimiz kötülüklere acımakla yetinerek insanlığımızı, yoksula "Tanrı yardımcı olsun" diyerek hayırseverliğimizi övmüş oluruz. Rousseau, sahnede gülünçleştirmenin de pek yararlı olmadığı kanısındadır. Kişi, gülünç düşmekten korkar ama kötü olmaktan korkmaz. Alay, kötünün sevdiği bir silahtır, çünkü yüreğin erdeme duyduğu saygıyı kökünden sarsar, erdem sevgisini söndürür. Oyunlarda kötünün cezalandırılmasının, iyinin ödüllendirilmesinin de yararı yoktur; çünkü hayatta böyle olağanüstü durumlara rastlanmaz.[19]

DUYGULANMA, ACI ÇEKME SEYİRCİYE ZEVK VERİR

Tiyatroda seyircinin acı veren olayları, yıkımları seyretmekten neden hoşlandığı bir araştırma ve tartışma konusu olmuştur. Sentimentalistlerin en önemli yanı, estetik heyecanlarımızın bilimsel çözümlenmesini yapmaya çalışmış olmalarıdır. Bu eğilim, Aydınlanma Çağı'nın genel düşün ortamı ile açıklanabilir. Akıl yürütme ile varılan sonuçların deneyle kanıtlanmasını isteyen düşünürler vardır. Her alanda olayların nedenlerine inilmektedir. Öte yandan Rapin'in 1674 yılında, Longinus'un "Yücelik üzerine" adlı yazısını çevirmesi, ilgiyi sanatın verdiği zevk üzerine çekmiştir. Shaftesbury, Hutcheson gibi Aydınlanma Çağı düşünürleri bu konuya eğilmişler, zevkin fizyolojik etkileri üzerinde durmuşlardır. Edmund Burke, Joseph Addison, Fontenelle, Du Bos, David Hume gibi kuramcılar da acıma ve zevk ilintisi üzerinde durmuş, tragedyadan alınan zevki irdelemeye çalışmışlardır.

Bernard Le Bovier de Fontenelle (1657-1757) zevk ile acının birbirine yakınlığı üzerinde durmuş, fazla zevkin acıya, fazla acının da zevke dönüştüğüne dikkat çekmiştir. Düşünüre göre, duyguların bu karmaşıklığı, hoşa giden üzüntü, zevke dönüşen gözyaşı gibi, çelişik duygular doğurmaktadır.[20]

Francis Hutcheson (1694-1746), sentimentalizmin önde gelen kuramcısıdır. Güzellik ile erdem arasında koşutluk görmüştür. Hutcheson, sanatın ahlaksal işlevi ve ahlaksal anlamı üzerinde dururken, insanda sevgi, şefkat, minnet gibi duyguların doğuştan varolduğunu, insanların nerede ve ne zaman olursa olsun başkalarının mutluluğundan hoşlandıklarını, sevgi ve insanlıkla yapılan davranışları anlatan yazıları övdüklerini söylemiştir. Hutcheson, insanın bir ahlak duygusu olduğunu, iyiliğini sevdiğini ve onayladığını, buna karşın kötü niyetle yapılmış, zararlı ve nankörce davranışlardan nefret ettiğini, böyle davranan kişilerden uzak durmaya çalıştığını belirtir. Hutcheson'a göre, tragedyanın hoşa gitmesi, oyun kişisinin ahlaklı davranışının güzelliğinden ileri gelir. Tragedyadaki acı çekmenin ahlaksal niteliği, acımaya layık olanı görüp kendimizi acılara açmamız, bu oyunları bize sevdirir.[21]

Duygusal dram yazarları ve eleştirmenleri, ahlaklılık eğilimi ile estetik zevk arasında ilinti olduğu görüşünde birleşirler. Seyircinin sahnede erdemli kişiler ve doğru davranışlar görmekten hoşlandığını belirtirler. Sir Richard Steele, insan sevgisinin mutluluk verici bir duygu olduğunu, seyircinin sahnedeki kişilere karşı sempati duyduğunu ve bu yüzden onların mutluluğu ile mutlu olduğunu belirtmiştir. Yazara göre, seyircinin, mutluluğa layık olanın ödüllenmesini görmekten hoşlanması bu yüzdendir, bu yüzden oyunların mutlu sonla bitmesini ister.[22] Joseph Addison ise sonu kötü biten tragedyanın da seyircinin hoşuna gittiğini, sahnede sergilenen acıların, korkuların insanı düşüncelere saldığını, bunun zevk verdiğini ve kalıcı bir etki bıraktığını belirtmiştir[23]. Denis Diderot, Beaumarchais, Sebastian Mercier, seyircinin sahnedeki acılardan hoşlanmasını temelde iyi yürekli oluşu ile açıklar. Bu yazarlara göre seyirci erdemli kişinin acı çekmesi karşısında duygulanır. Onun için gözyaşı döker. Döktüğü gözyaşları kendi iyiliğinin kanıtıdır. Seyirci, iyiliğini görmekten hoşlandığı gibi kendi iyiliğinin kanıtlandığını görmekten de hoşlanır. İyilik zevk vericidir.

Jean Baptiste Du Bos da, insanların tiyatroda gülmekten çok ağlamaktan zevk aldıklarını belirtmiştir. Öteki sentimentalistlerin acıma ve ağlamayı iyi ahlakın belirtisi saymalarına karşın, Du Bos, bize benzeyen insanları tehlike içinde, ya da yıkıma uğramış görünce doğal olarak heyecanlandığımızı, bu heyecanın bizi etkilediğini, oyaladığını söyler. İnsanların dinginlikten çok, heyecandan hoşlandığını belirtir. Yazara göre, heyecan o kadar hoş ve çekici bir duygudur ki, ona eşlik eden acıma duygusuna karşın heyecanı ararız. Aklın denetleyemediği bu çekicilik yüzünden insanlar, yürekler paralayıcı konular peşinde koşarlar. Öte yandan oyun kişisinin yaşadığı tehlikenin seyirciyi tehdit etmemesi rahatlatıcıdır. Bu rahatlık, heyecanı daha da zevkli yapar. Akrobatların tehlikeli numaralarını seyrederken olduğu gibi, seyirci kendini tehlikeden uzak görür: Onun için bu heyecan yapay bir heyecandır ve iz bırakmadan kaybolur gider.

Edmund Burke (1729-1797), Shaftesbury ve Hutcheson'un duygusallık ilkesini benimsemiştir. O da tragedyadan hoşlanmamızın nedenini içimizdeki ahlaksal temelde bulur. Burke'e göre, tanrı vergisi olan bu ahlaklılığı kendi içinde tanımak insana zevk verir, onu doğru davranışa yöneltir. Bu, içten gelen bir duygudur. Kişi "duygu eşliği" yolu ile kendini başkasının yerine koymaktadır. Seyirci başkalarının acılarına seyirci kalamaz, onlara ilgisiz duramaz. Şiir, resim ve öteki sanatlar, bu gerçekten hareket eder. Sanatçı, eseri ile okuyucusu veya seyircisi arasında bir duygu bağı yaratır. Sanat yolu ile heyecanlar bir yürekten, ötekine geçer. Gerçekte başımıza gelse, bizi şaşkına çevirecek olan trajik olaylar, seyredilince özel bir zevk verir.

Edmund Burke, bu duygu paylaşmasının, neden zevk verdiği, trajik olanın neden hoşa gittiği sorusu üzerinde durmuştur. Burke, kendisinden önce bu soruya verilen yanıtları yetersiz bulmuştur. Daha önce ileri sürüldüğü gibi sahnede yansıtılan acıların salt öykü, salt uydurma olmalarından dolayı zevk vermesi, bize dokunmadığı için hoşumuza gitmesi düşüncesi Burke'e aykırı gelir. Burke'e göre, başkalarının acıları karşısında duyduğumuz zevk bunların masal olmasından ileri gelmez. Taklıt edılen acı ne kadar gerçek olursa o kadar hoşa gider, o kadar etkili olur. Acı çekenin erdemli olması, bu yüzden zevk vermesi de inandırıcı değildir. Burke, korku ve dehşet duygusunun, bizi çok yakından sıkıştırmadıkça her zaman zevk verdiğini belirtmiştir. İster masal olsun, ister gerçek, acıma uyandıran her şeyden zevk alırız. Korku ve dehşet uyandıran olaylar da, masal olsun olmasın hoşumuza gider. Acımada her zaman zevk vardır, çünkü acıma aşktan ve toplumsal sevgiden doğar. Duyduğumuz acı bizi acı çekenin acılarını rahatlatmaya doğru iter. Acıdan zevk almak, acı çekenden uzak olduğumuzu bilmekten değil, tam tersine, acı çekene yakınlık duymaktan, kendi yerimize ona acımamızdan ileri gelir. Bu yüzden sahnede yıkım sahnelerini seyretmekten çok hoşlanırız. Bunları seyretmekten kendimizi alamayız.[24]

David Hume (1711-1776), Addison, Du Bos, Burke gibi, acımanın neden zevk verdiği konusu üzerinde durmuştur. Örneklerden yola çıkan düşünür, sanatta kederin, korkunun, endişenin hoşa gitmesini, bunların anlatımındaki sanatlılıkla açıklar. Güzel anlatımın zevki pekiştirdiği, acı verici olanın bile sanatlı ifade ile hoşa gittiğini söyler. Hume, taklidin zaten hoşa gittiğini, tragedyanın bir taklit sanatı olarak iki katlı zevk verdiğini belirtir. Tragedya sanatının etkisini artıran başka özellikler de vardır. Oyundaki olayların, araya giren zorluklar yüzünden gecikmesi, heyecanı, acıyı ve zevki artıran öğelerdir. Tıpkı annelerin hastalıklı büyüyen çocuklarını daha çok sevmeleri, tıpkı ayrılığın aşkı pekiştirmesi gibi, bu yan etmenler de düş gücümüzü besleyerek heyecanı ve zevki artırır.[25]

Onsekizinci yüzyıl tiyatro düşüncesinde duygulandırmanın sağladığı hoşlanma duygusu vurgulanmış, hoşlanmanın ruhsal açıklaması yapılmış olmakla beraber estetik zevkin tek ölçüsü duygu değildir. Kuramcılar, sanatın verdiği zevkin temelinde akla uygunluk da görürler. Tragedyanın verdiği zevk, heyecan uyandırmasından ileri geldiği kadar, akılcı ölçüler içinde yazılmış olmasından, yalınlık ve açıklık gözetilmesinden, kendi amacına uygun olarak düzenlenmesinden ileri gelir.

Özetlersek, onsekizinci yüzyıl tiyatro düşüncesi klasik tiyatro anlayışına yeni bir boyut getirmiştir. Bu boyut, duygulandırmanın öneminin kabul edilmesidir. Akılcı yaklaşımla çelişmeyen, hatta akılcı tiyatro görüşünü destekleyen duygulu sanat anlayışı Aristoteles'in korku ve acıma uyandırarak arındırma kavramının yeniden yorumlanmasını sağlamıştır. Acımanın ahlaksal etkisi üzerinde durulur. Yüreğinde acıma duygusu uyandırılan seyircinin, özündeki iyilik eğiliminin su yüzüne çıkacağı, kişinin bu iyiliğini tanımaktan zevk duyacağı belirtilir. Sanatın duygusal etkisi üzerinde çok yanlı düşüncelerin üretildiği bu dönemde duygusal dram ve gözüyaşlı komedya gibi yeni türler gelişir. Tiyatroda günlük konuların, sıradan kişilerin ele alınması, konuşma dilinin kullanılması sağlanır. Tiyatro sanatının bu yönde gelişmesi, tiyatro düşüncesinde klasik kısıtlamalarının aşılması demektir. Bu gelişim ondokuzuncu yüzyıldaki romantik tepkinin ön hazırlığını oluşturmuştur.

7
Romantik Akım

Romantik akım, onsekizinci yüzyılın sonlarında ortaya çıkmış, ondokuzuncu yüzyılın ilk yarısında tiyatro sanatında parlak dönemini yaşamış, aynı yüzyılın ortalarında gücünü yitirmiştir. Fransız devrimini hazırlayan görüşlerde romantik düşüncenin tohumları ekilmiştir. Alman idealist felsefesi ise bu akımın kuramsal temelini oluşturmuştur. Tiyatronun güncel sorunlarını kapsayacak biçimde geliştirilmiş olan romantik tiyatro düşüncesi, klasik akımın biçim kurallarına, eğiticilik anlayışına, akıl ve mantık ölçülerine karşı çıkmış, tiyatronun yansıtması öngörülen gerçeğin, yeni bir tanımını yapmış, tiyatro sanatını yeni bir biçim, yeni bir işlev anlayışı içinde değerlendirmiştir. Romantik tiyatronun amacı, tanrısal gerçeğe ve insanın doğal özüne ışık tutmak; görevi, insan kişiliğini bu gerçek doğrultusunda yoğurmak, yetkinleştirmektir. Bunu başarmak için yazarın, gerçeği uzak açıdan görmesi, yaşamın çelişkisini tanıması, sonra da onu özüne en uygun bir biçim içinde ifade etmesi gerekir. Biçimlemede, klasikçilerin birlik ilkesine karşın bütünlük ilkesi benimsenmiştir. Son uyum, bu bütün içinde, karşıtların dengelenmesi ile sağlanır. Dengeli ve uyumlu karşıtlık, tiyatroda farklı biçemlerin, farklı türlerin yan yana kullanılabilmesine, iyi ile kötünün, güzel ile çirkinin bir araya getirilebilmesine olanak sağlamış, yüce olana karşı "grotesk" olan bir sanatsal değer olarak benimsenmiştir. Seyircinin duygusal olarak etkilenmesi, mantık yoluyla inandırılmasına yeğ tutulduğundan, oyuna inandırıcılık sağlamak için ilüzyon (yanılsama) yaratılması önem kazanmıştır. Yanılsama, yaratıcı düşlemeye katılma olarak değerlendirilmiştir.

Onsekizinci yüzyılda tiyatroda klasik akım egemen olmakla beraber, seyirci çoğunluğunun dram türünü yeğlediğini, tiyatro düşünürlerinin bir bölümünün bu eğilimi desteklediğini görmüştük. Klasik tiyatro kuramcılarının ve eleştirmenlerinin direnmelerine karşın, tiyatro bu yeni eğilim doğrultusunda gelişmiştir. Almanya'da, "*Sturm und Drang*" atılımı da, klasik ölçüleri tümü ile yadsıyan ve romantik akımın gelişmesine elverişli bir sanat ortamı yaratan itici gücü oluşturmuştur. Bununla beraber Fransa'da Napolyon dönemi, klasikçiliğe dönüş dönemidir. Napolyon klasik ölçülere uymayan tiyatroya baskı yapmıştır. Ancak siyasal hayatta, toplum yaşamında ve düşüncede gerçekleşen gelişimin, sanatı etkilemesi engellenememiş, romantik akım önce Almanya'da, sonra Fransa'da ve İngiltere'de, daha sonra Doğu Avrupa ülkelerinde güç kazanmıştır.

Romantik tiyatro düşüncesi, öncelikle Fransız devrimini hazırlamış olan ve İnsan Hakları Bildirisi'nde yer alan özgürlük, eşitlik, adalet gibi ilkelerle, yurt sevgisi, ulus sevgisi, dinsel inançlara bağlılık gibi değerlerle beslenmiştir. Aydınlanma Çağı'nın, insanın ve toplumların gelişeceğine olan inancı gerçekleşmektedir. Burjuva bilinçlenmiş ve güçlenmiştir. Devrimin kanlı oluşu, uygulamada bir şaşkınlık yaratmışsa da devrim düşüncesine olan bağlılığı sarsmamıştır. Bu gelişim tiyatro sanatında da ortak ülkülerin benimsenmesini sağlamış, insancıl değerlere bağlılık, bireyin ve birey vicdanının yüceltilmesi, klasik otorite saygısını yıpratmıştır. Romantik tiyatro düşüncesi umutlu ve ileriye yöneliktir.

Öte yandan bilim ve teknolojideki bulgular ve bu bulguların yaşama uygulanması, yaşamın her alanında daha iyi, daha kolay koşulların elde edilmesine çalışılması, sanat düşüncesini de etkilemekte, iyimser bir sanat anlayışının yerleşmesine olanak sağlamaktadır.

İngiliz kolonilerinde tutsaklık kaldırılmış, cezalar hafifletilmiş, insan yaşamı değer kazanmaya başlamıştır. Bu gelişimin iyimserliği içinde romantik sanat düşüncesi, eski hoşgörüsüz kuşaklara karşı çıkarak, kurulu düzenin kurallarını kırmak, yeni iyilerin egemen olmasını sağlamak için bir atılım niteliği taşır. Tiyatro sanatı, bu bilinç içinde hareketli olayları, kişisel kahramanlıkları ele almakta, coşkulu anlatımı ile ülkülerini seyirciye duygu yoluyla kabul ettirmeye çalışmaktadır.

Napolyon'un güçlenmesi ve ülkeler arası savaş, ulusçuluk eğilimini güçlendirmiştir. Siyasal alanda bağımsızlıklarını yitirmekten korkan uluslar, sanatta da ulusal olanın vurgulanmasını isterler. Romantik düşünce ulusçuluk ilkesini benimser. Klasik akımın Antik Yunan hayranlığına tepki gösterilir. Tiyatroda Yunan mitolojisinden alınan konular, yerini yerli efsanelerden alınan konulara bırakır. Hellen hayranlığının yerini ise ortaçağa duyulan ilgi almıştır. Romantizmin esin kaynağı ortaçağdır. Antik Yunan kültürünün ve sanatının pagan karakterine karşın Hıristiyan değerleri yüceltilir. Fransız devrimi ile ortaya çıkan başkaldırı düşüncesi ve kendine güven duygusu, ulusal amaçlara yönlendirilmiş, eylemi ateşleyecek yeni değerler için dinsel kaynaklara başvurulmuştur.

Çağın felsefi düşüncesi de romantik akımın oluşmasında etkili olmuştur. Romantizmin klasik kurallara meydan okuyuşunda, Jean Jacques Rousseau'nun payı vardır. Rousseau, kurulu düzenin yönetimine, akla ve sağduyuya öncelik tanıyan yaşam anlayışına karşın duygusal olanı yüceltmiştir. Kan soyluluğunun karşısına, kişisel erdem anlayışıyla çıkmış, yetkeye karşı bağımsız vicdanı savunmuştur. Rousseau, kendi iç gücünün bilincine varan, bu gücü toplum için kullanan mutlu insan ülküsüne bağlanmıştır. Romantik tiyatro düşüncesi de, bireysel değerlerin yerleşik değer yargılarından daha üstün, birey vicdanının yasalardan daha haklı ve güçlü olduğunu kabul etmiştir.

Romantik sanat kuramı Alman idealist felsefesinin bağlamı içinde belirlenmiştir. Yeniplatoncu eğilimi sürdüren idealizm, sanata özel bir önem verir. Onu, aşkın gerçeğe yönelik insan düşüncesinin üstün bir olgusu sayar. Sanat yaratısını tanrısal yaratıyla eş tutar ve sanat yapıtının uyumunda, evrenin büyük uyumunu görür.

Tiyatro kuramcılarının felsefeye yönelmeleri, seyirci çoğunluğunu oluşturan orta sınıfın beğenisine bir tepki niteliği taşımaktadır. Bu sınıfın yeğlediği, yapay duygusallık ve amaçsız hareketle yüklü oyunların piyasaya egemen olması, kuramcı ve eleştirmenleri tiyatro yaşantısından uzaklaştırmış, estetik sorunlara yöneltmiştir. Romantik tiyatro düşüncesi, bu sanata daha kalıcı değerler kazandırma amacındadır. Temel ilkelerin belirlenmesinde felsefeye, estetik kuramlara başvurulur. Tiyatro sanatının tür, yapı, biçim sorunları, doğanın genel uyum ilkesinin kapsamı içinde ele alınır. Kuramsal değerlendirmelerde aydın beğenisi geçerlidir. Tiyatro eleştirisi, özellikle Shakespeare oyunlarını yaratıcı bir biçimde ve derinliğine inceler. Eleştiri, günün tiyatro yaşantısından uzaklaşmaktadır.

Romantizmin asal kuramı ondokuzuncu yüzyılın başında Almanya'da felsefeye bağlı ve onunla kaynaşık olarak belirlenmiş, 1816-1818 yıllarında

Fransa'yı, 1823-24 yıllarında İngiltere'yi etkilemiştir. İtalya ve İspanya romantizmden az etkilenen ülkelerdir. Romantizm, aynı yüzyıl içinde Doğu Avrupa'ya da yayılmış, ülkemizde yeni gelişen Batı örneği tiyatroya etkin olmuştur. Romantizm, yaygın bir akım olmasına karşın, her ülkede kendine özgü bir gelişim göstermiştir.

Almanya'da romantizmi geliştiren yazar ve kuramcılara, 1770 kuşağı denilmektedir. Bu kuşak Goethe ve çağdaşlarının kültürünü almıştır, devrim değerlerinin etkisi altındadır ve özgürlükçüdür. *"Sturm und Drang"* atılımının başlattığı, Goethe ve Schiller'in yetkinleştirdiği Alman dramına eğilir. Çağın idealist felsefecilerinin görüşlerine bağlıdır. Sanatı, Tanrısal gerçeğe ulaştıran üstün bir olgu sayar. Napolyon saldırısından sonra ulusçuluğa yönelmiştir. Burjuvanın güçlenmesine koşut olarak da bireycidir.

Almanya'da 1798-1800 yıllarında yayımlanan *Das Atheneum* dergisinde Schlegel kardeşler klasik akıma karşı modern tiyatro tartışmasını başlatmışlardır. Bu tartışmalarda *"Sturm und Drang"* ile başlayıp, Goethe ve Schiller'le gelişen dram kuramı geliştirilmiştir. Alman romantizminin kuramı 1798-1805 yılları arasında belirlenmiştir. 1799-1800'lerde Jena'da toplanan Friedrich Schlegel, August Wilhelm Schlegel, Schleiermacher, Tieck, Novalis, Wackenroder, Schelling gibi yazar ve düşünürler, bu yeni akımın kuramını oluşturdular. Bu kuram, yaşamı, felsefeyi, ahlakı, dini ve şiiri birbiriyle bağıntılı olarak ele alıyordu. Tüm sanatlar birbirlerine yaklaştırılıyor, yaşamın şiirsel olması amaçlanıyordu, Schlegel'in *"Dram üzerine konuşmalar"*ı, önceki görüşlere aydınlık getirdi. Fakat çok geçmeden Jena grubu dağıldı. İkinci romantikler döneminde, daha önce Novalis tarafından kullanılmış olan "romantizm" sözcüğü yeni akımın adı olarak belirlendi. Romantizm bir akım olarak bu ikinci romantikler grubu tarafından geliştirildi.

Almanya'nın 1805-1815'de Fransızlar tarafından işgali, sanat düşüncesini etkilemiştir. 1806'da aydınlar, Fransız kökenli değerlere karşı çıkmışlar, salt Alman kökenli değerlere yönelmişlerdir. Ulusçuluk akımı güçlenmiştir. Ortaçağ ve Hıristiyanlık değerleri, Antik Yunan değerlerinin yerini almıştır. Bu, kültürde ve sanatta Fransız egemenliğine ve Antik hayranlığına karşı çıkış demekti ve esinini siyasal olaylardan, ulusal bağımsızlık ve özgürlük düşüncesinden alıyordu.

Romantik akım düşünürleri, Hıristiyanlık dünyasının kendi sanatını yaratması gerektiğini ileri sürdüler. Eski uyum bozulacak, yerine yeni ve çağdaş bir uyum kurulacaktı. Romantizm bu arayış döneminin çabasını vermek zorundaydı. Alman kuramcıları, romantizmin tarihsel işlevini gerçekleştirme inancı içinde, modern sanatın estetik ölçülerini saptamaya çalıştılar.

Romantizm, daha sonra Fransa'yı etkiledi. Fransa'da klasik akım uzun sürmüştü. Napolyon klasik biçim kurallarını ve beğenisini desteklemiş, yeni gelişmeleri engellemişti. Fransa'da yeniye geçiş, ancak Napolyon'un düşüşünden sonra gerçekleşebildi. 1813 yılında Madame de Staël, Friedrich Schlegel'in "*Dram üzerine konuşmalar*"ını Fransızca'ya çevirerek yayımladı.

Bu girişim, Alman romantizm kuramının Fransa'da tanınmasını sağladı. Romantizmin Fransa'da bilinçli bir akım olması ancak 1824 sıralarında gerçekleşti. 1827'de Victor Hugo, *Cromwell* adlı oyununa yazdığı önsözde bu akımın bildirisini yayımladı. 1830 yılında aynı yazarın *Hernani* adlı oyununun kopardığı fırtına, Fransa'da romantizmin zaferi oldu. Artık tiyatro yeni bir doğrultuda gelişiyor, Shakespeare oyunları Fransız seyircisini büyülüyordu. Oysa daha 1822'lerde İngiliz tiyatro oyuncuları, bir seyirci topluluğu tarafından tiyatrodan kovalanmıştı. Romantizm, Fransa'da ağır ve zor bir gelişim izledi. 1840'larda bu yeni akımın heyecanı söner gibi oldu. Victor Hugo'nun 1840'da sergilenen *Les Burgaves* adlı oyununun başarısızlığı, bu ülkede romantizmin sona erdiğini gösterir.

Fransa'da romantizm, kuramsal yönünden çok uygulamadaki başarısı ile dikkati çeker. Fransız kuramı ve eleştirisi de, tiyatronun pratik sorunlarına yönelmiştir. Bununla beraber, Alman ve İngiliz kuramcılarının tartıştıkları görüşler, bu ülkede sanat tartışmalarının da gündemindedir. Klasik-romantik karşıtlığı, Hıristiyan-Pagan ayrımı, akıl-duygu ikilemi, başkaldırı, ulusal bilinç, sezgisel ve düşsel olanın önemi gibi konular Fransız düşünürleri tarafından da ele alınmıştır.

Romantizm İngiltere'yi 1823-24 yıllarında etkiledi. İngiliz romantik düşünürleri Alman romantizmini izlediler. Fakat romantizm, İngiltere'de bilinçli bir akım oluşturmadı. İngiliz romantik şiirinin temsilcisi sayılan Byron, Coleridge, Hazlitt gibi yazarlar kendilerini romantik saymamışlardır. Klasik-romantik tartışması Avrupa'ya özgü bir eğilim olarak kalmıştır. Bununla beraber sanat düşünürlerinin, romantizmin ilke ve kurallarından bir bölümünü benimsedikleri görülür. William Wordsworth'un 1800'de basılan *Lyrical-Ballads* önsözü, İngiltere'de romantik eğilimin başlangıcı sayılır. Bu eğilimin temsilcileri, o dönemin kadın hükümdarının adına bağlı olarak "*Victorian*" şairler olarak anılır.

Romantizm İngiltere'de şiir türünde etkin olmuştur. Tiyatro sanatında ise uygulamadan çok düşünceyi etkilemiştir. Madame de Stael'in Alman romantizmini tanıtan "*De Allemagne*" adlı eseri 1813 yılında İngilizceye çevrilmiştir. Bu eser klasik-romantik ayrımını İngiltere'ye tanıtmıştır. Daha sonra F. Schlegel'in "*Dram Üzerine Konuşmalar*"ı da İngilizceye çevrilmiştir (1815). Romantik sözcüğünü İngiltere'de ilk kez Carlyle kullanmıştır. Şair Shelley, sanatta Yeniplaton'cu görüşü, sanatın yüce işlevini, sezginin ve esinin yaratıcılıktaki önemini kabul etmiştir. Byron, tarihsel bakış açısını benimsemiş, şiirde heyecansallığı değerlendirmiştir. Romantizm İngiltere'de daha çok duyusal, coşkusal ve düşsel yanı ile tutulmuş ve o açılardan değerlendirilmiştir. Doğanın canlı ve gizemli bir dil olduğu görüşü egemendir. Bu doğaya dönüş demektir. Yaratıcı düş gücü, gerçeği doğanın gizinde bulmaktadır. Sanat, evrenin, gücü ve güzelliği ile ve iyi biçimler içinde yeniden yapılması olayı olarak yorumlanır. Şiirde doğa, düş, imge, simge, mit öğelerine ağırlık verilir. İngiltere'de de Romantizm, idealist felsefeye temellendirilmiştir.

Romantizm, İtalya ve İspanya'da fazla etkin olamamıştır. Bununla beraber İtalyan eleştiricilerinden bir bölümünün klasik kurallara karşı çıktıkları, yeni edebiyatın yurtseverlik ve dindarlık gibi değerleri taşıması üzerinde durdukları görülür. Romantizm, İtalya'da çağdaş Avrupa'nın yeni edebiyatı olarak benimsenmiş, en önemlisi bu edebiyatın İtalyan Birliği'nin kurulmasında işlevsel olması öngörülmüştür. İtalyan romantizmi sanatı, düşsel yanı ile değerlendirmemiş, kendi siyasal ereğine uygun olarak, ahlakçı, yurtseverlik duygularını coşturucu yanıyla benimsemiştir.

Ülkemizde romantizm, Namık Kemal'in *Celaleddin Herzemşah* adlı oyununa yazdığı önsöz ile sanat düşüncesine tanıtılmıştır. Bu önsözde Namık Kemal, Victor Hugo'nun *Cromwell* önsözünde ifade ettiği görüşleri yinelemektedir. Bu yazı Türk tiyatro düşüncesinin oluşmasında ilk önemli adımdır. Namık Kemal, günün siyasal ortamının etkisi altında, coşkulu bir sanat anlayışını benimsemekte; edebiyatı, ulusallık bilincinin gelişmesinde, özgürlük savaşımında, heyecanların coşturulmasında etkin bir araç olarak değerlendirmektedir.

Romantik sözcüğü, 1670'lerde Fransa, İngiltere ve Almanya'da "ortaçağ romanslarına ve destanlarına ilişkin olan" anlamında kullanılmaya başlanmıştır. Bu dönemde Ariosto, Tasso, Spencer gibi yazarlar, romantik olarak nitelendirilmişlerdir. Bu anlamda romantik sözcüğü, göz alıcı, coşkusal, şaşaalı, saçma anlamlarını taşımaktadır. 1766'da aynı sanat üslubuna *gotik* de denilmekteydi. Shakespeare, Calderon, Cervantes, bu anlamda romantik sayılmışlardır.

Romantizme kaynak olan romantik sözcüğü ise, *roman* sözcüğünün etimolojisinden yola çıkılarak saptanmıştır ve *modern* anlamına gelir. Schlegel, "roman" ile "klasik" ayrımından söz eder. Büyük babalarımızın beğenisine uygun olan, klasiktır, "roman" ise, çağdaş alışkanlıklarımız ve inançlarımızın çerçevesi içinde en çok hoşumuza giden sanattır. Modern anlamına gelen "romantik" sözü Almanya'da 1810, İngiltere'de 1811, İtalya'da 1816 tarihlerinde kullanılmaya başlanmıştır. Klasik karşıtı olan ve modern anlamına gelen romantik sözcüğünün bir akımın adı olması Almanya'da ikinci romantik yazarlar grubunun "Romantik Okul" olarak suçlanmasından sonradır. Çağın yazarlarından Coleridge, Byron, Hazlitt, kendilerini romantik saymazlar. Stendhal, kendini romantik olarak niteleyen ilk Fransız yazarıdır.

ROMANTİK-KLASİK KARŞITLIĞI

Romantik akım, klasik üsluptan ayrılmayla başlamıştır. İlk kopmalar onsekizinci yüzyılda görülür. Başlangıç döneminde "Romantizm" adı altında bir kuram oluşturulmamış, yalnızca Klasik sanata karşı "modern" sanat savunulmuştur. Modern sanat düşüncesi, giderek gelişmiş, kuramını saptamış ve "romantik" olarak adlandırılmıştır. Romantik akım, klasik akıma bilinçli bir tepki gösterir. Kuramcılar bu tepkiyi, tarihsel gelişimin gereği saymışlar, klasiğe karşı diyalektik bir karşıtlığın oluştuğunu belirtmişlerdir. Klasik olana tepki iki ana noktada toplanmıştır: a) Fransız klasikçiliğinin biçim kurallarına, eğiticilik anlayışına, töreye, edebe uygunluk koşuluna karşı çıkılması, b) Alman klasikçiliğinin Hellen hayranlığına karşı çıkılarak her dönemin sanatının kendi tarih koşullarından doğduğunun belirtilmesi. Bu durumda Antik ve Klasik dönem ustalarının, yalnızca kendi çağları içinde değerlendirilmesi, tüm çağların sanatı için değişmez örnekler sayılmaması istenmektedir.

Klasik-Modern tartışmalarının bu iki noktada yoğunlaşması yanında, Romantik kuramcı ve sanatçılar, klasik sanat anlayışının temelindeki sanat-gerçek ilişkisi anlayışına da karşıdırlar. Klasikçilerin doğayı mantıklı bir düzen olarak görmelerine ve ona akılcı bir yöntemle yaklaşmalarına karşın, romantikler, doğanın gizemli bir özü, organik bir biçimi olduğunu ve ülküsel olana doğru durmadan evrimleştiğini kabul etmişlerdir. Romantikler, bu öze akılla değil, ancak esin yolu ile ulaşılabileceğini ileri sürmüşlerdir. Klasiklerin duyumlarla algılanan yüzey gerçeğine benzetme anlamındaki "taklit" kavramının yerine romantikler, özdeki gerçeği düş gücü ile kavrayıp mit gibi, simge gibi dolaylı anlatım yolları ile ifade etme görüşünü kabul etmişlerdir. Klasiğin dıştan yansıtmasının yerini, romantiğin içten ışıtması almıştır. İki akımda da sanat yapıtı somut dış gerçeğe benzemektedir. Ancak bu benzerlik klasik ve romantik akımlarda başka başka gerçeklere hizmet eder. Klasik düşünce, sanatın tipik ve evrensel gerçeği yansıttığını, romantik düşünce ise, asal ve tanrısal gerçeği dile getirdiğini kabul eder. Klasik sanat, yaşama nesnel bir bakışla bakar, romantik sanat ise özneldir. Klasik sanatta gerçeğin olağan ve olası olması inandırıcılık sağlar, romantik sanat ise asal gerçeği yanılsama yolu ile benimsetir. Klasik sanat, akla ve sağduyuya yönelmekte, romantik sanat ise duygulara, heyecanlara ağırlık vermektedir. Klasik sanat ahlakçıdır, yerleşik ahlak kuralları doğrultusunda bir eğiticilik anlayışını benimsemiştir. Romantik sanat ise, güzelin asal ilkesini içeren doğruya ve iyiye yönelmiş, bu doğru ve iyiyi ışıtarak insanı uygarlaştırma görevini üstlenmiştir. Klasik sanat, toplumsal düzeni, geleneği, inançları, töreleri pekiştirmekle, insanı aklı ve sağduyusu doğrultusunda aydınlatmakla, taşkınlıkları, coşkuları giderip insanı ölçüye ve dinginliğe kavuşturmakla görevlendirilmiştir. Romantik sanat ise, coşma ve taşma yolu ile insanı tanrısal gerçeğe yönlendirmek, asal gerçeğin büyük uyumunda onu mutlu etmek ve bütünle uzlaştırmak amacındadır. Klasik sanatın sağladığı dinginlik bir arınmadır. Romantik sanatın sağladığı uyum ise dünyaya ve dünya işlerine bakarken uzak açı kazanmak demektir.

SANATIN YARATMA ÖZGÜRLÜĞÜ

Romantik akım yazarları ve kuramcıları, dehanın özgür olmasını zorunlu görürler. Yaratıcı düş gücü kurallarla kısıtlanmamalıdır. Sanat, asal ereği olan hakikati ifade edebilmek için yüzeysel bir görev anlayışı ile yükümlü olmamalıdır. Eğitme ve öğretme gibi sorumluluklar, sanatın temel amacının gerisinde kalır. Romantikler, sanatta dile gelen duyguların ancak özgürlük içinde doğru olarak anlatılabileceğini kabul etmişlerdir. Sanat bir içe doğmadır, bir coşmadır, taşmadır; akıl ve mantığın baskısı altına giremez. Sezgiler, duygular kurallarla kısıtlanamaz, sanatçı ancak özgür bırakılırsa yaratabilir.

Sanatta özgürlük düşüncesi, idealist sanat anlayışının özünde varolduğu gibi, devrimler çağının yaşam görüşünde de vardır. Rousseau, akıl ve sağduyuya karşı heyecanları, iç güdüleri savunmuş, düzene değil doğal olana önem vermiştir. Rousseau'ya göre birey, vicdanı ile en doğru olanı bulabilecektir. Yeter ki kurulu düzenin yasaları ile köstеklenmesin, özgür olsun.

Fransa'da devrimi besleyen özgürlük inancı güçlü ve yaygındır. Devrim öncesinin aydın özgürlüğü Akıl Çağı yazarları tarafından da savunulmuştur. Voltaire, Diderot cumhuriyete övgüler düzmüşlerdir. Devrim sonrasının bunalımı bu inancı sarsmamıştır. Devrim sonrasında gelişen ticaret ve sanayi, bu alanlarda özgürlük anlayışının kökleşmesini sağlamıştır.

Devrim, aydın özgürlüğü yanında burjuvanın, yönetime katılma, siyasal alanda söz sahibi olma, ekonomide liberalizm isteklerine de cevap vermiştir.

Napolyon döneminin yarattığı düş kırıklığı, bu dönemin resmi sanat anlayışı olan klasikçiliğe karşı tepki uyandırmıştır. 1770'de "*Sturm und Drang*" atılımı bu tepkiyi en keskin biçimde dile getirir. Bu toplumsal ortam ve düşün yapısı içinde gelişen romantik akım, başkaldırının coşkusunu sürdürmekte, tüm kısıtlamalara karşı, yaratma özgürlüğünü savunmaktadır.

SANATIN ÜSTÜN BİR OLGU OLMASI

Romantizm, sanatı üstün bir olgu sayan Alman idealist felsefesine temellendirilmiştir. Bu felsefe, Yeniplatoncu geleneği sürdürmektedir. Tanrısal gerçeği, fizikötesi ve saltık olarak tanımlar. Bu gerçek insanın duyumlarına ve algısına açık değildir. Bu gerçeğe ancak anlık parlamalarla erişilebilir. Öte yandan tüm evren, tüm doğa, bu saltık gerçeğin görünümüdür. Somut varlıklar, asılları olan tanrısal gerçeğe doğru yükselmek isterler. Bu evrimin hareketi, tümü kapsayan büyük bir uyum içinde olur. Evrenin uyumunda Tanrı ile dünya, insan ile doğa özdeştir. Tüm varlık Tanrı ile birleşip bütünleşmiştir ve tek nabız halinde atar. Kişinin bu büyük uyumu anlayabilmesi, sanat, din ve felsefe ile mümkündür.

Sanat, özellikle saltık olanın kendini belli ettiği üstün bir olgudur. Sanatta ifadesini bulan güzellik, tüm öteki ideaları birleştirir. Güzellik, hakikatın ve iyinin bir başka anlatımıdır. Sanatın tanrısal gerçeğe ulaştırmadaki rolü önemlidir. Çünkü sanat, Tanrı'ya doğru yönelmiş olan evrimin üst aşamalarından biridir. Şair ile filozof arasında yakınlık vardır, çünkü ikisi de evrenin yapısını, saltık olanı anlama çabası içindedir. Sanatçı, doğanın canlı, evrimsel özünü görebilen kişidir. Sanatçı, tanrı dolu yaşam gerçeğini de, kendi karanlık, gizemli iç dünyasını da görebilir. Sanatçı eserinde evrenin düzenini, tanrısal uyumu ifade eder.

Romantik şairler, idealist filozoflar gibi, şiiri üstün bir olgu sayarlar. Novalis, şiirin, evreni tümü ile kavradığını ifade etmiştir. William Blake, şiirin sonsuzluktaki birliği, tüm yaratıkların birliğini, tanrısal imgeyi ifade ettiğini söylemiştir. William Wordsworth'a göre şairde arı bir sezme gücü vardır.

İdealist felsefeye temellendirilmiş olan romantik sanat anlayışı sanatçıyı olağanüstü bir varlık sayar. Gerçeğin büyük yapısını şair kavramaktadır. Sanatçı dahidir. Şiirsel deha ile peygamberlik ruhu arasında özdeşlik bulunur. Sanatçı, peygamber gibi içe doğma yoluyla Tanrısal gize erişir. Sanatsal yaratı bir çeşit peygamberliktir. Hakikatın bilgisi sanatçıya esinle gelir. Düş ve sezgi, evrensel gerçeği algılama yoludur. Sanat, Tanrısal olana yaklaştırdığı için sanat yapma bir çeşit tapınmadır.

Sanatçı, özüne indiği gerçeği iyi biçimler içinde ifade eder. Evrenin büyük uyumunu yapıtında yeniden kurar. Sanatçı Tanrısal olanı, sanatında ışıtırken, ona en uygun biçimi de bulmuştur. Bu biçim, asal gerçeğin temeldeki uyumuna ve düzenine denktir. Sanatçı, düş gücü ile evrenin temel uyumunu görmüş ve aynı uyumu eserinde yeniden gerçekleştirmiştir. Sanatçının yaratıcı düş gücü, onun gizli büyük gerçeği kavramasını sağlayan doğaüstü yanıdır. Sanatçı, yaratıcı düş gücü ile evrenin özünü kavrayıp uyumunu yeniden kurarken, gerçek ve ideal dünya ayrımını ortadan kaldırır. Somut, sonlu ve parçalı olanı kullanarak, soyut, sonsuz ve bütüncül olanı ifade eder. Soyut olanın insanın duyumlarına yönelecek biçimde ifade edilebilmesi demek, mistik ışığın somut olanda gösterilebilmesi demektir. Sanatçı böylece doğanın yaratıcı ruhu ile yarışmış, olasılığı gerçeğe, gizil gücü etkin güce çevirmiş olur. Şairin yaratısı içinde, düş dünyası ile gerçeklerin dünyası iç içedir. Günlük gerçek şiirleştirilmiştir. Sanatın üstün şiiri, onu paylaşanları yüceltir, kişi mistik bir ışık içinde erir. Felsefe nasıl yaşama bir kural, bir düzen getiriyorsa, sanat da bu düzeni sevinç içinde kucaklamamızı sağlar.

Romantik akımın kuramcıları idealizmin mistik sanat anlayışını birbirine benzeyen ifadelerle dile getirmişlerdir. Friedrich Schlegel'e göre, sanat Tanrısal yaratının bir parçasıdır ve doğaya koşuttur. Sanat, Tanrının dünyada görünüşü, insanın ezeli iç dünyasının ifadesidir.

Felsefe ile şiir aynı amaca yönelmeleri bakımından benzeşirler. Yalnız biçimleri farklıdır. İkisi de bir çeşit dindir[1]. August Wilhelm Schlegel, güzelliği, sonsuzun sonluda ifadesi, sonsuzun simgesel anlatımı olarak tanımlamış, insan bilincinin sanat yapıtında en yükseğe eriştiğini söylemiştir. Schlegel, sanatın, görüntünün ardındaki kozmik gerçeği, aynı zamanda kendi varlığımızın karanlık bilmecesini çözdüğünü, gizli ve bulanık olanı ifade ettiğini belirtmiştir.[2]

İdealist sanat anlayışının sözcüsü olan ve başka ülkelerin kuramcılarını etkileyen Schelling, Platoncu anlamda bir güzellik ideasının tüm öteki idealarıı birleştirdiğini, hakikat ve iyiliğin güzellikte birleşip dost olduğunu söyler ve güzellik ideasını en üste koyarak bunun, Hakikatın ve İyinin başka bir anlatımı olduğunu ifade eder. Schelling, sanat, din, felsefe arasındaki ayrımı kaldırmıştır. Schelling'e göre sanatçı ile filozof, evrenin özüne inebilen, sonsuzu sonluda ifade edebilen kişilerdir. Schelling, sanatın gerçek dünya ile ideal dünya ayrımını da kaldırdığını, doğanın yaratıcı ruhu ile yarışarak, somut gerçeklerin biçimleri içinde evrenseli dile getirdiğini kabul etmiştir. Bu anlamda "şiir" bir tür değil, tüm sanat türlerinin ayırıcı özelliğidir. Şiir, insanlığın yaratıcı gücünü simgeler; estetik niteliği ile uygarlaştırıcıdır. Filozofun da tıpkı şair gibi estetik gücü olmalıdır[3]. Wackenroder, sanatı bir esin türü, bir heyecan ifadesi, gizemli bir kendinden geçme, bir dinsel tapınma olarak nitelemiştir. Sanatçının, yapıtında Tanrı ile birleştiğini, toplumdan koptuğunu, gerçek ile düş arasında bir çatışmaya düştüğünü belirtmiş, estetik esinlenmeyi, "içten gelen ince bir dua" olarak nitelemiştir.[4]

Jean Paul, modern sanatı fazla lirik, fazla heyecansal, fazla düşsel bulur. Şiirin, ne salt gerçeğin taklidi, ne salt kişisel heyecanın ifadesi olmaması gerektiğini söyler. Jean Paul'a göre şiir, özel ile genel'i birleştirmelidir. Şair, yaşamı parçalı olarak değil, tümü ile görebilmeli, parçaları bütünleştirebilmeli, hem bilinçli yaratma gücüne, hem de sanatçı güdüsüne sahip olmalıdır. Şair, aklı ile duygusunu dengeleyebilmelidir. Sanat yapıtında akıl ile doğa, akıl ile duygu arasında bir denge kurulur. Sanatsal yaratı bilinçsiz olduğu kadar bilinçli, özgür olduğu kadar zorunludur. İnsanlık, şair aracılığı ile kendi bilincine varır.[5]

Friedrich von Hardenberg Novalis, şiire yaklaşanın hakikate yaklaşacağını, kendini evrene adayan sanatçının onu, göze ve kulağa yönelerek yansıtacağını söyler. Şiir, somut dış gerçeğin mistik bir ışığa özümletilmesi, görünenin ruhlaşmasıdır. Böylece şiir kozmik bir güç, asal ve tek gerçek olarak kabul edilir. Novalis'e göre, şair bir peygamberdir, bir büyücüdür, akılla değil, içe doğma ile, içten ışıma ile yazar. Novalis'in şiir anlayışı, simgesel, soyut ve öznel bir şiir anlayışıdır; dinle, felsesefeyle özdeştir.[6]

Alman romantik kuramcıları İngiliz kuramcı ve şairlerini etkilemişlerdir. Samuel Taylor Coleridge, tıpkı Schelling gibi, Yeniplatoncu mistik sanat anlayışını benimsemiştir. Güzelliğin, gerçeğin simgesel anlatımı olduğunu, insan ruhu ile doğa ruhunu özdeşleştirdiğini, aralarında sessiz bir iletişim kurduğunu kabul eder. Coleridge de şairin, esinle, doğmaca olarak, iç güdüsel olarak yarattığı inancındadır. Fakat aynı zamanda şairi bir filozof olarak görür. Şairin bilinçli bir yargıcı ve yapıcı olduğunu, öznel olmayan bir gözlemci olduğunu da kabul eder. Bununla beraber sanatçıda duymanın, anlamaktan önce geldiğini, yüreğin akla egemen olduğunu düşünür. Duygunun yaşantı parçalarının arasında rüzgâr gibi esip onları mantıklı bir bütüne eriştirdiğini ve yapıtı tamamladığını söyler. En önemli dürtü, duygudur; sonra akıl, ondan sonra da duyumsal yaşantı gelir. Bunların bir araya gelmesi ile sanat yapıtı tamamlanır. Sonuç olarak Coleridge, deha sahibi olan sanatçıda duygu ile aklın alışılmamış bir bileşimini görmüştür. Sanat yapıtında özne ile nesnenin doğa ile insanın, bilinç ile duygunun özdeşliğinin kurulduğunu kabul etmiştir. Coleridge, sanatçıdaki her şeyi birleştiren gücü, düş gücü olarak tanımlamıştır. Düş gücü, olasılığı gerçeğe, gizil gücü işleyen güce çevirendir. Şair bu gücü taşıdığı için tümel insandır. Bu gücü ruhbilim açıklayamaz. İnsan ile doğanın karşılıklı alışverişi biçiminde bir açıklama da doyurucu değildir. Coleridge, şiirin bu büyük düş gücü yanında daha sıradan bir niteliği de olduğunu söyler. Bu kurgu (fantezi) yetisidir. Öte yandan, dehanın yanı sıra yetenek de bulunmalıdır. Deha, yeteneği, düş gücünü, uydurma yetisini gereksinir. Biri Tanrı vergisi, öteki mekanik beceri olan bu nitelikler birbirini tamamlamaktadır. Coleridge, tiyatroda yanılsamayı, açık gözle düş görme, düşe gönüllü olarak katılma olarak nitelemiştir.[7]

Romantik dönem yazarlarından Hazlitt de düş gücünü, nesnenin karakterine inme, onu içten kavrama, doğayı derinden anlama, nesnenin yaşam özünü duyma gücü olarak tanımlamıştır[8]. Şair P.B.C. Shelley, şairi bir peygamber olarak görmüş, onun Tanrı gibi yaratıcı olduğunu, dünyanın gizli güzelliğini ve gizemini ortaya çıkardığını söylemiştir[9]. İngiliz şiirinde romantizmin sözcüsü olan William Wordsworth ise, şiirin tüm bilginin başı ve sonu, ruhu ve nefesi olduğunu, şiirde insanın ve doğanın imgesinin yansıdığını ileri sürmüştür. Öteki Romantik kuramcılar gibi Wordsworth de, şairin bilge kişi olduğunu, tanrısal bir yetiye sahip bulunduğunu, gerçeğin gizli, büyük yapısını gördüğünü ve doğanınkine benzeyen bir yaratıcı güce sahip olduğunu belirtmiştir. Görüldüğü gibi İngiliz kuramcılar, gerçek, güzellik ve doğa özdeşliği içinde sanatı, asal gerçeğin kavraması olarak görmüşlerdir.[10] Şair William Keats ünlü "Bir Yunan Vazosunu" adlı şiirinde, gerçeğin güzellik, güzelliğin gerçek olduğunu ifade etmiştir.

Fransız kuramcılar genel olarak Yeniplatoncu sanat anlayışını benimsemekle beraber sanatın daha çok uygulamayla ilgili sorunlarına eğilmiş, tiyatro yapıtının türleri, yapısı, işlevi üzerinde durmuşlardır. Stendhal şiirde içtenliğe ve doğmaca olana önem vermekte, şiiri, doğanın ve insan ruhunun iç çekişi, ağlayışı olarak tanımlamaktadır. Victor Hugo, idealist sanat kuramcılarının, esin, deha, düş anlayışlarını paylaşmıştır. Sanatı, bir yücelme, ya da derinlere dalma, her şeyi birbiriyle uzlaştırma olarak kabul eder.[11]

İdealist felsefenin estetik ve sanat anlayışını, varlık ve ahlak felsefesi ile tamamlayan idealist sanat kuramının önerilerini sistemli bir bütün içinde dile getiren Alman filozof Hegel olmuştur. Hegel'e göre sanat yapmak, ruhsal olanı duyumsal, duyumsal olanı ruhsal yapmaktır. Hegel, tıpkı Schelling ve Solger gibi idea ile formun sanatta birleştiğini ve özdeşleştiğini belirtmiştir. Sanat, evrensel olanla, bireysel olanı, özel ile geneli bütünleştirmektedir. Bu yüzden sanat eseri bir bütünselliktir. Kendi içinde bir dünya yaratır. Öte yandan Hegel, sanatı soyut bir kavram olarak değil, çağına ve toplumuna bağlı bir olgu olarak kabul eder. Sanat hem dine ve felsefeye giden bir basamaktır ve aşkın gerçeğe yöneliktir, hem de belli bir zamanı ve yeri gösterir. Sanatçının büyük ve özgür ruhu aşkın gerçeğe yöneliktir, kendini aşar. Oysa yaratısı soyut bir kavram değildir. Güzellik evrenseldir ve somuttur.[12]

ULUSAL OLANIN YEĞLENMESİ, ORTAÇAĞ KAYNAKLARINA YÖNELME

Ondokuzuncu yüzyılda ulusçuluk akımı hızla gelişmiştir. Akıl ve Aydınlanma döneminin genel insanlık ülküsünün karşısına, ulusal ülküler getirilmiştir. Fransa'da iç kargaşa, Almanya'da Napolyon'un saldırgan siyaseti, ulusçuluk akımını güçlendirmiştir. Ulusçuluk akımı, Almanya'da ulusal birliğin oluşmasıyla, İtalya'da İtalyan Birliği'nin kurulması ve ulusal bağımsızlığın ön hazırlığının yapılmasıyla güçlenmiş, yaygınlaşmış, sanata ve edebiyata da egemen olmuştur. Sanat ve edebiyattaki bu gelişme aynı zamanda Fransız kültürünün egemenliğine karşı bir tepki olarak belirginleşir.

Savaş, yurtseverlik duygularını geliştirmekte, ulusal olanı yabancı olana karşı korumak, savunmak ve yüceltmek eğilimini beslemektedir. Ulusçuluk Almanya'da geçmişe ve dinsel değerlere dönme biçiminde görülür. Yazar ve düşünürler salt Alman kökenli olan halk masallarına, efsanelerine, türkülerine eğilirler. Bu yazar ve düşünürlere göre, Hıristiyanlığa giden yol, hakikat yoludur. Şiir, gerçeği Hıristiyanlığın ışığında görür. Bu ışık yüksek ve kapsamlıdır. Dinsel inancın ve Hıristiyanlığın güçlenmesine koşut olarak ortaçağ değerleri, özellikle şövalyelik değerleri, saygınlık kazanmıştır. Sanatta Yunan hayranlığı, Yunan kültürünün ve inancının pagan karakteri eleştirilir.

Romantik akım kuramcıları, ulusal olanı tanımlamak ve değerlendirmek için Antik tragedya ile modern tragedya arasında karşılaştırma yaparlar. Antik tiyatronun yazgı kavramı ile Hıristiyanlığın Cennet ve Cehennem kavramları üzerinde durulur. Antik tiyatronun dünyayı dıştan yansıttığı modern tiyatronun ise, içten yansıttığı belirtilir. Ulusal öz, bu içten ışımayla ortaya çıkacaktır. Oyunların toplumsal ortamları dikkate alınarak incelenmesi, her ulusun kendine ve çağına özgü koşullarının belirlenmesini sağlayacak, sanat yapıtının bu koşullar içinde taşıdığı değer anlaşılacaktır. Tarihten alınan konuların, seyircinin anılarını tazeleyeceği, dinsel geleneğin korunmasının, seyircinin hoşuna gideceği belirtilir. Ulusal beğeni, bu tarihsel ve dinsel kaynaklarla beslenecektir.

Stendhal, sanatta ve edebiyatta antik mitoloji yerine dinsel kaynaklardan, şövalye öykülerinden yararlanılmasını önermiştir[13]. Chateaubriand, Fransız klasiklerindeki din öğesinin önemi üzerinde durmuş, seyircide bir tarih anlayışının uyarılması gerektiğini belirtmiştir. Yazara göre, yozlaşmanın nedeni inançsızlıktır. Din olmazsa, sanat da, güzellik de olmaz. Tiyatro, tarih anlayışını uyarma görevini yapmalıdır.[14]

Samuel Taylor Coleridge de, tiyatro sanatının tarih olayları ile bağıntısı üzerinde durmuş, tiyatronun konusunu, yöneldiği halkın tarihinden alması gerektiğini savunmuştur. Bu konu, zamanın akışı doğrultusunda birbirine bağlanan olaylardan oluşmalı, dramatik yazın ve şiir özellikleri taşımalıdır. Yurt sevgisinin pekiştirilmesi, insanın kendi bireysel varlığını tanıması için tarih oyunları oynanmalı, tarih oyunları oynamak ulusal bir alışkanlık olmalıdır.[15]

İtalya'da Manzoni, Hıristiyan ve Katolik ruhun tiyatroya gerekli olduğunu ileri sürmüş, ulusçu, yurtsever ve gerçekçi bir tiyatroyu savunmuştur. Manzoni, tiyatroya İtalyan tarihinden alınan konuların gerekli olduğunu belirtirken örnek olarak kendi yazdığı *Carmangnola Kontu* adlı oyunu göstermiştir.[16]

SANATIN EVRİMİ VE İDEALİST TARİHSELCİLİK

Romantik akım kuramcıları, sanatın gelişimini belli dönemlere ayırıp, her dönemin tarihsel, kültürel özellikleri ile sanatını birbirine bağıntılı olarak açıklama eğilimindedirler. Bunu özellikle Klasik-Modern ayrımını belirlemek, iki ayrı sanat anlayışını kendi ortamları içinde değerlendirmek için yaparlar. Sanatın, tarihin akışı içinde evrimleştiğini kabul etmek, sanat düşüncesinde önemli bir aşamadır.

Romantizm genel olarak idealist sanat anlayışını benimsediğinden, sanatı, ortamının ürünü olarak değil, özel bir yaratı olarak kabul eder. Aynı dönemde gelişen doğalcı evrim kuramı ise, sanatı kökende fiziksel bir olgu olarak ele almakta, sanatın fizik yasalarına uygun süreçler içinde evrimleştiğini kabul etmektedir. Fakat bu görüş, romantik sanat kuramını etkilememiştir. Romantizm, sanatın tanrısal bir yönlendirme ile mükemmel olana doğru evrimleştiğini kabul etmiştir. Romantizm kuramcılarına göre, yaratma olayı tanrısal bir esinle gerçekleşmektedir. Yaratının gerçekleşmesinde toplumsal olayların, fiziksel yasaların etkisi dikkate alınmaz. Yaratıcı sanatçı, özel bir kişi, bir dâhidir. Dâhi sanatçı eserini verir ve ölürken yaratıcı gücünü de birlikte götürür; kendinden sonrakine geçirmez. Sanat bir yaratı olduğu için öğretilmesi de olanaksızdır. Sanatın yalnızca tekniği öğrenilebilir. Bununla beraber bazı romantik akım kuramcılarının, sanatın evrimleştiği görüşünü kabul ettikleri görülür. Evrimci görüş, aşkın gerçeğe inanan ve somut varlıkların tanrısal gerçeğe doğru evrimleşerek yükseldiklerini, yaşamının amacının bu yükselme olduğunu kabul eden Alman idealizmine temellendirilmiştir. Hegel'in idealist sanat kuramının evrimci bir yönü vardır.

Tarihsellik anlayışına gelince, Fransız ve Alman romantik kuramcıları, sanatın, gelişimi içinde çeşitli evrelerden geçtiğini, her evrenin belirli özellikleri olduğunu ileri sürmüşlerdir. Victor Hugo, *Cromwell* önsözünde bu evrelerin kültür koşullarını ve sanatını açıklamıştır. Sanatta, tarihsel değerlendirme onsekizinci yüzyılda başlamıştır[17]. Diderot, Herder, tarihsel bakış açısı taşıyan kuramcılardır. Hegel, sanatın ve edebiyatın toplumun öteki kurumları ile sıkı ilintili olduğunu, yasalar ve kurallar gibi toplumu dile getirdiğini söylemiştir. Bu yaklaşım, sanatın toplumsal bağlamı içinde ele alınması demektir[18]. Bununla beraber romantizmin tarihsellik anlayışının, tıpkı evrim anlayışı gibi idealizm temeline oturtulduğu, günümüzün tarihsellik anlayışından farklı olduğu görülür. Romantizme göre, sanatın tarihsel gelişimi önceden belirlenmiş yasalara ve düzenlemelere uygun olarak gerçekleşmektedir. Bu yasalar ve düzenlemeler evrenseldir. Tanrısal aklın kendi bilincine varması biçiminde gelişir. Bu gelişme somut varlıkların Tanrısal olana ulaşmak üzere geçirdikleri değişim ve gelişime koşuttur. Ancak Hegel, değişimin ve gelişimin, yalnızca zihinsel bir süreç değil, aynı zamanda gerçek bir gelişme olduğunu kabul etmiştir. Hegel'e göre yaşam, mükemmel olana doğru gelişmektedir. Sanat da toplumun bu tarihsel gelişimine koşut olarak ve onun evrensel yasalarına uyarak gelişmektedir.

İdealist tarihselcilik, aydınlanma döneminin akılcı anlayışına karşı bir tepkidir. Karşı akılcı ve karşı bilimsel bir anlayışla yaklaşır tarihe. Tarihi insan açısından ele alması, tarihin konusunu insan olarak belirlemesi bu yaklaşımının sonucudur. Bu tarihsel yaklaşımda insan, çeşitliliği ve bütünselliği içinde ele alınmakta, tarihteki yerine oturtulmaktadır. Sanat, tarihsel çerçevesi içinde, aynı zamanda konusu ve kaynağı olan insanla ilintisi dikkate alınarak incelenmektedir. Çeşitli dönemlerin yaşam görüşü, felsefesi, inançları ile sanatı arasında ilişki gösterilir. Sanatın, özellikle şiirin, tarihin oluşumunun kökeninde yer aldığı belirtilir. Üzerinde en çok durulan konu Klasik-Modern ayrımıdır.

Friedrich Schlegel, sanatı tarihsel dönemlerine göre incelerken "iyi sanat kuramı, onun tarihidir" demiştir. Yazar, Yunan şiirini, Antik Yunan'ın sonlu yaşam anlayışı ile açıklamıştır. Schlegel'e göre Yunan şiiri, öteki dünyaya inanmadığı için bu dünyadaki yaşamın şarkısını söyler. Bu yaşamın uyumda ve düzende yetkinleştiğine inanır. Hıristiyanlık şiiri ise insanı sonsuza yaklaştırmakta, dinsel değerleri yüceltmekte, aşka, şövalyelik ruhuna, şerefe önem vermektedir. Yunan şiiri mutlu bir mizacın sonucudur. Doğaya uygun yaşayanların akıl ve içgüdüleri arasındaki uyumu ifade eder. Hıristiyanlık dünyası ise kendine özgü uyumu yaratmak zorundadır. Eski uyum ister istemez bozulacak, yeni sanat ancak uzun çabalardan sonra kendi estetik ölçülerini bulacak ve sonsuz mükemmele yaklaşacaktır. Görüldüğü gibi, romantizm, klasisizme karşı savunulurken her çağın kendi kültürel, tarihsel koşullarına uygun bir sanatı olduğu görüşünden hareket edilmektedir. Sanatın değerlendirilmesinde de ulusal farklılıklar üzerinde durulmuş, başka ulusların sanatı incelenirken çevre özellikleri dikkate alınmıştır.[19]

Romantizmin önde gelen kuramcılarından Tieck, Shakespeare'i incelerken bu büyük yazarın çevresinden soyutlanmış bir olgu olarak ele alınmamasını, kişisel düşün yapısı ve çevresi içinde değerlendirilmesini gerekli görür.[20]

Hegel, sanatın, uygarlığın gelişimine koşut olarak çeşitli aşamalardan geçtiğini, her aşamanın, ruhsal gelişiminin belli bir dönemini gösterdiğini ve belli özellikleri olduğunu, her dönemin kendi özelliğini belli bir sanat türünde en iyi dile getirdiğini söylemiştir. Hegel'in bölümlemesine göre, en eski dönem, Hint ve Mısır sanatlarının geliştiği dönemdir. Bu dönemde sanat soyut ülküye yöneliktir. Anlatımda imge, metafor, alegori gibi dolaylı ifade hünerleri kullanılır. Buna "simgesel sanat" dönemi denir. Bu dönemde en gelişmiş sanat türü yapı sanatıdır. İkinci dönem klasik dönemidir. Bu dönem, somut ve bireysel olanı da, evrensel ve tipik olanı da yansıtır. Klasik sanat duru ve sakindir. Yontu sanatında billurlaşır. Üçüncü dönem romantik dönemdir. Romantik sanat, Antik sanatın dünyayı dıştan yansıtmasına karşın, gerçeği içten yansıtır. İç ve dış gerçeğin uyumunu sağlamıştır; müzik, resim, şiir, romantik dönemin özelliklerini en iyi belirten sanat türleridir.[21]

Fransız romantik yazar ve kuramcıları da sanatta idealist tarihsel görüşü benimsemiş, Klasik-Modern ayrımını bu temele oturtmuşlardır. Madame de Staël, modern sanatı savunurken, toplumun değiştiğini, düşüncelerin çoğaldığını, duygular arasındaki farklılıkların belirlendiğini, yeni bir duyarlılık geliştirildiğini belirterek, yeni sanatın bu gelişime koşut olarak eskisinden farklı olacağını ileri sürmüştür.[22]

Victor Hugo da antik ve modern sanat ayrımı üzerinde durmuştur. Bu ayrıma göre antik sanat, yalın, simetrik, uyumlu ve yücedir, her zaman belli bir biçimi korur, güzeli ve yüceyi yineler ve tekdüzedir. Modern sanat ise biçimde çeşitlemeler yapmakta, durup dinlenmeden yeni şeyler yaratmaktadır. Karmaşıklık ve çeşitlilik, modern sanatın özelliğidir. Bu gelişim uygarlığın gelişimine koşuttur. Victor Hugo şiirin gelişimini üç döneme ayırmıştır: İlk dönem şarkı dönemidir. İlkellik aşamasının sanatıdır şarkı. Ülküsel olana yöneliktir. Ezeli olanı dile getirir ve Hazret-i Adem gibi, Hazret-i Nuh gibi yüce kişileri ele alır. İkinci dönem destan dönemidir. Antik uygarlığın sanatıdır. Bu dönemde tarih önem kazanmış, Atreus gibi, Orestes gibi tarih bakımından önemli kişiler, destanın konusu olmuşlardır. Üçüncü dönem, dram dönemidir. Bu dönemin sanatı, gerçeklere eğilir. Othello, Macbeth, Hamlet insan özellikleri olan kişilerdir. Bu üç dönemin şiiri, üç ayrı kaynaktan beslenmiştir. İlk dönemin kaynağı Homeros, ikinci dönemin kaynağı İncil, son dönemin kaynağı Shakespeare'dir. Uygarlık, düşlerin şarkısı ile başlamış, yapılan işlerin anlatılması ile gelişmiş, son aşamada düşüncelerin tanımı yapılmıştır. Doğa da, yaşam da bu üç aşamadan geçer: Doğar, eyler, ölür.[23]

Özetlersek: Romantizm, sanatın tarihsel koşulları içinde evrimleştiğini kabul etmekte, bu evrimin aşamalarını, her aşamanın özelliğini tarihsel ve kültürel ortama bağlı olarak açıklamaktadır. Bu yaklaşım klasik dönemin akılcı sanat anlayışından daha somut bir bakış açısı getirmiştir. Bununla beraber bu evrim anlayışının doğalcı evrim anlayışından, bu tarihsel görüşün bilimsel tarihselcilikten farklı olduğu görülür. Evrimci görüş en çok Klasik ve Modern ayrımında, Modernin yani romantizmin zorunlu bir gelişmenin ileri bir aşaması olduğunu, kendi koşulları içinde ve kendine özgü özellikleri ile değerlendirilmesi gerektiğini kanıtlamak üzere ileri sürülmüştür. Ulusal sanat görüşü de aynı ilkeye dayanılarak savunulur.

SANATIN IŞITICI VE UYGARLAŞTIRICI İŞLEVİ

İdealist felsefe insanı ahlaki bir varlık olarak kabul eder. Bu okulun filozofu Fichte'ye göre insan özgür olmak, bilmek ve eylemek için vardır. Eylemi kendini gerçekleştirmedir. Özgürlük ise bir etkinliktir. Ahlak ve vicdan, özgür etkinliğin kendini gerçekleştirmesinin bilincidir. Aynı zamanda kişinin gerçekleştirmeyi ödev saydığıdır.

Kant'dan başlayarak ahlak özgürlüğü ve sorumluluk üzerinde durulmakta, kişinin özgür olarak kendi koyduğu kurala uyma zorunluluğu belirtilmektedir. Böylece insan, vicdan özgürlüğüne sahip olmakta, fakat bireysel vicdanının sesine zorunlulukla uymaktadır. Romantik akım yazar ve kuramcıları sanat yolu ile bireysel ahlakın, özgür vicdanın güçlendirilmesinden yanadırlar. Fakat klasik akımın eğitim anlayışına, sanatın eğitmekle yükümlü sayılmasına karşı çıkarlar. Romantiklere göre sanat, kurulu düzenin egemenliğini güçlendiren tutucu değer yargılarına hizmet etmeyecek, yeni özgürlükçü demokratik düzende kişinin kendi vicdanı doğrultusunda eylemesine yardımcı olacaktır. Bunu eğitme biçiminde değil, kendi sanat amacına hizmet ederek, ahlaki doğruyu belirterek yapacaktır. Bu ahlaki doğrular çağın etkin ideallerine temellendirilmiştir. O halde sanat doğrudan yararcı ve görevci değil, çağdaş düzeyde uygarlaştırıcıdır.

Romantik akım düşüncesinde tarihsellik ve ulusallık bilinci ile evrensel uygarlık bilinci birliktedir. Ulusal değerler, evrensel uygarlık ölçüleri içinde ele alınır.

Alman kuramcıları tüm maddeci, yararcı, görevci sanat anlayışlarına karşı çıkarlar. F. Schlegel, bu açıdan William Shakespeare'i ve onsekizinci yüzyıl İngiliz edebiyatını yeğlemektedir. Antik Yunan'ın Dionysos coşkusuna ve materyalist yanına karşı dinsel ve ahlaki olan ortaçağ anlayışını yüceltir. Schelling, özgür ahlakın düzeninden söz eder, gereklilik ve özgürlük ikilemine işaret eder. Sanatın hem özgürce hem bazı gereklilik kurallarına uyarak yapıldığını belirtir. Bu ikilem, oyunun özüne, işlevine olduğu kadar biçimine de egemendir.

Jean Paul'a göre şiir öğretici değildir. İşaretlerle dünyayı tanıtandır. Bu işaretleri okuyabilmemizi sağlayan, böylece yeni bir dünya yaratandır.

William Wordsworth, şiirin insanın düşünsel ve ahlaksal sağlığı ve mutluluğu olduğunu, duyguları yontup düzene soktuğunu, onları daha arı, daha akılcı, kısaca, doğa ile daha uyumlu yaptığını söyler. Bu durumda her büyük şair, insanlığın gerçek bilgiye ulaşmasını sağlayan bir öğretmendir.

Victor Hugo sanatın doğrudan yararcı olamayacağını, hele siyasal gerçeklere hiç hizmet etmeyeceğini belirtmiştir. Hugo sanatın öğretici değil, uygarlaştırıcı gücüne inanmıştır.

Coleridge, öteki romantik kuramcılardan farklı olarak, sanatın toplumsal işlevi olduğunu belirtir. Şiirin güzelliğe ve gerçeğe hizmet ederken gelişmeye yardımcı olduğunu, düşmanlığı kardeşliğe, tembelliği yarara, haksızlığı adalete, kalabalığı halka, sürüyü ulusa, ulusları insanlığa, savaşı barışa dönüştürdüğünü söyler.

Görüldüğü gibi, Aydınlanma Dönemi'nin eğitici sanat anlayışının yerini idealizmin ışıtıcı sanat anlayışı almıştır. Bu ışık gerçeğin gizini aydınlatma, dogruyu parlatma ve bireyi bu dogrultuda geliştirip uygarlaştırma amacındadır.

GERÇEĞİN ÖZÜNÜN YANSITILMASI

Romantik tiyatro kuramcıları, klasik tiyatronun taklit ilkesine karşı çıkmışlardır. Bu kuramcılara göre, tiyatro eseri dış benzerliği sağlamak anlamında yansıtmacı olmamalıdır. Önemli olan derindeki asal ve öz gerçeği kavramak, onu seyirciye iletmektir. Bunu yapabilmek için yüzey benzetmeciliğinden vazgeçmelidir. Sanat, yaşamın ruhuna ışık tutar. Sanatçı düş gücü ile doğanın özüne iner, bu özü ince bir duyarlıkla kavrar, onu yapıtında dile getirirken doğaya benzerliği korur. Fakat bu benzerlik kopya etmek demek değildir. En derinden olanın, ruhsal olanın, somut gerçekler aracılığı ile ifade edilmesi demektir. Benzerliği korunan somut gerçekler simgesel olarak kullanılmıştır. Böylece sanat eseri dış gerçeği de, kendi sanatsal gerçeğini de aynı zamanda ifade etmiş olur. Sanat hem benzetmiş, hem de simgeleştirmiştir. Somut gerçekler, kendi simgesel anlatım olanakları ile sanata malzeme olmuştur. Çünkü doğa da kendini simgesel olarak yaratmıştır; dış görünüşü ile içini yansıtmıştır. Sanatta simge, alegori, mit bu çeşit dolaylı anlatım araçlardır.

F. Schlegel, dramda benzetmeciliğe karşı şiirselliği savunmuştur. Şiirsel dramın tamamlanmış, bütün, doyurucu, asal gerçeği yansıttığını söylemiştir. Bu gerçeğin, günlük ve geçici değil, ezeli ve zorunlu gerçek olduğunu belirtmiştir.[24]

Samuel Taylor Coleridge, evrensel olanın somut dış gerçekte ifadesi üzerinde durmuş, dram kişilerinin hem özel birey, hem de simgesel taşıyıcı durumunda olmalarını gerekli görmüştür. Yazara göre, Lady Macbeth, Shakespeare'in tüm oyun kişileri gibi bireyleşmiş bir sınıftır. Evrensel olan, bireysel olana özümletilmiş olarak sunulmuştur. Coleridge, şiirin rastlantısal olanı içermeyeceği inancındadır.[25]

Victor Hugo da tiyatronun, doğaya benzerliği koruyarak, özü yansıttığını söyler. Tiyatro sorunlarına daha somut biçimde eğilmiş olan yazar, tiyatroda sıradan gerçeklerden, kaba ve önemsiz olandan kaçınılmasını, toplumsal ve tarihsel atmosferin, yöresel rengin verilmesini ister; sanatın bir yandan gerçeklere ayna tuttuğunu, bir yandan da onu yoğunlaştırdığını ve ayırıcı niteliğini seçtiğini belirtir. Böylece tiyatronun somut gerçeğe benzerliği, seçme ve eleme işlemi ve düş boyutu açıklanmıştır. Hugo, bu işlemin sonunda ortaya heyecan verici bir gerçek çıktığını söyler.[26]

KLASİK KURALLARIN AŞILMASI

Romantik tiyatro kuramcıları klasik biçim kurallarına karşı çıkmışlardır. Klasik-Modern çatışmasında, üzerinde en çok durulan konu, klasik biçimciliğin yaratma özgürlüğünü kısıtlamasıdır. Almanya'da "*Sturm und Drang*" atılımı, 1770 yıllarında aynı tepkiyi en keskin biçimde göstermişti. Bu coşkulu atılım, daha sonra Alman klasisizmi ile dengelenmiş fakat biçimsel kuralların, yaratıcılığı kısıtlamasına karşı olan tavır sürdürülmüştür.

Öte yandan 1789'un devrim ruhu, romantik tiyatroda sanatçının bireysel özgürlüğü ve yaratmada doğallık isteği biçiminde yaşamaktadır. Victor Hugo edebiyatta liberalizmi savunarak biçim kurallarına karşı çıkar. Victor Hugo'ya göre yazar tümden özgür olmalıdır. Düzen başka, düzenlilik başka şeydir. Düzen, eşyanın doğasında vardır ve özgürlükle bağdaşabilir. Düzenlilik ise dıştan bir düzen uygulamak demektir. Klasiklerin düzenlilik kurallarına karşın, romantikler doğa yasasını izleyeceklerdir. Sanatçı yalnızca genel ve değişmez doğa kurallarına uyacaktır. Sanatın ufkunu ancak bu asal kurallar açar. Eski dahilerin uydurdukları ilkeleri savunmak yersizdir. Örneğe uyma zorunluluğu da saçmadır. Hangi örneğe uyulacaktır? Kural koyana mı, kurala uyana mı? Bu örneklerden yola çıkılarak uygulanan kısıtlamalar dehayı zincire vurmaktadır. Özgürlük, tıpkı ışık gibi; düşüncenin her ülkesine girebilmelidir. Kurallar ve sistemler sanatın yüzünü gizleyen sıva gibidir. Bu sıva kazınmalıdır.

Romantik kuramcılar öncelikle klasisizmin ünlü Üç birlik kuralını irdelemişlerdir. Yer ve zaman birliği kuralları hem yazarı kısıtlayıcı, hem de yazarın malzemesini gülünç biçimde sıkıştırıcı bulunmuştur. Olay birliği kuralı ise yeniden tanımlanmış ve yorumlanmıştır. Victor Hugo'ya göre tek gerçek ve doğru birlik kuralı, "eylem birliği" kuralıdır. Öteki birlik kurallarının akla uygun sayılması saçmadır. Bu kurallar çok sıkı korunursa oyunda çok az konu işlenebilir; ya da korkunç olanaksızlıklara yer vermek zorunda kalınır. Yer birliği sağduyuya aykırı durumlar doğurmakta, olayın en olmayacak yerlerde geçmesine ve çok sıkışmasına yol açmaktadır. Olay, ancak doğru yerinde geçerse gerçekçi olur.

Victor Hugo, Racine'in klasik dönemde büyük yapıtlar vermiş olmasını onun dehası ile açıklamakta, gene de onun romantik dönemde yaşamış olsa daha iyi oyunlar yazabileceği görüşünü savunmaktadır. Victor Hugo, klasik dönemde yaşamış pek çok ikinci derece yazarın kurallar yüzünden büyük yazar olamadıklarını söyler.[27]

Stendhal, "Racine or Shakespeare" (1823) adlı eserinde Üç birlik kuralına karşı çıkmıştır. Zaman ve yer birliği kurallarının, uzun süredir uygulandığı için bir alışkanlık olarak korunduğunu, Fransa'yı kültür ve sanatta Avrupa'nın öncüsü sayan öteki ulusların yazarlarınca da benimsendiğini belirtmiştir. Stendhal, seyircinin oyunu seyrettiği birkaç saatlik süreyi yirmi dört saat sayabildiğine göre, aynı süre içinde ayların geçtiğini de rahatça kabul edebileceğini, bunun dikkate alınmamış olmasına şaştığını belirtir. Stendhal bu açıklamasında tiyatronun yanılsama yaratma özelliğine dikkati çeker. O da, Racine'in, romantik dönemde yaşamış olsaydı kurallara uyma zorunluluğu duymamış ve yanılsamaya güvenip bin kat daha iyi oyunlar yazmış olacağı görüşündedir.[28]

August Wilhelm Schlegel, Üç birlik kuralı yerine daha derindeki gizemli birliğin gözetilmesinden yanadır. Bu birlik, daha sonra açıklanacak olan organik biçim anlayışını dile getirmektedir. A.W. Schlegel, konu birliği kuralını yeniden yorumlamak gereğini duymuştur. Yazara göre konu birliği (eylemde birlik) tek amaca doğru yönelmiş, işin yapılması ile tamamlanmış, istence bağlı hareket demektir. Bir kararı ve onun sonuçlarını içerir. Özgür irade ile zorunluluk, karşıtlık ve çatışma içinde yan yana getirilir ve tam bir sonla noktalanır. Schlegel'in bu yorumu, ahlaki özgürlük düşüncesine dayanmaktadır. Kişinin iradesi dışında başına gelen olaylar, örneğin bir geminin kayalara çarpıp parçalanması bu tanıma uymaz. Oyunun kahramanı olayları başlatır ve eyleminin sonucuna katlanarak onu tamamlar. Kişinin özgür istenci salt başlangıç, zorunluluğun kabul edilmesi salt sondur.[29]

ORGANİK BİÇİM

Romantik akım tiyatro kuramcıları, klasiklerin zaman ve yer birliği ile sağlanmış "birlikli bütün" anlayışına karşı, yeni bir biçim kavramı getirmişlerdir. Bu kavram "organik biçim" kavramıdır, Organik biçim, canlı organizmanın öz ve biçim bütünlüğüne özdeş bir bütünlük demektir. Çeşitliliği içerdiği gibi, bir tamamlanmışlık düşüncesini de ifade eder. Klasik düşünce, yirmi dört saat içinde ve aynı yerde geçen, başlayıp, gelişip, sona eren tek olay dizisinin birlikli bütün oluşturduğunu kabul etmiştir. Belli bir uzunluk içinde tamamlanmışlığı ifade eden bu biçim anlayışı, sanat yapıtının dış yapısını anlatıyordu. Oysa romantiklerin organik bütün kavramı yapıtın iç yapısını da kapsar; özden ayrı düşünülmeyen biçimin özelliğidir. İçteki gizli doğaya tanıklık eder; doğadaki bütünlüğü sağlayan doğa yasası tarafından düzenlenmiştir. Onun için sanat yapıtının uyumu, evrenin uyumuna koşuttur ve evrensel uyumun güzelliğini dile getirir. Romantik kuramcılar organik biçim görünüşüne çeşitli açıklamalar getirmişlerdir.

Samuel Taylor Coleridge, şairin kendine özgü düş gücü ile bu bütünlüğü gerçekleştirebildiğini söyler. Friedrich Schlegel, organik biçimin, tıpkı bir tohumun gelişimi gibi, içten bir açılmayla oluştuğunu, bu oluşumun, doğadaki tüm canlıların oluşumuna koşut olduğunu belirtir. F. Schlegel'e göre tüm gerçek biçimler organiktir. Sanat yapıtı da niteliğine en uygun olan biçimi alır. Böylece biçim, sanatsal varlığın gizli özüne tanıklık eder. Schlegel'in bu görüşü, Kant'ın, güzeldeki çokluk, birlik ve bütünlük düşüncesine, sanatın kozmik karakteri anlayışına dayanmaktadır. Hegel de sanat yapıtını her ayrıntısı düzenlenmiş "kendi içinde bir bütün" olarak görmüş, sanatı bir bütünlük olarak anlamıştır. Victor Hugo, idealist sanat düşüncesinden kaynaklanan bu biçim anlayışını tiyatro yazarlığına uygulamış, klasik biçimciliği eleştirirken, özden ayrı düşünülmeyen doğal biçimden söz etmiş, yapay biçimlemeye karşı olduğunu belirtmiştir.

KARŞITLARIN UYUMU

İdealist estetik Kant'tan başlayarak güzelliğin uyumda olduğunu, bu uyumun birlik içinde, çokluğun uyumu olduğunu kabul etmiştir. Öte yandan varlığın temelinde diyalektik karşıtların bulunduğunu da kabul ettiğinden sanatta karşıtların birliğini ve uyumunu görmüştür.

Romantik tiyatro düşüncesine göre, dram türü diyalektik karşıtlığın en belirgin olarak yer aldığı sanattır. Çünkü olayı oluşturan eylem, karşıt güçlerin çatışması ile oluşur. Karşıtlık ve çatışma bir bütün oluşturmaktadır. Bu bütün uyumludur. Uyum, karşıtların dengelenmesinden, ya da karşıtların sentezinden oluşur. Başta değinildiği gibi, bu uyumlu bütünlük kozmik bir nitelik taşır ve çokluğu içeren birlik ve bütünlük ilkesine dayanır. Şiiri yaratmak demek, bu kozmik bütünlüğü yaratmak demektir. Sanat yaratısında özne ile nesne, kişi ile dünya, insan ile doğa, bilinç ile bilinçdışı, madde ile ruh uyumlu bir bütünlüğe erişmiş olur.

Hegel, tragedyayı diyalektiğe tam bir örnek olarak görmüştür. Dram sanatının, bu özelliği ile felsefeye dönüştüğünü belirtmiştir. Hegel'e göre, Aiskhylos ve Sophokles en üstün yazarlardır. Onlar tragedyalarında kolayca bozuluveren bir dengeyi, karşıtların dengesini ele almışlardır.[30]

F. Schlegel de tragedyanın diyalektik karakterine dikkati çekmiştir. Schlegel'e göre, tragedyada özgürlük ile zorunluluk çatışır. Bu savaşımın sonunda iki güç de hem kazanır, hem kaybeder. Kazanan aynı zamanda yenik düşer. Yenik düşen aynı zamanda kazanmıştır. Seyirci oyunu çelişkili heyecanlar içinde seyreder ve sonunda bir uyumluluk duygusuna ulaşır. Bu bir izlenim bütünlüğüdür. Tragedya çekiciliğini karşıtların simetrisinden alır. Heyecan ile ironinin yer değiştirmesi, insan doğasının özgür karmaşası, düşlemenin karmaşıklığı ve bunların hepsinin tümel bir uyum meydana getirmesi tragedya sanatını çekici yapar.[31]

S.T. Coleridge dramın doğadaki dengeli karşıtlıkları ifade ettiğini belirtmiştir. Oyundaki kişilerin, tutkuların, dil etkinliğinin birbirini etkilediğini söylemiştir. Yazara göre, dil ve tutku ile kişilik arasında hem özdeşlik hem karşıtlık bulunmaktadır. Yazar dramını bu karşıt ve özdeş öğelerden üretir. Coleridge, Shakespeare'in oyunlarındaki bu çeşit dengeli karşıtlıkları göstermiştir. Heyecanla yüklü tutku dili ile yalın ve dingin dilin yan yana kullanıldığını, bu oyunlarda karşıtların birbirini çektiğini göstermiştir. Coleridge Hamlet'de gerçek olanla düşsel olanın dengeli bir karşıtlık içinde ele alındığını, Hamlet'in dışa yönelik aydın dikkatinin, içe yönelik düşünce ile dengelendiğini göstermiştir.[32]

Victor Hugo, dramın doğadaki karşıtları uyumlu olarak bir araya getirdiğini, güzel ile çirkini, yüce ile gülüncü, zarif ile biçimsizi dengelediğini, vücut ile ruhun, hayvansal olanla ussal olanın, karanlık ile aydınlığın uyumunu sağladığını belirtmiştir. Victor Hugo tiyatroda "grotesk" türünü bu bağlam içinde değerlendirmiş, karşıtlıkları içeren bu türü övmüştür. Tiyatroda karşıtlıkların renk ve canlılık sağladığını belirtmiştir.[33]

TRAGEDYA VE KOMEDYA TÜRLERİNİN YENİ TANIMLARI VE GROTESK

Romantik tiyatro kuramcıları klasiklerin tür ayrımı konusundaki kesin tutumlarını eleştirirler. Öte yandan romantik dönemde türlerin karışık olarak kullanılmasına da zaman zaman karşı çıkılmıştır. Dram türleri karşısındaki tutum şöyle özetlenebilir: a) Tragedyayı yeni yaşam anlayışına ışık tutma yöntemleri açısından tanımlamak ve bu açıdan türlerin diyalektik yapılarını çözümlemek. b) Komedyanın yaşama uzak açıdan ve kuşbakışı baktığını göstermek. Bu türün duyguyu dengeleyen akılcı tutumunu belirlemek ve tragedyanın duygusal iletişimindeki başarısına karşın, komedyaya bu özelliği ile saygınlık kazandırmak, onu yüceltmek. c) Çağın özelliklerine uygun olarak gelişmekte olan ve çağdaş çelişkileri içeren "romantik dram" ile doğadaki güzel-çirkin karşıtlığının ve bileşiminin ifadesi olan "grotesk" türünü değerlendirmek.

F. Schlegel, birbirinden farklı sanatların ele aldıkları malzemenin de birbirinden farklı olduğuna işaret ettikten sonra, çeşitli sanatların bileşimine de, tiyatro türlerinin karışık olarak ele alınmasına da karşı çıkmıştır. F. Schlegel, tür karışımını çağın bir hastalığı olarak nitelemiştir. Yazar, klasiklerin türleri, seyirci üzerindeki etkilerine bakarak birbirinden ayırmalarına da karşıdır. F. Schlegel tür ayrımının, her türün yaşama ışık tutmasındaki özellik göz önünde tutularak yapılmasını ister.[34]

A.W. Schlegel de arı türlerden yanadır. Antik kuramcıların izinde tragedya ve komedya tanımları yapar. Bu türlerin seyirci üzerinde farklı etkileri olduğunu, tür karışımının korkunç olacağını belirtir. A.W. Schlegel, komedyanın insana ciddiyetle eğilmediğini, yalnızca ona ilgi gösterdiğini, insanın hayvansı doğasından gelen gülüncü ele aldığını ve tümüyle bir şaka olduğunu söyler. Tragedya ise ciddi, ağırbaşlıdır. Yaşama ve insana sadık kalır. İnsanın, kaderiyle çatışırken dış zorunluluk karşısında ahlak özgürlüğünü koruduğunu göstererek onu yüceltir. A.W. Schlegel, ayrıca romantik dramın tanımını yapmış, bu türe Shakespeare'i örnek göstermiştir.[35]

Schelling, modern dramatik şiiri, tragedya ile komedyanın karışımı ve lirik ile epik bileşimi olarak tanımlamıştır. Schelling "zorunluluk" ve "özgürlük" ikilemini bu türe uygulamıştır. Yazara göre, tragedya kahramanı zorunlu olarak suçlanmış, cezayı özgürce kabul etmiştir. Zorunluluk dıştan gelir. Kahraman ise özgürdür. Bu iki güç çatışır. Bu savaşımda ikisi de hem yenik, hem galip çıkar. Zorunluluk özgürlüğü, özgürlük zorunluluğu yok edemez. Nesnel zorunluluk ile öznel özgürlüğün son sentezidir tragedya. Komedyada ise bunun tam tersi görülür. Komedyada zorunluluk içten gelir, özneldir. Özgürlük ise dıştan, nesnel olarak gelir. Görüldüğü gibi bu tanımlama, idealist estetiğin ahlak özgürlüğü ve diyalektik ilişkilerine dayanmaktadır.[36]

Hegel de tragedyadaki çatışma öğesi üzerinde durmuş, çatışan güçlerden ikisinin de kendi içinde haklı olduğunu son uyumun tragedyanın sonunda gerçekleştiğini söylemiştir. Şiir türlerini lirik, epik, dramatik olarak üçe ayıran Hegel, lirik şiirin öznel olduğunu ve müzikte görüldüğünü, epik şiirin nesnel olduğunu ve yontu sanatından örneklenebileceğini ileri sürmüştür. Yazara göre dram şiiri, öznel ile nesnelin, lirik ile epiğin son sentezidir. Hegel ayrıca, komedya türünde yazarın malzemesine kuşbakışı baktığını, üstün bir bilinç düzeyinde olduğunu belirtmiştir.[37]

Solger, tragedyada kahramanın ölümünün kutsal ve gerekli olduğunu belirtmiştir. Yazara göre bu ölüm, değişmez yasaların ezeli gücünü, gelip geçici olana egemenliğini kanıtlamaktadır ve bu yüzden acınası değildir. Solger, komedya türünü de benzer bir görüşle ele almıştır. Komedyanın rastlantıları, kaprisleri değil, üstün bir düzeni dile getirdiğini söylemiştir. Bu tanıma göre komedya, gerçeğin parodisini yapmaktadır. Tersinme (ironi) yolu ile anlaşılan, düşsel bir dünyayı dile getirmektedir.[38]

S.T. Coleridge, tragedyanın insanla yazgısı arasındaki ilişkiyi ele aldığını, boyun eğmeyen irade ile karşı konulmaz yazgıyı çatıştırdığını söylemiştir. Yazara göre tragedyada, insan ruhunun tüm güçleri, bir amaca doğru seferber edilmiştir. Kahraman, ulusçuluk duygusu olan, erdemleri, yetkinlikleri kendinde toplamış olan ideal kişidir. Kendini gönüllü olarak dizginlemiştir. Komedya ise bir şaka dünyası sunmaktadır. Komedyada tüm sınırlamalar kaldırılmıştır. Düşsel bir dünya yaratılmıştır. Komedyada kişinin hata yapması, hayvansı yanının baskın çıkması, iç çelişkisi verilir. İnsanın saçma tutkularının ürün vermeyen çabası sergilenir. Komedya içten özgür, dıştan düzenlidir. Coleridge, Schlegel gibi, traji-komediyi iyi bir tür saymaktadır. Shakespeare'nin *Kral Lear* adlı oyununda Lear ile Soytarı'nın tragedyayı da, komedyayı da yücelttiklerini söylemiştir. Coleridge, ciddi ve şakayı bir arada ve uyumlu olarak verebilen şiirin en iyi şiir olduğunu belirtmiştir. Bu karma tür, duyumsal olanın ruhsal olanda özümlenmesini, hayvan insanın akıl sahibi insanda erimesini, ruhun gövdeye işlemesini sağlamaktadır.[39]

Victor Hugo, yazın türlerine uygulanan sıralamaya karşıdır. Çağdaş sanatta tüm türlerin birleştiğini, üslup farklarının ortadan kalktığını söyler. Shakespeare, oyunlarında güzel ile çirkinin, yüce ile "*grotesk*" olanın birleştiğini belirtir. Grotesk, romantik tiyatronun da özelliklerinden biridir. Victor Hugo, modern yazında groteskin yeni bir anlam kazandığı inancındadır. Yazara göre, Antik tragedya ve komedyada grotesk vardır, fakat saklı olarak bulunmaktadır. Antik tiyatroda güzel ile hayvansı olanın birleşimi verilmiştir. Oysa modern dram, yüce ile groteskin doğal bileşimidir. Çünkü insanın hayvansal yanı ile ruhunu bir araya getirmektedir. Kötülük ve saçmalık, tıpkı yaşamda olduğu gibi, kahramanlık ve erdemle birbirine bağlanmaktadır. İnsan, bir yandan Hıristiyanlığın dünyaya saldığı korkunun etkisi altındadır ve topraktan geldiğini bilir, bir yandan da ruhun ölümsüzlüğüne inanır. Tanrıya yönelir. Romantizm, insanın bu ikilemini görmüş ve bu ikilem duygusu içinde "grotesk" duygusuna varmıştır. Grotesk, gülüncü de, yüceyi de içerdiği için korkunçtur. Aynı zamanda yaşamın üstün güzelliklerinden biridir.

Victor Hugo, groteski, hem doğaya benzerlik sağladığı, hem de dramın diyalektik karakterine uyduğu için drama uygun bulmaktadır. Doğada gülünç ile acıklı yan yanadır. Groteskin güzel ile çirkini, acıklı ile gülüncü bir araya getirmesi doğaya uygundur. Grotesk, karşıtlıkları içerdiği için oyuna canlılık ve renk katar. Oyunu tekdüzelikten kurtarır. Dramın diyalektik karakteri grotesk ile sağlanır. Ayrıca grotesk öğesi, güzel, arı ve yüce olanın, daha görkemli görünmesini, bizim ona daha taze ve belirgin bir görüşle yaklaşmamızı da sağlamaktadır. Victor Hugo'ya göre tragedya, trajik ve yüce olanı grotesk ile karışık olarak sunar, böylece hem yaşama benzemekte, hem de kendine özgü bir çekicilik yaratmaktadır. Çağdaş yazarlar, oyunlarında tüyler ürpertici biçimlerden, düşsel yaratıklardan, hayaletlerden, hortlaklardan korkmamakta, dinsel ve arı ruhu, hayvansal gövdeyle birlikte düşünebilmekte, tutkuları, ikiyüzlülükleri, yalancılıkları dile getirebilmektedirler. Güzelin tek yüzü olmasına karşın çirkinin binlerce yüzü vardır ve modern yazarlar bundan yararlanmaktadırlar.[40]

Burada, romantizmi modern sanatın bir eğilimi olarak kabul eden Dante'de, Shakespeare'de, Goethe'de bu eğilimi gören, aynı zamanda klasik güzelliği de seven Jean Paul'un "mizah" tanımını anımsamak gerekir. Jean Paul'a göre mizah yücenin karşıtını anlatır. Yüce olan Tanrısal olan, sonsuz olandır. Sonsuz olanı sonlu olanla, somut ve dünyasal olanla ölçmeye kalkarsak, mizah duygusunu uyandırırız. Öteki dünyadan bu dünyaya bakarsak bu dünya küçük görünür; ikisinin birbiri ile ilintisi mizahı, sonra da gülmeyi uyandırır. Hem acı, hem büyüklük vardır bu gülmede. Mizah, elinde trajik bir maske taşır. En iyi mizahı yaratan uluslar acılı, melankolik uluslardır, İspanyollar gibi. Çünkü mizah tek tek budalaları, budalalıkları ele almaz. Çığrından çıkmış bir dünyanın tüm budalalığını dile getirir. Küçüğü yükseltip büyüğün yanına koymaya kalkar ve böylece ikisini de söndürür. Çünkü ikisi de sonsuzla karşılaşınca hiç olmuştur.

YARATICI DÜŞ GÜCÜ VE YANILSAMA

Romantik tiyatro kuramcıları tiyatroda yanılsama (illüzyon) olayı üzerinde durmuş, bu olayı tiyatro sanatının en çekici özelliklerinden biri saymışlardır. Yanılsama olayı iki açıdan ele alınmıştır: a) Tiyatronun kendine özgü inandırma gücünün kaynağı olması bakımından, b) Şiir sanatındaki düşleme gücüne koşut olması bakımından.

Romantikler, klasiklerin zaman ve yer birliği kurallarına karşı çıkarlarken özellikle yanılsama üzerinde durmuş, yer ve zaman birliği gözetilmediği durumlarda yanılsama yoluyla inandırıcılık sağladığını belirtmişlerdir. Klasik kuramcıların, oyun yerinin her perdede değiştirilmesinin ve oyunun, zaman aralıklarını atlayarak gelişmesinin seyirciye inandırıcı gelmeyeceğini ileri sürdüklerini anımsıyoruz. Romantikler ise, özellikle bu iki kurala karşı çıkarak tiyatronun yanılsama gücü ile seyirciyi, olayların uzun zaman aralıklarını atlayarak geliştiğine ve çeşitli yerlerde geçtiğine inandırdığını belirtmektedirler.

Stendhal tiyatronun yanılsama yaratma gücü üzerinde durmuştur. Yanılsama, seyircinin sahnede olup bitenin gerçekten olduğunu sanmasıdır. Stendhal tam yanılsamanın ancak kısa anlarda gerçekleştiğini, tiyatronun tadının o kısa yanılsama anlarında bulunduğunu söylemiştir. Seyircinin tüm oyun boyunca yanılsama içinde kalmadığını belirtmiş ve bir yıl önceki bir olayı anlatmıştır. Olay şudur: Baltimore Tiyatrosu'nda nöbet bekleyen bir er, tam Othello Desdemona'yı öldürmek üzere iken Othello'yu oynayan oyuncuya, "Ben buradayken bir zenci bir beyaz kadını öldürdü dedirtmem", diye bağırarak ona ateş etmiş, oyuncuyu kolundan yaralamıştır. Stendhal bunun kuraldışı bir olay olduğunu, seyircinin seyrettiği şeyin oyun olduğunu pekâlâ bildiğini söyler. Yanılsama yaratma açısından Shakespeare'i Racine'den daha başarılı bulur. Racine'in seyirciyi sahneye karşı soğuk bıraktığını belirtir. Yazara göre, eğer Racine, romantik dönemde yaşamış olsaydı, klasik kurallara uyma zorunluluğu duymayacağından, yanılsamaya güvenip birlik kurallarını atacak ve bin kat daha iyi oyun yazmayı başaracaktı.[41]

S.T. Coleridge yanılsamayı, "*seyircinin, oyun olduğunu bildiği şeyi kısa bir süre için kendi isteği ile sahiymiş gibi kabul etmesi*" olarak tanımlamıştır. Coleridge sahne yanılsamasının önemi üzerinde durmuş, seyircinin istediği zaman, gerçeğe dönebildiğini belirtmiştir.

Victor Hugo tiyatronun kendine özgü yanılsama yaratmasını, yapay olduğunu bildiğimiz görüntünün doğalmış gibi kabul edilmesi olarak tanımlar.

Yanılsama, şiirdeki düşlemeye koşut olarak alındığında önemli bir görevi daha gerçekleştirir. Bu görev, gerçeğin içten kavranması, özün yansıtılmasıdır. Somut dış gerçekle asal gerçek, yazarın kattığı düş boyutu ile birleşip bütünleşir. Tiyatroda yanılsama, bu çeşit bir düşlemedir.

F. Schlegel, dramda benzetmeciliğe karşı şiirselliği savunurken şiirsel dramın tamamlanmış, bütün ve asal gerçeği yansıttığını söylemiştir.

Samuel Taylor Coleridge, dram şiirini de içeren bir şiir anlayışı ile düş gücü üzerinde durmuştur. Yazara göre düş gücü deha gibi, esin gibi bir Tanrı vergisidir, akıl ve anlayışı uzlaştırır, "*Olasıyı gerçeğe, gizil gücü etkin güce çevirir.*"[42]

Victor Hugo, "düş ortaklığı" kavramıyla düş öğesini yanılsamaya yaklaştırır. Düş ortaklığı, seyircinin düş gücünü uyararak yazarın düşlediğini paylaştırmaktır. Böylece yanılsama, yalnızca gönüllü aldanma değil, aynı zamanda yazarın düşlerine katılarak gerçeğin yeni boyutlarını tanımak, somut gerçekleri düşsel olanla tamamlamak anlamına gelmektedir. Yanılsamanın bu tanımı, tiyatrosal yanılsamanın tadına şiirsel düşün büyüsünü katmaktadır.[43]

ROMANTİK İRONİ

Romantizmin, dayandığı sanat felsefesinin bağlamı içinde öne çıkardığı sanat değerlerinden en ilginci "ironi" kavramıdır ve özellikle tiyatroya uygulamaya elverişlidir. "Romantik ironi", genel olarak ironi sözcüğünün kapsadığı anlamdan fazlasını anlatmaktadır.

Dilimize "tersinleme" olarak aktarılan ironi, "etkiyi çoğaltmak için bir şeyin tersini söyleyerek alay etme" olarak tanımlanmıştır. Tiyatroda ironi, umulanın, ya da kastedilmiş olanın tersinin gerçekleşmesi ve bu yüzden oyun kahramanının zor duruma düşmesini anlatır. Oyun kişisinin, seyircinin bildiği halde kendinin bilmediği bir gerçek hakkında yanılgıya düşmesi anlamında ironi, hem dramatik, hem komik olarak kullanılır. Tiyatroda ironi seyirciyi üstün duruma sokar. Çünkü o asıl gerçeği bilmekte, bunu bilmeyen oyun kişisinin durumuna acımakta ya da gülmektedir. Oyun kahramanı, daha önce yaptığı hatalı bir davranışla kendi yıkımını hazırlamış olduğu halde bunu bilmiyorsa, ironi dramatik bir anlam kazanır. Örneğin *Kral Oidipus* oyununda Kral, eski kralın katilini ararken, aradığı kişinin kendi olduğunu bilmemektedir. Eski kralın katilini bulmakta direnerek yıkımını hazırlar. Bu durum, dramatik ironiye iyi bir örnektir. Kral Oidipus'un kör kâhin Teiresias'ı, gerçeği görmemekle suçlaması, oysa asıl göremeyenin kendi olması ve ancak gözlerini kör ettiği zaman gerçeği görmesi, dramatik ironinin ustaca kullanılışına örnektir. Antik Yunan tragedyalarında ironi hünerine sık sık başvurulur. Kahramanın, yıkımından sorumlu oluşunu da, yazgının değişmezliğini de gösteren ironiye, "trajik ironi" denir. Oyun kahramanı görünüşte savaşımını sürdürürken bilmeden yaptığı bir yanlışlık yüzünden yıkıma uğramıştır. Oysa bu yıkım önceden belirlenmiş yazgının gerçekleşmesidir. Yazgı, kişiyi kendi doğrultusunda davrandırarak ağını örmüştür. Seyirci oyun kişisinin yanlışını da, yazgının hazırladığı tuzağı da fark etmiştir ve oyun kişisinden üstün durumdadır. Komedya türünde aynı yanlış alayla, gülmeyle cezalandırılır. Seyirci, uzak açıdan bakarak, oyun kişisinin gerçeği göremeyişine de, ummadığı olayla karşılaştıktan sonraki şaşkınlığına da güler.

Alman romantikleri trajik, dramatik, komik ironi kavramlarına yeni bir boyut getirmişlerdir. Bu yeni anlamı kapsayan kavram "romantik ironi" olarak adlandırılmıştır. Romantik ironi, yaşamın tüm açmazlarını, karşıtlıklarını uzaktan görebilmek demektir. Burada yazarın yaşama karşı üstün durumda oluşu söz konusudur. Yazar, dünyada yaşayanların fark edemedikleri, bu yüzden şaşkınlığa düştükleri çelişkileri görmekte, bunları nesnel bir bakışla değerlendirmektedir. Bu bakımdan sıradan insanlardan daha üstündür.

Friedrich Schiller, sanatı bir oyun olarak nitelerken bu anlayışa öncülük etmiştir. Schiller'e göre sanat bir oyun dürtüsünden doğmaktadır. Özgür bir eylemdir, fakat sorumsuz değildir. Özgürlüğü, ahlak kurallarına, yararcılığa bağlı olmamasından gelir. Oyunsal niteliği ile, birleştirici bütünleştirici bir rol oynar. Sanat, uygarlığın doğadan kopardığı insanı kendi oyun düzeni içinde doğa ile yeniden uzlaştırır. Akıl ile, duyumsal gerçekle, ahlak düzenini bağdaştırır. Böylece üstün bir görevi yerine getirmiş olur. Bunu yapabilmesi için yaşama uzaktan bakması, onu ikilemleri ile görmesi ve yeniden düzenlenmesi gerekmektedir. Schiller'in oyun ilkesi, yaşama uzaktan bakma, çelişkileri saptama bakımından romantik ironiye çok benzeyen bir kavramı dile getirmektedir.[44]

F. Schlegel'in sanatta ironi anlayışının temelinde Alman idealist felsefesinin dünya görüşü yatmaktadır. Bu görüşe göre, temelde dünya çelişik bir bütündür. Bu bütünlük içinde salt (absolute) olanla, görece (relativ) olan yan yana bulunur. İnsan bir yandan gerçeğin kaçınılmaz zorunluluğunu duyarken, bir yandan da olanaksızlığın bilincini taşır. Bu durumdan dolayı şaşkınlığa düşer. Oysa sanat, kişiyi kendi durumunun ve yaşamının üzerine çıkarmakta, yaşama kuşbakışı baktırmaktadır. Sıradan kişiler için sorunsal olan durumlar sanatçıya kocaman bir şaka gibi gelir. Sanatçı da hem sanatının içinde onu yaşatmakta, hem de eserinin üstüne çıkarak onunla oynamaktadır. Sanatçı, tüm yaşamı oyun olarak algılar ve ifade ederken malzemesinden bağımsızlaşmıştır. Giderek, yaşama olduğu gibi kendi sanatına da kuşbakışı bakmaya başlar. Uzaktan bakma, sanatçının hem yaşamı, hem kendini, hem de sanatını tarafsız olarak değerlendirebilmesini sağlar. Sanatçı bütün çelişkileri görüp, onları değerlendirebilmesini sağlar. Sanatçı bütün çelişkileri görüp, onları dengeleme ve uzlaştırma olgunluğuna ulaşır. İroninin uzaktan bakışı ile, yakınlaşıp kendini ona kaptırma art arda olur. Sanat yapıtında çelişkilerin bir simetrisi vardır.[45]

Tragedya ve komedya sanatları ironinin en iyi belirlendiği sanat türleridir. Tiyatroda yaratılan yanılsama ile, bu yanılsamanın bozulmasından doğan çelişki tiyatronun kendine özgü ironisini meydana getirir. Romantiklere göre tiyatro, yaşanan ve seyredilen bir yaşam oyunudur. Yaşamın kendi de bir oyun olduğundan, tiyatro oyun içinde oyun sunar. Karl Wilhelm Solger ironinin ciddilik ve sorumluluk içinde olmasını istemiştir. Yazara göre ironi, salt bir tepeden bakış, bir üstünlük bilinci olmamalıdır. Sanatın özündeki ironi, karşıtların diyalektik bileşimini göstermekten gelmelidir. Bu bileşim somut güzel ile Tanrısal olanı uzlaştırmalıdır. Sanatçı, uzlaşmanın en üstün düzeyinde Tanrısal olanın da, onun simgesi olan kendi eserinin de, kendi hiçliğinin de farkına varır. Solger, Shakespeare'in, oyunlarını bu türden trajik ironiye örnek gösterir. Bu oyunlarda sanatçının en yüce nesnelliğine tanık olduğunu, evrensel olanla özel olanın, somut gerçek ile özün bütünleştiğini, karşıtların uzlaştığını söyler.[46]

Tieck, romantik ironinin hoşgörülü alaycı yanını şöyle vurgulamıştır: Sanatçı nesnel bakışı ile malzemesine egemen olmakta, yaşama, oyuncunun oyuna baktığı gibi bakmaktadır. Sanat yaşamı bir şaka olarak ele alır. Böylece sanat ayartıcı, yasak meyve olmaktadır. Tieck'in görüşü sanatı toplumdan koparır; sanatı yaşama değil, yaşamı sanata yaklaştırarak, yaşamı sanat eserine çevirme eğilimi gösterir.[47]

SHAKESPEARE'İN YORUMU

Romantik yazarlar Shakespeare'e hayrandırlar. Klasiklerin Shakespeare'i biçim açısından eleştirmiş olmalarına karşın romantikler bu büyük yazarı hiçbir bakımdan tartışma götürmez bir deha olarak yüceltmişlerdir. Romantik dönem tiyatrosunda Shakespeare oyunları oynanmış ve alkışlanmıştır. Almancaya çevrilmiş olan bu oyunlar Almanya'da büyük coşkuyla karşılanmıştır. Shakespeare hayranlığı romantik tiyatronun ayırıcı özelliklerinden biri olmuştur.

Romantik dönemin başında Fransız eleştirmenleri Shakespeare'i eleştirmekten geri kalmamışlardır. Örneğin Stendhal, Shakespeare'i Voltaire ölçülerine vurup kınamaktan, *Kral Lear*'i bir dizi saçma, *Hamlet*'i saçmalıklar yığını, *Macbeth*'i İngiliz barbarlığının anıtı saymaktadır. Stendhal gene de Shakespeare'e hayranlığını belirtmiştir. Madame de Staël aynı hayranlığı paylaşmış, bir yandan Shakespeare'in trajik ile komiği karıştırmasını eleştirerek onu kurallardan sapmakla suçlarken, öte yandan onun ezeli beğeni yasalarına uyduğunu belirtmiş, "*Pathos*" yaratmadaki ustalığını övmüştür.

Alman kuramcıları Shakespeare'e yaratıcı zekânın mucizesi gözüyle bakmaktadırlar. A.W. Schlegel, Shakespeare'in oyunlarını modern dramın en yetkin örneklerinden saymaktadır. Bu oyunlarda tatlı ile acının, ateşlilikle yumuşaklığın uyumlu olarak bir araya geldiğini, bir kompozisyon mucizesi yarattığını söyler.

F. Schlegel, Cervantes'in ve Shakespeare'in hayranıdır. Shakespeare'in, romantik dramın temelini attığını; oyunlarının yaşamın çeşitliliğini kapsadığını; çelişkileri, karmaşıklığı ile, yaşamı tümden yansıttığını belirtir. F. Schlegel Shakespeare'in tragedyalarının felsefi özelliğine de değinmiş, *Hamlet*'in, bu felsefi tragedyalarından biri olduğunu, bu oyunda düşünce ile eylem gücünün orantısızlığının dile geldiğini, bu oyunun bir uyumsuzluk tragedyası olduğunu söylemiştir. Schelling, Schlegel gibi, Shakespeare'de kişinin yazgısının kendi karakteri olmasını beğenir. Onu, öznel duygulara yer verdiği, gerçeğe daha yakın olduğu için yüceltir. Tieck, Shakespeare'in gerçeğe tarihsel yaklaşımını övmektedir. Solger ise Shakespeare'de yanılsamanın, seyirciyi derin ve anlamlı olana yaklaştırdığını belirtmiştir.

Genel olarak Alman kuramcıları, Shakespeare'in gerçeğe içgüdüsel olarak yaklaştığı inancındadırlar. Onu, içgüdülerinin sağlamlığı bakımından beğenirler. Shakespeare İngiltere'de de yeniden ilgi görmekte, yüceltilmektedir. Coleridge, Shakespeare oyunlarını karmaşık doğanın özümlenmesi olarak değerlendirir. Yazarın, temel gerçeğe ulaştığını, gerçeğin çelişik karakterini gördüğünü, karşıtları ustalıkla kullandığını belirtir. Coleridge, Shakespeare oyunlarındaki yanılsama ile, seyircinin düşleme yeteneğinin uyarılması ve düşe katılması üzerinde de durmuştur. William Hazlitt, Shakespeare'in oyun kişilerini inceleyerek yazarın oyun kişisi yaratmadaki başarısını belirtmiştir.

Özetle, romantik görüşe göre Shakespeare, klasik sınırlamaları aşmış, özgür yaratma gücünü bolca ve rahatça kullanmış bir yazardır. Doğruyu, iyiyi, güzeli içgüdüleri ile bulmuştur. İçgüdüleri güçlü ve isabetlidir. Shakespeare yaşama, felsefi bir açıdan bakar ve çelişkileri görür. Düş gücü, somut dış gerçekten kopmadan, soyut genel gerçeğin kavranmasını ve somutu soyut olanla tamamlamasını sağlamıştır. Ulusal tarihi ve mitolojiyi başarı ile kullanmış, biçimlemede doğal olanla bilinçli olanı birlik ve uyum içinde kullanmayı başarmıştır.

Özetlersek, romantizm tiyatro düşüncesinde yeni bir aşamadır. Bu aşamada tiyatronun konusu, işlevi, biçimi yeniden belirlenmiştir. Romantik akım, siyasal yaşamdaki özgürlük düşüncesinin tiyatroda yankılanması olarak ortaya çıkmış, klasik kurallardan bağımsız bir tiyatro anlayışını getirmiştir. Romantizm, biçimsel kısıtlamaları aşma ve düş gücüne özgürlük tanıma açısından modern tiyatronun yolunu açmıştır.

Romantik tiyatro düşüncesi, tiyatro sanatının tarihsel gelişimi, tragedyanın yapısı, türlerin özellikleri gibi konularda önemli saptamalar yapmış, tiyatronun eğitme ve eğlendirme görevini yeniden yorumlamış, yeni bir uyum anlayışı getirmiştir. Karşıtların dengelenmesi ile elde edilen bu uyum, tiyatro sanatının tür farklılıklarında yansıyan ikilemlerini, korku ve acıma gibi, yanılsama ve ironi gibi birbirine karşıt etkilemeleri tutarlı bir bütün içinde görebilmemizi sağlamıştır.

Romantik tiyatro düşüncesinde tiyatroya, birey vicdanına ışık tutma, insanı uygarlaştırma görevi verilmiştir. İnsanın iç gelişiminde ve çevresi ile olan ilişkilerinin ileriye götürülmesinde tiyatro sanatına duyulan bu güven, bu sanata felsefi düşünce katında değer kazandırmıştır.

8
Gerçekçi Akım

Tiyatroda gerçekçi akım, ondokuzuncu yüzyılın ikinci yarısında güç kazanmıştır. Oyun yazarlığında olduğu kadar sahneye koyuculukta ve oyunculukta da yeni bir sanat anlayışı getiren gerçekçi tiyatro düşüncesi, öncelikle romantik tiyatro anlayışına ve popüler tiyatro uygulamasına karşı savunulmuştur. Tiyatroda gerçekçiliğin öncüleri olan düşünürler, bu yeni akımın ortaya çıkışını romantizme duyulan tepki olarak açıklamışlardır. Romantizm, yaşamdan kopukluğu, toplum sorunlarına karşı ilgisizliği, hastalıklı duygusallığı ve yapaylığı ileri sürülerek eleştirilmiştir. Gerçekçi tiyatroyu savunanlar günlük yaşam gerçeklerine eğilmek, bunları bilimsel yöntemle incelemek, bulguları süssüz bir anlatımla seyirciye sunmak savındadırlar. Gerçekçi tiyatro düşüncesinin ilkeleri saptanırken gerçeğin yansıtılması kavramına yeni bir yorum getirilmiş, tiyatronun topluma karşı sorumluluğunun altı çizilmiş, bilimsel yöntemin nasıl uygulanacağı açıklanmış, illüzyon yaratma teknikleri üzerinde durulmuştur. Gerçekçi tiyatro düşüncesi oyun yazarlığında, yönetmenlikte, oyunculukta biçimden çok öze ağırlık vermiş, toplumun yaşayan sorunlarına yönelerek çağdaş bir nitelik kazanmıştır.

Genellikle Modern tiyatro, gerçekçi akımla başlatılır. Bununla beraber gerçekçiliğin daha önceki akımlardan beslendiğini, ön hazırlığının onsekizinci yüzyıl dramında ve romantik tiyatroda olduğunu gözden kaçırmamak gerekir. Tiyatro tarihçisi John Gassner, romantizmi realizmin ilk aşaması sayar. Romantizmin dramatik biçimlemede özgürlük sağlayarak, kalıpları kırarak, sıradan insana ve onun sorunlarına eğilerek realizmin yolunu açtığını söyler. Dokunulmazlık kazanmış soylu sanat anlayışı romantizmle kırılmış, realizme elverişli ortam hazırlanmıştır.[1]

Victor Hugo *Cromwell* önsözünde tiyatroda yoksulluğun, hastalığın, yozlaşmanın da gösterilmesini istemiştir. Victor Hugo, tür ayrımına karşı çıkarken tragedya kahramanının soylu kişi olması koşulunu kaldırmaktadır. Tiyatroda güzelin yanında çirkine, acıklının yanında gülünce, düşünsel olanın yanında hayvansal olana, soylunun yanında sıradan olana yer verilmesi, şiirsel adalete yeni bir yorum getirilmesi, tiyatro malzemesinin zenginleşmesini ve yaşanan gerçeğe yakınlaşmasını sağlamıştır. Romantik tiyatro, tarihi dekor ve kostümlerde gerçeğe benzerlik göstermesi ile de realizme öncülük etmiştir. Romantik sahne uygulamalarında sahne olanaklarının zorlanarak sel, volkan, yangın gibi olayların canlandırılması buna örnektir.

Ernst Fisher, romantizm ile realizm arasındaki ilişkiyi açıklarken, romantik akımın temel niteliği olan başkaldırının giderek bir toplum eleştirisine dönüştüğünü belirtir. Ancak romantizmde başkaldırı bireysel bir atılım niteliği taşımaktadır ve bireyi öznel bakış açısından değerlendirmektedir. Bu bakımdan romantizm eleştirel gerçekçiliğin ilk evrelerinden biri sayılabilir. Ernst Fisher, Lord Byron'ın *Don Juan* adlı yapıtını bu savına örnek olarak göstermiştir. Bu örneğe bakılırsa, zamanla nesnel bir bakış açısı kazanılmış, ölçülü bir alayı ve denetlemeyi getiren yazarlar gerçekçi akımı başlatmışlardır.[2]

Öte yandan XVIII. yüzyıldan başlayarak gelişen duygusal dram ve duygusal komedi, ahlak ve ekonomik kökenli günlük sorunları ele almakta, sıradan kişilerin yaşantılarına eğilmektedir. XIX. yüzyılın ortalarında, evlilik, evlenmede sınıf ayrımının doğurduğu engeller, boşanma zorlukları, evlilikdışı ilişkiler ve ilişkilerden doğan çocuk sorunları ele alınmaktadır. Bu oyunlarda, duygusal bir yaklaşımla da olsa, toplum sorunlarına yer verilmiş, günlük konuşma dili kullanılmıştır. Bu gelişim de gerçekçi akımın ön hazırlığı olarak değerlendirilebilir.

Romantizmden realizme geçiş döneminde tiyatro yapıları çoğalmış, tiyatro sanatı tüm Avrupa ülkelerine yayılmıştır. Sayısı gittikçe artan seyircinin kolay etkilenmesi, iyiyi kötüden ayırt edememesi, benliğinin okşanmasından hoşlanması ve tiyatroya eğlenmek için gitmesi popüler yazarlara ortam hazırlamıştır. Seyircinin alkışladığı oyuncular sivrilmekte, yıldız oyuncular tiyatro olayına yön vermektedirler. Oyuncular bir mevsim için değil, tek oyun yapımı için tutulmaktadırlar. Ünlü yıldız oyuncular turne temsilleri düzenlerler. Turne temsillerinin yeğlenmesi yerel toplulukların çözülmesine yol açar. Tek oyun için toplanan, birbirine yabancı oyuncular arasında uyum sağlamak için yetki ve sorumluluk taşıyacak bir yöneticiye gereksinme duyulmaktadır. Tiyatroda yönetmenin önemi anlaşılmıştır. Gerçekçi tiyatronun en önemli özelliklerinden biri olan sahne üzerinde gerçeğe benzerliğin sağlanması ve rejisörün tiyatro olayında önemli bir rol oynaması bu gelişimin sonucudur. Dekorda, kostümde aksesuarda tarih gerçekliği gözetilmektedir. Havagazı aydınlatmasının kullanılmaya başlanması ve ramp ışıklandırması ile tiyatronun bir bölümü karartılabilmektedir. Bütün bunlar gerçekçi tiyatronun oluşumunu sağlayan ön gelişmelerdir.

Geçiş döneminde sahnelerde çok çeşitli oyunların yer aldığı görülür. Shakespeare'in, Schiller'in oyunları, romantik dramlar, melodramlar, iyi-kurulu oyunlar, bulvar komedileri, müzikli oyunlar oynanır. Oyalayıcı ve eğlendirici temsiller seyirci toplar. Orta sınıfın kusurlarını eleştiren oyunlarda fazla acıtıcı olmamaya özen gösterilir. Gerçekçi tiyatroyu hazırlayan bir gelişim de oyun yapısında görülmektedir: Eugene Scribe'in "İyi-kurulu-oyun" tekniği, seyircinin ilgisini çekmek için karmaşık bir dolantı kurma tekniğidir. Eugene Scribe ve Victorien Sardou, oyunlarında bu tekniği başarı ile uygulamış ve seyircinin çok tuttuğu oyunlar yazmışlardır. Kuramsal alanda Sarcey'in savunduğu bu kurguda günlük ilişkiler yapay biçimde çapraşıklaştırılmaktadır. Yanlış anlamalar, kötü rastlantılar, garip engellerden doğan çatışmalar, durumu açmaza sürükler. Düğüm üzerine düğüm atılır. İşler iyice karışır. Sonuç zorlama olarak geciktirilir ve rastlantısal bir çözümle noktalanır. Önemli olan seyircinin merakını çekebilmektir. Bu merakın mantıklı ve bilimsel bir bilgi isteğine dönüşmesi gerekmez. "İyi-kurulu-oyun", romantizmin ülkücü, heyecanlı, başkaldıran, derinleri arayan, zengin ve güçlü malzemesine karşın öz açısından cılızdır, seyircinin anlayışına yeni ufuklar açmaz.

XIX. yüzyılın ortalarında tiyatro yazarlığının böylesine bir kurgu ustalığına dönüşmüş olması tepki uyandırmıştır. Gerçekçiliğin oluşmasında bu tepkinin de payı vardır. Gerçekçi akımın kuramcıları, kurgu oyunlarının zorlama dolantısına, yüzeysel özüne karşı çıkmışlar, fakat kendi oyunlarını yoğururken bu teknikten bir ölçüde yararlanmaktan da geri kalmamışlardır. Geçiş döneminde gerçekçiliğe öncülük eden yazarlar arasında,

Almanya'da Georg Buchner'i, Hebbel'i, Rusya'da Gogol'ü, Ostrovsky'i görüyoruz. Gerçekçiliğin ilk adımları Fransa'da atılmış, kuramları aynı ülkede saptanmıştır. Émile Zola ve Goncourt kardeşlerin yeni tiyatro anlayışı naturalizm doğrultusundadır ve romandaki naturalizm akımından etkilenmiştir. Alexandre Dumas Fils ve Emile Augier, toplum eleştirileri ve tezli oyun anlayışları ile gerçekçiliğin kuramını belirlerler. Saxe Meiningen Dükü, André Antoine, Otto Brahm, Stanislavsky gibi yönetmenler, bu kuramın, uygulama ile açıklık ve kesinlik kazanmasını sağlamışlardır. Ibsen, Strindberg, Çehov, Gorky, George Bernard Shaw, Eugene O'Neill gibi usta oyun yazarlarının oyunları gerçekçi tiyatroyu, gücünü günümüze dek koruyan bir akım düzeyine getirdiler.

Gerçekçi akım XIX. yüzyıl Avrupası'nda görülen toplumsal, ekonomik, ekinsel değişmelerden etkilenmiş, bu etkilerle oluşmuş ve eski ortamın ürünü olan romantizme karşı çıkarak kendi kuramını oluşturmuştur. 1830-1870 yıllarında Avrupa'da siyasal, dinsel, bilimsel, ekinsel ve sanatsal devrimler birbirine koşut olarak gerçekleşmektedir. Ekonomik yaşamda toplum ilişkilerinde, değer yargılarında, iç ve dış politikada önemli değişiklikler olmaktadır. Bu büyük değişim endüstrileşmenin ve güçlenen kapitalizmin sonucudur.

Endüstri devrimi, makina endüstrisinin kurulması ile başlamıştır. Dokumacılığın gelişmesi el tezgâhlarını sona erdirmektedir. Buharlı makinelerle kömür ve demir kaynakları işletilmektedir. Çelik üretimi artmıştır. Buharlı gemi ve lokomotif ulaşımı hızlandırmıştır. Kanallar, yollar yapılmakta, haberleşme kolaylaşmaktadır. Sermaye gereksinimi bankacılığı geliştirir. Gelişen sermaye ile büyük firmalar kurulur. Rekabetin artması tutkuları kamçılamış, çıkar ve kazanç kaygısı, eski ahlak değerlerini sarsmıştır. Toplum, yaşayış biçimi ve düşünce tarzı ile hızlı bir değişim süreci içinde bulunmaktadır. Her yönden dinamik bir ortam yaratılmıştır.

Makine endüstrisinin kurulması, el tezgâhlarının kapanması ile beraber kırsal kesimden kentlere, fabrika yörelerine göç etmek zorunda kalan yoksul insanlar çok zor koşullar altında yaşamaktadırlar. Ücretleri düşüktür. Çalışma koşulları ağırdır. Konutları sağlığa elverişsizdir. Bir yanda çetin koşullar altında yaşam savaşı veren yoksul, umarsız emekçiler, öte yanda varlık içinde yaşayan, fakat kıyasıya bir rekabet yüzünden kendi aralarında bir savaş bunalımı yaratmış olan iş adamları, bankacılar, yöneticiler bulunmaktadır. Ekonomik zorunluluk ülkeleri ittifaklarla birbirine yaklaştırmakta, siyasal bloklar oluşmaktadır. Bu kıyasıya güçlülük savaşında savaşabilenler ve ezenlerle, savaşamayıp ezilenler görülür. Ekonomide liberalizm, kazanma özgürlüğünü savunarak tutkuları ateşlerken, işçiler de yeni haklar elde etmek için direnirler. 1848'de Fransa'da, 1867'de İngiltere'de oy hakkını kazanırlar. Devlet sömürüyü önlemek, yoksulluğu gidermek için yasalar çıkarır. İşçilere sendika kurma, grev yapma hakları verilir.

XIX. yüzyılda yaşanan bu çarpıcı gerçek karşısında romantik yazını ilgilendirmiş olan birey dertleri, aşk acıları, ince duygular önemini yitirmiştir. Aydınlar, sanatçılar, yaşam savaşının çetin koşulları üzerinde, düşünmeye başlamışlardır. Yazarlar toplumun yaygın sorunlarına el atarlar. Sömürüye, ezici tutkulara, ahlak değerlerinin yitirilmesine karşı tepki gösterilir. XIX. yüzyılın ortalarından başlayarak dram sanatı da yaşam savaşımını tüm acımasızlığı içinde yansıtmaya başlar.

XIX. yüzyılda tiyatroyu etkileyen bir başka etken de bilimdeki gelişimdir. Bir yandan endüstriye yararlı bilim gelişir ve teknolojiye doğru yönelirken, öte yandan idealist felsefenin yerini materyalist felsefe alır. Bilim, endüstrinin hizmetine girmesinin sonucu olarak daha kapsayıcıdır, daha kolay anlaşılır ve senteze yöneliktir. Çeşitli bilimler birbirlerine yaklaşmaktadır. Hem evren, hem de yaşayan cisimler fizik kuralları ile açıklanmaktadır. Bu aşamada bilim, sanat düşüncesini de, sanatçıyı da etkilemekte, onun dünya görüşünü, konu seçimini ve yöntemini belirlemektedir. Darwin'in türlerin kökeni, insanın evrimi, kalıtım yasaları ve doğal ayıklama ile ilgili kuramları, yazarları büyük ölçüde etkilemiştir. Toplumda gözlemlenen amaçsız savaşım, doğanın temel yasası olarak sergilenir. İnsanın hayvanla aynı yapıda olduğunun bilincine varılması, bu savaşımı daha da acımasız göstermektedir. Fizyolojide Claude Bernard'ın, psikolojide Sigmund Freud'un bulguları yazını aynı biçimde etkilemiştir. Gerçekçi kuramın odağını oluşturan "çevresine yazgılı insan" düşüncesi bilimsel bulguların ürünüdür. Bu bulgu ve varsayımlara göre insan, kalıtımla gelen bireysel özelliklerine, gövde ve ruh yapısına, toplumsal ortamına, bu ortamın ekonomik koşullarına, töresine, değer yargılarına tutukludur. İnsan, varlığını sürdürmek ve onurunu korumak için çetin bir savaş vermek zorundadır ve ne kadar gözü pek olursa olsun, ne kadar direnirse direnşin bu savaşta yenik düşecektir. Ibsen'in, Strindberg'in, Çehov'un, Hauptmann'ın, O'Neill'in oyunlarının ana temasını bu sinsi savaşım oluşturur. Koşullarına yenik düşmeye yazgılı olan insan, çevresini saran ve tanımakta güçlük çektiği güçlerle sonuna dek savaşır. Özlediği hiçbir şeyi gerçekleştiremeyen dram kişisinin durumu acıklıdır. Bu acıklı durum içinde direncini yitirmemesi, onurunu korumaya çalışması ile anlam kazanır. Dramatik olan, bireyin yaşamını sürdürmek için verdiği savaşımda görülmektedir.

Bu dönemde yazını etkileyen felsefe görüşü pozitivizm olmuştur. Auguste Comte, daha önceki felsefe okullarının dayandığı bilgi kuramına karşı çıkmıştır. Comte, yalnızca gözlemlediğimiz gerçeği, yaşantı sınırımız içinde olanı bileceğimizi ileri sürüyordu: Fenomenlerin özü ve nedenleri değil, yalnızca başka olgularla olan ilişkisi, olgular arasındaki sıralanışın yasaları saptanabilirdi. Çünkü bu ilişkilerdeki neden sonuç ilişkisi hep aynı kalmaktaydı ve pozitivist yasa bu ilişkiyi betimlemekle yetinmeliydi. Auguste Comte'un bu görüşü fizikötesini, tanrısal olanı, salt gerçeği bilme düşüncesini eskitmişti. Pozitivizm, fizikötesine karşı kuşkucu, ahlak değerlerinden soyutlayıcı, duygusallığa karşı durucu tavrı ile yazını etkiledi. Yazında da ruha karşı madde, Tanrısal gerçeğe karşı duyusal gerçek, sezgiye karşı gözlem önem kazandı, dinsel inançlara karşı laik düşünceler gelişti.

August Comte sanatı bir olgu olarak ele alıyordu. Comte'a göre bütün öteki olgular gibi sanat da toplumun durumuna bağlıydı. Sanatı da, bilim adamı gibi, nesnel olarak incelemek gerekiyordu. Auguste Comte, sanatın başka bir yönüne, toplum düzeninin gelişmesine katkıda bulunma gücüne de değinmiştir. Sanatçının ülküsünü gerçekleştirmek için kendine de, doğaya da egemen olduğunu, idealindeki insan gibi hareket ettiğini, hem düşün, hem ahlak güdülerine dayandığını ileri sürmüştür; sanatçıyı bu özellikleri ile ilerideki uyumlu toplum yaşamının yapıcısı olarak görmüştür. Comte, insanın uzun ve olaylı bir gelişim içinde bulunuşuna koşut olarak estetik güdülerinin de geliştiğine, ileride özgür insanlığa layık bir aşamaya geleceğine, Antik sanatı bile gölgede bırakacağına inanmıştır.

Yazarlar Auguste Comte'un bilgi, gerçek, sanat hakkındaki görüşlerini benimsediler. Pozitivist toplum görüşü sanata da aktarıldı. Yazarların somut gerçeklere yönelmesinde, nesnellik ve bilimsellik tutkusunda, acı gerçeklerin üzerine gitmesinde, ahlak değerlerine bağlı kalmamasında, duygusallıktan kaçınmasında pozitivizmin etkisi büyüktür. Tiyatro sanatının vazgeçilmez konusu olan insan, doğal ve fizyolojik özellikleri ve bu özelliklere koşullu oluşu ile dramatik anlam kazanmıştır. Oyun yazarı seyircisini toplum gerçekleri konusunda aydınlatma ve düşündürme görevini üstlenmiştir.

Yazında insanın özellikle fizyolojik özelliklerinin üzerinde durulmasında, fizyoloji bilimindeki gelişmenin, özellikle Claude Bernard'ın etkisi olmuştur. Claude Bernard, insan bünyesini koşullayan yasaların kesinliğine inanıyor, bu yasaları saptamak için yalnızca deneye önem veriyordu. Bu etki altında yazın sanatı insan bünyesinin yapısında yeni bir yazgı öğesi bulmuştur.

Yazını etkileyen bir başka düşünür de Hippolyte Taine (1828-1893) olmuştur. Taine, doğanın her bölümünün ötekine nedensellik bağı ile bağlı olduğunu, doğanın birlikli, bölünmez bir zorunluluklar yasası olduğunu kabul eder. Zorunluluk, insanın düşüncesinden değil, nesnenin kendinden gelmektedir. Bu bakımdan yazar yapıtında "ırk, ortam, zaman" etmenlerini dikkate almalıdır. Hippolyte Taine'nin ırk, ortam, zaman kuramı, gerçekçi akımın anahtar sözü olmuştur. Hippolyte Taine, sanatı da bir olgu olarak görüyor, başka olgular tarafından koşullandığını kabul ediyordu. Bir sanat yapıtını ve sanatçıyı anlamak için, çağın toplum ve kültür durumunu anlamak gerektiğini, çünkü sanatın çevresinin ürünü olduğunu ileri sürüyordu. Yazara göre şiir bitkiye benzemekte idi. Bitkiyi nasıl iklim ve toprak belirliyorsa, şiiri de ahlak yasası belirliyordu. Tohumları nasıl rüzgâr tüm yer yüzüne taşıyorsa, her türlü yetenek de tarihin her döneminde varoluyor ve tıpkı doğanın seçmesi gibi, toplum da bu yetenekler arasında bir seçim yapıyordu. Bu aşamada toplum kendine varolan duygu, düşünce ve atmosferi yansıtan sanata ilgi gösteriyordu.

Gerçekçi sanat tıpkı fizik, kimya, fizyoloji gibi insana egemen olan iç-dış koşulların değişmez yasalarını saptamaya çalıştı; insanı incelerken bilimin yöntemini benimsedi. Bu bilimsel tavır Hippolyte Taine tarafından "gözlem, hipotez ve hipotezin deney ile sınanması" olarak açıklanmıştı. Émile Zola'nın bilimsel gerçekçiliği, Taine'in görüşlerine dayanır. Zola, bu etki altında, malzemesine doğadaki organik yapıya bakar gibi bakmakta, ayrıntıları saptamakta, yorumlayıcı ve düzenleyici değil, salt gözlemci olmaya özen göstermektedir. Zola'nın toplumu ve insanı incelerken bilimsel yöntem kullanılmasına ilişkin görüşleri ve toplum yapısını doğa yapısı gibi görmesi naturalizmin asal ilkesini oluşturmuştur.

ROMANTİK TİYATROYA GÖSTERİLEN TEPKİ

Gerçekçi tiyatro düşünürleri ve yazarları bu yeni akımın ilkelerini ve kurallarını saptarken iki eğilim içindedirler: Romantizmi eleştirmek, bilimin çağdaş başarısına ayak uydurmak. Gerçekçiliğin yasallık kazanması için romantizmin iflas ettirilmesi ve bilimselliğin kanıtlanması zorunlu görülmüştür. Gerçekçi yazar ve düşünürler romantizmi eleştirirken şu noktalar üzerinde durmuşlardır:

a) Romantizm düşsel olanı ele almış, yaşanan gerçeklerden uzaklaşmıştır. Romantizm geçmişe ve onun ölülerine takılmış, onları donatıp ortaya çıkarmıştır. Bu yönü ile masalsıdır. Gerçekçilik ise somut, yaşayan gerçekleri ele alacak ve olduğu gibi gösterecektir.

b) Romantik sanat seyircisini yalanlarla, gerçekleşemeyecek ülkülerle avutmuştur. Gerçekçilik ise gerçeğin acı, çırkın yüzünü göstermekten çekinmeyecektir.

c) Romantizm yaşamı eskimiş, tükenmiş, idealist bir dünya görüşü ile açıklamaya çalışmıştır. Realizm ise halkın sorunlarını serimlemekle yetinecek çözüm getirmeğe kalkışmayacaktır.

d) Romantik sanatın kişileri belli değerleri simgeleyen kukla tiplerdir, her zaman kendilerinden beklenildiği gibi davranırlar. Gerçekçilik ise insanı çevresi içinde ve kendi fizyolojik, psikolojik yapısı ile olan karmaşık ilişkileri içinde ele alıp, onu yaşayan bir insan gibi sahneye getirecektir.

e) Romantizm hasta bir duygusallık içine düşmüştür. Gerçekçilik duyumlara akla ve mantığa yönelmektedir.

f) Romantizm heyecanları etkiler, eleştirisi dişsizdir. Gerçekçilik ise kolay çözümlemelerden kaçınarak bir durumu her yönü ile tartıştırmak ve seyircisini düşündürmek amacındadır.

g) Romantizm estetik biçimlemelerle göz boyamıştır. Gerçekçilik ise öze ağırlık vermekte, bilgi sunmaktadır.

h) Romantizm sahnede göz alıcı ve coşkun renklidir. Gerçekçilik ise göz boyamaz; yalın, güncel, sıradan olanı yansıtmakla yetinir.

Gerçekçi akımın çağdaşlığını kanıtlamak için bilimlerle ortak yanı üzerinde durulmuştur. Özellikle natüralist (doğalcı) eğilim gösteren yazar ve düşünürler yazın sanatının bilimle aynı işi yaptığı savındadırlar. Başlangıçta bu yeni akım hem "Naturalizm" (doğalcılık) hem "Realizm" (gerçekçilik) olarak adlandırılmış, anlam farkı üzerinde durulmamıştır. Her iki sözcük de yazında soyut, kavramsal, dinsel olana karşı somut, maddesel, özdeksel olanı anlatmak için kullanılmıştır.

Realizm sözcüğü "şey" anlamına gelen *res* sözcüğünden türetilmiş ve felsefede *nominalizm*'e karşıt olan görüşü anlatmak için kullanılmıştır. İdea'ların salt ad ve soyutlama olmalarına karşın, gerçek varlıklar olarak "idea'ların realitesi"nden söz edilmiştir. Shiller ve Schlegel realizm sözcüğünü edebiyata uyguladılar. Schiller Fransızların idealist değil, realist olduklarını ileri sürüyor, bu sözü ile şiirin realist olamayacağını anlatıyordu. Buna karşın Fredrich Schlegel tüm felsefenin idealizm olduğunu, şiirden başka hiçbir gerçek realizm olmadığını ileri sürdü. *Akademik Çalışma Yöntemi Üzerine Notlar* (1802) adlı yapıtında Schelling, "şiirsel realizm"den söz etti. Realizm sözcüğü, yeni bir sanat anlayışına ad olarak ilk kez Fransa'da kullanıldı. 1826 yıllarında *Mercure de Français*'de bir yazar, edebiyatta yeni bir gelişme olduğunu, yazarların eski ustaları değil, doğanın sunduğu gerçekleri taklide yöneldiklerini ve buna "realizm" denilebileceğini yazıyordu. 1850'lerde realizm sözcüğü edebiyatta ve sanatta yeni kullanılmaya başlandığı için italikle yazılmaktadır. 1853'te *Westminster Review*'da Balzac hakkında çıkan bir yazıda bu sözcük kullanılmıştır. 1855'te ressam

Courbet resim sergisinin kapısına "Du Réalisme" yazmıştır. Courbet yaratmak için bilmek gerektiğini, yaşadığı zamanın adetlerini, düşüncelerini ve görünüşünü gördüğü gibi saptadığını ileri sürmüş, sanat anlayışını açıklamak ve yanlış anlaşılmamak için bu sözcüğü özellikle kullandığını belirtmiştir.[3] 1856'da Edward Duranty *Réalizme* adında bir dergi çıkarmıştır. 1857'de bu yeni akımdan yana olan Champfleury, Courbet, *Le Réalizme* adlı bir eleştiri kitabı yayımlarlar.

Realizmin belirlenişi sırasında yazın alanına yeni bir sözcük girmiştir. Bu sözcük *Naturalizm*'dir ve realizme bağlanarak kullanılmaya başlamıştır. O yıllarda realizmin kesin tanımı yapılmamış olduğundan realizm ve naturalizm sözcükleri eş anlamda kullanılıyordu. Bu adlar altında edebiyatta girişilen yenilik hareketinin pek çok ortak yanı vardır. Naturalizm sözcüğü edebiyata felsefeden gelmiştir. Bu sözcüğün tarihi antik dönem felsefesine kadar uzanmaktadır. Antik düşüncede naturalizm, materyalizm, Epikürcülük ve sekülarizm anlamlarına gelmektedir. XIX. yüzyıla kadar naturalizm insana, maddeye, fizik yasalarına, doğal gerçeklere ilgi duyma olarak düşünülmüştür. Holbach, doğayı ve insanı koşullayan kozmik ve mekanik bir düzen düşünür, insanı algılanan olaylar içinde görür ve buna naturalizm der. Ondokuzuncu yüzyılda doğa, canlıların, bitkilerin, yıldızların oluşturduğu canlı ve birlikli bir düzen olarak betimlenir. Doğal olmak, doğadan zevk alma, doğayı inceleme anlamına gelir. Doğa bilimlerinde naturalizm sözcüğüne yer verilir. Naturalizm sözcüğü, güzel sanatlarda XVII. yüzyıldan başlayarak kullanılmıştır. Doğalcı ressam diye, tarihsel ve mitolojik konuları, alegorik konuları doğa biçimlerine benzeterek işleyen sanatçıya denirdi. XIX. yüzyılda naturalist sanat, yaşamın tüm biçimlerini ve derecelerini anlatan, tek amacı doğayı en yoğun, en güçlü aşamasında yansıtmak olan sanattır. Bu tanım, benzetmeci gerçekçilik ile idealizmi bağdaştıran bir sanat anlayışını dile getirmektedir. Émile Zola "naturalizm" sözcüğünü güzel sanatlardan yazın sanatına aktarmıştır. Émile Zola 1867'de *Thérèse Raquin* önsözünde naturalizmi doğaya bağlı kalma anlamında kullanmıştır. Yazar bu sözcüğü *empresyonizm* (izlenimcilik) sözcüğü ile eşanlamda kullanmaktadır. Émile Zola, empresyonist ressamların açık havada günlük konuları ele almalarına, çağdaş gerçeklere yer vermelerine, ışık ve rengin değişimlerini, oynaşmalarını başarı ile resme aktarmalarına hayrandır ve bu ressamları da natüralist sayar. Naturalizm terimi böylece yaygınlık kazanmış; Gustave Flaubert, Alphonse Daudet, Guy de Maupassant, George Eliot gibi yazarlar tarafından, yeni gelişen edebiyat akımının adı olarak kullanılmıştır. Émile Zola ve çağdaşı Fransız yazarları naturalizm sözcüğü ile realizm sözcüğünü de eşanlamda kullanmışlardır.

Günümüzde bu iki sözcüğün kökenlerini ortaya çıkarma, edebiyattaki anlam farklarını belirtme çabası görülmektedir. Tiyatro yapıtlarına uygulandığında ise, kimi oyunların realist ve natüralist ayrımını kanıtlayacak biçimde farklı özellikler gösterdiği, kimilerinin ise iki özelliği de bir arada taşıdığı görülür. Bu yüzden bu iki sözcük kuramsal olarak birbirlerinden ayrı sanat anlayışları belirlese bile, uygulama dikkate alındığında bir kavram kargaşasından kaçınmak kolay olmamıştır. Realizm ve naturalizm ayrımı her ülkede başka betimlemelerle ve örneklemelerle ortaya konulur. Fransa'da naturalizm, Zola'nın bilimsel yaklaşımını determinist ve maddeci dünya görüşünü akla getirir. Realizm ise naturalizmin daha genişçe kapsamlı bir aşaması olarak kabul edilir. İngiltere'de XIX. yüzyılın ikinci yarısında gelişen bu akımın yapıtları tıpkı Antik'te olduğu gibi, olasılık, tipiklik, inandırıcılık ve ülküsellik koşulu ile birlikte ele alınır.

Romantik akım tiyatro düşünürleri klasikçilerin soylu, akılcı, öğretici sanat anlayışına karşı çıkarlarken, tiyatro sanatına yüzyıllardır egemen olan "taklit" ilkesini de sarsmışlardı. Düşsel olanı, fantastik olanı sahneye getirebilmek için imge, simge, alegori, benzetme gibi şiir sanatının dolaylı anlatım ustalıklarından yararlanılmıştı. Tiyatro sanatı, bu ustalıkları yazı diline olduğu kadar görüntü diline de uygulamıştı. Tiyatro, seyircisinin aklına değil duygusuna seslenmiş, bilgiyi değil sezgiyi kurcaladığı için yeni anlatım yolları aramış, şiir sanatının hünerlerine başvurmuştu. Seyirci bu anlatımı kendi düş gücüne, duygu yoğunluğuna göre değerlendiriyor, bu yüzden gerçekler özel ve bireysel biçimde algılanmış oluyordu. Klasik sanatta yansıtılan gerçek, yaşanan gerçeğe ne kadar benzerse, seyircinin bundan pay çıkarması o kadar kolaylaşmış oluyordu. Taklit edilen gerçeğin tipik ve genel oluşu pay çıkarmayı daha da kolaylaştırıyordu. Oysa romantik sanatta seyirci, düş gücünün, sezgisinin uyarılması oranında temeldeki gerçeğe yaklaşmış olacaktı. Bununla beraber tiyatro sanatında romantizm dış görünüşü çarpıtmamıştır.

Gerçekçi tiyatro düşüncesinde ise romantik tiyatronun gerçek anlayışına da, gerçeğin anlatım yöntemine de karşı çıkılmıştır. Fizikötesi gerçekler değil, dünyasal gerçekler önem kazanmıştır. Bu gerçekler de ancak benzetme yolu ile en doğru olarak gösterilir. Fakat bu benzetme, klasik akımın kabul ettiği tipik, olası ve uygun olanı yansıtma düşüncesinden farklı olarak açıklanmıştır. Gerçekçi tiyatroda tipik ve genel olan yanında özel olana da yer verilir. Benzetmede ayrıntılar gözden kaçırılmaz. Nesnellik ve soğukkanlılık bir ahlak ve töre gereği değil, bilimsellik gereğidir. Klasik gerçekçilik, toplum için yararlı sayılanı örnekleme yolu ile öğretmeyi amaçlıyordu. Modern gerçekçilikte ise, bilimsel olarak doğru olanın, hiç çekinmeden tanıtılması amaçlanmaktadır. Bu aşamada gerçeğe benzerlik demek toplum ortamı içinde insanı ve onun toplum ilişkilerini göstermek, bilim ciddiyeti ve tarafsızlığı ile toplum sorunlarına eğilmek demektir. Tiyatroda somut gerçeğe bu denli kesin dönüş, bilimlerin ve felsefenin XIX. yüzyılda ulaştığı aşamaya koşuttur. Bu yüzyıl, bilimlerin maddeyi her yönü ile tanıma çabasına girdiği dönemdir. Fizik ve kimya bilimleri maddeye egemen olan yasaları bulmaya çalışır. Aynı çaba insanın fizyolojik ve psikolojik yapısına da yöneltilir. İnsan, bir doğa parçası olarak inceleme konusudur. Toplumsal ilişkiler, bunlara egemen olan yasalar incelenir. Bu çabaya sanatlar da katılır. Yazın sanatı, insan yaşamını toplumsal çevresi ve doğal koşulları içinde, ayrıntıları ile incelemek ve yansıtmak görevini üstlenmiştir. Émile Zola, bu gelişimi 1864 yılında "perde" ilkesi ile şöyle açıklamıştır: Klasik perde büyütür, romantik perde çarpıtır, realist perde ise yansıtır. Bu yansıtıcı perde çok ince, çok saydam, çok arı bir cama benzer. İmgelem bu camdan geçerek yeniden var olur.

Romanda realizm, toplumsal ortamın, çağdaş dünyanın tıpatıp benzerinin içtenlikle ve herkesin anlayacağı biçimde canlandırılması olarak tanımlanmıştır. Tiyatroda da, yaşamın olduğu gibi sahnede canlandırılması görüşü benimsenir. Başlangıçta öneriler roman yazarları ve kuramcılarından gelmiş daha sonra romanda başlatılan gerçekçiliğin tiyatroda da başarılabileceği ileri sürülmüştür. Émile Zola, çağdaş oyun yazarlarını gerçekçi oyunlar yazmaya davet eder. Almanya'da realizmin türleri üzerinde durulur, çağlara ve ülkelere göre ayrı tanımları yapılır. Birleşik Amerika'da realizm ve naturalizmin kesin ayrımını yapma eğilimi vardır.

Émile Zola bireyin beden ve ruh yapısından, kalıtımından ve yakın çevresinden gelen gerçeklerini incelemeyi önerirken, Hebbel, Ibsen, George Bernard Shaw gibi yazarların ilgisi, toplumsal karşıtlıkları, çatışma yaratan değer farklılıklarına, insanın toplumla olan kaçınılmaz savaşımına dönük olmuştur. Naturalizmin yöntemi, bilimin yöntemidir. Gözlem, deney, çözümleme yapar. Yazar, tıpkı bir bilim adamı gibi tarafsız olacaktır. Oysa realizm olarak adlandırdığımız daha geniş kapsamlı sanat anlayışı içinde yazar sorunsal olanı ele almak ve yorumlamak eğilimini gösterir. Naturalizm töreye, ahlaka, âdetlere ters duşen, o zamana kadar örtülü kalması yeğlenmiş olan gerçeklerin, cinsel dürtülerin, insanın hayvan yanının sergilenmesini, insanın bunlara yazgılı olduğunun belirtilmesini ister. Seyirci, tıpkı öteki bilim dallarında olduğu gibi, yazın yolu ile de kendine egemen olan doğa yasalarını öğrenecektir. Realizm ise seyirciyi toplum sorunları üzerinde düşünmeye yöneltir. Toplum olgularının ardında kesin yasalar olduğunu belirtmekten kaçınır. Hazır formüllere ve çözümlemelere karşıdır. Realizm seyircinin, durumu aklında, vicdanında tartışmasını, sorunu her yönü ile kendi yaşamında görmesini ve özümlemesini amaçlar.

Tiyatronun malzemesi, konusu, amacı ve yöntemi açısından naturalizm ile realizm arasında görülen bu ayrım, oyun yazma tekniğinde de ortaya farklılıklar çıkarmıştır. Natüralist tiyatroyu savunanlar için biçim sorunu olmamıştır. Malzemeyi yoğurmakta Scribe'in yarattığı, Sardou'nun geliştirdiği "İyi-kurulu-oyun" tekniğinden yararlanılabilir. Seyircinin salt olayın gelişimine yönelik olan ilgisini, konunun özüne, gerçeğe çekmek yeterli bir reform sayılır. Realizm ise popüler tiyatronun tüm kalıplarına, dolantı ustalıklarına, yapay hünerlerine karşı çıkmış, bunların, seyircinin gerçeği görmesini engellediğini, yanlışa, yüzeysele koşulladığını ileri sürmüş, biçimin özden, özün gereksinmesinden doğmasını, ilginin yalnızca toplum sorununu ve onu yaşayan insana dönük olmasını istemiştir. Günümüzde naturalizm sanatın ayıklama ve düzenleme işlemine karşı çıkmamakla beraber, yazarın öznel katkılardan kaçınmasını öngörür. Günümüzde realizm toplum sorunlarına ve ilişkilerin diyalektik niteliğine dönüktür. Toplum ve insan ilişkilerini, bu ilişkilerin dinamik niteliğini belirtecek biçimde ele alır.

XIX. yüzyılın ikinci yarısında gelişen gerçekçi tiyatro anlayışı roman sanatında daha önce belirlenmiş olan ilkeleri benimsemiş, tiyatro uygulamasının özelliklerini de dikkate alarak yeniden betimlemiştir. Bu ilkeler; 1)Somut yaşam gerçeğinin yansıtılması, 2) Çevre etmenlerinin dikkate alınması, 3) Bilim yönteminin uygulanması, 4) Düşüncenin dış dünyaya açılması, 5) İlüzyon (yanılsama) yaratılması olarak özetlenebilir.

SOMUT YAŞAM GERÇEĞİNİN YANSITILMASI

Realizmin temelini oluşturan bu ilke ile sanatta idealin, tanrısal gerçeğin yerini yaşanan gerçekler almaktadır. Gerçekçilik duyularla algılanan gerçeklerin hiç değiştirilmeden sahneye getirilmesi demektir. Bu ilke, yazarları olduğu kadar yönetmenleri de ilgilendirmiştir. Oyunun yalnız konusu, kişileri, dili değil, görüntüsünün de gerçeğe benzemesi söz konusudur. Bu ilke doğrultusunda dekorun, giysilerin, makyajın, kullanılan eşyanın, ışıklamanın, gerçeğe benzer olmasına, gerçeği tıpatıp yansıtmasına dikkat edilmiştir.

Sanatın başlangıçtan beri yaşam karşısında iki asal tavrı olduğunu görüyoruz: Somut gerçeğin benzerini yapmak ya da soyut gerçekleri söz ve görüntü hüneri ile dile getirmek. Somut gerçeklerin aslına benzer biçimler içinde yansıtılmasına eskiden beri "taklit" denilmiştir. İlkellerde, benzerlik yaratma yolu ile doğaüstü güçlerin etkilenebileceği inancı vardı. Mağara resimleri gerçeğe çok benzemektedir. Büyü törenlerinde yapılan taklitli oyunlar sanatta benzetmeci biçimin öncüsü olmuştur. Taklitli oyunlar, benzetmeyi canlandırarak yapar. Bu bakımdan taklitli oyun, gerçeğin çok yönlü ve devingen olarak yansıtılmasıdır. Bu oyunlarda gerçek yaşama çok benzeyen bir oyun dünyası yaratılırken taklit yönteminden yararlanılmıştır. İlkellerin törenlerinde maske kullanılması, garip sesler çıkartılması, abartılı hareketler yapılması ise, taklidin de ötesinde, dolaylı anlatım hünerlerine de başvurulduğunu göstermektedir.

Aristoteles sanatın taklit özelliği üzerinde durmuştur. Tiyatroda yaşamın yansıtılması, gerçeğe benzerlik elde edilmesi klasik tiyatro anlayışının temel ilkesini oluşturur. Aristoteles'ten esinlenen Latin, ortaçağ ve rönesans klasik dönem kuramcıları taklit ilkesinde bir evrim gerçekleştirmişlerdir. Tiyatronun bu evrime ayak uydurması gerekir. Tiyatronun, yapısı gereği, aşılması güç kalıpları vardır. Bu kalıplar kök salmış, katılaşmıştır. Tiyatro seyircisi genellikle alışkanlıklarının bozulmasına karşı çıkar. Fakat gün gelecek seyirci de bu bayat öyküleri seyretmekten usanacak, yenilikçilerle birlik olacaktır. Zola, ölüm döşeğindeki dram sanatına taze kan gerektiğini söyler:

> "Artık romantiklerin tarihi kahramanlık öyküleri, dramları, zırhlar, zehirler, gizli kapılar, seyirciyi ilgilendirmiyor. Burjuva işi romantik dram da, melodram da ölüyor. Sahte duygululuklara, zorlama düğümlere, çalınan çocuklara, gizli belgelerin ortaya çıkarılması gibi düzenlere paydos. Artık yapıtlarımızı gerçeklere dayandırmanın zamanı geldi. Çiğ, çıplak, olduğu gibi gerçek, deneysel ve bilimsel gerçek sergilenmeli. Önemli olan, gerçek çevresi içinde incelenecek olan, insan sorunudur. Masal yok, yaşam vardır. Sahne geçmiş dönem tiyatrolarının süprüntülerinden temizlenmelidir. Amacımız insanı ve eşyayı geniş bir portrede vermektir. Dram, kaçınılmaz olarak modern ve gerçekçi olacaktır".[4]
>
> (*Thérèse Raquin* Önsözü, 1873)

Gerçekçilik tiyatroya yeni bir özgürlük getirmiştir. Malzeme seçiminde soyluluk, ahlak, doğruluk, adalet gibi değer yargılarının ötesine geçilmiştir. Tabu sayılan kanunlara el atılmış, ahlakın ve dinin yasaklamaları aşılarak gerçeğin çıplak görüntüsü sergilenmiştir. Bu, seyirciyi yıllardan beri koşullanmış olan sahneye özgü yalan dünyanın kalıplarını kırmak demektir. Oyun yazarı, yönetmeni, dekorcusu, oyuncusu, bu gelişimden etkilenmektedir. Tiyatro, penceresini çağdaş insana ve topluma açmıştır. Tiyatro kuramcıları bu gelişimin bilincindedirler. Gerçekçi tiyatronun öncü yazarı Friedrich Hebbel, *Maria Magdalena* adlı oyununa yazdığı önsözde çağının burjuva dramını, gerçekleri bazen büyütüp, bazen küçülterek çarpıttığı için eleştirmiş, gerçekleri olduğu gibi yansıtmanın önemi üzerinde durmuştur. Özellikle yeteneksiz burjuva dramı yazarlarına yönelttiği bu eleştiri ile Hebbel, gerçekçi tiyatro düşüncesini başlatmıştır denilebilir.

> "Burjuva trajedisi yazarları insanın korkunç bir yazgısı olsun diye kişileri soylulaştırmak gereğini duydular. Onlara kendi gömülerinden güzel sözler çıkarıp sundular ve onları bu sözlerle saatlerce konuşturdular. Ya da insanı, yaşamdakinden daha aşağı iterek onu bir budala gibi gösterdiler. Bu oyun kişileri sanki büyücünün değneğinden çıkmıştır. Bu değnek, prensleri ve prensesleri canavar, aslan ya da başka bir değerli yaratığa çevireceğine, yanlışlıkla bir hizmetçi veya terzi çırağı yapıvermişti. Bunlar, "evet", "hayır" demeleri bile mucize olan canlı odun parçaları idiler sanki".[5]
>
> (*Maria Magdalena* Önsözü, 1843)

Friedrich Hebbel aynı önsözde tiyatronun çağına açık olmasını, onun gerçeğine eğilmesini, yazarın kendi cılız özbenine bağlı kalmayıp çevresindeki gerçekleri görmesini önermiştir. Gerçekçi akımın oyun yazarları, önsözlerinde ve mektuplarında gerçekçilik anlayışlarını açıklarken günlük olayları ve ayrıcalığı olmayan kişileri ele aldıklarını, somut yaşam gerçeğine eğildiklerini, günlük konuşma dilini kullandıklarını belirtiyorlardı. Gerçekçilik, tiyatroda güncel olayların, sıradan kişilerin ve konuşma dilinin kullanılması olarak uygulanmıştır. Bu uygulamanın XVIII. yüzyıl duygusal dramında başlatılmış olduğunu anımsıyoruz. Gerçekçi yazarlar yeni bir aşama yaparak burjuva dramını yapay duygululuklardan, abartılmış coşkulardan, kalıp tiplerden temizlemeyi amaçlamışlardır. Bu yazarlara göre orta sınıf seyircinin düşünce ve beğeni düzeyi ile sınırlanmış olan eski tiyatro anlayışı aşılacak, insan ve toplum gerçeği, tıpkı yaşamdaki gibi, tüm doğallığı ve karmaşıklığı ile yansıtılacaktır. Alexandre Dumas Fils şöyle söyler:

> "Oyunlarımızda kullandığımız dil seyircinin her gün kullandığı dildir. Onların duygularını ele alırız. Oyunda yer alan kişiler de seyircinin ta kendisidir. Seyirci, içinde bulunulan durumu, tutkuları hemen anlar. Bunları anlaması için okulda, işyerinde bir ön hazırlık yapmasına gerek yoktur. Görecek gözü, duyacak kulağı olsun yeter".[6]
>
> ("How to Write a Play" ["Bir Oyun Nasıl Yazılır"], 1884)

Kuramcılar bir yandan insanı etkileyen toplumsal koşulların karmaşıklığından, iç çelişkilerinden söz ederlerken, bir yandan da insanın ilkel ve hayvansı yanının, doğal dürtülerinin yansıtılmasına önem vermişlerdir. Realizm ile naturalizm çelişkisi burada görülmeye başlar: Doğalcı eğilim içinde olan yazar ve düşünürler insanı bir doğa parçası gibi madde yanı ile ele alır, bu maddeyi bilim yöntemi ile incelemeye özen gösterirler.

Gerçekçi eğilimli yazar ve düşünürlerin ise, toplumsal ilişkilere ve toplum sorunlarına önem verdikleri, toplumu ve insanı karmaşık bir bütün olarak ele aldıkları, toplumsal sorumluluğa dikkati çektikleri görülür. Doğalcılar, ahlak ve töre kurallarına aykırı da olsa, doğal gerçeğin hiç saptırılmadan serimlenmesinden yanadırlar. Gerçekçiler ise topluma ve insana egemen olan, onu iç ve dış çatışmalara iten toplum yapısını da yansıtma çabası içine girmişlerdir. Doğalcılar ayrıntıya eğilir, bilgi verme görevini üstlenirlerken, gerçekçiler, tümü görmeye çalışırlar ve düşündürmeyi amaçlarlar. Her iki eğilim yaşam gerçeğinin yansıtılması konusunda birleşmiştir. Yalnız yaşamı organik ve kaçınılmaz bir toplumsal ilişkiler bütünü olarak görmek ile, ayrıntıları ile saptanabilen bir madde gerçeği olarak görmek arasında fark vardır. Birinde tümün düzeni, ötekinde tek tek gerçeklerin doğal zorunluğu önem kazanmıştır. Birinde durum ve olaylara egemen olan toplum yasaları, ötekinde insana egemen olan doğa yasaları ilgi çeker. Tiyatroda naturalizmi, tıpkı romanda olduğu gibi Émile Zola savunur:

> "Naturalizm adını verdiğim evrim budur ve yerine daha iyi bir sözcük bulunamaz. Naturalizm, doğaya dönüş demektir. Bilim adamları olguları, nesneleri, insan vücudunu incelemekle işe başladıklarında deneye dayanmaya, çözümlemeyerek ilerlemeye önem verdiklerinde bu işlemi yapmış oldular. Yazında Naturalizm aynı biçimde doğaya ve insana dönüştür. Var olana razı olmak onu ele almak, doğrudan gözlem yapmak, doğru anatomi yapmaktır. Yazarın görevi, bilim adamınınki gibidir. İkisi de soyutlamaların yerine gerçekleri koymakta, ampirik formüllerin yerine canlı çözümleme yöntemini kullanmaktadırlar. Kitaplarda artık, yalana, uydurmalara, tanrısal gerçeğe, soyut oyun kişilerine yer kalmamıştır. Gerçek kişiler, her birinin gerçek tarihi ve günlük yaşam öyküsü ele alınacaktır. Bu, işe yeni baştan başlamak demektir. İdealistlerin yapmış olduğu gibi bezden yapma oyun kişileri yaratarak sonuca varmak değil, insan varlığını temel kaynaklarından tanımak gerekmektedir. Yazarlar temelden başlamak zorundadırlar. İnsana dair en çok sayıda bilgi, kendi mantık düzeni içinde getirilecektir. Naturalizm budur. Naturalizm ilk düşünen beyinle başlamıştır. Fakat en büyük ve kesin evrimini kuşkusuz son yüzyılda yapmıştır".[7]
>
> ("Naturalism on Stage" ["Sahnede Naturalizm"], 1880)

Natüralist tiyatro uygulamasında kalıtımla geçen hastalıklara, ruhsal ve bedensel bozukluklara yer verilir; bunların insanı koşulladığı belirtilir. Tiyatronun eskiden beri trajik bir anlam bulduğu insan ile yazgısı arasındaki çatışma yeniden sahneye çıkarılmıştır. Yalnız bu kez insan yüce tahtından inmiştir. Yazgısı tanrılar tarafından değil, doğal ve toplumsal koşullar tarafından belirlenmektedir. "Olması gerektiği gibi" olan ve iradesi ile eylemi ateşleyen, üstün tragedya kahramanının yerini, "olduğu gibi" olan ve tüm gücünü kendini çevresine karşı savunmakta kullanan dram kişisi almıştır. Yazgısının gerçekleşmesi, Antik tragedyalarda olduğu gibi, insanın özgür iradesini kanıtlayacak biçimde görkemli değildir. Doğadan ve toplumdan kaynaklanan güçler, insanı ufaltmakta, ezip geçmektedir.

Modern dramda trajik olanı doğa yasalarının amansız kıskacında görenlerden biri August Strindberg olmuştur. Strindberg oyunlarında toplumsal, ruhsal, bedensel etmenlere bir arada yer vermekte, fakat özellikle doğa yasalarının belirleyiciliğini vurgulamaktadır. Bu oyunlardaki güçlü güçsüz savaşımı Darwin'in kuramını anımsatır. Strindberg *Matmazel Julie* adlı oyununa yazdığı önsözde bunu şöyle bir benzetme ile açıklamıştır:

> "Benim trajedim birçok insanı üzüyorsa bu onların kabahatidir. İlk Fransız devrimcileri gibi güçlü insanlar olsaydık, ormanların, çağını doldurmuş olan ve başka ağaçların önünü kapayan, çürümüş, eski ağaçlardan temizlenmesine sevinir, mutlu olurduk. Tıpkı iyileşmeyecek bir hastalığa tutulmuş olan bir insanın en sonunda ölmesine memnun olmamız gibi. Natüralist dramda anlamlı bir tema araştırması görülüyor. Konular genellikle yaşamın iki kutup noktası çevresinde yoğunlaşıyor. Bu noktalar yaşam ve ölümdür; doğma ve ölme işidir. Var olma, varlığının onurunu koruma savaşıdır. Bu savaşların alanları, acı feryatları, yaralıları, ölüleri vardır. Yaşamın yeni felsefesi savaş adını alıyor. Bu görüş güneyden verimli rüzgârlar estiriyor."[8]

Strindberg'in doğalcı eğilimine, dramatik olanı doğal güçlerin çatışmasında görmesine karşın, Henrik Ibsen doğal ve toplumsal güçler karmaşasını bir bütün olarak görmüş, tümünü anlamaya ve değerlendirmeye çalışmıştır. Henrik Ibsen, oyunlarında söz ile davranış, irade ile eylem arasındaki çelişkiyi ele alır, bu çelişkinin nedenlerine yönelir. Ibsen, tiyatro sanatı ve onun işlevi konusundaki görüşlerini çok ender olarak dile getirmiştir.

> "Bir şairi şair yapan nedir? Ben bunu çok geç fark ettim. Şair olmak, görmek ve dikkat etmektir. Öyle bir biçimde görmelidir ki seyirci de şair gibi algılasın. Bunun için görünen ve beğenilen şeyin yaşanmış olması gerekir. Modern çağın yazınının gizi de buradadır. Son on yılda yazdığım her şeyi ben de içimde yaşadım. Hiçbir şair kendi başına yaşamaz yaşamı. Onun yaşadığını yurttaşları da beraber yaşar. Öyle olmasa üreten ve tüketen arasındaki köprü nasıl kurulurdu."[9]
>
> ("On the Poet's Vision" 1874)

Anton Çehov da oyunlarında insanın karmaşık ve tümel gerçeğine eğilmiş, yalın, kesin yorumlarla yetinmemiş, çelişkileri göstermiştir:

> "Tek bir kötü adam, tek bir melek portresi yapmadım (Yalnız soytarı çizmekten kendimi alamadım). Kimseyi suçlamadım, kimseyi aklamadım. İyi mi oldu bilmiyorum."[10]
>
> ("Kiselev'e Mektup" 1887)

George Bernard Shaw, gerçeği, bilimsel bir kesinlikle irdelemekten çok karmaşık dokusu ile yansıtmak ve kolay çözümlemelerden kaçınarak soruna her yönünden ışık tutmak eğilimindedir:

> "Çağdaş uygarlığın büyüklüğü ve karmaşıklığı, basın yolu ile bunun bilincine daha iyi varmamız iki türlü etkiliyor düşünceyi: Yetkin bir kişinin bile genelleme yapamayacağı kadar çok belge sunarak tümel görüşleri gözden düşürmesi, bir de toplumsal reformların ivedilikle yapılmasının gerektiğini iyice vurgulayarak şiir gücünü bile, kendi yararına seferber etmesi".[11]
>
> ("The Problem Play", 1895)

Oyun yazarını bir kaos beklemektedir. Fakat yazar günlük yaşamın karmaşası içinde anlamlı olanı seçecek ilişkileri bulacak ve anlaşılır bir biçime sokacaktır:

> "Büyük yazar kendini ve seyircisini eğlendirmekten daha önemli bir iş yapmalı, yaşamı yorumlamalıdır. Bu söz dindarca söylenmiş bir yazın sözüne benzedi. Fakat bir an üzerinde durulacak olursa anlamın doğruluğu ortaya çıkacaktır. Günlük yaşantımızda yaşamı anlaşılmaz bir olaylar karmaşası olarak görürüz. Halep pazarında Othello'nun, Kıbrıs limanında İago'nun, Venedikte, San Marco meydanında Desdemona'nın yanından geçersiniz de bu insanların birbiri ile ilişkisi hakkında en küçük bir ipucu bile elde edemezsiniz. Eczaneden karaciğer özü hapı, ya da diş fırçası aldığını sandığımız kişi, belki de intihar etmek, yahut adam öldürmek için ilaç almaktadır. Sizden önünüzdeki seçimler için oy istemekten başka ereği olmayan bir devlet adamı, belki de savaşın, devrimin, çiçek salgınının, yaşamınızdan beş yıl yitmesinin nedeni olacaktır. Bir babanın, tüm ailesini ve sonunda kendini öldürmesi, ya da bir genç kızı kötü yola düşürmesi, belki de sizin bir ay önce bir öfke krizi içinde adamlarınızdan birinin işine son vermenizden dolayı olmuştur. Yaşamı anlamak için sokaklarda olup bitene bakmak, tıpkı gösteri yürüyüşlerinin fotoğraflarına bakarak halk sorunlarını anlamaya çalışmak kadar boşunadır. Yaşam, yalnız olgularına baktığımızda bir anlam ifade etmez. Bir polis, Paris sokaklarında, saraylarında otuz yıl çalışır, her şeyi görür de, bir çocuğun, ya da bir rahibenin Brieux'nün tek bir oyunundan öğreneceği gerçeği öğrenemez. Çünkü Brieux'nün işi, günlük olayın kaosundan anlamlı ayrıntıları seçmek, onları, birbirlerine olan ilişkilerini belli edecek biçimde düzenlemek ve dünyanın korkunç karmaşası karşısında şaşırmış insanlar olan bizi, dünyanın ve olup bitenlerin bilincinde olan insanlara dönüştürmektir. Bu, bir

yazarın gerçekleştirebileceği en yüce görevdir. Euripides'ten, Aristophanes'ten, Shakespeare'e, Molière'e kadar, onlardan Ibsen'e, Brieux'e kadar dünyanın büyük oyun yazarları, gövde gösteren, gösterişli oyuncu ve yazarlardan çok daha yüce, ulu bir yerdedirler".[12]

("Brieux'nün Üç Oyununa Önsöz", 1904)

Karmaşık olayları yorumlamak, onlardan genellikle geçerli olan bir anlam çıkarmak, tiyatronun düşünce öğesine ağırlık veren gerçekçi yazarların özelliğidir. Doğalcı eğilimli olanlar ise yalnızca görülen gerçeğin ayrıntılarını ele almaktan, olayları nesnel bir bakışla değerlendirmekten yanadırlar. İlişkiler bütününü görmekten ve yorum yapmaktan kaçınırlar. August Strindberg 1889 yılında naturalizmi şöyle savunmuştur:

"Naturalizm, bir doğa parçasının resmini en doğal biçimde çizmek ve bunun sanat olduğunu savunmak demek değildir. Gerçek Naturalizm savaşların koptuğu odakları arar. Her gün görülmeyeni görmeye çalışır. Güçler arasındaki savaşımdan tat alır. Bu güçler ister aşk ister nefret olsun ister başkaldırı, ister toplum içgüdüsü olsun, fark etmez! Büyük olması yeterlidir. *Germinal*'de, La Terre'de de bu görkemi görürüz."[13]

("Modern Dram ve Modern Tiyatro Hakkında", 1889)

ÇEVRE ETMENLERİNİN İNCELENMESİ

Realizm-naturalizm akımının kuramcıları gerçeği koşullayan çevre etmenleri üzerinde durmuş, gerçeğin onu çevreleyen ortam içinde yansıtılmasını zorunlu saymışlardır. Bu tiyatro anlayışına göre, tiyatro insanı doğal ve toplumsal koşulları içinde ele almadıkça gerçekleri tam olarak yansıtmış sayılmaz. Yazar insanın çevresiyle olan zorunlu ilişkisini açıklayabilmek için çevreyi iyi tanımalıdır.

Realist-natüralist tiyatro düşüncelerinin çevre etmenine böylesine önem vermelerinde Darwin'in varsayımlarının etkisi olmuştur. Doğada ortamına en iyi uyabilenin yaşama hakkını elde ettiği görüşü, tiyatroda da oyun kişisinin içinde yaşadığı ortamın önemini artırmıştır. Oyun kahramanının yaşamı, içinde yaşadığı koşulları iyi tanımasına, davranışlarını ona göre düzenlemesine bağlıdır. Çevre koşullarının yazgısal kesinliği, çevresiyle çatışan insanın çabasına dramatik bir anlam katmıştır.

Darwin'in kalıtımla gelen özellikler üzerinde durmuş olması, kalıtım yasalarının saptanması da oyun yazarını etkilemiştir. Kalıtım bir iç koşul olarak kişiyi kıskıvrak bağlıyor ve tıpkı çevre koşulu gibi dramatik bir yazgı niteliği taşıyordu. Yüzyıllardır insanı mizaç özellikleri, tanrısal ve toplumsal ilişkileri ile incelemiş olan tiyatro yazarı, bu karmaşık gerçeğin yapısını anlar gibi oluyordu. İnsanı etkileyen iç ve dış koşulların neden-sonuç yasasını bulduğu zaman gerçeği çözümlemiş olacağına inanıyor, böyle bir görevi, bilimlerle birlikte üstlenmekten onur duyuyordu.

Hippolyte Taine "ırk, ortam, zaman" kuramı ile gerçeğin karmaşık bir yapısı olduğunu ve bu yapının yasaları bulunduğunu ileri sürerek, yazarı çözümlenmesi gereken bir yaşam bilmecesi ile karşı karşıya bırakmıştı. Öteden beri toplumun moral yapısına ilgi duymuş olan yazar, bu moral yapının mekanik bir düzeni olduğunu ve bu yapının tıpkı evrenin fizik yapısı gibi çözümleneceğini öğreniyordu. Bu görüşten esinlenen yazarlar toplumsal ve fiziksel ortamı inceleme yarışına girdiler. Roman ve tiyatro toplumsal çevrenin ayrıntılarıyla yansıtıldığı türler oldu. Ortamın insana etkisi, kaçınılmaz tarihsel ve ırksal özellikler, insanın bütün bu koşullarla çalışmak zorunda kalışı, tiyatro için mükemmel bir malzemeydi. Bu amansız savaşımın, bireyin yenilgisi ile bitmesi acıklı olduğu kadar dramatikti. Çünkü koşullar ne kadar amansız olursa, bireyin bunlarla savaşımı o kadar kaçınılmaz oluyordu.

Oyun kişisine seçme hakkı, irade özgürlüğü tanınmıyordu. İç ve dış koşullar onun yaşantısını bir savaşım alanı olarak seçmişlerdi. Kişi, iradesi dışında bu savaşı kabulleniyor ve onurlu olduğundan, seçimi kendi yapmışcasına yiğitçe savaşıyordu. Çevre koşullarının çelişkili oluşu oyun kişisinin iç çatışmasına düşmesine de neden oluyordu. Ibsen, Strindberg, Çehov, oyunlarında koşullarının ve çelişkilerinin kıskacındaki insanın dramını başarı ile yansıttılar. August Strindberg *Matmazel Julie*'yi koşullayan iç ve dış ortamı oyuna yazdığı önsözde şöyle açıklamıştır:

> "Matmazel Jülie'nin trajik sonunu pek çok çevre koşulu ile gerçekleştirdim: Annesinin temel içgüdüleri, babasının kızını yanlış yetiştirmiş olması, kızın kendi mizacı, nişanlısının, kızın zayıf ve yozlaşmış zihni üzerindeki etkisi. Ayrıca şunlar da var: Yaz ortası gecesinin eğlence havası, babanın o sırada uzakta oluşu, kızın ay hali, kızın hayvanlara düşkünlüğü, dansın verdiği cinsel heyecan, çiçeklerin aşkı etkileme gücü ve nihayet iki insanı tenha bir yerde, bir odada buluşturan rastlantı ile uyarılmış erkeğin cüreti. Görüldüğü gibi, ne yalnızca fizyolojik nedenlere eğildim, ne de ruhsal nedenlere eğildim. Ne yalnız anneden gelme kalıtımla açıkladım, ne de suçu ay hali rahatsızlığına, ya da ahlaksızlığa yükledim." (...)
>
> (*Matmazel Julie* Önsözü, 1988)

Dramda çevre etmenlerinin kişiyi böylesine sıkı dokulu bir ağ içine alması, bireyi bir odak noktası olmaktan çıkarmıştır. Birey, ne Antik tiyatroda olduğu gibi tanrısal özellikleri olan ve tanrılara kafa tutan kişidir, ne rönesans tiyatrosunda olduğu gibi taşkın heyecanları ve tutkuları ile çevresini titretir, ne klasik tiyatroda olduğu gibi toplumun değerlerini en arı biçimde simgeleyen soylu kişidir, ne romantik tiyatroda olduğu gibi özgür vicdanın ve ruh soyluluğunun temsilcisidir. Birey geleneksel ya da ilerici değerlerin, tutkularının ya da sınıfının kavgasını vermez. Gerçekçi tiyatroda insan kendini savunabildiği ve acıya dayanabildiği oranda dramatik anlam kazanır. Oyunun ateşleyici gücü çevreden gelmektedir. Anton Çehov iç ve dış ortamına koşullu kişinin umursamazlığını, insan onurunu ve insanlık değerini zedelemeden yansıtmayı başarmıştır. George Bernard Shaw, insanın koşulları ile çatışmasının evrensel boyutuna dikkati çeker:

> "Dram yazarlarının malzemesini her zaman insan duygusu ile koşulların çatışması oluşturur. Toplumsal durumlar aynı zamanda koşullar olduğuna göre toplumsal sorun dramın malzemesidir. Fakat her oyun bir toplum sorununu içermeyebilir, çünkü insan duygusu kurumlaşmamış durumlarla da çatışabilir. Böyle bir durum bir sorun değildir, insan yazgısının bir parçasıdır.(...) Yaşlılık, aşk, ölüm, kaza gibi, kişinin karakterleri gibi, kurum dışı bir durumdur. Bu da oyuna kalıcı ve evrensel bir ilgi sağlar, oyunu zamana ve yere bağlı kalmaktan kurtarır."
>
> ("The Problem Play", 1895)

Sonuç olarak, realist-natüralist tiyatro kuramında çevre etmeni üzerinde ısrarla durulmuş olduğu, iç ve dış koşulların insanı kıskıvrak bağlamış olmasının tiyatroya yeni bir yazgı kavramını getirdiği ve insanın çevresi ile çatışmasının dramatik anlamı üzerinde durulduğu söylenebilir.

BİLİM YÖNTEMİNİN UYGULANMASI

Natüralistler, bilimsel gelişmelere koşut bir tiyatro devrimi yapmak amacındadırlar. Romanda olduğu gibi tiyatroda da insana egemen olan doğa ve toplum yasalarının bilimsel doğruluk ve kesinlikle sergilenmesi öngörülür. Sanatta ve edebiyatta bilimselliğin bu denli önem kazanmasının nedeni insanı konu alan bilimlerin insan yapısı hakkında çok çarpıcı olan görüşler ileri sürmesidir. İnsanın fizyolojik özellikleri, kalıtımsal kusurları, içgüdüleri ve bilinçaltı konularda yeni bulgular, deneylerle kanıtlanmakta, insan, doğal ve toplumsal bir nesne olarak çözümlenmektedir. Kökende hayvanla olan bağlantısı çözümlemeyi basitleştirir. Bilimin insanı açıklamak konusundaki güveni yazarları etkilemiştir. Onlar da insanı, gözlem yaparak, ayrıntıları gözden kaçırmayarak, bilimsel sonuçları dikkate alarak kolayca çözümleyeceklerine inanırlar. Klasik ve romantik tiyatronun saygı duyduğu, yücelttiği kahraman insanın yerini, ilkel özellikleri, ruh ve beden aksaklıkları ile hayvan insan almıştır. Bu malzeme ile yapılacak en yararlı iş, onu bir anatomi masasına yatırmaktır. "Anatomi" sözcüğü natüralizmin benimsediği bir sözcük oluvermiştir. Bu akımın sözcülerine göre roman da, tiyatro da insana ait somut gerçeklerin bilimsel incelemesini yapabildiği ölçüde yararlı olacak ve yaşamaya hak kazanacaktır. Bunu başaramazsa gözden düşmeye mahkumdur.

Amacı tanımlarken ileri sürülen bu bilimsellik savı yaratıcı çalışmanın yöntemine de uygundur. Natüralist kuramcılara göre, gerçeklerin aslına en benzer biçimde yansıtılabilmesi için yaratma sürecinde bilimsel yöntemden yararlanmak gerekir. Bu yöntem üç aşamalıdır: Deney, gözlem ve çözümleme. Yazar malzemesine iyice yaklaşmalı, klasik anlamda bir yaratıcı gibi değil, bir monografi uzmanı gibi davranmalıdır. İlk aşamada yazar deney yapar. Bunun için, tıpkı bir laboratuvarda olduğu gibi bir denek ve bir ortam gerekir. Yazar bir ortam sunacak, bir ortamın koşullarını belirleyecektir. Ondan sonra bu denek ortamın içine bırakılır ve kendi mizacına, iç koşullarına göre içine girdiği yeni ortamda nasıl davranacağı, ne gibi bir tepki göstereceği gözlenir. Ortam önceden hazırlanmış, fakat deneğin göstereceği tepki, kuracağı yeni ilişkiler doğal gelişime bırakılmıştır. Yazar uzak durumunu koruyacak, yalnız gözlem yapacaktır. Yazarın, deney süresinde olduğu gibi, sonuç saptanmasında da nesnelliğini koruması, sonucu olduğu gibi kabul etmesi gerekir. Bilimsel ağırbaşlılık ve ciddilik bunu gerektirmektedir. Bu işlemin son aşamasında yazar çözümleme yapacaktır. Deney ve gözlem sonucu elde ettiği bilgiyi incelemek, bundan bir sonuç çıkarmak ona düşer. Yazar bu son aşamada da tarafsız kalmalı, çözümlediği gerçeği yorumlamaktan kaçınmalıdır. Tıpkı bilimsel çalışmalarda olduğu gibi, acele varılmış sonuçların yanlış ve tehlikeli olabileceği ve yazarın yansıtma amacına ters düşebileceği hatırlatılır, yazarlar bu konuda uyarılır. Roman ve tiyatroda bilimsellik savı natüralizmin sözcüsü Émile Zola tarafından açıklanmıştır:

> "Bugünün bilim adamları sonuç çıkarmadan önce deney yapılmasından yanadır. Doğruluğu önceden kabul edilmiş gerçekler bir kenara bırakılıyor, ilk nedenlere iniliyor. Tıpkı bir okul çocuğu gibi bilim adamı da doğayı su gibi okumaya kalkmadan önce onu tanımaya, onun büyüsünü öğrenmeye razı olmuştur. Bu bir devrimdir. Bilim ampirizmden uzaklaşmaktadır. Ampirizm yöntemi, bilinenden bilinmeyene doğru ilerlemeyi gösterir. Oysa yeni bilimciler gözlemlenmiş bir olgu ile işe başlamakta; gerekli öğeleri elde etmeden önce sonuç çıkarmaktan çekinmekte ve gözlemden gözleme ilerlemektedirler. Tek sözcükle, sentezden başlamak yerine analizden yola çıkıyorlar. Artık

gerçekleri içe doğma ile, tanrısal esinle bulmaya çalışmıyorlar. Gerçeğin tüm işleyiş biçimini tanıyıncaya dek inceleme yalın olandan karmaşık olana doğru geliştiriliyor. Yöntem bulunmuştur. Bu yöntem tüm bilimleri geliştirecek ve birbirleriyle uzlaştıracaktır. Bu çalışma biçiminin yararı çok geçmeden görüldü bile. Anatomi titiz ve eksiksiz bir gözlemle yepyeni bir dünya serdi gözler önüne. Giderek öteki bilimler çıktı ortaya. Kimya gibi, doğa felsefesi gibi bilimler henüz genç olmakla beraber hızla büyümekte ve gerçeklere ışık tutmaktadır. Din masallarına korkunç bir darbe indiren iki bilimi, kozmografya ve jeoloji bilimini anımsamak yeter. Bu patlama geneldedir ve süreklidir.

"Öte yandan doğada her şey birliktedir. İnsan usunun bir yanı çalışmaya başladı mı öteki yanı da bundan etkilenir. Çok geçmeden tam bir evrim meydana gelir. Yakın zamana kadar düş payını yazıdan alan bilimler uydurma düşlerinden kurtulup doğaya döndüler. Sonra sıra yazına geldi. Yazın, bilimi izledi ve deney yöntemini benimsedi. XVIII. yüzyılın büyük felsefe akımı, geniş bir araştırmaydı. Belki sık sık duraksıyor, fakat sonunda tüm insan sorunlarını sorguya çekiyor, onlara yeni çözümler sunuyordu. Tarihte ve eleştiride eski skolastik kuralların yerini olguların ve çevrenin incelemesi aldı. Rousseau ve okulundan beri yazın yapıtlarında doğa işe karışmakta, yapıta egemen olmaktadır. Ağaçlar, sular, dağlar, büyük ormanlar yeniden tanınmakta, dünya mekanizması içindeki yerlerini almaktadır. İnsan artık düşünsel bir soyutlama değildir. Doğa onu koşullamakta ve tamamlamaktadır. (...)

"Naturalizm adını verdiğim şey işte bu evrimdir. Eminim daha iyi bir sözcük bulunamazdı; Naturalizm, yani doğaya dönüş. Bilim yapıtlarında nesnelerden ve olgulardan yola çıkmaya ve çözümleme yaparak ilerlemeye karar verildiği gün bu işlem yapıldı. Yazında naturalizm de tıpkı bilimde olduğu gibi, doğaya ve insana dönüştür; doğrudan gözlemdir; tam bir anatomidir; olanı görmek ve kabul etmektir. Yazarın görevi ile bilim adamınınki aynıdır. İkisi de soyutlamanın yerine gerçeği, ampirik formülün yerine canlı çözümlemeyi kabul eder. Böylece kitaplarda soyut kişilere, uydurmalara, tanrısal olana da yer kalmadı. Bunların yerlerini gerçek kişiler, bu kişilerin gerçek tarihi ve günlük yaşamın öyküsü aldı.

"Biz bilim adamıyız, çözümleyiciyiz, anatomiciyiz. Yapıtlarımızda bilim yapıtlarının kesinliği, sağlamlığı ve uygulaması vardır.

"Roman artık belli alanlarda sınırlanmıyor, tüm alanlara doğru gelişip her konuyu ele geçiriyor. Roman, bilim gibi, dünyanın efendisi olmuştur. Her konuya değinir, tarih yazar, fizyolojiyi ele alır, şiirin yüceliklerine yükselir, her çeşit konuyu inceler. Politika, toplum ekonomisi, din, töre, tüm doğa onun ülkesidir. (...) Romanda başlatılan evrimin sahnede de gerçekleşmesini bekliyoruz. Bilimin ve modern sanatların kaynaklarına dönülsün, doğa incelensin, insanın anatomisi yapılsın, yaşamın ona tıpatıp benzeyen, şimdiye kadar ortaya konulanlardan daha özgür ve güçlü olan resmi yapılsın."

("*Naturalism on Stage*", 1880)

DÜŞÜNCENİN DIŞ DÜNYAYA AÇILMASI

Gerçekçi tiyatro, seyirciye kendi dışındaki dünyayı tüm aksaklıkları ile göstermekte ve bunlar üzerinde düşünmeye zorlamaktadır. Düşünce öğesi ağırlık kazanmıştır. Gerçekçi yazarlar popüler tiyatronun yalnızca eğlendirmeyi amaçlamasından, seyirciye basmakalıp konular sunmasından ve seyircinin düşünme gücünü köreltmesinden yakınırlar. Gerçekçi akımın kuramcılarına göre, seyirci tiyatroya gelirken usunu askıya almaya koşullanmıştır. Gerçekleri görmezlikten gelmek ve düşünmemek işine gelmektedir. Tiyatronun görevi bu tembel seyirciyi uyarmak olmalıdır.

Gerçekçi tiyatroda düşünceyi ateşleyen, örtülü gerçeklerin açıklanmasıdır. Dinin, ahlak kurallarının, töre ve adetlerin açıklanmasını yasakladığı gerçekler, bilimsel doğruluk adına serimlenir. İnsan, doğası ile, çevresi ile, toplumsal ilişkileri ile seyirciye tanıtılır. Seyirci eskiden görmezden geldiği, ürktüğü, utandığı gerçeklerle yüz yüze gelmiştir. İster istemez bu gerçekler üzerinde düşünmek zorunda kalacaktır. Realizmin eğiticilik anlayışını, öğreticilik olarak tanımlamak daha doğru olur. Önemli olan seyircinin bir görüşü, bir yorumu, bir değeri benimsemesi değil, gerçeği tüm çıplaklığı ile görüp, onun hakkında rahatça düşünebilmesidir.

Doğalcı kuramcılar ile gerçekçi kuramcılar arasındaki bir yorum farkına değinmemiz gerekiyor. Realist-natüralist tiyatro kuramı Naturalizm aşamasında ahlak değerlerinin ötesinde kalmaya, ahlak sorunlarını değil, doğa gerçeğini öne çıkarmaya çalışmıştır. Oysa realist kuramcılar, ahlak sorunlarına karşı ilgisiz kalmaktan yana değildirler. Gerçekçi akımın öncü yazarlarından Friedrick Hebbel, *Maria Magdalena* adlı oyununa yazdığı önsözde tek tek kişilerin bireysel dramını değil, insan ilişkilerini ve bu ilişkilerin anlamını belirttiğini söylüyordu. Bu ilişkiler, *Maria Magdalena*'da da görüldüğü gibi, törenin, ahlak değerlerinin baskısı altındaydı ve toplumda meydana gelen gelişme ahlak değerlerini, kuralları altüst etmekte, ilişkilerde uyumu çatışmaya dönüştürmekteydi. Friedrich Hebbel değer yargılarının değişmesi karşısında şaşkınlığa düşen Anton Usta'nın kişiliğinde bir ahlak sorununu irdelemişti:

> "Bu oyunda üzerinde durulması gereken noktalar şunlardır: Öykü ile öykünün arkasındaki aile, şeref, iyi, kötü ayrımı gibi olumlu, olumsuz yönleri ile hareket halinde bulunan ahlak güçleri arasındaki ilişki."
>
> (*Maria Magdalena* Önsözü,1884)

İlk gerçekçi ürünleri izleyen naturalizm döneminde yazarın ahlak değerleri karşısında tarafsız kalması istenmiştir. Natüralist yazarları bu tutumlarından dolayı ahlaksızlıkla suçlayanlara karşı Émile Zola, olaylara kişisel görüş açılarından yaklaşmadıklarını, durumları saptamakla yetindiklerini, analiz yaptıklarını fakat senteze yönelmediklerini, olanı sergilemekle yetindiklerini belirtiyordu:

> "Bizi ahlaksız olmakla suçluyorlar. Çünkü yapıtlarımıza serserileri de dürüst insanları da alıyoruz. Birine karşı ne kadar tarafsızsak, ötekine karşı da o kadar tarafsızız. Tüm kavga bundan çıkıyor. Onlara bakılırsa, serserileri ele almalı fakat onların işini bitirmeli, hiç olmazsa onları öfkeyle aşağılayarak ezmeliyiz. Namuslu kişilere gelince, onlar ara sıra övülmeyi, yüreklendirilmeyi hak etmelidirler. Bizim tarafsızlığımız, iyiyi de kötüyü de aynı titizlikle incelememiz yanlış sayılıyor. En doğruyu söylediğimiz zaman yalan söylediğimizi ileri sürüyorlar.(...) Kısacası romanda ahlak sorunu iki noktada toplanıyor: İdealistler ahlaki olmak için yalan söylemeyi gerekli sayıyorlar; natüralistler ise gerçeğin dışında ahlaklılık olamayacağını savunuyorlar. Dünyayı sahte renklere boyayan, düşü bulandıran, insanı kıl payı kaçamaklarla avutan roman çok zararlıdır. Ya modern toplumun iki yüzlülüğüne, çiçeklerin altında saklanan pis kokulara ne demeli? Biz yaşamın acı bilimini öğretmekteyiz.(...) Biz yalnızca bilim adamıyız. Yapıtlarımızda bilim yapıtlarının kesinliği, sağlamlığı ve uygulama olanağı vardır. Bundan daha ahlaklı, daha dürüst bir okul olabilir mi?"[14]
>
> ("*Naturalism on Stage*", 1880)

Doğalcıların ödün vermeyen, kesin ahlak dışı tavrına karşı gerçekçi yazar ve eleştirmenler ahlak konularında düşündürme görevini üstlenmişlerdir.

Gerçekçi yazarlar ahlak değerlerinde olduğu gibi felsefe, din, toplum sorunlarında da seyirciye karşı bir sorumluluk taşıdıklarını belirtirler. Ancak amaç, seyirciyi belli bir görüş doğrultusunda eğitmek değil, bir sorun üzerinde düşündürmektir. Bu yüzden gerçekçi yazarlar oyunlarında sorunları tartıştıklarını, fakat yorum getirmekten kaçındıklarını belirtmişlerdir.

Oyunlarında özellikle toplum sorunlarına eğilmiş ve onları yiğitçe deşmiş olan Henrik Ibsen bile yapıtlarında belli bir tezi savunmadığını söylemiştir. Ibsen, Norveç Kadın Hakları Komitesi'nin şöleninde bir konuşma yapmak üzere çağrıldığında, oyunlarını kadın haklarını savunmak için yazmadığını, toplum düşünürü olmaktan çok, ozan olduğunu, kadın haklarını bile doğru dürüst bilmediğini, kadın haklarını bir insanlık sorunu saydığını belirtmiştir:

> "Kadın haklarını, öteki sorunlar gibi çözümlemek gerekir ve bu doğrudur. Fakat benim amacım yalnız bu değildir. Benim görevim insanlığı tanımlamaktır. Bu tanım doğru yapılırsa okuyucu kendi duygularını da ozanınkine katar.

Her okuyucu bunu kendi kişiliğine göre başarılı biçimde yoğurur. Yalnız yazarlar değil, okuyanlar da ozandırlar. Yapıta katılır ve bazen ozandan daha ozan olurlar."[15]

(Christiana'daki Norveçli Kadın Hakları Komitesi için yaptığı konuşmadan)

Anton Çehov da dinsel ve toplumsal sorunların çözümlenmesinin bu konuların uzmanı olan kişilere bırakılmasını yeğler. Fakat yazarın gerçeklere karşı doğru bir tavrı olmasını, malzemesini seçerken ve düzenlerken bilinçli davranmasını da zorunlu sayar:

"Yazar arkadaşlarımla konuşurken hep şunun üzerinde dururum: Uzmanlık isteyen sorunları çözümlemek sanatçının işi değildir. Sanatçının anlamadığı işe girişmesi doğru olmaz. Özel sorunları çözümleyecek uzmanlarımız vardır. Kapitalizmin geleceği, sarhoşluğun cezalandırılması, çizmeler, kadın hakları gibi konularda karar vermek onlara düşer. Sanatçı yalnızca anladığı şeyler hakkında düşüncesini belirtmelidir. Sanatçının alanı da herhangi bir uzmanlık alanı gibi sınırlıdır. (...) Sanatçı gözlem yapar, ayıklar, tahmin yürütür, düzenler. Bu işlerde ta başından bir sorun atılmıştır ortaya. Eğer sanatçı başlangıçta bir soruna yönelmemişse, seçecek bir şey bulamaz. Kısacası yazarın yaratma sürecinde bilinçli bir planı, ya da sorunu olmalıdır. Bu yoksa kişinin bilmeden, düzenlemeden, aklını yitirerek yarattığını kabul etmiş oluruz. Bir yazar çıkar da bana önceden düşünülmüş bir planı olmadan, yalnızca ilhamla yazdığını söyleyerek övünürse, ona deli derim.

Yazarın yapıtı ile bilinçli bir ilişkisi olmasını istemekte haklısın. Yalnız iki düşünceyi birbirine karıştırıyorsun: Sorunu çözmek ile sorunu doğru serimlemek. *Anna Karanina*'da, Eugene Onegin'de tek bir sorun çözümlenmiş değildir. Fakat bu yapıtlar insanı adamakıllı doyurur. Çünkü bütün sorunlar doğru konulmuştur. Mahkeme, sorunu doğru koymak zorundadır. Fakat bırakalım da çözümü jüri üyeleri, kendi görüşlerine göre yapsınlar."[16]

(A.S. Suvorin'e Mektup, 27 Ekim 1888)

"Bana öyle geliyor ki yazar, tanrı gibi, kötümserlik gibi sorunları çözümlemeye kalkmamalıdır. Yazarın görevi Tanrı, ya da kötümserlik konusunda konuşan kişilerin kimler olduklarını, nasıl ve hangi koşullar altında konuştuklarını betimlemektir. Sanatçı, kişilerini, onların sözlerini yargılamamalıdır. Yalnızca tarafsız bir tanık gibi davranmalıdır. (...) Benim görevim işimin hünerini bilmek, yani önemliyi önemsizden ayırt etmek, kişileri açıklamak ve onları kendi dilleri ile konuşturmaktır."[17]

(A.S. Suvorin'e Mektup, 30 Mayıs 1888)

George Bernard Shaw ise, yapıtlarında toplum sorunlarına eğilmekte, oyunlarına yazdığı önsözlerde ve makalelerinde seyircisini düşündürmeyi amaçladığı belirtmektedir. George Bernard Shaw'a göre tiyatro, seyircisinin gözünü açmalı, koşulladığı uydurma kalıpları aşmasını sağlamalıdır. Bunu, gerçekleri tarafsızlıkla sergileyerek değil, fakat sorunu her yönü ile tartışarak yapmalıdır. George Bernard Shaw, tiyatro yapıtında insanın duygusu ile koşulları arasındaki çatışmanın oyuna iyi malzeme olduğunu belirtir. Yazarların çoğunlukla kişinin siyasal koşulları ile çatışmasını değil, evrensel özellikteki çatışmalarını işlediklerini ve bunu geniş görüşlü, geniş açılı olduklarından değil, bilgisiz olduklarından yaptıklarını ileri sürer. Tiyatronun mantığa, bilime, dine, politikaya karşı duyarsız olmasından yakınır. Tiyatronun toplumu etkileme, onu sürükleme gücünü gösterir. Bu güçten yararlanıp insanları önemli sorunlar üzerinde düşündürmek gerektiğini belirtir.

Bununla beraber George Bernard Shaw, her sorunun tiyatro malzemesi olmayacağını, örneğin Bayreuth Festivali'nde çiçek aşısı ile ilgili bir oyun oynamanın gülünç olacağını söylemiştir. Gene Bernard Shaw'a göre, tiyatro ahlak kaygısından da kurtulmuş değildir ve etkisinin doğru olmasına dikkat edilmelidir.

Gerçekçi-doğalcı tiyatro düşüncesi, klasik eğiticilik ilkesine yeni bir boyut getirmiştir. Şimdi eğitme, gerçekler konusunda aydınlatma anlamına gelmektedir. Gerçekçi tiyatroda düşünce dış dünyaya açılır. Seyirci doğal gerçekler konusunda, toplum ilişkileri konusunda, din, felsefe, politika konularında o güne dek sahneye getirilmesi adet olmamış bilgi ile donatılmaktadır. Gerçekçi tiyatronun kuramcıları seyirciyi eski kalıpları aşıp yeni değerlendirmeler yapmaya çağırmaktadırlar. Tiyatronun salt bir vakit geçirme aracı olmadığı özellikle vurgulanır:

> "Dramın yöntemi o kadar etkili ki, sonunda tüm Londra halkını tiyatroya giderken yanlarına akıllarını ve vicdanlarını da almaya ikna edebileceğim."[18]
>
> (George Bernard Shaw,
> "The Author's Apology For Mrs. Warren's Profession", 1902)

> "Halk için tiyatro sözü de, halk için edebiyat sözü gibi saçmadır. Gogol'ü halkın düzeyine indirmemeli, halk Gogol'ün düzeyine çıkarılmalıdır."[19]
>
> (Anton Çehov,
> "V.İ. Namiroviç-Dançenko'ya Mektup" 2 Kasım 1903)

Gerçeğe ışık tutma yöntemi açısından natüralistler ile realistler arasında bir ayrım görülür. Natüralistler doğayı iyi tanımak için konuya yakından bakmak, ayrıntıları saptamak taraflısıdırlar. Realistler ise toplumsal ilişkilerin neden-sonuç ilişkisini görebilmek için uzaktan bakmayı, seyircinin, genelleme yapabilmesine olanak sağlamayı önerirler. Her iki durumda da seyircinin düşüncesi, kendi dışındaki dünyaya açılacak, sahne aracılığı ile usu aydınlanacaktır.

YANILSAMA [İLÜZYON] YARATILMASI

Gerçekçi tiyatro, seyircide uyandırmayı amaçladığı estetik yaşantıyı yanılsama [ilüzyon] olarak adlandırmıştır. Yansıtılan gerçeğin inandırıcı olması sahnede yaratılan illüzyona bağlıdır. Çünkü artık oyunun kendi içinde bir mantığı olmasına değil, yaşam gerçeğinin kendi mantığına dayanmasına çalışılmaktadır. Yapay oyun mantığı bir yazarlık ustalığı ile seyirciyi kendi gerçeğine inandırabilir. Oysa gerçeklerden hiç ödün vermeyen bir tiyatro böyle bir oyun mantığına sığınamaz. Yaşamın kendi mantığını işletebilmek için de sahnenin sanki gerçekmiş gibi bir izlenim bırakması, sahnede olanların gerçekten oluyormuş gibi algılanması gerekir. Bu yüzden gerçekçi tiyatro kuramcıları tiyatronun illüzyon yaratma gücünü adamakıllı ciddiye almışlardır. Seyirci gördüklerine inanmazsa, bilimsel gerçeği sunma ve bunun üzerinde düşündürme çabası boşa gidecektir. İllüzyon yaratmayı başaramayan bir oyunda seyirci, eski alışkanlığı ile bu ciddi gerçekleri sahne yalanı olarak seyredecek, yazarın amaçladığı gerçek bilincine ulaşamayacaktır. Ancak tiyatroda seyirci tam bir yanılsama içine girmez. Seyirci hem oyundan gerçekmiş gibi etkilenir, hem de bir oyun seyrettiğinin bilincindedir. Romantik tiyatro kuramcıları, bu çelişik algının seyirciye zevk verdiğini, seyircinin bile bile aldanmaktan hoşlandığını söylemişlerdir. Ancak romantik tiyatroda illüzyon, seyircinin düş gücüne yönelerek sağlanmaktadır. Oysa gerçekçi tiyatroda düşler, imgeler değil, katı gerçekler sergilenir. Seyirci çoğu kez ayıp, çirkin, bayağı bulduğu, apaçık sergilenmesine alışamadığı gerçeklere hazır değildir. Ancak bu gerçeklerin kendi yaşantısına ne kadar benzediğini, ne kadar sahi olduğunu görürse onlara inanacaktır. Bu yüzden gerçekçi tiyatro kuramcı ve sanatçıları tam bir illüzyon yaratılmasını gerekli görmüşlerdir.

Gerçekçi tiyatro, illüzyon yaratmak için oyunun kurgusundan, sahne düzeninden, sözlü ve görüntülü anlatımdan yararlanır. Gerçekçi oyunun bir kurgu bütünlüğü vardır. Bu kurgu bütünlüğü, Antik tiyatronun tüm öğelerini birbiri ile tanımlayan organik bütünlüğünden de, klasik tiyatronun güçleri tek merkezde toplayıp pekiştiren birlikli bütünlüğünden de, romantik tiyatronun, gerçeği düşle tamamlayan yaratıcı bütünlüğünden de farklıdır. Gerçekçi tiyatro, yaşam gerçeğinin mantığa koşut, fakat yapay olarak düzenlenmiş bir kurgu bütünlüğü ile yaratılan illüzyonda estetik bir doygunluk bulur.

Gerçekçi tiyatro, konuşma ve görüntü dili ile de illüzyonu pekiştirmeye çalışır. Konuşma dili, dekor, giysiler, makyaj, ışıklama, aksesuar, gerçekçilik duygusu yaratacak biçimde özenle seçilir. Bunu başarmak için dekor sahne ağzını çevreleyen çerçevenin arkasına itilmiştir. Sahne aydınlatılmış, seyir yeri karartılmıştır. Oyuncu rolünü, seyircinin kendini oyun kişisinin yerine koyabileceği ve duygularını paylaşabileceği doğallıkta oynar. Amaç seyirciyi kendi dünyasından çıkarıp onun sahne ile özdeşleşmesini sağlamaktır.

UYGULAMADA GÖZETİLMESİ GEREKEN KURALLAR

Bütün sanat akımlarında olduğu gibi gerçekçi tiyatroda da, sanat anlayışının ilkeleri belirlenirken bu ilkelerin gerçekleştirilebilmesi için nasıl bir uygulama gerektiği gösterilmiştir. Gerçekçi tiyatronun uygulamada gözettiği kurallar daha önceki akımlarda olduğu gibi yalnızca oyun yazarlığı ile ilgili değildir. Gerçekçi tiyatroda dekor, aksesuar, kostüm, ışıklama, oyunculuk sanatlarının kuralları belirlenmiştir.

Klasik tiyatrodan farklı olarak gerçekçi tiyatronun sahne kuralları zorlayıcı değildir. Ve oyunun özünün gereksindiği oranda gözetilir. Çünkü bu tiyatro, özü biçimden önde tutmakta, biçimsel erkinliği amaçlamaktadır. Oyun yazarlığında gerçekçi tiyatroya özgü bir biçimsel düzenleme getirilmemiş, tiyatronun geleneksel biçiminden çağdaş bir sentez oluşturulmaya çalışılmıştır. Buna karşın oyunculukta, uygulamadan yola çıkarak bir oyunculuk kuramı oluşturulduğu görülür. Sahne görüntüsünde ise gerçeği en inandırıcı biçimde yansıtmak, çevre öğesini belirlemek için çeşitli tekniklerden yararlanılması önerilmiştir.

Gerçekçi tiyatro düşünürleri, oyunculuğa ve dekora, kostüme, ışıklamaya özel bir ilgi ile eğilmekle beraber, tiyatro sanatında en saygın yeri oyun yazarlığına bırakmıştır. Sahne üzerinde gerçekleştirilen her şey yazarın yapıtını en iyi biçimde sergilemek içindir. Tiyatroda yazar önemini korur. Oysa, ileride inceleyeceğimiz karşı-gerçekçi akımların, yazarı arka plana ittiğini, görüntüyü öne çıkardığını göreceğiz. Gerçekçi tiyatroda sahne üstünün önem kazanması ile başlayan gelişim daha sonraki akımlarda sahnenin yazara egemen olmasına yol açacaktır. Gerçekçi tiyatro kuramcıları bu akımın biçim kurallarını belirlerken, romantik tiyatronun ve popüler oyunların zayıf yapılarını sergilemekle işe başlamışlardır. Önerilerin çoğu nelerden kaçınılması gerektiğini gösterir. Kesin kurallar olarak öne sürülmemiş olmakla beraber, tüm önerileri birkaç küme içinde toplayabiliriz.

YOĞUN, BİRLİKLİ, GERİLİMLİ OYUN YAPISI

Gerçekçi yazarlar, bir yandan Scribe'in "İyi-kurulu-oyun" formülüne karşı çıkarlarken, bir yandan bu formülün tekniğinden yararlanmak zorunda kalmışlardır. Bu tekniğin anahtarı, önce seyirciyi bazı ön bilgilerle doldurarak onu kurmak ve olayın nasıl gelişeceği konusunda merakını uyandırarak yayı iyice germek, daha sonra da bu merakı gidererek kurguyu boşaltmaktır. Bu formüle göre yazılan oyunlar, serim, gerilim, çözüm aşamalarını içerir. Ayrıca *peripeteia* (baht dönüşü), *anagnorisis* (bulgu), *sürpriz* (şaşırtma), *ironi* (tersinleme), *quiproquo* (çapraz tersinleme), *deus ex machina* (makinadan çıkan tanrı) gibi klasik hünerlerden de yararlanılır. Gerçekçi eleştirmenler XIX. yüzyıl ortalarında yazılan oyunlarda bu formüle sık sık başvurulmasını eleştirmişlerdir. Bu eleştiri şu yöndedir: Orta sınıf seyirci tiyatroya hoşça vakit geçirmek üzere gitmekte, oyun boyunca bir heyecan sürecine sokulmaktan hoşlanmaktadır. Usu yormayan, gerçeklere dokunmayan bu yapay heyecanın oyunun sonunda zorlama bir çözümle giderilmesi seyirciye yeterli gelir. Oysa, seyircinin bu oyunları yapay bir kurgunun zorladığı merakla değil, sergilenen gerçek yaşamın hak ettiği bir ilgi ile izlemesi gerekir.

Gerçekçi oyunlarda yapay merak trüklerinin azaltılmasına, dolantının yalınlaştırılmasına, "apar"ların (oyuncunun seyirciye doğru yaptığı konuşma) azaltılmasına çalışılmıştır. İlginin, oyunun özünden kaynaklanmasını sağlayabilmek için dram türünü öteki yazın türlerinden ayıran özellikler üzerinde durulur. Dramın temel özellikleri belirlenebilirse oyun yapısının anahtarı da elde edilmiş olacaktır. Klasik tiyatro kuramcılarının oyun biçimi konusundaki görüşleri anımsanır. Gerçekçi oyuna uygun gelecek biçimleme bu birikimden süzülerek çıkarılmaya çalışılır.

Uygulamaya bakacak olursak, gerçekçi oyunların geleneksel aksiyon birliği ve bütünlüğü kuralına uygun olarak biçimlendirildiğini görürüz. Bu oyunların yapısı sıkı dokuludur. Başarılı olanlarında öz ve biçim uyumundan söz edilebilir. Olayın gelişim çizgisi gerilimlidir ve üzerinde kriz noktaları vardır. Konu, gelişen olayların sonuna yakın bir noktada başlamakta, geçmiş olaylar serimlenmektedir. Ayrıntılar titizlikle işlenmekte, işlevsel olmayan ayrıntıdan kaçınılmaktadır.

Gerçekçi tiyatroda oyunun sıkı dokulu ve gerilimli olması, yanılsama sağlamak için gereklidir. Çünkü bu oyunlarda olaylardan çok durumlar ele alınır ve bu durumlar romantik tiyatronun devinimi ile karşılaştırıldığında durağan sayılır. Dram oyunlarını ilginç yapabilmek için tüm ayrıntıların dikkatle işlenmesi, yoğun ve gerilimli bir gelişim izlenmesi gerekir.

Seyirci bu durumlar içinde sıkışmış olan oyun kişisi ile özdeşleşebilmelidir. Yazarlar ve sahneye koyucular yanılsama yaratabilen, gerilimli oyun yapısını "organik yapı" olarak adlandırmışlardır. Tiyatro düşüncesine bu ad altında geçen açıklamaya göre, oyunun özü kendini gerçekleştirirken biçimlenmekte, biçim özün gereği olarak yoğun, birlikli ve gerilimli olmaktadır. Öz ve biçim arasında organik bir bütün sağlanmıştır. Yapay merak öğeleri ile yüklü oyunlarda böyle bir bütünlükten söz edilemez. İyi-kurulu-oyun'larda ise biçim kendi içinde bir bütündür ve özden bağımsız olarak ilgi çeker.

Oyun yazarları oyun yapısı konusundaki görüşlerini oyunlarının önsözlerinde, açıklamalarında yeri geldikçe belirtirler. Alexandre Dumas Fils, Henrik Ibsen, Anton Çehov, George Bernard Shaw, görüşlerini belirtmiş olan yazarlardır. Ancak bu görüşler sistemli bir oyun yapısı kuramı oluşturmamıştır.

Alexandre Dumas Fils, *Un Pére Prodique* adlı oyuna yazdığı önsözde dram sanatında yazarlık tekniğinin önemi üzerinde durmuştur. Dumas Fils'e göre oyun yazarının teknik bilgisi, deha derecesinde olmalıdır. Yazar sağduyudan ayrılmamalı, oyunun temasını, olay dizisini sağduyuya uygun olarak ve açıklıkla geliştirmelidir. Oyun yazarları karşıtları kullanmasını da iyi bilmelidir. Karşıtları dengeleyebilmeli, uyum kurabilmelidir. Seyircisinin ilgisinin sahneden kopmaması, kendi kendine düşünceye dalmaması için oyunun az, öz ve tempolu olması gerekir. Oyun kişisinin seyircinin ne kadar uzağında duracağını saptamak, sahnenin ön ve arka planlarını ustaca kullanmak da önemlidir. Ondan sonra oyunun sahne sahne, olay olay, perde perde sonuca doğru götürülmesi gerekir. Bu da bir matematik titizliği içinde başarılmalıdır. Yazar zaman sınırlamasını iyi hesaplamalı, resmi, çerçevesinden daha büyük yapmamalı, oyunu belli bir süre içinde tamamlayabilmelidir. Alexandre Dumas Fils, oyunun içeriği ile biçimi arasındaki en başarılı uyum konusunda şu varsayımı ileri sürmüştür.[20]

> "Balzac kadar insanı tanıyan, Scribe kadar tiyatroyu bilen oyun yazarı, dünyanın en büyük tiyatro yazarı olurdu."

Gerhardt Hauptmann eski tiyatro uygulamasında görülen yapay olay dizisine, olayların satranç gibi düzenlenmesine karşı çıkmış, her sanatçının gerçeği kendi doğal anlatımı içinde dile getirmesini istemiştir. Böylece söz düzeni ve oyunun iç biçimi, yazarın yetenek ölçüsü olmakta, yaşamın devinimini kendi bireysel tartımına ve bireysel devinimine indirgeyebilenler yetenekli yazarlar sayılmaktadır.

August Strindberg yakın geçmişin usta oyun yazarlarının tekniklerini değerlendirme eğilimindedir. Salt biçimsel hünerlerle gerilim sağlamayı eleştirmekle beraber, bu hünerlerin seyirciyi çeken çarpıcı ve ilgi çekici özelliklerini belirtmekten de geri kalmaz. Örneğin, oyunun etkili olabilmesi için, oyunun başında ve sonunda seyirciye bir giz verilmesi ve bu gizi bilen seyircinin oyunu körebe seyredermişçesine seyredip eğlenmesi, Strindberg'in etkili saydığı hünerlerden biridir. Yazar, etkili olan başka ustalıklar arasında, iyi hazırlanmış baht dönüşünü, bulguyu, bir cezalandırma, utandırma işlemini, bir heyecan patlamasını, uzlaşma ya da uzlaşmazlıkla biten çözümü, çapraz tersinlemeyi (*quiproquo*), koşutluğu, olay akışının tersine dönmesini, önceden hazırlanmış sürprizi de saymıştır.[21]

Anton Çehov, tutucu biçimlere karşı olduğu halde oyunlarını dikkatle düzenlediğini ve bilinen yazarlık hünerlerinden yararlandığını açıklamıştır. Örneğin, *İvanov*'u açıklarken, bu oyunun konusunun karmaşık olduğunu, fakat, bunun budalaca bir karmaşa olmayıp usulca ilerlediğini, birkaç yerde kıvrak ve güçlü kriz kullandığını belirtir.[22]

George Bernard Shaw, Scribe tekniğini "bilmece" olarak niteler. Çağdaş tiyatronun kendi özüne uygun bir yapı içinde sunulmasını ister. Olaylarla olay kişileri arasında organik bir bağ bulunmasını gerekli görür. Shaw, tiyatro konusunun, kişinin duyguları ile koşulları arasındaki çatışmadan üretildiği kanısındadır. Eğer bu koşul toplumsal ise, oyunda bir toplum sorunu ele alınmış olacaktır. Shaw, Ibsen'in oyunlarını yoğun ve karmaşık çatışmaların, ustalıklı ve anlamlı olarak işlendiği başarılı gerçekçi oyunlar olarak nitelemiştir.

George Bernard Shaw kendi uygulamasından yola çıktığında ise, tartışmanın önemi üzerinde durmuş, oyunun en önemli öğesinin tartışma olduğunu ileri sürmüştür. Shaw'a göre iyi-kurulu-oyunların yapay ilgi çekme hünerlerinin yerini, gerçeklere ışık tutan, düşündüren tartışmalar almaktadır. Bu gelişim Ibsen'in oyunları ile başlamıştır ve Ibsen sonrası oyunlarda iyice gelişmiştir. Eski oyunlardaki rastlantıların, yanlış anlamaların zorlaması ile yaratılan dram, şimdi, sonuca vardırılmamış düşüncelerin çatışmasından üretilmektedir. Bu düşünceler, herkesin yaşantısı ile ilgilidir ve gerçek oluşları ile ilgi uyandırır. Sırf heyecan yaratmak için kullanılan çarpıcı olayların, ölümlerin, kavgaların, yangınların, gök gürültülerinin yerini, yaşanan düşündürücü gerçekler almıştır. Bernard Shaw'a göre, İskender'in Gordium düğümünü kılıcıyla kesmesi bir çözüm sayılmaz. Acıların bir vuruşla sona erdirilmesi seyirci için sadece rahatlatıcıdır. Oysa acıları tüm boyutları ile yaşayan insanları görmek, seyirciyi tedirgin edecektir. Yasalar ve kamuoyu insan ruhunu kıskıvrak yakalamışsa, bu insanı zincirleri içinde korumaya terk etmek öldürmekten daha trajik olur. Çehov'un oyunları ölümle bitmez. Gene de yazar kişilerini unufak etmeyi başarmıştır. Ibsen'in oyunları çoğunlukla ölümle biter. Ancak bu oyunlarda ölüm zorlama değildir. Seyirciyi düşünmeye zorlar. Shaw, modern yazarlık tekniğinin yeni olmadığını, öteden beri konuşmacıların, vaaz verenlerin kullandığı bir teknik olduğunu belirtmiş, bu tekniğin ustalıkları arasında, retorik (güzel konuşma), ironi (tersinleme), sav, paradoks (çelişki), epigram (nükte), parable (benzetme) gibi yazarlık hünerlerini saymıştır:

> "Ibsen ve Ibsen sonrası oyunların teknik yenilikleri şunlardır: Önce tartışmanın oyuna sokulması ve olay dizisini kaplayacak, ona işleyecek ve sonunda olayı çözümleyecek kadar geliştirilmesi. Bu aşamada oyun ile tartışma eş anlamlıdır. İkincisi, oyun kişilerinin seyircilerden, olaylarını seyircinin yaşamından alınmasının sonucu olarak eski sahne hünerlerini kullanmaya gerek kalmaması. Çünkü bu hünerler gerçek olmayan kişilere, olası olmayan durumlara ilgi çekmek için kullanılmaktaydı. Bir de, yakınma, düş kırıklığı, ideallere çok sıkı bağlı kalanların anladığı biçimde bir tartışma yerine, konuşmacının, vaaz verenin, dava vekilinin, şiir okuyanın kullandığı konuşma ve şiir sanatlarının rahatlıkla kullanılması."[23]
>
> (*Quintessence of Ibsenism*, 1913)

Shaw'a göre bu ustalıkları kullanan tartışma, olay dizisini özümleyecek, tüm oyuna egemen olacaktır. Bu tartışma, seyircilerin kendi yaşamından alınma durumlarla ilgili olduğu için kendiliğinden ilgi çekecek, eskiden gerçek olmayan kişilere, olası olmayan olaylara ilgi çekmek için kullanılan sahne trüklerini kullanmaya gerek kalmayacaktır.

Görüldüğü gibi, gerçekçi akımın yazarları oyun yapısında neye karşı olduklarını ve neyi başarmak istediklerini iyi bilmekte, fakat gerçekçi oyunun biçim özelliklerini sistemli bir bütün olarak sunamamaktadırlar. Gerçekçi yazarların ortak eğilimi, kendilerinden önceki yazarların kullandıkları yapay kurnazlıklarla ilgi çekmeye çalışmamak, oyun yazarlığı hünerlerini öze uygun düştüğü zaman kullanmaktır. Yazarın başarısı, dramatik içerik ile bu içeriğin gereği imişçesine doğal görünen kurgu arasında uyum kurması ile ölçülür.

Oyun yazarlığı üzerinde daha düzenli biçimde duran, yazarlık tekniklerini açıklayan, dramatik olanın, komik olanın tanımını yapmaya çalışan kuramcı ve eleştirmenler de vardır. Bu kuramcı ve eleştirmenler arasında komedya türünü tanımlayan düşünür Bergson'u, oyun yapısı ve tekniği üzerinde duran Ferdinand Brunetière, William Archer, Gustav Freytag gibi yazar ve eleştirmenleri dikkate almak gerekir,

Ferdinand Brunetière (1867-1906), Euripides'ten, Racine'den Corneille'den, Beaumarchais'den, Hugo'dan örnekler vererek tiyatronun ayırıcı özelliklerini saptamaya çalışmış, bunların roman türünün özelliklerinden farklı olduğunu belirtmiştir. Brunétière'e göre, roman da tiyatro da aynı malzemeyi kullanmakta, fakat bunları farklı biçimlerde işlemektedir. Bu yüzden bir roman eğer dramatik özellik taşımıyorsa, oyunlaştırılamaz. Romanda devinim biçiminde bir hareket olmasına karşın, oyunun hareketi eylem biçimindedir. Oyunda kendi bilincinde olan insan iradesi araçlarını iyi tanır ve bunları amacını gerçekleştirecek biçimde kullanır. Oyunda hareket yönlendirilmiştir. Oysa roman dış etkiler altında kalan kişinin portresini yapar. Natüralist akım bu iki türün yöntemlerini birbirine karıştırmakla en büyük yanlışı yapmıştır. Brunétière, çağdaş tiyatronun güçsüzleşmesinin nedenini çağdaş insanın irade zayıflığı ile açıklamakta, günün insanını kanatları kırık, kendini akıntıya bırakmış olarak nitelemektedir. Oysa tiyatro her zaman insan iradesinin engellerle savaşımını ele almıştır. Brunétière'e göre bu engeller, yazgıdan gelebileceği gibi doğal güçlerden de gelebilir:

> "Dram insan iradesinin gizemli güçlerle, ya da bizi sınırlayan, bizi aşağılayan doğal güçlerle çatışmasını yansıtır. İçimizden biri sahneye fırlamıştır. Orada ölümle, toplumun yasaları ile, kendi gibi ölümlülerden biri ile, gerekirse çevresindeki insanların çıkarı ile, ön yargıları ile, budalalıkları ve kötülükleri ile çatışır."[24]
>
> ("Etudes Critiques", 1894)

İngiliz oyun yazarı ve eleştirmeni William Archer (1856-1924), Henrik Ibsen'in oyunlarını İngilizceye çevirmiş, oyun ve eleştiri yazmıştır. *Playmaking* [*Oyun yazma*] (1912) adlı yapıtında gerçekçi tiyatronun biçim özelliklerinin neler olabileceğini saptamaya çalışmıştır. Bu özelliklerin çoğu, Aristoteles'ten beri uygulanan oyun teknikleri, özellikle Scribe-Sardou oyunlarının kurgu hünerlerinden oluşur. Archer oyun yazmanın kesin kuralı olmayacağını, yazarın kullanılmış tüm ustalıklardan yararlanabileceğini söyler. Temel kural akla ve mantığa aykırı olmamak, anlaşılır ve ilginç olmaktır. Archer'e göre yazar yalnız ilgi uyandırmakla kalmamalı, ilgiyi sürdürmeyi de bilmelidir. Bu iki husus, birbirinden farklı oyun yazma teknikleri gerektirir. Bunu başarmak için, serimleme, ilgi çekme, gerilim yaratma, krizleri doruğa yükseltme ve çözümleme yöntemlerini bilmek gerekir. Oyun yazarı zorunlu sahne, baht dönüşü, rastlantı, benzerlik, giz verme, şaşırtma, tersine döndürme, kriz yaratma gibi ustalıklarını kullanabilmeli, aynı zamanda bir iç uyum yaratabilmelidir.

William Archer, dram türünün yalnızca çatışma ve savaşım öğeleri ile açıklanamayacağı kanısındadır. İçinde çatışma olmayan oyunlar bulunduğunu anımsatarak dramın özünde kriz öğesinin bulunduğunu söyler: Roman türünde olayın yavaş bir gelişim göstermesine karşın, dram hızlı ve şaşırtıcı değişmelerle gelişmektedir. Bu şaşırtıcı gelişme anları krizleri oluşturur. Dram türü için krizler sanattır denilebilir. Oyunda krizin heyecanlı olması ve yaşayan oyun kişilerine yaşatılması gerekir. Hastalıklar, sıradan işler, olaysız evlilikler, davalar drama özgü krizi oluşturamaz. Oyunda kriz abartılmamalı, doğal ve olası olmalı, oyun ilişkisinin karakterlerine ışık tutmalı ve özellikle de ustalıklı olmalıdır. William Archer dramatik olanla, tiyatrosal olanın ayrımı üzerinde durmuş, heyecanın yapay olarak ve zorlanarak üretilmesine karşı çıkmıştır. Archer'e göre krizler yaşamın içinden, kişinin özelliğinden doğmalı, inandırıcı olmalıdır. Böyle algılandığında dram, oyun kişilerinin yaşamındaki krizlerin canlandırılmasıdır. (*Playmaking* 1912)[25]

Oyun yapısı konusunda ileri sürülmüş olan ve birbirine benzeyen çeşitli görüşler içinde bir kuram bütünlüğüne sahip olanı, Gustav Freytag'ın (1816-1895) dram tekniği üzerindeki uzun açıklamalarıdır: Gustav Freytag, Antik dönem tragedyalarından, Shakespeare oyunlarından, klasik ve romantik Alman tiyatrosundan örnekler vererek dram tekniğini açıklamıştır. Gustav Freytag, Aristoteles'ten kaynaklanan oyun yapısı kuramına, çağlar boyunca bu kurama kazandırılan yorumların renklerini de katarak etraflı bir dram yapısı tablosu çizmiştir. Klasiklerin birlik ve bütünlük anlayışı ile, romantiklerin karşıtların uyumu ilkesini birleştiren bu yapı daha sonraki dönemin ustalığına ışık tutmaktadır. Freytag dramatik olanı şöyle tanımlamıştır:

> "Dramatik olan, ruhun iradeye ve eyleme dönüşen heyecanları ile eylem sırasında uyanan heyecanlarını içerir: İnsanın, içinde yanan ilk ışıktan, ateşli tutkuya ve davranışa kadar olan yaşantısı, kendi işlerinin ve başkalarının davranışlarının etkileri, insan ruhunun derinliklerinden kopan iradenin dış dünyaya yönelmesi, dış dünyanın çapraşık etkilerinin insanın derinlerine işlemesi, bunun insan ruhunda uyandırdıkları, işte bunların hepsi dramatiktir. Ne yalnızca bir davranış, ne yalnızca ateşli bir duygu dramatik olmaya yetmez. Ateşli heyecanları serimlemek lirik şairin işidir. Ürpertici olayları destan şairi dile getirir. Dram sanatı ise, kendi başına tutkuyu değil, eyleme dönüşen tutkuyu ele alır. Yalnızca olayı değil, bu olayın insan ruhundaki etkisini gösterir."[26]
>
> (*Die Technik des Dramas*, 1863)

Gustav Freytag sahnede, heyecandan iradeye, iradeden eyleme dönüşme sürecinin seyirciye pek hoş ve çekici geldiğini, dıştan içe, eylemden insan ruhuna doğru olan gelişimin ise seyircinin merakını uyandırdığını, seyircinin, oyun kişisinin ruhunda meydana gelen titreşimleri görmeye can attığını söyler. Demek ki dram yapısı bir hareketlilik içindedir ve bu hareketi içten dışa ve dıştan içe olmak üzere iki yönlü bir akış oluşturmaktadır. Yazar bu hareketin, birlikli, sürekli ve tutarlı olmasını gerekli görür.

Gustav Freytag aksiyon birliği konusunda Aristoteles'in izinden giderek olaylar arasındaki neden-sonuç bağı, olasılık ve kaçınılmazlık duygusu, açıklık ve seçiklik, olayı başlatması bakımından başlangıcın önemi, sonucun kesinliği gibi kurallar üzerinde durmuştur. Freytag'a göre, oyunun kişileri etraflıca tanıtılmalı, çabaları, savaşımları, olaylar üzerindeki etkileri, açık seçik ve duygu birliği yaratacak biçimde sergilenmelidir. Oyun yazarı oyunun içeriğini yoğururken aklına gelen her heyecan motifini, her etkiyi kullanmamalı, dikkatli bir seçim yapmalıdır. Tek bir olay dizisi üzerinde yoğunlaşılmalıdır. Freytag resim sanatından örnek verirken, alacalı renkler yerine, bir temel renk ve onun çeşitli tonlarının kullanılmasını önerir. Fazlalıkların asal etkiyi azaltmasından korkar. Bununla beraber, amacına uygun düşüyor, oyunun rengini güçlendiriyorsa, kural dışı olarak yeni bir renk eklenmesine karşı olmadığını da belirtmiştir:

> "Aksiyonda bir duraklama oluyorsa bunu gidermek için karakteristik bir an geliştirip, bir durum yaratabilir. Baş oyun kişisinin önemli bir özelliğini serimlemek için ikinci derecede önemli olan bir oyun kişisinyle olan ilişkisinden yararlanılabilir ve ölçülü kullanmak, önemli olanın zamanından çalmamak koşulu ile, ekler dramı süsleyebilir."
>
> (*Die Technik des Dramas*,1863)

Gustav Freytag oyunun akışında sürekli bir devinim olması, bu devinimin heyecan uyandırması ve iyi anlaşılması gerektiğini belirtmiştir. Heyecanları, etkileri ele vermeyen, teknik olarak sahnede canlandırılamayan malzeme kullanılmamalıdır. Büyük toplantı sahneleri, öyküler, fıkralar, oyun kişisinin ruhsal durumu hakkında verilen bilgiler, iç çatışmaları, oyun için elverişli malzeme değildir. Oyun yazarı kişilerin ötekilere etkin olduğu anları seçmelidir.

Gustav Freytag, oyun kurgusu ile ilgili bölüme başlarken daha önce sözünü ettiği içten dışa ve dıştan içe olan ikili akışı bir kez daha açıklar:

> "Dram sanatı, oyun kişilerinden, sözcüklerden, davranışlardan oluşan bir olay akışını içerir. Bu devinim, kişinin kafasında bir düşüncenin parlaması ve giderek ateşli bir tutkuya, bir eyleme dönüşmesi ile meydana gelir."
>
> (*Die Technik des Dramas*)

Burada devinimin baş özelliği, sürekli olması ve bir çatışmayı içermesidir. Karşıtlık ve savaşım bütünlük içindedir. İrade ile onun ruh üzerindeki etkisi, davranış ile karşı davranış, eylem ile tepki, çatışma ile karşı çatışma, yükselme ve alçalma, bağlanma ve çözülme, bütün bunlar bir birlik oluşturan karşıtlardır. Bu çatışmayı yaşayan karşıt güçleri insanlar simgeler. İnsan ne salt iyi, ne salt kötüdür. Zayıf yanı da vardır, güçlü yanı da. Olayın gelişimi iki türlü düzenlenebilir: Oyunun baş kişisi ya önce içten bir itilimle tutkuya kapılır, eyleme geçer, yeni durumlarda ortaya çıkan savaşımı kazanır, fakat sonra karşıt güçlerin tepkisi ile ezilir; yenik düşüp boyun eğer; ya da baştan edilgendir, dış etkilerin altında ezilmektedir, bu duruma tepki gösterir, eyleme geçer fakat yazgısına yenik düşer. *Kral Oidipus, Othello, Kral Lear, Emilia Galotti, Clavigo Kardeşler, Hile ve Sevgi* ikinci kümeye, *Antigone, Aias, Shakespeare'in öteki büyük tragedyaları, Orleanlı Genç Kız* ve belki *Wallenstein* ilk kümeye girer.

Gustav Freytag oyunun temel yapısını açıkladıktan sonra olay kurgusunu şöyle ele almıştır: Olay kurgusu bir piramite benzer. Karşıt güçlerin tanıtılması ile başlayan gelişim, doruğa doğru yükselir, sonra aşağı inerek yıkımla son bulur. Yükseliş ve düşüş arasında üç bölüm bulunur. Doruk sahnesi en önemli sahnedir. Bu düzene göre pramidin bölümleri, *a) Tanıtma, b) Yükseliş, c) Doruk, d) Geri dönüş, ya da Düşüş, e) Yıkım* bölümleridir. Bunların arasında üç önemli etki noktası bulunur. Bunlara *kriz* ya da *dramatik an* diyebiliriz. Bu dramatik anların ilki tanıtma ile yükseliş arasındadır ve karşı eylemin başlangıcını gösterir. Üçüncü etki noktası dönüş ile yıkım arasında yer alır. Bunlara 1) *Ateşleyici Güç*, 2) *Trajik An* veya *Trajik Güç*, 3) *Son Merak Sahnesi* de denilebilir. İlki her oyunda işletilir. Öteki etmenler de yararlıdır; fakat vazgeçilmez öğeler sayılmaz. Bir tiyatro yapıtının bu sekiz bölümünün özellikleri şöyle açıklanabilir.

a) *Tanıtma:* Antik oyunlarda oyuna sıkıca bağlı bir ön konuşma ile tanıtma yapılır. Shakespeare'de tanıtma, oyunun canlı ve organik bir parçası olmuştur. Tanıtmada oyunun yeri, zamanı, hangi ülkede geçtiği, oyun kişilerin yaşantılarındaki belli başlı ilişkiler ve çevre açıklanır. Hızlı devinim sahnesine bağlayan kısa bir geçişi olmalıdır. *Hamlet*'de ilk hayalet sahnesi, *Romeo ve Juliet*'de sokaktaki kavga sahnesi tanıtma sahneleridir.

b) *Ateşleyici Güç:* Sonraki olayları etkileyecek bir düğümün, bir isteğin ortaya çıkmasıdır. Özellikle oyun kahramanının oyunun ilk bölümüne egemen olduğu oyunlarda kullanılır. *Julius Caesar*'da, Brutus'un Cassius ile konuşmasında Caesar'ı öldürme düşüncesinin oluşması, ateşleyici güç anıdır. Bu an çeşitli biçimlerde işlenebilir; tüm sahneyi doldurabileceği gibi birkaç sözcüğe de sıkıştırılabilir. İlk yönlendirme olduğu için fazla uzun, fazla süslü olmamalı, gevşek tutulmamalı, anlamsız ya da sonradan olacakları gölgeleyecek kadar vurgulu olmamalıdır. Eğer Hamlet'in kuşkuları Hayalet sahnesinde kesinleşmiş olsaydı oyun tümüyle değişirdi.

c) *Yükseliş*: Devinim başlatıldıktan, kişiler tanıtıldıktan, ilgi uyandırıldıktan ve yönlendirme yapıldıktan sonra doruğa doğru bir yükselme başlar. Romeo ve Juliet'te doruğa doğru dört aşaması vardır bu yükselişin: 1) Balo sahnesi, 2) Bahçe sahnesi, 3) Evlenme, 4) Kavga sahnesi ve Tybalt'in ölümü. Bu sahnelerin her biri kendi içlerinde bölümlere ayrılabilir. Yükselme sırasında ilgi gittikçe yoğunlaşır. Oyun her yönü ile açılır, büyür, gelişir.

d) *Doruk*: Yükselen devinim kesin ve vurgulu bir sonuca ulaşır. Doruk oyunu taçlandırır. Yazar şiirinin tüm görkemini, dram sanatının tüm hünerini burada göstermelidir. *Kral Lear*'de fırtına sahnesi, *Macbeth*'de ziyafet sahnesi bunun başarılı örnekleridir. Büyük savaşımın bu ilk büyük sonucu, bu öldürücü acının başlama noktası önceki gelişime sıkıca bağlı olmalı, ondan kopup gelmelidir. Doruk sonraki gelişime de sıkıca bağlanmalıdır. Doruk devinimin tam ortasındadır ve oklarını iki yana gönderir.

e) *Trajik An*: Doruğu inişe bağlar. İki karşıtlık yüz yüze gelmiştir. Burada iniş doruğa iyice bağlanmalı, daha sonraki tepkisel gelişiminden ayrı durmalıdır. *Coriolanus*'ta doruk, *Coriolanus*'un konsül seçilmesine karar verilmesidir. Sürülmesinin başlangıcı da buradadır ve trajik gücü oluşturur. Kahraman, kendini yüce hissettiği, en çok gururla dolduğu zaman alaşağı edilir. Düşüş birden olmaz, adım adım yetkinleşir. *Julius Caesar*'da doruk ile trajik an birbirinden bir sahne ile ayrılır. Antonius'un, Caesar'ın ölüsü başında yaptığı konuşma sahnesi, trajik güç anını oluşturur.

f) *Düşüş*: Devinimin aşağıya yönelişidir ve oyunun en zor bölümüdür. Doruğa doğru heyecan yoğunlaşmış, bir duraklama olmuştur. Artık yeni öğeler tanıtılarak ilgi uyandırılamaz, ilginin dağılması tehlikesi belirmiştir. Onun için bu bölüme fazla oyun kişisi sokulmamalıdır. İncelikli açıklamalarla, süslü ayrıntılarla uğraşmamalıdır. Büyük vurgularla büyük etki yaratmaya çalışılmalıdır. Yıkımdan önce karşıt güçlerin savaşımı tam olgunlaştırılmış bir sahne ile verilebilir. *Coriolanus*'ta kahramanın annesi ile olan sahnesi, *Macbeth*'de Lady Macbeth'in uyurgezer sahnesi düşüş bölümüne güzel bir örnektir.

g) *Son Merak Sahnesi*: Yıkım, seyirciye bir süpriz gibi gelmelidir. Bunun için yıkım önceden sezdirilmemelidir. Shakespeare son oyunlarında hep yıkıma işaret etmiş, seyirciyi son ölüm sahnesine hazırlamıştır. Caesar'ın hayaletinin Brutus'a görünmesi, Edmund'un askere, Lear'i ve Cordelia'yı öldürmesini buyurması, Laertes'in kılıcına zehir sürülmesi, Romeo'nun Juliet'in mezarı başında Paris'i öldürmesi son yıkımı hazırlamıştır. Gene de bir gecikme olur, zayıf bir umut ışığı yanar, küçük ve mutlu bir merak duygusu belirir. Edmund'un ölürken ölüm buyruğunu geri alma olasılığı vardır. Romeo kendini öldürmeden Rahip içeri gelebilir. Yargıçlar Coriolanus'u aklayabilirler. Kreon yumuşamıştır, Antigone kurtulabilir.

h) *Yıkım*: Devinimin sonudur. Kahramanın ruhundaki savaşım ne kadar derin, amacı ne kadar soylu ise, kahramanın istencinin bastırılıp yıkıma sürüklenmesi o kadar inandırıcı olur. Oyunun sonunda kahraman ölümden kurtarılmamalıdır. Savaşım, iç zorluklardan doğmuş, kahramanın tüm yaşantısını kaplamıştır. Sonuç, gerektiği gibi gelmelidir. Yıkımda gereksiz konuşmalardan kaçınılmalı, gerekli olan her şey açıklanmış olmalıdır. Yıkım, kısa, kesin, süssüz olmalı, gerçekleştirilmesi güç sahne etmenleri ve kalabalık bulunmamalıdır.

Gustav Freytag bu dramatik yapı düzenini *Hamlet*'e şöyle uygulamıştır:

Tanıtma: 1. Anahtar: Hayalet görünür. Nöbetçiler ve Horatio, 2. Serim: Hamlet yönetim dairesinin bir odasındadır, 3. Bağlayıcı sahne: Hayaletten bahsedilir, 4. Yan devinimin başlatılması: Polonius'un ailesi, Laertes'in ayrılışı.

Ateşleyici Güç Anı: 1. Anahtar: Hayaleti bekleme, 2. Hayalet görünür, 3. Ana bölüm: Hayalet cinayeti anlatır, 4. Geçiş: Hamlet ve yandaşları yemin ederler.

Dört Aşamalı Yükseliş: 1. Aşama: Karşıt Güçler, Polonius, Hamlet'in Ophelia'nın aşkından deli olduğunu söyler. İki küçük sahne: Polonius'un evinde ve Kralın yanında, 2. Aşama: Hamlet bir oyunla Kralı sınamaya karar verir. Hamlet oyuncularla. Hamlet'in monoloğu. Şu sahneler Geçiş bölümünü oluşturur: 3. Aşama: Hamlet'in karşıt güçler tarafından sınanması, a) Kral ve entrikacılar, b) Hamlet'in ünlü monoloğu, c) Hamlet Ophelia'yı uyarır, d) Kral kuşkulanır. Bu üç aşama birbirine bağlıdır. 4. Aşama: Doruğa yükselmektedir. Hamlet'in kuşkuları kesinleşir, a) Hamlet, oyuncular, saraylılar, b) Oyun içinde oyun, c) Geçiş: Hamlet, Horatio, ve saraylılar.

Doruk: Kral dua eder. Hamlet duraksar.

Trajik Güç Anı: Hamlet annesi ile konuşurken Polonius'u öldürür. İki küçük geçiş sahnesi: Kral Hamlet'i göndermeye karar verir. Bu üç sahne grubu sıkı örülü bir bütündür. Doruk ortada durmaktadır.

Düşüş: Tanıtım: Fortinbras ve Hamlet'in yolda oldukları haberi gelir. 1. Aşama: Ophelia'nın deliliği, Laertes'in öç alma kararı. Yan sahne: Hamlet'in Horatio'ya mektubu, 2. Aşama: Laertes ve Kral, Hamlet'in öldürülmesini tartışırlar. Kraliçeye Ophelia'nın ölüm haberi ulaştırılır, 3. Aşama: Ophelia'nın gömülüşü, Giriş: Hamlet ve Mezar kazıcılar, Ana sahne: Hamlet ve Laertes'in geçici uzlaşmaları.

Yıkım: Giriş: Hamlet ve Horatio'nun Krala karşı nefretleri, Geçiş: Osric'in çağırılması, Ana sahne: Ölüm ve Fortinbras'ın gelişi. (Düşüş bölümündeki üç aşama, oyunun ilk yarısında olduğundan daha az düzenlidir. Devinimsiz yan sahneler ile Hamlet'in mezarcılarla konuşması, sahneler arası bağlantıyı durdurmaktadır. Dramatik bitiş ise antiklerdeki gibi kısa ve canlıdır.)

Freytag'ın özetini verdiğimiz dram tekniği hakkındaki açıklamaları bize şunu göstermektedir; Gerçekçi tiyatro uygulamasında öze duyulan ilginin biçim bilgisinin önüne geçmesi kuramcıları oyun yapısının temel kuralları üzerinde düşünmeye, bazı asal biçim kalıplarını saptamaya zorlamaktadır. Bu kalıplar Antik tragedyalardan, Shakespeare'den, romantik dönem oyunlarının başarılı örneklerinden alınmaktadır. İyi-kurulu-oyun yapısının yapay dolantı anlayışına karşı çıkılmakta, fakat klasik birlik, tutarlılık, inandırıcılık kuralları dikkatle gözetilmektedir. Devinimin, karşıt güçlerin çatışması ile oluşması ve oyunun baş oyun kişisinin karşıt kişilere yenik düşmesi ile son bulması Antik tragedya ve Shakespeare tragedyalarına uyar. Modern gerçekçi dramda baş oyun kişisinin çevreden ve kendi iç zorunluluğundan gelen koşullara yenik düşmesi de aynı kurguyu gösterir.

Genel eğilim, oyunun mantıklı, birlikli, yoğun bir bütün olması, içeriği ile bir organik bağ bulunması, aynı zamanda ilgi uyandırmak ve ilgiyi uyanık tutmak için denenmiş kurgu ustalıklarından bir ölçü içinde yararlanılması doğrultusundadır. Zorlama merak öğelerine başvurulmamasına, gereksiz ayrıntıların ayıklanmasına, atmosfer ve yapı bütünlüğünün korunmasına önem verilir.

KOMEDYA TÜRÜ

XX. yüzyıl felsefesinin ünlü düşünürlerinden Henri-Louis Bergson (1859-1941), komedya türü üzerindeki görüşleri ile tiyatro düşüncesine katkıda bulunmuştur. Aristoteles'in *Poetika*'sında komedya türünden ne kadar az söz edildiği, antiklerin izinden giden kuramcı ve eleştirmenlerin en çok yoğunlukla tragedya türü üzerinde durdukları anımsanacak olursa, Bergson'un katkısı daha da önem kazanır. Bergson, *Le Rire Essai sur la Signification du Comique* (1900) adlı makalesinde gülme olayını açıklamış ve güldürüleri bu açıdan değerlendirmiştir.

Bergson, gülme üzerine "Revue de Paris"de yazdığı üç makaleyi kitap halinde toplamış ve bu kitaba yazdığı önsözde, amacının, komiğin kategorilerini saptamak ve gülünç olguları toplayarak bundan kurallar çıkarmak olduğunu belirtmiştir. Bergson, gülme ve gülünç üzerinde duruken, tiyatroda komedya türünü de incelemiş, komedya kişileri, komedyadaki güldürücü durumlar ve hareketler üzerinde açıklamalar yapmıştır.

Bergson komik düşüncesini hiçbir kesin tanımla sınırlamak istemediğini, komiği canlı bir şey olarak ele almayı dilediğini belirtmiş, bununla beraber nelerin gülünç olabileceğini saptamaya çalışmıştır. İlk gözleminin sonucunda, insanlık dışında hiçbir şeyin gülünç olamayacağını söyler. Gülünçlük, nesnenin kendine özgü niteliğinden gelmemekte, insanın o nesneye verdiği kalıptan, ya da onu kullanma biçiminden doğmaktadır. Burada önemli olan, insanın o nesneye nasıl yönelmiş olduğudur. Nesnelere kayıtsızlık ve duygusuzlukla yönelinmişse, o nesneler komik görünür. O halde gülünç, duyguya değil, zekâya seslenmektedir ve konusuna uzak açıdan bakmaktadır. Ancak gülme toplumsal bir tavırdır. Kişi tek başına değil, başkaları ile birlikte güler. Kişinin zekâsı ile ilişki kurmuş, gülünç konusunda sanki gizli bir anlaşmaya varmış gibidir.

Bergson gülünç olarak görülen niteliklerin başında katılığın, mekanikliğin geldiğini söyler. Hareketlerde, görüntülerde yinelenmeler bu yüzden gülmeyi doğurmaktadır. Çünkü insan bu yinelenmelerde otomatizmi, mekanikliği görür. Oysa yaşam ve toplum, değişim içindedir ve insan, her yeni duruma ve her yeni koşula uyabilecek biçimde uyanık olmalıdır. Gülünçlük insanın toplumdaki uyumsuzluğunu gösterir. Değişkenliklere uyum sağlayabilmek için ruh yumuşaklığı, beden çevikliği gerekmektedir. Her türlü katılık, kişiliğin veya ruhun esnekliğini yitirmiş olduğunu gösterir. Bu durum toplumun devingenliğini engelleyeceğinden toplumu kuşkulandırır. Bundan dolayı toplum, kendini tedirgin eden bir katılık karşısında gülmeyi silah gibi kullanır. Gülme, toplumsal bir cezalandırmadır. Gülünç olma korkusu esnek olmayan bireyleri uslandırır, toplumdan kopuk hareketleri düzeltir.

Bergson, gülünç olanı insanda genel olarak saptadıktan sonra başka gülünçlükleri incelemeye koyulmuştur. Biçim ve hareket komiğini inceledikten sonra şu sonuca varır: Hareketlerin ve biçimlerin mekanikliği, kişiyi gülünçleştirir. Karikatür sanatında doğanın başlayıp da bitiremediği biçimsizlikler abartılmakta, yaradılışın otomatizmi veya dalgınlığı abartılı bir biçimde gösterilmekte, insan kişiliği birkaç çizginin ifade ettiği sınırlı bir niteliğe indirgenmektedir. Taklit sanatı, insanın içine girmiş olan otomatizmi yakalamaya çalıştığında güldürüyü üretir. Taklitte kılık değiştirmelerin neden gülünç göründüğü şöyle açıklanabilir: Her türlü kılık değiştirme, ister insanda, ister törelerde olsun, yaşamın üzerine kaplanmış bir mekanizma düşüncesini akla getirmekte, bundan dolayı da gülünç görünmektedir.

Taklit sanatından komedya türüne geçen Bergson, vodvilden, komedyalardan, Moliére oyunlarından örnekler vererek, güldürü özelliklerini göstermeye çalışmıştır. Bergson'a göre vodvillerde gülünçlük, yaşamın tüm boyutları ile yaşanamamasından doğmaktadır. Yinelenmeler, rol değiştirme gibi tersine dönüşler, çapraz tersinme (*quiproquo*) gibi birbirine geçmeler hem vodvillerde, hem klasik komedyalarda kullanılan güldürücü durumlardır.

Söz komiği, hareket ve durum komiğinden değişiktir. Dilin ifade ettiği komik, gücünü yitirse de, başka dile çevrilebilir. Oysa cümle yapısında, sözcük seçimine bağlı olan söz komiği başka dile aktarılamaz. Saçma bir düşünceyi beylik bir cümle kalıbı içine sokmak yoluyla komik söz elde edilebilir. Basmakalıp cümlelerde Bergson, başından beri komiğin temeline koyduğu mekanikliği, sertliği bulmaktadır. Cümlenin tersine çevrildiği halde yine anlamlı olması, ya da iki ayrı düşüncenin aynı cümle içinde birbirine girmesi, bir fikrin doğal anlatımının başka tonda söylenmesi, tekrarlamalar, söz komiğinin oluşmasında kullanılan yöntemlerdir. Bergson, nükte, cinas, parodi, istihza ve mizahı söz komiği kapsamı içinde inceler ve söz gülünçlüğünün durum gülünçlüğünü yakından izlediği sonucuna varır.

Bergson'a göre komedya, başkalarına karşı heyecanlanma ve duygulanmalarımızın kesildiği yerde başlar. Bu bakımdan gerçek hayata dramdan daha yakındır. Çünkü gülme zevki tiyatroda bile sadece estetik, çıkarsız, arı bir zevk değildir; gizli bir amaç taşır. Bu amaç bizde olmadığı zaman bizim hesabımıza toplumda vardır. Gülme zevkine, itiraf edilmeyen bir küçültme, utandırma ve hiç olmazsa dışarıdan bir düzeltme amacı karışır. Gülmenin toplumsal bir baskı niteliği taşıması, gülüncün iki yanlı karakterini gösterir. Gülüncün ne tümüyle sanata ne tümüyle hayata ait olmaması buradan gelir. Fakat bu iki niteliği ile komedya, fars ve vodvil de dahil olmak üzere, hayata diğer tiyatro türlerinden daha çok karışmıştır. Bundan dolayı gülünç karakterlerin özellikleri tiyatroda neyse hayatta da odur.

Bergson, gülünç ve gülme konusu üzerinde yaptığı çözümlemede, insanları güldüren şeyin, insanların küçük kusurları olduğu düşüncesinde gerçek payı bulmakta, fakat bu düşünceyi biraz tartışılabilir saymaktadır. Bergson'a göre, insanların küçük kusurları ile, büyük kusurları arasında bir sınır çizmek pek kolay değildir. Bizi güldüren kusurları ahlaksızlıkla ilintili görmeyip, onların toplumla uyumsuzluklardan doğduğunu kabul etmek daha doğrudur. Uyumsuzlukların güldürmesi için iki etmen gereklidir. Bunlardan ilki, bu kusurcuk veya uyumsuzluğun gülünç kişinin ruhsal durumuna bir asalak gibi yabancı kalmasıdır. Eğer bu kusur kişinin tüm varlığını emip onu tamamen değiştirseydi, kişi dram konusu olurdu. İkinci etken, komedyada uyumsuzlukların gösterilmesinde yazarın izlediği yöntemdir. Komedya yazarı seyircinin ilgisini gülünen kişinin eylemine değil de tavırları üzerine toplamaya özen gösterir. Çünkü edim, kendine esin veren duygu ile orantılıdır. Bu duygu seyircinin sevgi veya nefretini çeker; ciddidir. Oysa tavırlarda patlayıcı bir şey vardır; seyirciyi sarsarak olup bitenin ciddiye alınmasını engeller. İşte komedyada kişilerin iyi ya da kötü olmaları bu bakımdan önem taşımaz. Olayların ciddiliği ve ağırlığı da, komedyanın "topluma aykırılık" ve "seyircinin duygulanmaması" olarak özetleyebileceğimiz iki koşulu ile hafifleyebilir. Bu koşulların ışığı altında, dalgınlık –ki kaynağı gene otomatizmdir–, katılık, sığlık ve kendini bilmezlik gibi öğeler karakter komiği olarak saptanmış olur.

Bergson, gülünç olan ile gülmenin nedenleri üzerinde yaptığı çözümlemeyi, komedyanın niteliği ve işlevi üzerindeki düşünceleri ile tamamlar. Bergson'un bütün sanatlar içinde geneli gözeten tek sanatın komedya olduğundan kuşkusu yoktur. Savını desteklemek için sanatın konusunu ve işlevini saptamakla işe başlar. Sanatın tek ereğinin gerçeği maskeleyen şeyleri bir tarafa bırakarak bizi gerçeğin kendisiyle yüz yüze getirmek olduğunu söyler. Sanatta realizmle idealizm arasında görülen kavganın bu nokta üzerindeki yanlış anlamadan doğduğunu ileri sürer. Ona göre sanat, gerçeği, doğrudan doğruya görmektir. Bunu başarmak için kişinin, çıkardan bağımsız olması ve idealizm denilen, maddi olmayan bir yaşam görüşünü benimsemiş olması gerekir. Denilebilir ki, ruhta idealizm olunca eserde realizm vardır ve yalnız idealizmin gücüyle realiteye yeniden dokunulabilir. Dram sanatı da bu yasanın içinde yer alır. Dram, üstü örtülmüş olan derindeki gerçeği ortaya çıkarır. Dram, toplumla aklın oluşturduğu sakin, kentsel hayat altında patlamayan fakat bizde iç gerginliği yaratan bir şeyi uyandırır. Bu yolla doğanın toplumdan öç almasını sağlar. Bazen de toplumun kendi kendisiyle olan karşıtlıklarını gösterir. İster toplumu zayıflatmakla, ister doğayı güçlendirmekle olsun, bize kişiliğimizin trajik öğesi denilecek çirkin bir bölümünü buldurur. Bütün bunlardan, dram sanatının her zaman bireyseli gözettiği sonucu çıkıyor. Komedyanın konusu ise büsbütün başkadır. Komedya yolumuz üzerinde tesadüf ettiğimiz, yine de edeceğimiz karakterleri gösterir. Benzerlikleri kaydeder. Komedya yazarı, kahramanını yarattığı andan itibaren benzeri olan kişileri onun çevresinde toplamaya başlar.

Bergson'a göre tragedya ile komedya arasındaki temel fark, başka bir biçimde de ortaya çıkar. Tragedya yazarlarının eserlerinde bizi ilgilendiren, derin ruh durumları ve çatışmalarıdır. Bunlar dış gözlemlerle saptanamaz.

Ruhlar birbirlerine açık olmadıkları gibi, içlerine de ulaşılamaz. Biz ancak kendi duygularımızı, kendi yüreğimizi tanıyabiliriz. Eğer şairin yarattığı kişiler, bize canlı gibi görünüyorsa, bunların şairin ta kendisi olmasından, kendini bir iç gözlem çabasıyla derinleştirmesindendir. Bu çaba öyle güçlüdür ki, doğanın kendisinde taslak ya da sadece tasarı halinde bıraktığı şeylerden tam bir eser çıkarmış, henüz gerçekleşmemiş olanı yakalayıp, kendi düşgücü ile gerçekleştirmiştir.

Komedyayı doğuran gözlem ise, dış gözlemdir. Komedya şairi insan tabiatının gülünçlüklerine ne kadar meraklı olursa olsun, kendi gülünçlüklerini aramaya yönelmez. Zaten arasa bile bulamaz. Çünkü biz ancak bilincimizden kaçan yanımızla gülünç oluruz. O halde komedya şairi dış gözlemi başka insanlar üzerinde yapacaktır. Komedya, bu yolla bir genellik kazanır. Komedya sanatı, aynı zamanda düzeltme ve öğretme gibi bilinçli olmayan ereği ile, diğer bütün sanatlardan farklıdır. Bundan dolayı komedya, hayat ile sanat arasında gidip gelen bir sanat türü olma özelliği taşır.

GÜNLÜK KONUŞMA DİLİ

Gerçekçi oyun yazarları ve kuramcıları oyun kişilerinin günlük konuşma dili ile konuşturulması konusunda düşünce birliği içindedirler. Yaşamı gerçekte olduğu gibi yansıtmanın baş koşulu, dilde gerçeğe benzerliktir. Madem ki oyunun konusu, kişileri, gerçek yaşamdan alınmaktadır, bu içeriğin en doğal anlatımı olan günlük konuşma dili, olduğu gibi korunacaktır. Gerçekçiliği ve doğalcılığı savunan yazarlar, romantik tiyatronun koşuklu anlatımına karşın, halkın konuştuğu dili kullandıklarını açıkladılar. Bu, kuramsal olarak gerçekçiliğin gereği olduğu kadar uygulamadaki zorluğun sonucudur. Gerçekçi tiyatroda dış hareket azalmış, konuşma önem kazanmıştır. Konuşmalar salt söz düzeni olarak estetik bir etkinlik yaratmak için değil, gerçekleri açıklamak içindir. Anlam ağırlık kazandıkça sözün görevi bu anlamı kolay, açık ve anlaşılır biçimde iletmek olmuştur. Aynı şeyler karakter yaratma konusunda da söylenebilir. Oyun kişilerine karakter boyutu kazandırmak isteyen gerçekçi yazarlar, insanların konuşma tarzlarındaki farklılıkları vurgulayarak onları, dil özellikleri ile de tanıtmaya çalışırlar.

Henrik Ibsen, benzer bir durumu şöyle saptamıştır: Gerçekçi oyun kişilerine karakter boyutu kazandırmaya çalışan yazar, onların günlük konuşmalarındaki özel farklılıkları vurgulayarak kişiliklerine renk katabilecektır. Ibsen, *İmparator ve Galile* adlı oyunu, koşuklu dil kullanmadığı için eleştiren Edmund Gosse'a şunları yazmıştır:

"(...) Siz tiyatro yapıtının yazılmasından yanasınız. Bu konuda sizin görüşünüzü paylaşmıyorum. Benim oyunum, herhalde fark etmişsinizdir, en gerçekçi üslupta ele alınmıştır. Bu oyunda ben, gerçeğin ilüzyonunu üretmek, okuyucuda olayın sahiden olduğu izlenimini uyandırmak istedim. Oyunu koşuklu yazsaydım kendi amacımla çelişir, görevimi yerine getiremezdim. Oyuna bilerek koyduğum, sıradan, önemsiz kişilerin hepsini aynı tartımla konuştursaydım, hiçbiri ötekinden ayırt edilemezdi. (...) Yeni oyunum Antik anlamda bir tragedya değildir. Ben insanları ele almak istedim. Onları tanrıların dili ile konuşturmanın ne gereği var."[28]

(Edmund Gosse'a Mektup, 15 Ocak, 1874)

Tiyatronun gelişiminde dilin her zaman önemli bir öğe sayıldığını görürüz. Antikte söz şiirlidir, anlamı açıktır ve kendi başına bir değer taşır. Aristoteles koşumlu, tartımlı oyun dili üzerinde durmuş, destan ile tragedyanın şiir özellikleri arasındaki farkı belirtmiştir. Rönesans tiyatrosunda koşuklu, tartımlı dilin, oyunun devinimine ayak uyduracak biçimde kullanıldığını, tumturaklı konuşmaların hareketi baltaladığını görürüz. Klasik oyunlarda tartımlı, koşuklu dilden vazgeçilmez. Fakat dilin lirik olmasına, ince işlenmesine özen gösterilir. Romantik tiyatroda söz, heyecan verici, coşturucudur. Devinimi dengeleyecek, duygusal etkiyi besleyecek tüm şiirsel anlatımlardan yararlanılır. XVIII. yüzyıldan başlayarak dilin özel etkinliğinden vazgeçilmiş, anlam ağırlık kazanmaya başlamıştır. Oyunların konu ve kişilerinin günlük yaşamdan alınması da oyun dilinin konuşma dili olmasına etken olmuştur. Gerçekçi tiyatroda konuşmalara düşünceyi ve durumu doğal ve anlaşılır bir dille anlatmak görevi verilmiştir. Bu dil de günlük konuşma dilidir. Gerçekçi tiyatroda söz etkinliği karşılıklı konuşma ile, diyalog ile elde edilir. Ibsen gibi gerçekçi tiyatro ustaları gerilimli diyalog yazmayı iyi bilirler. Bunun için de daha önceki oyunlarda bol bol kullanılan monologlar, "apar"lar iyice azaltılır. Gerçekçi oyunlarda halk dilinin kendine özgü renginden, ağız ve şive farklarının çeşnisinden yararlanan yazarlar da vardır. George Bernard Shaw gibi kişilerini ustalıkla tartıştıran yazarlar ise, olayın ateşlenmesinde, devinimin kızıştırılmasında, dramatik anlamın iletilmesinde, karşılıklı konuşmaların tüm olanaklarından yararlanmışlardır.

GÖRÜNTÜDE SOMUT YAŞAM GERÇEĞİNE BENZERLİK

Gerçekçi tiyatroda sahne üzerindeki her şeyin gerçek yaşamdakine tüm ayrıntıları ile benzetilmesine çalışılmıştır. Sahnede sanki bir oyun dünyası değil, gerçek bir yaşam kesiti sunulmaktadır. Gerçeğin duyumlara yönelik özellikleri, sesi, rengi ve biçimi, hatta kokusu yaşamdan kopya edilerek yansıtılacaktır. Bu benzetmecilik, gerçeklik duygusu sağlamak ve seyirciyi yanılsamaya sokmak için geçerlidir. Sahne üç duvarlı bir dünyadır. Sahne ağzı, dördüncü duvar gibi düşünülür. Bu dördüncü duvar saydam olduğundan seyirci sanki içerisini görebilmektedir. Dekor, kostüm, aksesuar, gerçek yaşamdakinin benzeridir. Bu konuda ayrıntıya önem verilir. Boyalı pano, uydurma eşya, yalancı dekor parçaları kullanmaktan kaçınılır. Sahnede gerçekçi bir görüntü yaratma eğilimi XIX. yüzyılın başlarında Saxe Meiningen topluluğu gibi ünlü tiyatroların öncülüğünde başlamıştır. Romantik gerçekçi oyunların tarihsel dekor ve kostümlerinde aslına benzerlik gözetilmiş, giysilerde, eşyada, aksesuarda elden geldiğince gerçek malzeme kullanılmıştır. Görüntünün gerçeğe benzerliği, o günün tiyatrosunun övündüğü bir ustalıktır. Yönetmen Antoine, gerçekçi sahne düzeni içinde gerçekçi ve doğalcı oyunlar sergiledi. Gerçekçi akımın gelişmesinde önemli bir aşamaydı bu. André Antoine'ın dekor, ışık, sahne yapısı konusundaki görüşleri şöyledir:

> "Bir sahnede dekorun yeni, ilgi çekici ve doğru olması için, ister bir manzara, ister bir iç görünüş olsun, her şeyden önce, göze bir şeyler sunacak şekilde hazırlanmış olması gerekir. Eğer dekor bir iç mekan ise, dört yanı, dört duvarı ile birlikte kurulmalıdır. Seyircilerin, sahne üzerinde olup bitenleri seyretmelerini sağlamak üzere, biraz sonra dördüncü duvarı ortadan kaldıracağı hesaba katılmamalıdır.
>
> "Sonra mimari doğruluk yönünden, sahneden çıkışların mantıklı olmasına dikkat edilmelidir; ayrıca bu çıkışlara bağlı olan dışta kalan bölümler, yani salonlar, odalar da açık seçik tasarlanmalı ve belirtilmelidir. Bir kapının azıcık açılması ile görünen odalar bile düşünülmelidir. Kısaca, yalnız eylemin geçtiği yer değil, bütün ev düşünülmeli, planlanmalıdır.
>
> "Bu iş böylece yapıldıktan, manzarayı yahut iç görünüşü bütün açılarından inceledikten sonra, karakter yönünden en doğru, eyleme en uygun olanı yerli yerinde bırakarak, ünlü dördüncü duvarı ortadan kaldırmak için, dekoru, tastamam hangi noktadan kesmemiz gerektiğini belirlemek, görüyorsunuz ki, ne kadar kolay, ne kadar ilginçtir.
>
> "Mobilya, seyirci hesaba katılmaksızın, yerine konmuştur; dördüncü duvar ortadan kalkınca da, seyirci, göze son derece hoş görünen bir etki karşısında bırakılmış olur.
>
> "İş bu kadarla bitmiyor; daha yapılacak birçok yenilik vardır. Uzun bir süreden beri, sahne ressamlarımız persfektifli olarak döşekler, masalar, şömineler çizip boyarlar; gelelim, şu son yıldan bu yana seyirciye gerçek-yaşamı gösterme uğrunda öylesine direnildi ki, bu yüzden günümüz ressamları da aşırı bir çabaya kaptırdılar kendilerini. Mobilya üstüne mobilya yığdılar ortaya ve de tam bir gerçekçilikle çalıştılar. Fakat bu mobilyaların asla dekora göre

uygun oranlarda olmadığını, sahnelenişin kusursuz olması için, persfektif kurallarına göre hazırlanmış mobilyalar gerektiğini fark edemediler.

"Şu da var ki, gün geldi, çağdaş sahne dekorumuzun iki temel güçlüğü ile savaşmak zorunda kaldık. Bunlardan birincisi, dekorun yüksekliği idi. Üst kat balkonlarda oturan seyircinin görüşünü engellemek tehlikesini göze almaksızın bu yüksekliği alçaltamıyorduk. İkincisi de, sahne ağzının genişliği idi. Üçüncü bir güçlük daha vardı: Olmaz olası önsahne kemeri! Neyse ki, bu kemer bütün tiyatrolarımızda yok olmaktadır. Bu gidişle, sahne kemeri çok geçmeden acı bir anı ve sahne ressamlarının geçirdiği bir kâbus olarak zamana gömülüp kalacaktır.

"Mobilya kullanırken, çok geniş sahne çerçevesinden doğan o acayip boşluk izlenimini yok edecek çareler bulmalıyız. Bu alanda, elimizdeki araçlarla ileriye doğru hayli yol almış bulunmaktayız. Klasik tiyatronun anıları artık elimizi kolumuzu bağlamıyor; Tartuffe'ün tek masalı dekorunu çok gerilerde bıraktık.

"Boyalı sahne donatımı (aksesuar) sorunu da başarı ile çözümlenmiş bulunmaktadır. Bugün, düz bir yüzeye boyanmış olan bir nesne, en acemi seyircinin bile rahatını kaçırmakta, gözüne batmaktadır. Bununla birlikte, zaman zaman hâlâ bazı sahne ressamlarımızın, kaçamak yoldan, bir manzara içine ya da kapı önlerine asma, uydurma çicek veya ağacımsı şeyler sokuşturduğu görülmektedir. Ama bu çeşit gayretkeşliklere karşı yönetmenler uyanıktır. Farkına varılır varılmaz, göz alıcı, güzel bir dekordan nice sarmaşıklar sökülüp atılmıştır!

"Ev içi dekorlarımızda, ufak tefek eşya bulunduğundan, küçük küçük ve çeşitli donatımdan (aksesuardan) korkmamalıyız. Bunlar, bulundukları o iç dekora canlılık ve yaşam katarlar. Bunlar, yönetmenin yeniden yaratmaya çalıştığı çevreye ölçülemeyecek derecede bir içtenlik duygusu, bir aslına uygunluk niteliği verir. Çağdaş iç dekorlarımızın karmaşık mobilya çokluğu ve ıvır zıvırı arasında, davranış ve hareketler yönünden aktörlerin oyunu, kendileri farkına varmadan, hatta kendilerine karşın, daha insancıl, daha içten, daha canlı bir hal alır.

"Gelelim ışıklara... Bu konuda, bugün bile, Sarcey'in kemiklerini sızlatan boş bir anlaşmazlık sürüp gitmektedir. Çoğu rejisörlerimiz, piyesin zorunlu kıldığı bazı gece efekti bir yana, hâlâ, ister tabandan, ister spotlardan gelsin, çiğ ve pırıl pırıl ışıklardan yanadırlar.

"Neyse ki, aydınlatma araçlarımız günden güne hızla gelişmektedir. Hüzün verici mumlardan, kandillerden, yağ lambalarından, hava gazı ışıklarından geçe geçe sonunda bugünlere geldik. Sürekli, kesintisiz bir gelişim yolundan geçtik bu alanda.

"Işık tiyatronun canıdır, dekorun iyilik perisidir, sahnelemenin ruhudur. Sadece ışık, ustalıkla kullanıldığı takdirde, dekora atmosfer, renk, derinlik ve persfektif verir. Dramatik bir eserin derin anlamına yaptığı sihirli vurgulama

> ve olağanüstü eşlik, kazandırdığı önem dolayısı ile ışık, seyirci üzerinde de doğrudan doğruya etki eder. Işıktan en iyi sonuçları almak için, onu cesaretle kullanmaktan ve yaymaktan korkmamalıyız."[29]

Tiyatro sahnesinde gerçeğe benzerlik gözetilirken üç hususa önem verilmiştir: a) Somutluk duygusu verme, b) Yeniden canlandırma, c) Yanılsama yaratma.

a) *Somutluk Duygusu Verme*: Çevre-insan ilişkisi günlük gerçeğe ve madde gerçeğine bağlı olarak yansıtılacaktır. Bunu sağlamak için sahneye her gün kullanılan eşya getirilir. Gerçekçi akımın öncü yönetmeni Saxe Meiningen Dükü, oyuncunun yanındaki eşyaya dokunmasının doğallık duygusu uyandırdığını, küçük, çeşitli, bol eşyanın oyun kişisini çevresine oturttuğunu, içtenlik yarattığını söylemiştir.

Gerçekçi akımın gelişip güçlenmesini sağlayan André Antoine da, oyuncuyu eşya ile çevrelemeye önem vermiştir. Antoine, fazla eşya arasında oyuncunun gerçek insana daha çok benzediğini, davranışlarının, tavırlarının daha canlı, daha yoğun olduğunu söyler. Antoine'a göre, dekoru yaratmak ve çevreyi göstermek gerekir, çünkü oyun kişisinin davranışlarını çevre düzenler. Oyun kişisi, dört bir yanından somut madde ile çevrilmiştir, tavan görüntüye somutluk ve ağırlık kazandırır, kapı ve pencere çerçeveleri somutluk duygusunu pekiştirir, yalnız dördüncü duvar kaldırılmış, seyirciye içeriyi görme olanağı sağlanmıştır.

Émile Zola, sahnede somut nesnenin önemi üzerinde durur. Yazara göre, oyun kişisinin belli bir yere bağlı olduğu belirtilmelidir. Kişi, kuşkuya yer bırakmayacak biçimde belli bir yerde ve belli bir eşya arasında gösterilmelidir. Zola, sahneyi, oyun kişisinin duygu ve davranışlarını koşullayan, etkileşim sağlayan bir madde ortamı olarak niteler. Bu etkileşim oyun kişisi ve çevresinin çift yanlı yaşantısını oluşturur.

Konstantin Stanislavsky de burjuva uygarlığının somut nesneden hoşlandığını, pratik ve yaratıcı olduğunu, sahne üzerinde gerçeğin benzerini görmekten hoşlandığını söylemiştir.

Gerçekçi tiyatro yönetmenlerinin uygulamada ev, dükkân, işyeri gibi kapalı çevrelerin, tüm ayrıntıları ile sahneye getirildiğini biliyoruz. André Antoine'ın sahnedeki kasap dükkanına gerçek et asması, Amerikalı yönetmen Belasco'nun dekorunda gerçek çamaşır yıkama makinalarını çalıştırması bu uygulamaya örnektir.

b) *Yeniden Canlandırma*: Sahnede gerçeğin kopya edilmesinin kendi başına bir hüner gösterisi olmaktan öte bir anlamı taşımayacağı ortadadır. Stanislavsky bu tehlikeye karşı bir uyarma yapmıştır: Fotoğraf kopyacılığına özenilmemesini, fantaziyi de kullanarak sahnede yaşamın yeniden canlandırılmasını önermiştir. Stanislavsky'nin *Vişne Bahçesi*'ni sahneye koyarken vişne kokusu duyurmaya, bahçe havası yaratmaya özen gösterdiği bilinir.

c) *Yanılsama Yaratma*: Somutluk duygusu verme ve yaşamı sahnede canlandırma, seyircinin yanılsama içine sokulmasına yardım eder. Sahnede gözetilen gerçeğe benzerlik, seyircinin sahnede olup biteni gerçekten oluyormuş gibi algılamasını sağlar. Seyirci kendininkine benzer eşya ile çevrili olan, kendi gibi davranan, kendi gibi konuşan ve günün yaşayan sorunları ile uğraşan oyun kişisinde kendini görür, onunla özdeşleşir. Özdeşleşme, oyun kişisini sevmekten, ona acımaktan daha yakın bir ilişki içinde olmak demektir. Seyircinin kendini oyun kişisinin yerine koyması, onun söz ve davranışlarında kendini yaşaması, tiyatro düşüncesindeki deyimi ile "empati"ye erişmesi demektir. Yanılsama, gerçeğin inandırıcı kılınması için gereklidir. Gerçekçi tiyatro bu aracı, sırasında amaç saymış, tüm etkinliklerini yanılsama yaratmakta kullanmıştır. Daha ileriki dönemlerde, özellikle epik tiyatroda, yanılsamaya tepki gösterilmesinin bir nedeni de yanılsamanın seyirciye yanlışı bile kabul ettirebilmiş olmasıdır. Uygulamaya bakacak olursak şöyle bir gelişim görürüz: August Strinberg, *Matmazel Julie* adlı oyunda, yanılsamayı (ilüzyon) bozar korkusuyla hiçbir perde arası koymadığını belirtmiştir. Strindberg aynı endişe ile dekor konusunda da titizdir.

> "Dekora gelince, empresyonist resimden asimetrik ve açık düzenlemeyi aldım. Bunun daha iyi ilüzyon yarattığını sanıyorum. Seyirci tüm odayı, eşyayı göremeyince eksikleri düş gücü ile tamamlamak zorunda kalır. Yani resmi tamamlamak için düç gücü uyarılmış olur. Başka bir kazancım daha oldu. Çok yorucu olan kapıdan çıkış sorunundan kurtulmuş oldum. Öfkeli bir babanın, evi temelinden sarsarak fırtına gibi kapıyı çarpıp çıkışını gösteremezseniz bu dekor kapılarla. Sahnedeki kapı kanvastan yapılıyor ve ufak bir dokunuşla sallanmaya başlıyor. Ayrıca olayı tek dekora yerleştirdim. Böylece kişiler çevrelerinin birer parçası oldular. Fazla süslemeleri çıkarıp attım. Tek dekor olursa bunun elden geldiğince gerçeğe uygun yapılması istenebilir. Gene de bir odayı oda gibi göstermekten zor bir şey yoktur. Dekor ressamları çağlayanları, volkanları çok daha başarılı çizerler. Sanırım şu kanvastan yapılma duvarlara katlanmak zorundayız. Fakat hiç olmazsa üzerine kapkacak resmi çizmekten vazgeçsek. Tiyatroda zaten o kadar çok şeye inanmak gerekiyor ki, bir de tava resmine sahici tava diye inanmak zorunda kalmayalım."[30]

Strindberg'in yakındığı acemi gerçekçi dekor da, bu açığı kapatmak için seyircinin düş gücüne başvurma yöntemi de çok geçmeden aşılmış, gerçeğe çok benzeyen ve sahici etkisi bırakan sahne düzenlemeleri yapılmıştır. Gerçekçi tiyatronun büyük yönetmeni Konstantin Stanislavsky bu doğal dekor içinde gerçeğin yoğun anlamını ifade etmeyi de başarmıştır. Bunun için, sahnede dördüncü duvarı saydam olan kapalı bir dünya yaratmıştır.

YARATICI OYUNCULUK

Gerçekçi akım düşüncesi, sahne gösterisinde olduğu gibi oyunculukta da günlük yaşama benzerliğin korunmasını savunmuştur. Özellikle sahne yönetmenleri günün alışılmış oyunculuk eğitimine, sahnede kalıplaşmış konuşma ve davranış biçimlerine karşı çıkmışlardır. Rolün abartılması, alkış toplamak için alışılmış oyunculuk ustalıklarının yinelenmesi, sahnede "teatral" adını verdiğimiz anlamdan bağımsız etkili oyunculuk tarzı eleştirilmiştir. Théâtre Libre'in ünlü yönetmeni André Antoine oyunculuk konusunda şöyle söyler:

> "Fakat bu noktada gelenekler kisvesi altında geçmişin kötürümleştirici bütün mirası, çeşit çeşit alışkanlıklar, dirençler karşımıza dikilecektir. Bunlar bize sadece heykeller vermiştir. Oysa ki bizim canlı, hareketli insanlara ihtiyacımız var. Biz, kişilere, kendi günlük serüvenlerini yaşatmak zorundayız; ayrıca yaşamdakinin tersine, tiyatroda konuşurken yürümemesi gerektiğini öğrenmiş insanlara ihtiyacımız var. Gelenekçiler ise tıpkı iki yüz elli yıl önce yaptıkları gibi, doğrudan doğruya seyirciye hitap etmekte direnirler; aktörü piyes yazarının dediklerini açıklamaya ya da vurgulamaya bırakmazlar. Bu gelenekçiler, ezberledikleri mısraları, satırları bayağı ve alışılmışın dışında, gösteriş kurallarına uygun olarak, sesleri ile jestlerini, gözleri ve kulakları dolduracak bir incelikle idare ederek (tıpkı o eski tumturaklı deyişte olduğu gibi) tekrarlamayı öğrenmişlerdir. Bu gelenekçiler, mesleklerinin her türlü hilesine başvurarak seyirciden alkış koparabilmek için olanca güçleriyle çırpınır dururlar.
>
> "Bir karakteri yorumlamayı, temsil etmek sanırlar. Bunun için de, buyruklarına hazır yalnız iki araç vardır: Sesleri ve yüzleri. Vücutlarının öteki kesimleri eyleme katılmaz. Geçirirler eldivenleri, boyuna kasılır dururlar, bir önceki çağın göz alıcı, görkemli giysilerden yoksun oldukları zaman da, parmaklarına yüzükler takarlar ya da ceketlerinin yakalarına çiçek iliştirirler.
>
> "Klasik tiyatromuza özgü basit, ilkel hareketlerde çok sıkı eğitimden geçen, "öfke" ve "düş" sahnelerinde her zaman başarısızlığa uğrayan bu aktörler, karmaşıklığın, çeşitliliğin, ayrıntıların, çağdaş ikili konuşmalardaki canlılığın, anlatım kıvraklığının, ses dalgalanmalarındaki inceliğin, uyumların, susuşların farkında değillerdir.
>
> "Tıyatro okulundan diploma alan hemen bütün gençlerimizin gerçek durumu işte budur. Her yıl okuldan böyle düzinelerle kimse mezun edilir ve

bunlar, mesleklerinin gelecek yıllarında kendilerini mahvedecek olan bu modası geçmiş yükler altında ezile ezile küçük kentlerde yok olup gideceklerdir(...)

"Biricik tutkuları sadece tiyatro olan bütün genç kuşaklar, konservatuvarda gördükleri fakat mesleki yaşantılarında onda bir oranında dahi yararlanamadıkları o körü körüne yapılan suni eğitim ve öğretim yüzünden sayısız kurbanlar vermişlerdir. Bu çeşit kurumlar kişilerin mizaçlarını, yaradılış özelliklerini bozar, tek düzeye indirir. Çağdaş tiyatronun ivedilikle ihtiyaç duyduğu bütün genç yetenekleri alır, rasgele, kendi klasik kahramanlarının kalıbına döker."

Konstantin Stanislavsky (1863-1938), gerçekçi tiyatronun oyunculuk kuramını kendi uygulamalarından yola çıkarak oluşturmuştur. Stanislavsky'nin kuramı ve yöntemi, tiyatro düşüncesinin en önemli ürünlerinden biridir. Stanislavsky her şeyden önce yapay oyunculuğa, tiyatrosallığa, dış kalıpların ezberlenerek yinelenmesine karşıdır. Bu konuda Rus oyunculuğunda gerçekçiliğin babası sayılan aktör Mikhail Shehepkin'in (1788-1863) etkisi altındadır. Stanislavsky, Moskova Sanat Tiyatrosu'ndaki oyunculuk çalışmaları ile bir devrim yaratmıştır. Stanislavsky, yapay, ruhsuz oyunculuğa karşı yaratıcı oyunculuğu savunmuştur:

"Moskova Sanat Tiyatrosu'nun kuruluşu bir devrim niteliği taşır. Eski oyunculuk tarzına, teatralliğe, yapay durgunluğa, tumturaklı konuşmaya, alışılmış dekorlara, toplu oyunculuğu bozan yıldız sistemine, o sıralarda Rus sahnelerinde oynanan hafif fars türünde oyunlara karşı çıkıyorduk. En iyi tiyatrolar kıt yetenekli oyun yazarlarının tekelindeydi. Bu yazarlar, şu veya bu aktör için, bu aktörlerin isteği ile onların yönetiminde kof oyunlar yazıyorlardı. Ya da Almancadan, Fransızcadan oyunlar alıp Rus sahnesine ve Rus yaşamına uyarlıyorlardı ve 'konusu şundan alınmıştır', ya da 'adapte edilmiştir, uyarlanmıştır' diye yazıyorlardı."[31]

Stanislavsky günün yaygın tiyatro uygulamasını eleştirirken kendi tiyatro anlayışını açıklamıştır. Bu açıklama, çağdaşı olan gerçekçi tiyatro sanatçı ve kuramcılarının düşünceleri doğrultusundadır. Bu doğrultuda naturalizm aşılmıştır. Yaşam, gerçeğe benzeyen biçimler içinde yansıtılacak, fakat yüzey gerçekçiliğinden kaçınılacaktır. Stanislavsky, somut gerçeklere bağlı kalmaktan, aynı zamanda yaşamın dirimini gözden kaçırmamaktan yanadır. Yazarın bir seçme ve yorumlama hakkı olacak, fakat siyasal eğilimi vurgulanmayacaktır:

"O halde modern tiyatro bize ne vermelidir? Her şeyden önce yaşamın yalnızca yansısını vermemeli; korkunç, gizli bir gerilim içinde yaşamda var olan şeyi yansıtmalı; sanki günlük yaşammışçasına yalın bir biçimde, fakat gerçekte tüm çoşkuların soyutlaştırıldığı ve canlı tutulduğu kesin, ışıklı imgelerle canlandırılmalı. Tiyatroda en kötü şey, eğilimin fazla vurgulanmasıdır. Sahnede, yazarın da istediği gibi, insan yüreğine sevgi dolu olarak yaklaşılmalıdır. Kukla kişilerin ağzından düşünceler döktürmek hatalıdır."[32]

"Sahnede naturalizmi gerçekleştirmek istediğimizi sananlar yanılıyorlar. Şimdi de, her zaman olduğu gibi, iç gerçeği, duygu ve yaşantı gerçeğini aradık. Fakat oyuncularımız arasında ruhsal teknik henüz gelişmemiş olduğundan; umarsızlıktan dolayı, istemeye istemeye bazen kaba doğalcılığa düştüğümüz oldu."[33]

Konstantin Stanislavsky, sahnede yaşamın dirimini, gizli gerilimini yansıtabilmek için bir oyunculuk yöntemi geliştirmiştir. Bu yöntemle oyuncuya sahnede oyun kişisinin canlı özünü canlandırmanın yolunu öğretmektedir.

Stanislavsky yönteminin temel ilkesi, oyuncunun yaratıcı düş gücünü harekete geçirmek ve canlandırdığı oyun kişisini kendi içinde duyup onu içten kavramasını sağlamaktır. Çalışmalarda oyuncunun, canlandırdığı oyun kişisinin düşünce kıvrımlarını, duygularını, dürtülerini, eylemlerini derinden anlamasına çalışılır. Bunu yaparken hazır bilgi vermekten kaçınılır. Oyuncu kendi imgelemi ile önce somut gerçeklerden yola çıkar ve onlardan hiç ayrılmadan iç görüntüler yaratır. Bunlar oyun kişisinin belli koşullarda nasıl davranabileceğini gösteren görüntülerdir. Oyuncu bu görüntüleri kendi imgeleminde yaratırken kendini de oyun kişisinin gerçeğine katmış, bir rol-ben yaratmıştır. Bu, oyuncunun düşlere dalması anlamına gelmez. Rol-ben, oyuncunun rolünü yaşaması, aynı zamanda onu aklının denetiminde tutmasıdır. Bu denetim, oyun kişisinin seyircinin de anlayabileceği bir tavır içinde canlandırılmasını sağlar. Oyuncu bir yandan da bu özü seyirciye doğru olarak iletecektir. Bu bilinçli bir çabadır ve yürek ile usun işbirliğini gerektirir. Stanislavsky oyuncunun bu ölçüde yaratıcı bir oyunculuğu başarması için kendine özgü bir eğitim yöntemi uygulamıştır. Stanislavsky yönteminin temelinde nörofizyoloji ve psikoloji biliminin, özellikle Pavlov'un bulguları yatmaktadır.

İvan Petrovich Pavlov (1849-1936), sinir sisteminin işlevi üzerindeki çalışmalarının sonucunda, sinir merkezi olan beyinle insanın çeşitli tepkileri arasındaki bağlantıyı bulmuştu. İnsan belli uyarılara belli tepkiler gösteriyordu. Bu tepkiler aklın denetimi altında değildi. Eğer bu uyarılar belli dış koşullarla birlikte geliyorsa, iç tepki, uyarı ile birlikteki koşula da koşullanıyordu. Pavlov buna "koşullandırılmış tepkiler" adını koydu ve bu tepkilerin yasalarını saptamaya çalıştı. Pavlov giderek öğrenme, merak etme, amaçlama gibi tüm eylemleri koşullandırılmış tepkiler olarak açıkladı. Stanislavsky, Pavlov'un yöntemini tersinden uyguladı. Oyuncular, oyun kişisini sahnede yeniden yaşatabilmek için akıl, irade ve duygularını çalıştırmalıydılar. Akıl ve irade, bilincin denetimi altında idi.

Fakat duyguların uyarılması için bunları üretecek fiziksel koşulların meydana getirilmesi gerekiyordu. "Bilinçaltı" adını verdiği, denetimimiz dışındaki iç mekanizma belli fiziksel hareketlerle etkilenebilecekti. Böylece oyun kişisini canlandırmada rastlantıya yer verilmiyor, fiziksel hareketler yöntemi ile, oyuncunun denetim dışı olan yaratıcılığı uyarılabiliyordu. Bu sistemle eğitilmiş ve rolüne çalışmış olan oyuncu, gerekli koşulları bilinci ile saptadıktan sonra, kendi denetim dışı yaratıcılığını harekete geçiriyor, oyun kişisini yeniden yaratıyordu. Oyun kişisinin hareketleri dıştan taklit edilmiş olmuyor, içten ruhuna inilerek ruhun hareketi olarak üretilmiş oluyordu. Stanislavsky yöntemi ile çalışan oyuncu insanın dış gerçeğini değil, özünü, özünün gerçeğini yeniden yaratmayı ve sahnede seyircinin anlayabileceği biçimde canlandırmayı başarıyordu.

Stanislavsky yönteminde oyuncunun bilinçaltı yaratıcılığını harekete geçirmek için kullanılan hareketlerin neler olacağı "büyülü eğer" formülü ile saptanmıştı. Oyuncu, canlandırdığı oyun kişisinin çeşitli koşullarda, çeşitli yer ve zamanlarda nasıl davranacağını alıştırmalar yaparak saptamaya çalışıyordu. Deneme yanılma yöntemi ile geliştirilen bu çalışmada, oyuncu kendi iç gerçeği ile dış hareket arasındaki bağıntıyı önce kendinde inceliyor, sonra canlandırdığı oyun kişisinde görmeye çalışıyordu. Çok gelişmiş bir düşgücü gerektiriyordu bu çalışma. Aynı zamanda bilinçli ve çocuksu bir dürüstlükle çalışmak gerekiyordu. Bu, oyuncunun kendi gücünü meydana çıkarması ve işletmesi demekti ve oyuncunun iyi bir ön eğitimden geçmiş, bilinç çevresinin genişletilmiş olmasını gerektiriyordu. Çalışma sırasında dikkat yoğunlaştırılmalı, akıl uyanık tutulmalıydı. Oyuncu çalışması sırasında, yaşama karşı güvenli, canlı ve korkusuz bir ruh durumu içinde bulunmalıydı.

> "Bir temsil sırasında çok kez oynadığım bir rolü yineliyordum. Birdenbire çoktandır bildiğim bir gerçeğin, sahne yaratıcılığının her şeyden önce özel koşullar gerektirdiği gerçeğinin derindeki anlamını kavrayıverdim. Buna, daha iyi bir söz bulamadığım için, yaratıcı ruh durumu diyeceğim. Bunu daha önce de biliyordum. O geceden sonra bu gerçek tüm benliğime işledi ve onu yalnızca ruhumla değil, gövdemle de kavramaya başladım. Çünkü bir oyuncu için kavramak demek, duymak demektir. Bu yüzden, o gece 'çoktandır bildiğim bir gerçeği kavradım' diyebiliyordum. Anladım ki, dâhi oyuncular, bu duruma adeta kendiliğinden, tüm doluluğu ve zenginliği içinde erişirler. Daha yetenekli kişiler daha seyrek olarak (diyelim ki yalnız pazar günleri) erişirler bu duruma, sıradan kişiler çok ender olarak yaratıcı duruma erişirler, örneğin dört yılda bir şubatın yirmi dokuzunda. Gene de tüm sahne adamları,

dâhi olandan, sıradan olanına kadar yaratıcı ruh durumuna erişebilirler. Fakat onu iradeleri ile denetleyemezler. Bu ruh durumu, esinle birlikte tanrısal bir armağan gibidir. Tanrı olmaya özenmeden, tanrısal armağanlar dağıtmaya kalkmadan, kendi kendime şu soruyu sordum: 'Esinin daha sık gelmesi için yaratıcı ruh durumu sağlayacak teknik bir yöntem bulunabilir mi?' Yapay araçla esin yaratmalı demek istemiyorum. Buna olanak yok. Benim öğrenmek istediğim, iradeyle, esinin gelmesine elverişli bir durumun yaratılabileceğidir. Bu öyle bir durum olacaktır ki, esin oyuncunun ruhuna iniverecektir. Sonra, en kolaylıkla geldiği ruhsal ve fiziksel durumun, yaratıcı ruh durumunun ta kendisi olduğunu öğrendim.

"'Bugün keyfim yerinde.' 'Bugün tam formundayım.' 'Bugün zevkle oynuyorum.' 'Rolümü yaşıyorum.' gibi sözler, oyunculuğun rastlantısal olarak yaratıcı bir ruh durumunda olduğunu anlatmaktadır.

"Bu durumu bir rastlantı sonucu olmaktan çıkarıp oyuncunun irade ve buyruğu ile yaratması nasıl sağlanabilir?

"Bunu hemen sağlamak olanaksızdır. Damla damla, çeşitli öğelerle kurarak oluşturmak gerekir. Oyuncu her öğeyi tek tek kendi içinde geliştirmelidir. Bu işlem, sistemli olarak ve belli alıştırmalarla yapılacaktır. Madem ki doğa yaratıcı ruh durumunu dâhilere tüm boyutları ile bağışlamaktadır, o halde daha sıradan kişiler sıkı çalışma ile bu duruma, tüm boyutları ile olmasa bile, bir dereceye kadar ulaşabilirler. Kuşkusuz sıradan kişiler hiçbir zaman dâhi olamayacaklardır. Fakat böyle bir çalışma, sıradan kişinin dâhiye yaklaşmasını, zamanla onun gibi olmasını, onunla aynı okulda bulunmasını, onunla aynı sanatın buyruğunda çalışmasını sağlayabilecektir. Şu halde bu yaratıcı ruh durumunu oluşturan öğeler, yaratıcı ruh durumu niteliğine nasıl ulaşacaktır?

"Dostlarımın söyledikleri gibi, bu sorunun çözümü 'Stanislavsky'nin vazgeçilmez tutkusu' olmuştur. Bu gizi çözümleyebilmek için denemedik yol bırakmadım. Kendimi yakından seyrettim, sahnede, sahne dışında da, kendi ruhuma baktım. Kendi yeni rollerimi, başka oyuncuların provalarını, başka insanları yakından gözledim. Kendimle ve onlarla çeşitli deneyler yaptım. Onlara eziyet ettim. Öfkelendiler, provaları deney laborutuvarına çevirdiğimi, oyuncuların deney kobayı olduğunu söylediler. Karşı çıkışlarında haklıydılar. Fakat araştırmalarımı, Rus olsun, yabancı olsun, büyük oyuncular üzerinde yapıyordum. Madem ki onlar sahneye, ötekilerden daha çok yaratıcı ruh durumu içinde çıkıyorlardı, onları incelemeyecek de kimi inceleyektim. Onlarda gördüklerimden şunu öğrendim: Duse, Yermolova, Fedotova, Savina, Salvini, Chaliapin, Rossi'de, aynı zamanda bizim tiyatromuzda oynayan, rolünü bulmuş oyuncuların hepsinde ortak olan, bana birbirini anımsatan bir şeyin varlığını hissetiriyordu. Tüm büyük yeteneklerde ortak olan bu nitelik neydi? Bu oyuncuların fiziksel rahatlık, özgürlük içinde olma ve gerilim içinde olmama bakımından benzeştiklerini kolayca fark etttim. Vücutları buyruğa hazırdı ve iradelerinin isteğine uymuyordu.

"Sahnede yaratıcı durum zevklidir. Özellikle yaratıcı durumda olmayan aktörün gerilimi ile karşılaştırıldığında zevklidir. Bir tutuklunun, tüm hareketlerini köstekleyen zincirlerinden kurtulduğu zaman duyduklarına benzetilebilir bu duygu. Tüm gizin, sahnedeki yaratıcılığın tüm ruhunun bu durumda saklı olduğuna içten inanıyor, bu yaratıcı ruh durumunun tadını çıkarıyordum. Her şey buna ve sahnedeki fiziksel hareket özgürlüğüne bağlı idi. Yalnız bir şey beni tasalandırıyordu. Bir iki pozum ve vurguladığım bazı hareketler için işittiğim birkaç övgü sözü dışında ne benimle oynayan oyuncular, ne de seyirci içimdeki değişmeyi fark etmişti.

"Yaşam Dramı'nın temsilinden sonra, 1906-1907 mevsiminin sonuna kadar yeni rolüm, yeni rejim yoktu. Eski rollerimi oynarken araştırmalarımı, deneylerimi, alıştırmalarımı, sanatımızın kuramsal ve teknik sorunları üzerindeki incelemelerimi sürdürdüm. Sahnede özgür, fiziksel ruh durumu yavaş yavaş güçlenerek dinamizm ve ikinci bir doğal nitelik karakterini kazandı.

"Derken, Doktor Stockman gibi 'yeni bir buluş yaptım'. Anladım ki sahnede o kadar rahat, o kadar hoşnut olmamın nedeni, halk önünde yaptığım bu alıştırmalarla dikkatimi, algılarım ve vücudumun duruşları üzerinde toplamamdı. İlgimi, sahne ışıklarının ötesindeki gerçekten, çerçeve sahnenin ötesindeki korkunç çukurda olup bitenlerden uzaklaştıramıyordum. Böyle zamanlarda yaratıcı ruh durumum özellikle çok hoşuma gidiyordu.

"Bir şey beni çok mutlu etti. Moskova'da da konuk olan bir sanatçının temsillerinin birinde davranışlarını yakından seyretmiştim. Bir aktör anlayışı içinde, onun oyununda, yaratıcı ruh durumunun varlığını hissettim. Büyük genel yoğunlaşmanın yanı sıra kaslarının rahatlılığını duydum. Açıkça belliydi ki, tüm dikkati yalnız sahne üzerindeydi ve bu soyutlaşmış ilgi sahnedeki yaşamına ilgimi çekiyor, onun dikkatini böylesine çekenin ne olduğunu bulmak isteği, beni onun ruhuna yaklaştırıyordu.

"O anda anladım ki bir oyuncu seyircisini eğlendirmek istedikçe seyirci rahat rahat oturup eğlendirilmeyi bekliyor, sahnedeki oyunun içindeki yerini bile umursamıyordu. Oyuncu, seyirci ile ilgilenmezse seyirci oyuncuyu seyretmeye başlıyordu. Özellikle oyuncu ciddi ve ilginç bir şeyle uğraşıyorsa bu böyle oluyordu. Eğer kimse seyirciyi eğlendiremiyorsa, seyircinin, dikkatini çekecek bir konu aramaktan başka işi kalmıyordu. Bu konu nerede bulunabilirdi? Kuşkusuz, sahnedeki oyuncunun ta kendisinde. Oyuncunun rolünde yoğunlaşması, seyircinin de aynı yoğunlaşmaya katılmasını sağlıyordu. Böylece sahnede olanlara katılıyor, düşüncesi, dikkati, düş gücü, duygusu uyarılıyordu. O akşam oyuncunun dikkatinin yoğunlaşmasının daha büyük bir değeri olduğunu anladım. O temsilde yoğunlaşmanın, yalnız görme ve duyma duyumlarına değil, tüm öteki duyumlarda yansıdığını fark ettim. Bu yoğunlaşma, oyuncunun aklını, iradesini, duygularını, anlığını ve düşgücünü kaplıyordu. Yaratıcılık, her şeyden önce oyuncunun tüm doğasının tam anlamı ile yoğunlaşması idi. Oyuncunun tüm fiziksel ve ruhsal varlığı, oynadığı kişinin ruhunda olup biten üzerinde yoğunlaşmalıydı. Bu amaçla geliştirdiğim alıştırmalarla ilgimi sistemli bir biçimde geliştirmeye başladım. İkinci kitabımın bir bölümünü buna ayıracağımı umuyorum.

"Başka bir büyük konuk sanatçıyı gözledim. Rolünün giriş sözcüklerini telaffuz etmiş, fakat doğru duygu uyandıramamıştı. Tiyatronun alışılmış yapay acıklılığına düşmüştü. Ona dikkatle bakınca içinde bir şeylerin geçtiğini gördüm. Doğru notayı bulmak için diyapazon kullanan bir şarkıcıya benziyordu. Bir bakıyorsun bulmuş gibi oluyor, bir bakıyorsun biraz peste kaldığını düşünüyor, biraz daha yüksek notaya başvuruyordu. Bu kez de fazla yüksek geliyordu ve pese iniyordu. Sonra gerçek tonu tanıdı, anladı, hissetti, oturttu, yönetti. Artık kendi konuşma sanatının tadını çıkarmaya başlamıştı. İnanmıştı.

"Bir oyuncu, sahnede olup biten her şeye inanmalı; en önemlisi de kendi yaptığı işe inanmalı. İnsan yalnızca gerçeğe inanabilir. Onun için bu gerçeği her zaman duymalı, onu nasıl bulacağını bilmeli. Bunun için de sanatçının gerçeğe karşı duyarlığı geliştirilmiş olmalı. Sahnedeki her şey yalan olduğuna, taklit, dekor, mukavva, boya, makyaj, aksesuar, tahta bardak, tahta kılıç ve mızrak olduğuna göre bu nasıl bir gerçektir? Bütün bunlar gerçek olabilir mi? Fakat sözünü ettiğim gerçek bu gerçek değildir. Ben duyguların gerçeğinden, kendini dile getirmek için zorlayan yaratıcı dürtülerin gerçeğinden, fiziksel, gövdesel anıların gerçeğinden söz ediyorum. Beni içermeyen gerçekle ilgilenmem ben; içimdeki gerçekle, sahnedeki şu veya bu olayla ilişkimin gerçeğine, aksesuarla, dekorla, benimle oynayan öteki aktörlerle, onların düşünce ve duyguları ile olan ilişkimin gerçeğine inanırım.

Oyuncu kendi kendine şöyle söyler:

"Tüm bu aksesuarlar, makyajlar, giysiler, dekorlar, halka oynanan oyunlar yalandır. Bunların yalan olduğunu bilirim. Onların hiçbirini gereksinmediğimi bilirim. Fakat eğer doğru olsalardı şunu yapardım; şu ve bu olaya karşı şöyle davranırdım."

"Anladım ki yaratıcılık, oyuncunun ruhunda ve düş gücünde yaratıcı, büyülü bir 'eğer' ortaya çıktığı zaman başlıyor. Sadece gerçekler varsa, insanın doğal olarak inanacağı pratik doğrular varsa, henüz yaratıcılılık başlamamış demektir. Derken yaratıcı 'eğer' görünür. Yani oyuncu pratik gerçeğe inandığından daha büyük bir coşkuyla ve içtenlikle düş ürünü olan gerçeğe inanır. Tıpkı bir çocuğun bebeğine, onun canlı olduğuna inandığı gibi. "Eğer"in göründüğü andan başlayarak oyuncu gerçek yaşam düzleminden kendi yarattığı, kendi düşlediği bir yaşam düzlemine geçer. Bu yaşama inanarak yaratmaya başlar.

"Sahnenin gerçeği, yaşamın gerçeğine benzemez. Yalan bile sanat olabilmek için gerçek olmalıdır tiyatroda. Bunun için oyuncunun düş gücünü en üst dereceye kadar geliştirmiş olması, çocuksu bir saflığı, güvenci olması, gerçeğe; kendi ruhundaki ve gövdesindeki gerçekliğe inanması gereklidir. Tüm bu nitelikler, oyuncunun, kaba bir sahne yalanını, düşsel bir yaşam

> ilişkisinin çok ince bir gerçeğine dönüştürmesine yardım eder. Tüm bu niteliklerin hepsine birden 'gerçeklik duygusu' diyorum. Bunda bir düş oyunu, yaratıcı inancın yaratısı vardır. Bunda sahne yalanlarına karşı bir sınırlama vardır. Bunda gerçek ölçü duygusu vardır. Bunda çocuksu bir saflık ve sanatsal duygu içtenliği vardır. Gerçeklik duygusu, yaratıcı ruh halinin en önemli öğelerinden biri olarak geliştirilebilir, uygulanabilir. Bu çalışmanın hangi yöntemle ve araçlarla yapılacağını anlatmanın yeri değil şimdi. Yalnızca şunu söyleyeceğim: Gerçeği duyma yeteneği öyle geliştirilmelidir ki, sanatsal gerçek duygusunun süzgecinden geçip temizlenmeden, sahnede hiçbir şey olmamalı, hiçbir şey söylenmemeli, hiçbir şey dinlenmemeli.
>
> "Eğer bütün bunlar doğru ise, kasları gevşetme, dikkati yoğunlaştırma alıştırmalarının tümü yanlış yapılmış oluyordu. Çünkü onları ruhsal ve fiziksel süzgeçten geçirip temizlememiştim. Sahnede bir poz alıyordum ve ona fiziksel olarak inanmıyordum. Şurada burada gerilimi zayıflatıyordum, daha iyi oluyordu. Daha sonra pozu biraz değiştirdim. Derken anladım: İnsan her bir şeye erişmek için uzanırsa bu uzama ile şu pozu alır: Önce vücudum, sonra ruhum, çok gereksindiğim bir şeye doğru uzandığıma inanmaya başlar. Ancak gerçeklik duygusunun yardımı ile aldığım pozu içten onaylamamla, gerçek yaşamda da, sahnede de kaslarımı gevşetebiliyordum.
>
> "Bunu anladıktan sonra kas gevşetme alıştırmalarım, yoğunlaştırma alıştırmalarım, gerçeklik duygumun sıkı denetimi altında yapılır."

Böyle bir hazırlık ve böyle bir çaba, Shakespeare gibi usta yazarların da iyi sonuç almasını sağlıyordu. Çünkü bu olaylarda dış hareket ve olgularla oyun kişisinin ruhsal gerçeği arasında büyük bir uyum sağlanmıştı. Stanislavsky bu uyuma örnek olarak Shakespeare'in *Othello* oyununu göstermiştir.

> "İyi oyunlarda biçim ve öz birbiriyle doğrudan ilişkilidir. Ruhun yaşamı, olgulardan ve oyunun konusundan ayrılamaz. Shakespeare'in çoğu oyunlarında, örneğin *Othello*'da tam bir uygunluk vardır. Dış ve olgusal çizgi ile iç çizgi birbirine bağlıdır. Bu çeşit oyunlarda olguları değerlendirmek büyük önem taşır. Dış olayları incelerken olayları doğuran koşullarla karşılaşırsınız. Bu koşulları incelerken bunlara ilişkin iç nedenleri fark edersiniz. Daha derinlere indikçe yaşamın ruhuna varırsınız. Alt yapıya varınca oyunun yüzeyindeki hareket dalgalarını uyaran dip akıntıya ulaşırsınız."[34]

Oyuncunun, yaşamın ruhuna varması yeterli değildir. Bunu seyirciye en doğru ve yetkin biçimde iletebilmesi için kendi aracını, sesini ve gövdesini eğitmiş olması gerekir. Oyuncu öylesine eğitilmiş olmalıdır ki, oyun kişisinin tavırlarını zorlamadan, alışkanlıkla, sanki oyun kişisini kendi imişçesine organik olarak canlandırabilsin; seyirci de oyuncunun yalnız görünen gerçeğini değil, aklından geçenleri bile anlayabilsin. Seyirci ile sahne arasında kesiksiz bir iletişim kurulabilsin. Yaşamın dirimi, gizli gerilimi, iletilebilsin.

Stanislavsky yöntemi ile yaşamın evrensel gerçeği sahnede kesin ve ışıklı imgelerle, yalın ve yoğun biçimde yansıtılmakta, daha doğrusu yeniden yaşatılmaktadır. Yeniden yaşatma işlemi yalnızca teknik beceriye bağlı değildir. Stanislavsky'nin sahne ahlakı anlayışı, teknik beceri ve bilgi eğitimi anlayışını bütünler. Oyuncu bilgisiz olmamalı, güzelliğe ve gerçeğe tutkun olmalıdır. Oyuncu, birlikte çalışmaya katkıda bulunmalı, kendi özel yeteneğini tümün başarısına feda etmeye hazır olmalıdır.

Stanislavsky'nin eğitim sistemi, oyunculukta ve yönetmenlikte kalıcı kurallar getirmiştir. Bunlara sahnede yaratıcılığın kuralları diyebiliyoruz. Bu yasalar, XX. yüzyıl tiyatrosunun gelişimini etkilemiştir. Bertolt Brecht, Stanislavsky'nin oyunculuk anlayışına karşı çıkmış, fakat oyuncunun eğitiminde bu yöntemin önemini yadsımamıştır.

Özetle, doğalcı-gerçekçi akım, tohumları onsekizinci yüzyılda atılmış bir gelişimi son ve kesin durumuna ulaştırmış, yazarlar ve kuramcılar tarafından bilinçle savunulmuş, tiyatro tarihi içinde kolayca sarsılmayacak bir yere kavuşmuştur. Gerçekçilik, tiyatronun başlangıçtan beri yinelenmiş olan "taklit" etme özelliğini, somut gerçeklerin aslına benzeyen kopyalarını yapmak olarak sınırlamış, buna karşın bilimsel düşünceden gittikçe uzaklaşmakta olan tiyatroyu, yeniden bilimin boyutu ile zenginleştirerek, endüstrileşen toplumlarda sanat ile bilim ve teknoloji arasında oluşan uçurumu kapatmaya çalışmıştır. Gerçekçi akım, tiyatroda düşünce öğesine ağırlık vermekle ve insanlararası ilişkileri toplumsal çevresi içinde değerlendirmekle de ilgi alanını genişletmiş, sanatın topluma karşı görev ve sorumluluklarına yeni bir boyut getirmiştir. Yansıtmacı taklit anlayışına koşut olarak, oyun kurgusunda, sahne donatımında, oyunculukta gerçeğin sahiymiş gibi canlandırılmasına önem verilmesi ve seyircinin oyunu seyrederken tam bir yanılsama içine sokulması bu tiyatronun ayırıcı özelliği olmuştur. Tiyatroda gerçekçilik, çeşitli yönlerden karşı çıkılmasına rağmen günümüzde de gücünü korumakta, çağdaş batı tiyatrosunun yaygın tiyatro anlayışı olarak seyirci çoğunluğu tarafından tutulmaktadır.

9
Karşı Gerçekçi Eğilimler

Gerçekçi-doğalcı akım, 1890 yıllarında iyice belirlenmiş, tiyatro yazarlığı ve uygulamasındaki başarısı ile güçlenmiştir. Gerçekçiliğin başarısı tepkileri-ni de beraberinde getirir. XIX. yüzyılın sonlarında gerçekçi-doğalcı tiyatro düşüncesinin koymuş olduğu sınırları her yönde aşmayı amaçlayan, somut yaşam gerçeği yerine soyut, tinsel, biçimsel olana ilgi duyan, tiyatronun toplumsal bir görevle yükümlü tutulmasına karşı çıkan yeni eğilimler görülür. Bu eğilimler bir bakıma idealist felsefeye temellenmiş olan romantizmin uzantıları gibidir. Dolaylı anlatım hünerlerinin, estetik biçimlemenin ve düşlemenin önemi üzerinde durulur. Her ülkede birbirine benzer doğrultularda gelişen karşı gerçekçi görüşler, Simgecilik (Sembolizm), Yeni Romantizm, Estetikçilik (Estetisizm) akımlarını meydana getirir: Plastik sanatlarda, şiirde önemli yapıtlar üreten bu akımlar, tiyatro türünde ciddi bir atılım yapamamış, güçlü oyunlarla perçinlenememiştir. Tiyatroda akım oluşturacak bir kuram ve uygulama birliğini gerçekleştiremeyen bu eğilimler, kısa sürede soluğunu yitirmiş, ancak sahne uygulamasına ilişkin bulguları ile, daha sonraki gelişmelerde etkin olmuştur.

XIX. yüzyılın ikinci yarısında endüstrileşmenin gelişmesine ve orta sınıfın zenginleşmesine koşut olarak ortaya yeni sorunlar çıkmıştır. Tanımlanması ve çözümlenmesi olanaksızmış gibi görünen bu sorunlar, insan aklına olan güveni sarsmıştır. Somut gerçeğin bilgisine önem veren, bu bilginin ancak deney yaparak ve deney sonuçlarını akılla değerlendirerek elde edilebileceğini kabul eden positivizme karşı, sezginin ve düşlemenin önemi üzerinde durulmaya başlanır. Mistik eğilimler yeniden güçlenir. Akla karşı olan felsefi düşüncenin temsilcisi Henry Bergson'dur. Orta sınıf bu görüşü destekler. Sezgici, mistik eğilim yazını etkisi altına alır. Simgecilik, Yeni Romantiklik bu etkinin ürünüdür.

Sanatta karşı gerçekçi eğilimlerin güçlenmesinin bir başka nedeni de, orta sınıfın incelenmemiş beğenisi doğrultusunda gelişen, sanatsal düzeyi düşük yapıtların yaygınlık kazanmasıdır. Gittikçe zenginleşen orta sınıf bu sanatın alıcısı olmuş, ortaya bir piyasa sanatı çıkmıştır. Sanatçılar bu gelişime karşı tavır alırlar. Böylece Fransız devriminden önce ve sonra seyircisi ile bütünleşmeyi amaçlayan, halkın heyecanlarını paylaşan sanatçı giderek orta sınıftan kopmakta kendi küçük aydın çevresine kapanmaktadır. Orta sınıfın beğenisi ile aydın sanatçının beğenisi arasındaki fark, sanatçının kendi beğeni ölçülerini büsbütün inceltmesine, sanatın toplumla olan bağlarını iyice zayıflatmasına yol açmıştır. Gerçekçi sanatın kolayca tanınan, anlamakta zorluk çekilmeyen, ilgi ve merakla izlenen içeriğine karşı, düş gücünü kurcalayıcı örtük gerçeklere ve bu gerçeklerin dolaylı, sanatlı anlatımına önem verilir.

Tiyatroda karşı gerçekçi eğilim, 1850'lerde Baudelaire'in ve Edgar Allan Poe'nun etkisi ile başlatılmıştır. Bu eğilim Wagner'in ve Nietzsche'nin etkisi ile 1870-1880'lerde güçlenir, yaygınlaşır. Tıpkı gerçekçi tiyatronun ortaya çıkışında olduğu gibi, bağımsız tiyatrolar ve bu tiyatrolarda uygulanan yeni teknikler bu gelişime etken olur. Ancak karşı gerçekçi eğilim oyun yazarlığında aynı gücü gösterememiştir. En güçlü tepki Fransız sembolistlerinden gelir. Fransa'da Mallarme, Maeterlinck, Claudel, Edmond Rostand, Alfred Jarry yazarlık alanında, Ford ve Lugne-Pou, oyun yönetmenliği alanında yenilik getiren güçlü sanatçılardır. İngiltere'de Oscar Wilde, Almanya'da Hugo von Hofmannsthal karşı gerçekçi tiyatronun temsilcisi olurlar.

WAGNER VE *BİRLEŞİK SANAT YAPITI*

Gerçekçiliğe karşı çıkan eğilimleri en çok etkileyen iki düşünür Richard Wagner ile Friedrich Nietzsche olmuştur. Richard Wagner (1813-1883) yapıtları ile olduğu kadar görüşleri ile karşı gerçekçi tiyatro düşüncesinin oluşmasına katkıda bulunmuştur. Wagner *Geleceğin Sanatı* (1849), *Opera ve Dram* (1851) adlı yapıtlarında sanat anlayışını açıklamıştır. Wagner'in sahne sanatları konusundaki görüşleri tiyatro düşüncesinin gelişimi içinde önemli bir aşamayı gösterir. Wagner'in sanat anlayışı Hegel felsefesinin ve romantik sanat anlayışının izindedir. Bu etki ile, benzetmeci gerçekçiliğin karşısında yer almıştır. Wagner'e göre bilim yalnızca doğayı, sonlu olanı tanımaktadır. Oysa yaşam sonsuzdur, kendi içindeki zorunluluk yasasına uyarak ve kendi bütünlüğünü koruyarak evrimleşmektedir. Aynı zorunluluk yaşamın kendini sanatta ifade etmesini sağlamıştır. Sanat insanın ve insan doğasının ifadesidir. Sanatı yaratan yaşam dürtüsü içgüdüsel olanı, bilinçdışı olanı tanıtır. Onun zorunluluk yasasını gösterir. Yaratıcılık bu doğal, bilinçdışı gereksinmenin ürünü olarak meydana gelir. Halk bu ortak gereksinimi duyar. Onun için yaratıcılık halktan kaynaklanır. Wagner sanatı, dinsel olanın, ölümsüz olanın, yaşamın iç zorunluluğundan doğanın ifadesi olarak kabul etmiştir. Gerçek sanat bir çalım, bir kapris işi değildir. İnsan, sonsuz olanı, kendi kendini koşullayanı, asal yaşam gerçeğini, ancak sanat yolu ile kavrayabilir.

Richard Wagner, bu kadar üstün bir işlevi olan sanatın, türlerin tek tek her biri ile değil, ortaklaşa çabasıyla ortaya çıkabileceğini ve yaşamı en iyi biçimde ifade edebileceğini ileri sürmüştür. Wagner'e göre geleceğin sanatı bir ortak sanat ürünü, bir *birleşik sanat yapıtı* (*Gesamtkunstwerk*) olmalıdır. Birleşik sanat, en ideal sanattır. Tiyatroda plastik sanat düzeni, ışıklama, dekor, müzik ve dramatik metin uyumlu bir bileşim meydana getirir. Tragedya sanatının en üstün örneği olan Shakespeare'in oyunlarında, müzik sanatının en üstün örneği olan Beethoven'in bestelerinde bu çeşit bir bütünleme görülür. Evrensel bütünün bu iki büyük yarısı birleştirilebilirse, tüm sanatlar bu bileşime katılacak ve ortaya en mükemmel birleşik sanat yapıtı çıkacaktır. Dramın içerdiği gerçeği söz, simgelerle kavranabilen gerçeği ise müzik ifade edecektir. Sözsel ve müziksel anlatım büyük gerçeği dile getirecektir. Bunun başarılabilmesi için tüm sanatların dramatik olanla estetik bir uyum içinde bulunması gerekir. Müzikle dram bir arada yoğrulacak, plastik düzenleme, ışıklama, dekor, tümü birden estetik bir uyum içinde birleşecektir. Her sanat, kendi ustalığını ortak amaç için ortaya serecektir. Böylece canlı, nefes alıp veren, devinen bir sahne eseri meydana gelecektir.

Richard Wagner, opera sanatının, ideal birleşik sanatı gerçekleştirdiği ve idealin arı ışığını yansıttığı kanısındadır. Operada şairin, aktörün, ışık ve resim ustasının, bestecinin sanatı bir araya gelir, maddecilikten arınmış, lekesiz bir biçimi yaratır; dram öğesi, gerçek dünyayı, müzik, biçimsel güzelliği ve duyguyu dile getirir.[1]

NIETZSCHE VE TRAGEDYANIN DOĞUŞU

Friedrich Nietzsche (1844-1900) XIX. yüzyılın ikinci yarısının, bir sonraki yüzyılı çok etkileyen ismidir. Gelenekçi felsefeyi sığ, yaşamdan yoksun, ukalaca bularak küçümsemiş, ahlak perdesi arkasındaki ahlaksızlıklara karşı çıkmıştır. Aynı biçimde sanatta akılcı ve gerçekçi yaklaşımın, tiyatroyu, kökenindeki mit öğesinden uzaklaştırmasını eleştirmiştir. Bilimsel doğruluk gözetme yüzünden evrensel olanın sanatsal ifadesinden vazgeçilmiş olduğunu belirtir. Tragedya tıpkı en başta olduğu gibi yine musikiden, Wagner'in musikisinden doğacaktır. Tıpkı Wagner'de olduğu gibi, evrensel olanın mit boyutlarında ifade edilmesi gerekir. Yazar, *Tragedyanın Musikinin Özünden Doğuşu* (1872) adlı eserinde sanatın evrimini, birbirini ateşleyen iki karşıt gücün diyalektik ilişkisi ile açıklamıştır. Yazar, Antik Yunan uygarlığının Apolloncu görünüşünün altında yatan Dionysosçu öğeyi meydana çıkarmıştır. Bu iki Tanrı, evrendeki ve sanat eserindeki karşıt güçleri temsil ederler. Dionysos öğesi, kendinden geçmeyi, bahar ateşini, esrikliği, vecd halini temsil eder. İnsanlar arasında eşitliği, onları büyük bir toplumun üyesi olmalarını kabul eder. İnsanlar ya ilkbahardan, doğadan gelen bir güç ile kendilerinden geçmekte, ya da uyuşturucu madde kullanarak, içki içerek sarhoş olmaktadırlar. Bu esriklik bir sarsılma, bir büyülenmedir; dansla ifade edilir. Apollon öğesi, dingin bir sanat anlayışını temsil eder. Apolloncu yaratıcı güç belirli, açık ve bireycidir. Düş kuran düş kurduğunun farkındadır. Fantezisi ölçülüdür; güzellikten, ilüzyondan tat alır. Gerçeğin fırtınasının sarsmadığı sağlam bir estetik ilkeye dayanır. Bu ilke yalınlıktan, aydınlıktan yanadır. Bu iki öğenin insanlık tarihinde ve tragedyanın doğuşunda yeri olmuştur. Yunan uygarlığının gelişiminde dört aşama vardır: Titan çarpışmaları Tunç Çağının ilkel yanını, Homeros destanları Apollon öğesinin zaferini, tragedya Dionysosçu gücün yeniden öne çıkışını gösterir. Bu aşamada Dor sanatının ve felsefenin görkemine ulaşılmıştır. Attika tragedyası Apollon ve Dionysos öğelerini kaynaştırmıştır. Tragedyanın korosu ile diyaloğu bu iki kaynaktan gelmektedir. Satyr korosu, ilkel heyecanı, kendinden geçme halini, sevinci ve güçlülük duygusunu dile getirir. Satyrler korosu, coşkulu dansları ile doğa öğesini temsil eder. İnsanın doğa ile kaynaşması, kendinden geçerek şifa bulması koro aracılığı ile olur. Tragedyanın kahramanları Dionysos'un çeşitli çehreleridir. Prometheus da, Oidipus da doğaya karşı suç işlemişlerdir. Prometheus, merakı ile, yasak olanı yapması ile, düzeni bozar, Tanrılara karşı gelir. Oidipus aklı ile Sfenks'in bilmecesini çözmüş, doğal düzeni rahatsız etmiştir. İki kahraman da tıpkı Dionysos gibi acı çekerler.

Apollon öğesi, diyalogda belirir. Düzeni, fanteziyi, toplumu ve devleti temsil eder. Apollon, plastik sanatlara egemendir; aşırılığa, düzensizliğe yer vermez. Düş dünyasının erkin biçimleri ile dinlendiricidir, onarıcıdır; yaşamı yaşanabilir ve yaşanmaya değer yapan sanatın yaratıcı gücünü simgeler. Bu güçle yaratılan sanat, yaşamı kutsallaştırır, estetik zevkle, bilgelikle, güzellikle ışıtır.

Sanatta bu iki güç, birbirini ateşleyerek sanatın evrimleşmesini sağlar. Uyarılmış istekleri ve acılı coşkusu ile Dionysosçu sanatın coşkusunu, ateşini gereksinmektedir. Tragedya bu iki öğeyi soylu bir biçimde birleştirmiştir. Bu gizemli birleşimde hem Antigone, hem Kassandra vardır. Tragedyada epik şiirin ustalıklı ölçülü biçimi ile koro şarkısının ve dansının coşkusu el ele vermiştir. Koro, Tanrı Dionysos'un coşturduğu kalabalıktır, büyüleyicidir, kendinden geçiricidir. Apollon ise, sahneye, arı, duru, anlaşılır şiire egemendir. Doğadan gelen güç, Apollon'dan gelen disiplinle biçimlenmiştir. Yunan tragedyası gelişerek Dionysos öğesini yitirdikten sonra intihar etmiştir. Çünkü tragedyanın asal gücünü oluşturan mitin yerini gerçek, Dionysosça olanın yerini iyimser diyalektik, şiirsel adalet ve *deux ex machina* (makinadan çıkan Tanrı) almıştır. Tragedyanın ölümü, ozan Euripides ile olmuştur. Euripides ilkel gücün etkisini azalttığı, drama, düşünce yüklediği için bu bozulmadan sorumludur. Artık Antik tragedya Dionysos'un dilini değil, Socrates'in dilini konuşur olmuştur.[2]

Tiyatronun çağdaş gelişimi de aynı doğrultudadır. Tiyatro Dionysos özelliğini ve miti tümden yitirmiştir.

> "Sophokles'ten bu yana Dionysos'a ve mite karşı olan eğilimin yeni bir yönü çıkmıştır ortaya. Bu yeni eğilim, karakter portresi yapmak ve psikolojik incelik üzerinde durmaktadır. Karakter, kalıcı bir tip gibi genişliğine ele alınmamakta, gölgeler ve tonlamalarla her öğesi belirtilerek iyice bireyselleştirilmektedir. Seyirci, karakterin gerisinde olması gereken mitin farkına varamaz artık. İlgisi karakterin şaşırtıcı biçimde yaşamdaki insana benzeyişine ve oyuncunun taklit etmedeki hünerine yönelmiştir. Burada bir kez daha özelin geneline tanık oluyoruz. İnsanın anatomisini yapan çizgilerin verdiği zevki tanıyoruz.
>
> Bilimsel bilginin, evrensel olanın sanatsal anlatımından daha çok saygı gördüğü bir kuram dünyasında yaşıyoruz."[3]
>
> (*Tragedyanın Doğuşu*)

Oysa tarih içinde uygarlık gelişimi ne olursa olsun, sağlam, disiplinsiz doğal güç, her zaman vardır ve ta derinlerde durur. Ne var ki günlük gerçeklerle Dionysos'u arayan doğal eğilimler arasında bir unutkanlık uçurumu oluşmuştur. İnsan, günlük gerçekleri yaşarken bu doğal gerçeği unutmuştur.

Nietzsche, bilim çağından sonra yeni bir trajik çağ doğduğunu haber verir. Opera, Yunan tragedyasının bir yenisidir. Operadaki çoban tragedyadaki satyre benzetilebilir. Wagner'de Apollon yine Dionysos dili ile konuşmaya başlamıştır. Tıpkı eski Yunan'da Dionysos'un Apollon dili ile konuşmaya başlaması ve bu aşamada tragedyanın doğmuş olması gibi. Tragedyanın en yüce amacı Wagner'de gerçekleşmiş olmaktadır. Onun sanatı, varlığın saçmalığına, umutsuzluğuna karşın, yaşamın, sevinç içinde yeniden kanıtlanmasıdır. Böylece tragedyanın en üstün ideali gerçekleşmekte, Alman miti doğmaktadır. Bu tragedya Aristotelesçi anlamda acı ve korku uyandırarak arıtmaz. Hegel'de olduğu gibi en yüksek ahlak düzeninin kurulmasını da sağlamaz. Tragedya ritüeldir, mitdir, acı çekmektir. Bu tragedya epik değil, liriktir. Hayatın amaçsızlığına, ilgisizliğine karşın, ezeli yaşama inancını, fizikötesi rahatı temsil eder. Böyle bir sanat gereklidir. Çünkü günümüzde insan, varlığın korkunç saçmalığını bir kez kavradı mı, günlük gerçekleri doğanın gerçeği açısından gördü mü harekete geçmek istemez (Hamlet), adeta felce uğramıştır (Ophelia). Bu saçmalık bilincini iyi etmek, acıyı gidermek sanatçının işidir. Anlamlı olduğu kadar doğal heyecanlarla da yüklü olan tragedya bunu başarır. İnsanı yeniden evrenle bütünleştirir.

KARŞI GERÇEKÇİ EĞİLİMLERİN ORTAK GÖRÜŞLERİ

Her ülkede farklı doğrultularda gelişen, kendine özgü ayrımları olan eğilimler gerçekçiliğin eleştirisinde birleşirler. Bu eleştiriler birkaç konuda odaklanmıştır: a) Sanatın belli bir görevle yükümlü sayılmasını eleştiren görüş, b) Güncel somut gerçeklerin yansıtılması ile yetinilmesine karşı çıkan görüş, c) Gerçeğin bilimsel ve nesnel bir yaklaşımla ele alınmasını yetersiz bulan görüş. Gerçekçi tiyatroyu eleştirenler sanatın üstün gerçeğine ve yaratıcı düş gücüne öncelik verilmesini isterler. Özde ve biçimde yenilikler aranmaktadır. Alman Romantizminin bazı ilkeleri yeniden güç kazanır. Yeniplatoncu sanat anlayışı rağbet görür. Şiirde Sembolizmin başarısı tiyatroyu da etkilemiştir. Wagner'in ve Nietzsche'nin tiyatro sanatına ilişkin düşünceleri yeniden ele alınır. Dilin, sahnenin, sahne tekniklerinin yeni olanakları araştırılır. Bu arayışın ortak ilkeleri şu başlıklar altında gruplanabilir:

GİZLİ GERÇEĞİN İFADESİ VE SİMGECİLİK

Bu ilke, tiyatronun hem malzemesini, hem aracını yeniden belirlemektedir. Yüzeydeki gerçeğin arkasında olanın kesin tanımı yapılmamış, içteki gerçek, derindeki anlam, saltık, gizemli, tinsel, Tanrısal olan kavramlar ile açıklanmaya çalışılmıştır. Bu kavramlar, Alman idealist felsefesinin aşkın gerçek kavramını akla getirdiği gibi, insanın ve doğanın değişmez, saltık niteliğini de anlatır. Artık sanatın ve dolayısı ile tiyatronun konusu somut, güncel, yaşanan gerçek değil, soyut, düşsel, büyülü olanın dünyasıdır. Sanat yapıtı bu dünyaya ulaşmaya çalışmanın ürünüdür.

Gerçekçi tiyatronun yöntemi olan yansıtma yerine de ifade etme, dile getirme yöntemleri kullanılır. Amaç soyut ve gizli olanı sezdirmektir. Bunun için şiirin hünerleri olan dolaylı anlatım ustalıklarına başvurulacaktır. İmge, simge, benzetme, çağrışım yapma gibi hünerlerdir bunlar. Simgecilik (Sembolizm) akımı, adını şiirin simgelerle anlatmasından almıştır. Sanat yapıtı, soyut, gizli, gizemli gerçekleri doğrudan doğruya değil, onları sezdiren, anımsatan çağrıştıran bir benzeri veya parçası ile anlatır. Şiirin sözcükleri yanında sahnede yaratılan atmosfer de soyut gerçeği sezdirebilir. Böylece sahnenin kendine özgü anlatım yöntemi belirlenmiş olur. Sahnede bir atmosfer yaratılarak bir düş ortamı gerçekleştirilecek, bu ortamda evrenin gerçek anlamı, gizemi ve güzelliği sezdirilecektir.

1885'te Jean Moréas tarafından kaleme alınan bildiride, simgeciliğin amacı ve yöntemi belirtilmiştir. Bu bildiride şiirde öznel olanın, ruhsal olanın önemi vurgulanmakta, dış görünüş yerine içteki anlama yönelmek gerektiği belirtilmektedir. Özellikle şiir türünde simgecilik, şiirin, iç ve dış güçlerin oluşturduğu belirsiz gerçeğin anlatımı olmasını gerekli görür. Şiir bunu mit, imge, benzetme yoluyla ve atmosfer yaratarak başarabilecektir. Şiir sanatında Baudelaire, gizemli ve ölümcül olanı vurgulamıştır. İnsanın yazgısının, çevre koşulları ve kalıtımla açıklanamayacak gizli güçler tarafından saptandığı ve bu gerçeğin gizeminin ancak simgeler yolu ile kavranabileceği kabul edilir. Böyle bir gerçeğin anlatımı için, çok erkin bir biçimleme gerekmektedir. Böylece şiir, dinsel bir görev üstlenmiştir. Simgeci şiirin üstlendiği bu görev eski eğitme görevinden çok farklıdır ve gerçekçi akımın eğiticilik anlayışına karşıttır.

Simgecilik tiyatroyu az etkilemiştir. Tiyatro düşüncesine belli başlı öneriler şairlerden gelmiştir. Tiyatroda simgecilik eğiliminin dile getirilmesinde, Richard Wagner'in kuramsal yazılarının ve yapıtlarının etkisi olmuştur. Şiirde simgeci akımın öncüsü olan Mallarmé iki kısa şiirli oyun yazmış, ayrıca tiyatroyu kuramsal yazıları ve eleştirileri ile de etkilemiştir.

Mallarmé gerçekçiliğin sınırlı oluşu üzerinde durur; dramın gizemli ve kutsal bir tören olduğunu kabul eder, varlığın gizli anlamını duyurduğunu söyler. Mallarmé'ye göre dramın konusu özel birey değil genel insandır; anlatım yöntemi de betimleme olmayıp, imleme yoluyla telkin etmektir. Bu yüzden dram, gerçeğin gizemini duyuran belirsiz imgeler kullanır. Seyirci yavaş yavaş gerçeği sezer gibi olur. Bu tiyatro anlayışında şiir başat öğedir. Sahnede somut gerçek görüntüsünün yerini şiir almıştır.

Maurice Maeterlinck (1862-1949), oyunları ile simgeci akımın tiyatrodaki en başarılı temsilcisidir. *Pelleas ile Melisande* yarı karanlıkta, dekorsuz olarak oynanmış, sahne bir tülle örtülerek sis izlenimi bırakılmıştır. Gri tonlu fon perdesi gizemli bir hava yaratmış, oyuncular uyurgezer gibi dolaşarak dizeleri yarı şarkı biçiminde "staccato" okuyarak ve stilize hareketler yaparak bu gizem havasını pekiştirmişler, seyirciyi büyülemişlerdir.

Maurice Maeterlinck, oyunları yanında kuramsal yazıları ile de simgeci düşünceyi tiyatroya uygulamaya çalışmıştır. Maeterlinck, gününün tiyatrosunu büyük olaylara, kanlı işlere, öc alma, zehirleme, adam öldürme gibi eylemlere fazla yer verdiği için eleştirmiş, olaysız, sakin yaşamın daha derin bir anlam taşıdığını ileri sürmüştür. Bu derin anlam, Tanrıdan gelmektedir. Maeterlinck tiyatroda günlük yaşamın içindeki Tanrısal haşmeti, güzelliği görmek istediğini söyler:

> "Günlük yaşamdaki tragedya öğesi büyük serüvenlerde bulunan tragedyadan çok daha gerçek, çok daha içimize işleyici, gerçek benliğimize çok daha yakındır. Fakat biz, bu tragedya öğesini kolaylıkla duyabilirsek de kanıtlamamız hiç de kolay olmaz. Çünkü bu asal tragedya öğesi, yalnızca ruhsal olandan ibaret değildir. İnsanın insanla, isteğin istekle savaşımının ötesindedir bu. Tutku ile görevin ezeli çatışmasının da ötesindedir. Bu tragedya ülkesi, yalnızca yaşamak eyleminin ne olağanüstü olduğunu gösterir. Hiç huzura kavuşmamış büyüklükler ortasında kendi kendine yeten ruhun varlığına ışık tutar. Duygu ve aklın konuşmasını susturur ki, bu gürültünün arkasında sürüp giden insan ve yazgısının fısıltılarını işitebilsin...
>
> "Bir dinlenme anında, tutkunun fırtınasında olduğundan daha derin, ciddi ve sağlam öğeler yok mudur? Zamanın yürüyüşünü saatlerin hızla geçtiğini bu an için görmez miyiz? Bunlar içimizdeki telleri, alışılmış, kalıplaşmış dramın hançer gibi vuruşundan daha çok titreştirmezler mi? İnsanın gövdesini ölümden koruduğunu sandığı an, varlığın garip ve sessiz tragedyasının perdesi açılmaz mı?
>
> "Gerçekten güzel ve büyük tragedyaların güzelliği ve büyüklüğü, eyleminde değil, sözlerindedir. Bu sözler eyleme eşlik eden ve onu açıklayan sözler değildir yalnızca. Çünkü yüzeysel olarak gereksinilen konuşmalardan daha

başka bir konuşma biçimindedir. Bir oyunda dikkate değer olan sözler insana önce yararsızmış gibi görünen sözlerdir. Fakat bu sözleri dikkatle incelerseniz, ruhun derinden dinlenmesi gereken sözlerin, yalnızca bunlar olduğunu görürsünüz. Çünkü bu sözler ruha hitap eder. Eserin niteliğini ve ölçüsüz genişliğini belirleyen bu konuşmalardır. Sıradan bir tiyatro eserinde konuşma, gerçeğin karşılığı değildir kuşkusuz. Katı, açık gerçeklerin yanı sıra konuşulan sözlerdir en güzel tragedyaların gizemli güzelliğini oluşturan. Aynı zamanda bu sözler daha derindeki gerçeği dile getirir."[4]

TİYATRO SANAT TADI VERMEKTEN ÖTE BİR GÖREVLE KOŞULLU OLMAMALIDIR

Gerçekçi akımın tiyatroyu kendi özüne aykırı bir görevle yükümlü sayması eleştirilmiştir. Karşı gerçekçilere göre sanatın asal amacı güzellik yaratmak ve estetik zevk vermektir. Bu, onun en yüce görevidir. Bu görevi savsaklayarak bireyin ve toplumun sorunlarını incelemek sanatın özüne yabancı düşmek demektir. Güzeli gerçekleştirebilen sanat, yaşam gerçeğini kopya etmekten çok daha soylu bir iş yapmış olur.

İngiltere'de "Sanat sanat içindir" parolası ile gerçekçiliğe karşı çıkan estetikçiler sanatın kendini gerçekleştirmekten başka bir görevi olamayacağı görüşünü savunmuşlardır. Bu görüşün sözcüsü olan Oscar Wilde, *Dorion Gray'in Portresi* (1890) adlı romanına yazdığı önsözde, sanatçının güzel şeyler yarattığını, sanatın amacının, sanatçının amacını gizlemek ve sanatı gözler önüne sermek olduğunu söylüyordu. Oscar Wilde'a göre seçkin insan, güzel şeyde yalnızca güzellik görür. Ahlaki kitap, ahlak dışı kitap diye bir şey yoktur. Bir kitap ya iyi yazılmıştır, ya da kötü. Sanatın ahlaklılığı, kusurlu bir aracı kusursuz kullanmasındadır. Güzel şeylerden çirkin anlamlar çıkaranlar hem yozdur, hem de incelik yoksuludur. Kötülük de, erdem de sanat için ancak malzeme işi görür.

Sanat ve edebiyat konusundaki görüşlerini tiyatroyu da kapsayacak biçimde dile getiren Oscar Wilde, tiyatroda gerçekçiliğe, ahlak eğiticiliğine, yazarın kendini dile getirmesine karşı çıkmıştır. Oscar Wilde, "taklit" yerine "düzeltme" ilkesini kabul etmiştir. Sanat, yaşamı taklit etmemeli, yaşamı düzeltmelidir. Ahlak açısından ise sanat tümden "yararsız" olmalıdır. Yazarın eseri ile bir anlamı dile getirmesi sorununa gelince, bu anlam yalnız yazardan değil, seyirciden, okurdan da gelir. Güzel bir şeyin anlamı o güzeli yoğuranın ruhundan geldiği kadar o güzele bakanın ruhundan da kaynaklanır.

Oscar Wilde, "Yalanın Çürümesi" ("The Decay of Lying", 1889) adlı yazısında gerçekçiliğe karşı çıkmış, Émile Zola'yı suçlamıştır. Sanatın ne zaman yaşama ve doğaya dönmüşse başarısız olduğunu, kötü yapıt verdiğini söylemiştir. Oscar Wilde'a göre yaşam ve doğa, sanata malzeme olabilir; yalnız sanatsal kalıplara dönüştürülmesi koşulu ile. Gerçekçilik bir yöntem olarak tam bir başarısızlıktır. Gerçeğin portresi bir süre sonra kimseyi ilgilendirmez olur.

> "(...) Sanat kendinden başka hiçbir şeyi dile getirmez. Sanatın tıpkı düşünce gibi bağımsız bir yaşamı vardır ve yalnızca kendi çizgisi üzerinde gelişir. Sanatın, gerçekçilik döneminde mutlaka gerçekçi, inanç döneminde mutlaka tinselci olması gerekmez. Çağının yaratısı olmaktan uzaktır sanat; genellikle karşıt yönde gelişir ve bize yalnızca kendi gelişiminin tarihini sunar. (...) Hiçbir zaman kendi çağını yeniden üretmez sanat. Bir çağın sanatı ile çağ arasında bağlantı kurmak tüm tarihçilerin büyük yanılgısı olmuştur.
>
> "İkinci doktrin şudur: Tüm kötü sanat, yaşama ve doğaya dönmekten, onları ülküselleştirmekten doğar. Yaşam ve doğa ara sıra kaba malzeme olabilir. Fakat bu malzemenin sanata yaraması için önce sanatsal kalıplara dönüştürülmesi gerekir. Sanat kendi düşsel ortamından vazgeçtiği an, her şeyden vazgeçmiş demektir. Yöntem olarak gerçekçilik tam bir başarısızlıktır. Sanatçının kaçınması gereken iki şeyden biri, biçimde modernlik, öteki ise, konuda modernliktir. Biz, XIX. yüzyılda yaşayanlar için, kendi yüzyılımızdan başka herhangi bir yüzyılın olayları, daha ilginç konular oluşturur sanata. Ancak bizi ilgilendirmeyen şeyler güzel şeylerdir. Kendi sözlerimden bir alıntı yapma zevkini tadarak söyleyeyim, 'Hekabe bize hiçbir şey ifade etmediği için Hekabe'nin acıları tragedya için elverişli bir temadır. Yalnız modern olanın modası geçer. Bay Zola oturmuş bize İkinci İmparatorluğun resmini çiziyor. Şimdi kimin umurundadır İkinci İmparatorluk? Modası geçti bile. Yaşam, gerçekçilikten daha hızlı gidiyor, oysa romantizm hep yaşamın önündedir.
>
> "Üçüncü doktrin şudur: Sanat yaşamı değil, yaşam sanatı taklit eder. Bu, yaşamın taklitçi içgüdüsünden gelmez yalnızca. Şurası gerçektir ki, yaşam bilinçli olarak kendini dile getirmek ister. Sanat, yaşamın bu enerjisini kullanabileceği güzel biçimler sunar. Bu kuram daha önce hiç öne sürülmemiş, fakat son derece verimli bir düşüncedir ve sanat tarihine tamamen yeni bir ışık tutmaktadır.
>
> "Buna koşut olarak doğa da sanatı taklit eder. Doğanın bize sunduğu etkileri biz daha önce şiirde, resimde görmüşüzdür. Doğanın çekiciliğinin sırrı budur. Doğanın zayıflığının sırrı da buradadır.
>
> "Son açımlama da, sanata yakışan, doğru olmayan şeyler söylemektir. Yalan söylemektir."[5]
>
> ("The Decay of Lying" 1889)

Oscar Wilde'ın keskin fakat çarpıcı biçimde göz önüne serdiği bu tavır, tiyatroda biçimsel düzenlemelere verilen önem kadar romantizm özlemini de dile getirmektedir. Görünenin ardındakine yönelmiş olan bir sanat anlayışı yeniden gündemdedir.

GÜZELLİK KAYGISI VE ESTETİKÇİLİK

Doğanın dış görünüşü de, günlük yaşam da düzensizdir. Sanatın görevi, yaşamın özündeki Tanrısal güzelliği ifade etmek olmalıdır. Sanat doğayı ve yaşamı güzelleştirerek, düzene sokarak dile getirir. Böylece asal gerçeğe yaklaşmış, seyircisine karşı gerçek görevini yerine getirmiş olur. Tiyatronun dili de görüntüsü de şiirsel güzelliklerle yüklü olmalıdır. Yazar, dekorcu, yaratıcı bir çaba içinde bu güzelliği, bu uyumu gerçekleştirmelidir. Bunu başarmak için gerçekçi tiyatronun biçimsel kalıpları kırılmalı, gerçeğe benzerlik kuralı aşılmalı, yeni estetik düzenlemeler aranmalıdır.

Mallarmé de, Maeterlinck de, tiyatronun dilinin yalın ve şiirli olmasından yanadırlar. Gerçekçi tiyatrodaki günlük konuşma yerine, şiirli sözün anlatım üstünlüğü vurgulanır. Böylece tiyatronun dili, hem daha anlamlı hem daha güzel olacaktır. Güzellik sahne üzerinde görüntünün şiiri ile sağlanır. Bu doğrultuda özgün uygulamalar yapılır.

İrlanda ulusal tiyatrosunun gelişmesi için halkın canlı ve zengin dilinden yararlanılmasını öneren William Butler Yeats (1865-1939) tiyatro dilinin şiirli olması gerektiğini savunmuştur. Yeats'in tiyatroda şiirli dil kullanılmasını istemesi, gerçekçi tiyatroya bir tepkidir ve güzellik kaygısını dile getirir.* Yeats de tiyatroda soyut ve tinsel olanın dile getirilmesinden yanadır. Yeats amacını şöyle açıklamıştır.

> "İlkin tiyatronun zihinsel bir coşku yeri olmasını sağlayacak oyunlar bulmak ya da yazmak zorundayız. Us eski Yunan tiyatrosunda ve tarihin büyük anlarında Fransa'da, İngiltere'de ve bugün İskandinavya'da olduğu gibi özgürlüğüne kavuşturulmalıdır. Bunu yapacaksak şunu da hatırdan çıkarmamalıyız: Güzellik ve gerçek kendi kendilerini haklı çıkarırlar. Gerçeği ve güzelliği yaratmakla ülkemize, belli bir amaca hizmet etmekten daha fazla yararımız dokunur. Kuşkusuz tüm kalbimizle bir amacı seviyorsak güzele ve gerçeğe daha kolay yaklaşırız. Fakat şunu da unutmamalıyız ki, güzel ve gerçek bir kez ağızlarını açtılar mı tüm öteki ağızlar susup oturur.(...)
>
> Bu çeşit oyunların sıradan tiyatroda bulunandan daha güçlü olan seyirciye ve yazara gereksinimi vardır.(...)
>
> "Eğer kişi oyunu kurmasını bilmiyorsa, eğer kişi karmaşık bir yaşamı tek bir eylem içinde düzenleyemiyorsa yazdığı oyun ilgi çekmez, bellekte kalmaz. Fakat kişi eğer sözcüklere vurgun değilse yazdığı şey yaşamın en önemli giysisi olan, yaşayan dilin zarif hareketine sahip olamayacaktır. Büyük gerçekçi

* Prof. Dr. Cevat Çapan bu konuda şu açıklamayı yapmıştır: "Halkçılığında bile büyük yığınlarla kendini özdeş görmekten çok, tüccar ve kalem efendisi dediği orta tabakaya karşı duyduğu tiksintiden ileri gelen 'Aristokratça' bir tepeden bakma eğilimi vardır." *Değişen Tiyatro*, İstanbul Üniversitesi, Edebiyat Fakültesi Yay. İstanbul. 1972.

yazarlar bu eksikliklerinden dolayı, bugün güzel sanatı sevenlere bilge kişi gibi görünecek, fakat ondan sonraki kuşaklar tarafından aynı biçimde karşılanmayacaklardır.

"İkinci olarak, eğer sözleri egemen kılacaksak, sahnede konuşma, hareketten daha önemli olmalıdır. (...)

"Üçüncü olarak, özellikle şiirli dramda ve gerçek yaşamdan uzak olan düzyazılı dramda oyunculuk yalınlaştırılmalıdır; benim *Hour-Glass* adlı oyunumda olduğu gibi. Huzursuz olan, dikkati sesten uzaklaştıran, yoğun ifade anlarından uzaklaştıran her şeyi çıkarıp atmalıyız. Zaman zaman gözün tanık olduğu hareketin yerine, kalbin gördüğü soylu hareketleri, birey ruhundan daha derindeki bir düşten yükselen tartımlı hareketleri getirmeliyiz.

"Dördüncü olarak, hareketi sözle yarış etmeden ona eşlik etsin diye nasıl yalınlaştırmak gerekliyse, dekor ve kostümün de hem biçimini hem rengini yalınlaştırmak gereklidir. Kural olarak fon tek renk olmalıdır ki oyundaki kişiler, durdukları yerde fonla uyum kurabilsinler ve dikkatimizi çekebilsinler. Başka bir deyişle dekor bir manzara gibi düşünülmelidir. (...)

Ağaçlar, tepeler dekor gibi gösterilmeli; göze batan bir düzen içinde olmamalıdır. Gereksiz olan, dikkati sözden ve devinimden uzaklaştıran hiçbir şey bulunmamalıdır sahnede..."[6]

("The Reform of the Theatre" 1903)

Karşı gerçekçi tiyatro eğilimi, oyunun söz öğesini öne çıkardığı gibi, görüntü öğesine de ayrı bir önem vermiştir. Sahnenin görüntüsü olayın geçtiği çevreyi gerçekçi olarak göstermekle yükümlü tutulmamış, tersine görüntünün amacının güzeli gerçekleştirmek olduğu ve tıpkı sözün güzelliği gibi, görüntünün güzelliği ile tinsel olanın, derin ve saltık olanın sezdirileceği ileri sürülmüştür. Bu eğilimi ile karşı gerçekçi tiyatro, sahnenin görüntü dilinde önemli bir gelişmeyi gerçekleştirmiştir. Şiirli atmosfer sözden çok görüntünün ustalığı ile elde edilmiştir. Simgesel tiyatro yazarları sahnede yalınlığa önem verir, şiirin anlatım gücünü pekiştirirken, aynı eğilimi paylaşan sahneye koyucular ve dekorcular sözle anlatılmak istenen duyguyu, anlamı, atmosferi görüntü diline çevirmenin yollarını aramışlardır. Denemelerin başarı ile sonuçlanması sahne düzenleyicilerinin düşüncelerini kuramsal olarak da açıklamalarını sağlamış, tiyatro düşüncesi bu kez de sahne düzenleyicilerinin yazıları ile zenginleşmiştir. Uygulamaları ile olduğu kadar kuramları ile de simgeci sahne dilini belirleyen sanatçı-kuramcılar, Adolphe Appia ve Gordon Craig oldu.

Adolphe Appia'nın sanat anlayışı Yeni Romantizm'e bağlıdır. Yaşamı boyunca koyu Wagner hayranı olarak kalmış, Wagner Operaları'nın sahnelenmesinde başarı göstermiştir. Kuramlarını *La Mise en Scène du Drame Wagnerien* (1895) ve *Die Muzik und İnsenierung* (1899) adlı eserlerinde açıklamıştır. Adolphe Appia, Alman idealist felsefesinin aşkın gerçek idealini benimsemiş, sanatı bu mistik gerçeğin romantik anlatımı olarak kabul etmiştir. Appia, sanatın, derinleri ışıtma, saltık olanı, görünenin ardında saklı olanı dile getirme işlevine inanmıştır. Wagner müziğinin, bu gizli anlamı seyirciye ulaştırdığını söyler. Sanatta ifadeci anlatımı benimsemiştir. Seyirci duygu ve heyecanların etkisi ile oluşan yoğun bir atmosfere sokulmalıdır. Ruhsal olan, heyecansal olan bir düş havası içinde seyirciye sunulmalı, seyirci bu havayı yaşamalı, bu düşü paylaşmalıdır.[7]

Görüldüğü gibi dekor yaratmada ayrıntı benzerliği sağlamaktan çok farklı bir çaba görülmektedir. Soyut, düşsel gerçeğin büyülü dünyasına ulaşmak için görüntünün belirsiz anlatımından yararlanılmaktadır.

TİYATRONUN TÜM ÖĞELERİNİN UYUMLU DEVİNİMİ

Çatışma, gerilim ve krizlerden oluşan geleneksel dram yapısı yerine, öğeleri tam bir uyum içinde olan bir sahne düzeni gerçekleştirilmelidir. Bu düzen sözü, ışığı, rengi, çizgiyi içerir ve uyumlu bir devinim içindedir. Bu uyum, romantiklerin üzerinde durduğu karşıtların dengesi ile sağlanan uyumdan farklıdır. Çünkü bu uyum karşıtların dengelenmesi ile değil, koşutluklar sağlanması ile meydana gelir. Bu uyum klasik düşüncenin birlik ve bütünlükle gerçekleştirmek istediği uyumdan da farklıdır. Çünkü öğelerin kendi bütünlüklerini koruyarak tek bir odak noktasında kümelenmesi, organik bir birlik içinde aynı amaç için işletilmesi değildir amaçlanan. Simgecilik, öğeleri birbiri içinde eriterek bir bütün yaratılmasını amaçlar. Bu düşünce Wagner'in "birleşik sanat yapıtı" idealine yöneliktir. Bu bütün evrensele doğru uyumlu bir biçimde devinmektedir. Devinim, gerçekçi tiyatronun eylemine nispetle ağır ve dingindir.

Adolphe Appia (1862-1918) bu uyumlu devinimin en iyi müzikle ifade edildiğini belirtir ve sahne üzerinde aynı anlatım gücüne ışıkla ulaşmaya çalışır. Appia, sahne üzerinin dört plastik öğesi olan dikey dekor, yatay zemin, hareketli oyuncu ve oyun mekânına ışıklama ile bir bütünlük kazandırmak için yeni öneriler getirmiştir. Bu öneriler modern tiyatronun ışıklandırma kuramına öncülük etmiştir. Appia'ya göre görüntünün ardındaki derin niteliği yalnızca ışık ve müzik ifade edebilir. İkisi de nesnenin yüzeydeki görünümüne canlı bir biçim verir. Appia, ışığın, atmosferi ve ritmin değişimini ifade edebileceğini, gösterebileceğini ileri sürmüş, seyircinin sahnedeki olayın derindeki anlamı ile özdeşleştirilmesi sorununu da ışıkla çözmeyi denemiştir. Bu, yeni bir illüzyon anlayışı demektir.

Appia'nın bir sorunu da oyuncunun hareketine olanak sağlayan mekânı gerçekleştirmektir. Dekorlarını mekân, hacim ve kitle açılarından ele alır. Platformlar, merdivenler, ramplar aracılığı ile dekor ile zemini bağlar. Bu yüzden oyuncunun dikey ve yatay hareketine olanak hazırlar. Bunlar aynı zamanda görüntüde ritmik güçler oluştururlar. Ayrıca sütunlar, drapeler, duvarlar, ayrıntıdan ayıklanmış ve üç boyutlu olarak kullanılır.

Adolphe Appia 1906'da Emile Jacques Dalcrose'ye rastlamış, onun, ritmi ve tempoyu ifade eden hareket yönteminden yararlanmıştır. "Ritmik Mekânlar" adını verdiği çizimlerle her ayrıntının hareketle anlatımı üzerinde durmuş, zaman ve mekân öğelerinin uyumlu bir bütün oluşturması için tartımdan yararlanmıştır.

Appia'nın dekorları beyaz ve siyahtır. Çünkü her şeyi ışık ve gölge açısından değerlendirmiştir. Işık altında üç boyutlu öğelerin bile düz göründüğünü hesaba katarak biçimi, kitleyi ve plastiği vurgulayabilmek için karşıtlıklardan yararlanmıştır.

Appia, Wagner gibi, yönetmenin birleştirici bir sanatsal güç olduğunu kabul eder. İstenilen uyumlu devinim ancak yönetmen tarafından sağlanacaktır.

YENİ BİR YANILSAMA ANLAYIŞI

Gerçekçi akımın ilüzyon anlayışı, sahnedeki dekoru, oyuncuyu sanki gerçekmiş gibi kabul ettirmek, seyirciyi sahnedeki yaşamın gerçek olduğuna inandırmak böylece bir yanılsama içine sokmaktır. Karşı gerçekçi tiyatro düşüncesi ise gerçekçilerin yaratmaya çalıştığı bu çeşit ilüzyonu bir gözbağcılık olarak niteler. Seyircinin ilüzyona girmesi demek, sahnedeki yaratma sürecine katılması demek olmalıdır. Bu durumda seyirci bir düşsel gerçeği paylaşmış olur. İlüzyon sözcüğü bu anlamı ile "yanılsama" olarak değil, "sanrısama" olarak adlandırılabilir. Appia bunu gerçekleştirmek için heyecanı atmosfere dönüştürmek ve seyirciyi bu atmosfere katmak amacındadır. Işığı bu amaçla böyle bir ilüzyon yaratmak için gerekli biçimde kullanır. Benzetme yerine imleyerek, atmosferi görüntüye dönüştürerek, gerçeği seyircinin düşüncesinde tamamlatmak, bu ilüzyon anlayışının özelliği olmuştur.

OYUNUN UYUMUNU YÖNETMEN SAĞLAR

Tiyatro sanatı sahnenin tüm öğelerini birbiri ile uyuma sokacak bir yetkiliyi gereksinir. Bu yetkili kişi yönetmen olmalıdır: Yönetmen, yazılı yapıtın ruhunu ifade etmek üzere dilin, ışığın, rengin, çizginin, tartımın, olanaklarını seferber eder. Bunların hepsini buyruğu altına alarak, anlamı en güzel, en uyumlu bir biçimde ifade eder. Yönetmenin önemi konusundaki düşüncelerini, kuramsal yazıları ile dile getirerek, tiyatro düşüncesinin bu yeni gelişimine katkıda bulunanların başında, Gordon Craig (1872-1966) gelir. Gordon Craig, sahne düzenlemeleri ile yeni gelişimleri yönlendirmiş, eleştirileri ile de tartışmalara yol açmıştır. Tiyatro anlayışını *The Art of Theatre* (1905) adlı eseri ile dile getirmiştir. Daha sonra başka yazıları ile beraber bir kitap olarak basılan bu yazısında Craig sahne yönetmeninin önemi üzerinde durmuş, yönetmenin çok yanlı görevini açıklarken kendi sanat anlayışını da dile getirmiştir. Gordon Craig, tıpkı Appia gibi, sahnede gerçeğin yansısının değil, yaşamın derindeki anlamının ifadesinin önemi üzerinde durmuştur. Craig, yaşamın temelindeki uyumun ve güzelliğin, sahnede kat kat açılmasını ister. Seyirci tıpkı bir tapınağa girmiş gibi olmalıdır. Olağandışı bir yaşantı olmalıdır tiyatro. Sahnedeki tüm öğeler uyumlu bir birlik içinde devindirilerek evrensel bir güzellik elde edilmelidir. Öğelerin bütünlüğü ile yaratılan güzellik anlam yüklü olacaktır. Gordon Craig görüntü yolu ile seyircinin bir düşleme sürecine sokulmasını, sanatsal bir yaşantıya katılmasını ister. Seyircinin günlük anlayış ve beğeni düzeyine kesinlikle inilmeyecektir. Ödünsüz güzelliğin gerçekleşmesi için, sahneye koyucunun tek yetkili kişi olması gerekir. Bu yetkili kişi, üstün bir sanat düzeyini tutturmayı amaçlayacak, kolay kaba oyunculuğa, halk beğenisine ödün vermeyecektir. Gordon Craig, yönetmene hem pek çok yetki vermiş, hem de ona sorumluluklar yüklemiştir. Oyunun yaratıcısı, yönetmen olacaktır. Oyunun ruhunu devingen görüntü dilinde o ifade edecektir.[8]

> "Yönetmen piyes yazarının piyeslerini, aktörlerin, sahne ressamlarının ve öteki zanaatçıların aracılığı ile yorumlarsa, kendisi de bir zanaatçı, usta bir zanaatçı demektir; ancak, eylemlerin, sözlerin, çizginin, rengin ve ritmin tastamam üstesinden geldiği zaman bir sanatçı olabilir. Böylece, piyes yazarının yardımına da artık ihtiyacımız kalmayacaktır."[9]

Gordon Craig'in görüşüne göre yönetmen, yazarın yerini aldığı gibi, oyuncuları da istediği gibi kullanma yetkisine sahiptir. Yeteneksiz oyuncular böyle bir yönetim altında kendilerini ipli kuklalara benzetirler. Kuklalaşmış olsun olmasın, oyuncuların yönetimi, yönetmene bağlıdır. Yönetmen, dekorun da, kostümün de ana çizgilerini saptar. Oyunun özüne uygun renkleri, çizgileri belirler. Görüntünün, bütünün uyumuna ayak uydurması için bu gereklidir. Birbirinden farklı öğelerin bir bütün içinde erimesi, uyumlu bir bütün meydana getirmesi için, oyuna, yönetmenden başka kimse karışmamalıdır.

Özetlersek, XIX. yüzyılın sonlarında gerçekçi akımın güçlenmesi ile birlikte ortaya çıkan karşı gerçekçi eğilimler tiyatronun özünü de, biçimini de, çalışma yöntemini de, oyunculuk ve yönetmenlik tekniklerini de, seyirci oyun ilişkisini de yeniden yorumlamış, farklı önerilerde bulunmuşlardır. Bunların tümünü "karşı gerçekçi düşünceler" başlığı altında toplayabiliyoruz. Çünkü simgecilik de, yeni romantiklik de, estetikçilik de, sanatın üstün, gizemli, örtük gerçekleri imleme yolu ile dolaylı anlatımla dile getirmesi gerektiğini belirtir. Bunun için yansıtma yönteminden farklı ifade yöntemleri geliştirilmiş, hem dilde, hem sahne görüntüsünde şiirli anlatımdan yararlanılmış ve seyirciye üstün gerçekleri sezdirecek büyülü bir atmosfer yaratılmıştır. Sözün tartımından, ışıktan, dekorun yalın ve ustalıkla kullanılışından yararlanıldığı belirtilmiştir. Bu düşünceler uygulamalarla bütünleştirildiğinde, tiyatro sanatına yeni bir soluk getirmiştir. Bu yeni soluk, Birinci Dünya Savaşı ve sonrası dönemde daha yeni, daha cüretli denemelere girişilmesini sağlamıştır. Gerçekçi akım, usta yazarları ve sanatçıları ile gücünü sürdüredursun, gerçekçiliği sınırlı bulan deneysel çalışmalarda yeni yöntemler geliştirilmiştir.

10
Yirminci Yüzyılın Öncü Akımları

Yirminci yüzyıl tiyatrosunun en belirgin eğilimi, yazarlıkta, sahneye koyuculukta, oyunculukta ve tiyatro gösterisine katılan bütün yardımcı sanatlarda yeni anlatım olanakları aramak ve bunları cesaretle denemek olmuştur. Bu deneylerin amacı, insanları düş kırıklığına uğratan toplumsal gelişimler karşısında yaşamın derinliklerinde gizli duran güçleri ortaya çıkarıp, harekete geçirmek ve bu güçlere dayanarak daha iyi bir dünya yaratmaktır. Tiyatro düşüncesi, tiyatrodaki uygulamalara bağlı olarak yeni deneylerin kuramsal çerçevesini saptamaya çalışmıştır. Bu ortamda gerçekçi-doğalcı tiyatronun yansıtmacılığından da, simgecilerin gizemli gerçeği sezdirme anlayışından da farklı bir sanat görüşü gelişir. Yirminci yüzyılın öncü sanat akımları gerçekçiliğe karşı çıkmakla ve görünen gerçeğin ardındakine yönelmekle beraber mistik eğilimli değildir. Bu akımlarda yeni bir güç kaynağı olarak, insanın bilinçaltı değerlendirilir. Şiir sanatında ve plastik sanatlarda ileri sürülen en yeni düşünceler tiyatroya da uygulanır. Hem yazar, hem ressam olan sanatçılar, en cüretli denemelerini sahne üzerinde yaparlar. Tiyatro bu arayış sürecine en çok görüntüsel yanı ile katılmıştır.

Sahne tasarımında uygulanan yenilikler, öncü akımların yaygınlık kazanmasında etken olur. Ancak başka sanat türlerinde akımlaşan bu deneyci girişimler, sistemli bir tiyatro kuramı oluşturmamış, tiyatroda öncü ve deneyci özelliklerini korumuştur. Sahne-seyirci ilişkisinin ele alınması, sözün öneminin azalması ve görsel iletişimin ön plana geçmesi, sahnenin plastik olanaklarının bir anlatım aracı olarak değerlendirilmesi, sahne mekânının ustalıkla kullanılması, görüntüde hareket ve çarpıcılık sağlanması, oyun yapısının parçalanması, oyuncunun fiziksel yapısı ile değerlendirilmesi, Birinci Dünya Savaşı sonrasında gerçekleştirilen yeniliklerdir. Bu yenilikler tiyatro düşüncesinde geleneksel anlayışın aşılmasını, tiyatronun edebiyat yönü ile değil görsel yönü ile değer kazanmasını sağlamıştır.

Yirminci yüzyılda öncü sanat akımlarını ateşleyen ortam, savaş öncesi ve savaş sonrası ortamıdır. Sanattaki yeni arayışlar, savaşı hazırlayan koşullardan ve savaşın yarattığı sorunlardan kaynaklanmıştır. Bu akımlar aynı zamanda endüstrileşmenin ve kapitalizmin ulaştığı yeni aşama karşısında sanatçının şaşkın ve kararsız tutumunu dile getirir.

Birinci Dünya Savaşı öncesinde ulusal güçlenme, kendine güven ve iyimserlik duyguları savaş sonrasında düş kırıklığına ve korkuya dönüşmüştür. Savaş, toplum yaşamına büyük karşıt duygu ve düşünceler üretmiştir. Bir yandan uyarılmış ilkel dürtüler, kan dökme güdüsü, öte yanda vahşete duyulan tepki kendine ifade yolları aramaktadır. Savaş şovence duyguları kamçılamış, savaş sonu yıkımı ise, insana ve uygarlığa karşı kuşkuların gelişmesine yol açmıştır. İnsancı değerlerin iflas ettiğini görmenin şaşkınlığı sanatta dile gelir.

Öte yandan endüstrileşmenin ve kapitalizmin yarattığı maddi değer tutkusu acımasız bir çıkar savaşımına yol açmakta, bu savaşım tinsel değerlerin yitirilmesine ve ahlak bunalımına neden olmaktadır. Makinenin insanla boy ölçüşen yeni bir güç olarak insanın karşısına çıkması, hem bu karşı konulmaz güce karşı hayranlık uyandırmış, hem de insanı korkutmuştur. Teknolojinin insanı robotlaştırmasından endişe edilir. İnsanın gelişiminin engellenmesi ve onun dev bir mekanizmanın anlamsız, küçük bir parçası durumuna sokulması sanatın kaygısı olur. Endüstri ekonomisinin ortaya çıkardığı işçi sorunları çözüm beklemekte, sık sık patlamalara yol açmaktadır. Sanatta işçi sorunlarına ilgi duyulmaya başlanmıştır.

Freud'un cinsel yaşam konusundaki bulguları, bilinçaltının öneminin vurgulanması, insan ve değerleri konusundaki yerleşmiş kanıyı kökünden sarsmıştır. Gerçeğin karmaşıklığı şaşırtıcı ve ürkütücü bir boyut daha kazanmıştır. Marksizmin toplumun tarihsel evrimi konusundaki açıklaması bu bunalım ortamında devrim ülkülerini kamçılamaktadır. Einstein'in "relativite" kuramı ile Newton'un değişmez düzenli evren görüşü sarsılmış, nesnel ve kesin gerçekçilik bilincinin yerine görecelik duygusunu getirmiştir. Bu durumda insan düşüncesi değişken bir yapı içinde kendine yeni uyumlar aramak zorunda kalmıştır.

Özetle siyasal ve ekonomik durum, bilimsel bulgular ve felsefi görüşler, insanın düşün alışkanlıklarını temelinden sarsmakta, onu, durumuna, çevresine, işine, doğaya ve kendine yabancılaştırarak bunalıma sürüklemektedir. Savaş öncesi ve savaş sonrasında ortaya çıkan yeni sanat akımları bu bunalımın ifadesidir. *Fütürizm* (gelecekçilik), *ekspresyonizm* (dışavurumculuk), *sürrealizm* (gerçeküstücülük), *konstrüktivizm*, tiyatro uygulamasını ve tiyatro düşüncesini de etkilemiştir.

GELECEKÇİLİK [FÜTÜRİZM]

Tiyatro sanatında alışılmış öz ve biçim anlayışına karşı çıkan görüşlerin bir bölümü fütürizm akımına bağlı olarak ileri sürülmüştür. Bu görüşlerde gerçekçi tiyatronun, bilgi, akıl, mantık ölçülerine karşı çıkılmakta, daha canlı, daha devingen bir tiyatro anlayışı savunulmaktadır. Bu tiyatronun örneği, halkın tuttuğu eğlence türleri olacaktır.

Fütürizm, Birinci Dünya Savaşı öncesinde başlayan ve savaş sırasında gücünü yitiren kısa ömürlü öncü sanat akımlarından biridir. İlk bildirgesi 1909 yılında, ikinci bildirgesi 1913 yılında İtalyan şairi Philippo Marinetti (1876-1944) tarafından yazılmıştır. Fütürizm, öteki çağdaşı akımlar gibi söyleşiler, sanat gösterileri, sergiler, konserlerle tanıtılmış, Almanya'da, Avusturalya'da, Rusya'da, İngiltere ve Fransa'da yenilikçi dergiler tarafından desteklenmiş, önce şiir, sonra müzik ve plastik sanatlar dallarında etkin olmuştur.

Fütürizm kuramı, yirminci yüzyıl başında teknolojideki hızlı gelişimin etkisinde, sanatın makine çağına uygun özellikler taşıması ilkesine dayanır. Makine çağının devingenliğini, estetik biçimler içinde ifade etmesi amaçlanan fütürist sanatın başlıca özelliği, hızlılık olarak saptanmıştır. Marinetti, bir yarış arabasının güzelliğini, bir yontu başyapıtının güzelliğine yeğ tuttuğunu ifade etmiştir. Otomobil, uçak, dinamo gibi devingen araçlar, en erkin sanat örnekleri olarak kabul edilir.

> "Biz şiirlerimizde tehlike tutkusunu, enerji ve ataklık alışkanlığını dile getirmek istiyoruz. Korkusuzluk, gözüpeklik, başkaldırı, şiirimizin başlıca öğeleri olacaktır. Edebiyat şimdiye dek dalgın hareketsizliği, kendinden geçişi ve uykuyu övdü. Biz saldırgan devingenliği (dinamizmi), hummalı uykusuzluğu, koşuyu, ölüm perendesini, şamarı ve yumruğu yücelteceğiz.

Dünyanın görkemliliği yeni bir güzellikle zenginleşti: Hızın güzelliği. Ateş soluyan yılanlara benzer borularla donatılmış bir yarış otomobili, kükreyen bir yarış otomobili, Samothrake Nike'si heykelinden daha güzeldir."[1]

(Fütürizm Bildirgesi, 1909)

Makine hayranlığı saldırgan eğilimleri kışkırtmakta, saldırganlık, savaş isteğine dönüşmektedir. Savaş, en üst devingenlik olarak kutsanmıştır. Savaşın dünyayı sağlığa kavuşturacağı belirtilir. Savaş coşkusuna koşut olarak, askerlik, yurtseverlik duyguları yüceltilir.

"Savaştan başka şeyde güzellik yoktur. Saldırgan nitelikte olmayan hiçbir eser başyapıt olamaz. Biz, dünyanın tek sağlığı olan savaşı, militarizmi, yurtseverliği, uğrunda ölünen güzel ülküleri ve kadının aşağılatılmasını yüceltiyoruz.

"Biz müzeleri, kitaplıkları her türlü akademiyi yıkmak istiyoruz.

"Biz çalışmanın, zevkin ya da ayaklanmanın harekete geçirdiği büyük toplulukların şiirini söyleyeceğiz; modern kentlerdeki devrimleri yaşayan çok renkli ve çok sesli yığınları söyleyeceğiz."

(Fütürizm Bildirgesi. 1909)

Fütürizm, bu devingenlik coşkusu içinde geleneksel yaşam biçimine, kültür değerlerine, sanat kurallarına karşı çıkar. İnsanı geçmişe bağlayan tutucu kurumların yok edilmesinden yanadır. Fütürizm, akıl ve sağduyu yolundan, ölçülülükten ayrılmayan klasik sanat anlayışına da, duyumsal gerçeği taklitle yetinen gerçekçi sanata da karşıdır. Ondokuzuncu yüzyılın en belirgin karşı gerçekçi akımı, simgeciliği yaşam gerçeğine uzak düştüğü için yetersiz bulur. Çağdaş sanatın geleneksel biçim kalıplarından bağımsız olmasını özgürlük içinde yeni ve çağdaş olanı dile getirmesini ister. Fütüristlere göre, yeni olanın özünde, insan gücünü simgeleyen makine dinamizmi yatmaktadır. Sanat, bu dinamizmi özgürce ifade edecek biçimler bulmalıdır.

Fütürizm, tiyatro sanatında yeni bir sahne-seyirci ilişkisi kurma eğilimindedir. Yaşama karşı olan geleneksel tavrın değiştirilebilmesi için, seyirci ile doğrudan karşı karşıya gelecek bir sahne anlayışı savunulur. 1910 yılından başlayarak düzenlenen gösterilerde, seyircinin arasına sokulma, seyirci ile kaynaşma girişimlerinde bulunulmuştur. Bu girişimler genellikle tepki ile karşılanmış, gösteriler, çürük yumurta yağmuruna tutulmuş, kavgayla, dövüşle son bulmuştur.

1913'te Marinetti ve on dokuz arkadaşı tarafından kaleme alınan "Fütürist Oyun Yazarları Bildirgesi"nde şu görüşlere yer verilir:

> Tiyatroda alışılagelmiş çalışmalara karşı çıkılmalı, yenilik getirilmelidir.
> Geleceğin tiyatrosu, kendine örnek olarak gece kulüplerini, müzikholleri, sirk gösterilerini almalıdır.
> Tiyatro, gerçeğin taklidini değil, ruhunu yansıtmalı ve bu öze popüler eğlence türlerinin biçimini uygulamalıdır.
> Böyle bir tiyatronun özelliği, çeşitli gösteri araçlarının öğelerini bir araya getirmesi, genel olarak devingen bir görüntü sağlaması, oyuncular arasında canlı bir alışveriş kurması ve kaygısız bir atmosfer yaratmasıdır.[2]

1915'te Marinetti ve arkadaşları "fütürist sentetik tiyatro" deneyini yaptılar. Bu tiyatro, birkaç dakikaya sıkıştırılmış gösterilerden oluşuyordu. Bu kısacık gösterilerde çeşitli durumlar, olaylar, duygu ve düşünceler, çoğu kez sembollerle dile getiriliyordu. Amaç, makineleşme dönemi toplumunun dinamizmini yansıtmaktı. 76 kısa oyun, 1915-16 yıllarında *Sintesi* adı altında basıldı. Bu oyunlar, pek çok İtalyan kentinde sergilendi. Bu oyunlarda geleneksel olay gelişimi yerine kopuklu sahneler, mantık dışı bir düzen içinde ve eşzamanlı olarak yer alıyordu. Olay gelişimi gibi, oyun kişilerinin nitelikleri de en aza indirilmiş, söz yerine sesler ve simgesel ışıklama kullanılmıştı.

Fütürizm, bir tiyatro akımı oluşturmamakla beraber, sahnede plastik anlatıma ve harekete verdiği önemle, oyuncu ile seyirciyi kaynaştırma girişimi ile, eşzamanlılık ve çokodaklılık deneyimleri ile, çağdaş tiyatronun gelişimini etkilemiştir. Bu gelişim içinde tiyatro uygulaması ve düşüncesinde önemli aşamayı gerçekleştiren sanatçı, Rus sahneye koyucusu Meyerhold olmuştur.

Meyerhold (1874-1940), çağdaş tiyatronun öncü deneyci özelliğinin bilincinde olan, uygulamaları ile kendini durmadan yenileyen ve deneylerinin kuramsal tabanını gözden kaçırmayarak çalışmalarına yazıları ile açıklık kazandıran öncü sanatçılardandır. Başlangıçta Moskova Sanat Tiyatrosu'na katılmış, Çehov'un oyunlarında önemli roller üstlenmiştir, gerçekçi akımı benimsemiştir. Daha sonra gerçekçi tiyatroya da, Stanislavsky'nin oyunculuk anlayışına da karşı çıkarak, oyun alanı, bu alandaki üç boyutlu nesnelerin ve özellikle oyuncunun anlatım olanakları üzerinde durmuştur. Meyerhold'un 1907 yılından başlayarak yaptığı sahne uygulamalarında ekspresyonizm, fütürizm ve konstrüktivizm akımlarının etkisi görülür. Sahnelediği oyunlarda oyuncuyu üç boyutlu, hareketli bir yontu gibi değerlendirmiştir. Oyuncunun dekor önündeki bir kabartma olarak değil de, gövdesi, kolları, bacakları ile mekân içinde devinen bir birim olarak ele alınması, modern tiyatro anlayışını etkilemiştir. Meyerhold, sahnenin tiyatroya özgü gücünü kullandığını ve tiyatro salonunu karartmayarak bu gücün seyirci üzerindeki etkisini açıkça gözlemleyebildiğini belirtmiştir.

Meyerhold sahne üstü tekniğini de geliştirmiştir. Tiyatro sahnesine bir inşaat mühendisinin gözü ile bakmış, sahne üstünü yapı kurma olanağı bakımından değerlendirmiştir. Giderek bu yapı bir makinenin devingenliği içinde ele alınmış, mekanik özelliği ile değerlendirilmiştir. Yatay yükseltilere dikey yükseltiler eklenmiş, hareketli parçalarla sahnelerin göz önünde çok çabuk değiştirilmesi sağlanmıştır.

Meyerhold'un oyuncuları da artık yalnızca dekordan bağımsızlaştırılmış üç boyutlu öğeler değildir. Oyuncunun tüm devinim olanakları seferber edilmiştir. Oyuncu bir atlet, bir akrobat, canlı bir makine olarak kullanılmaya başlanmıştır. Meyerhold bu oyunculuk anlayışını "biyomekanik", ya da "biyodinamik" oyunculuk olarak adlandırmıştır. Sahnede makine çağının toplumunu simgeleyen mekanizmanın içinde insan öğesi, bu mekanizmanın devingen parçalarından biri olmuştur.[3]

Özetlemek gerekirse, yirminci yüzyılda plastik sanatlarda ve şiirde ortaya çıkan öncü akımların, tiyatro uygulamasına getirdiği en önemli yeniliklerden biri sahne üstünün bir makine gibi değerlendirilmesi, sahneye yapı özellikleri kazandırılması, oyuncunun üç boyutlu devingen bir birim olarak kullanılması ve bu doğrultuda eğitilmesidir. Uygulamadaki bu aşama, tiyatro düşüncesinde sahne ve oyuncunun olanaklarının bir kez daha gözden geçirilmesini ve plastik yönü ile değerlendirilmesini sağlamıştır.

GERÇEKÜSTÜCÜLÜK [SÜRREALİZM]

Birinci Dünya Savaşı sırasında ve sonrasında Dadaizm ile başlayan yeni bir sanat arayışı savaş sonrasında sürrealizm akımını oluşturmuştur. Sürrealizm, savaş sonrasının düş kırıklığını, kuşkularını, güvensizliğini ifade etmek için yeni anlatım yolları arayan bir yenilik hareketidir. Tiyatro sanatını, biçimsel denemeleri ile etkilemiş, özellikle sahnenin görüntü diline çarpıcı yenilikler getirmiştir. Genel olarak sürrealist sanat kuramı çerçevesi içinde ele alınan tiyatro görüşlerinin en ilgincini Antonin Artaud ileri sürmüş ve oyuncunun önemi, oyuncunun bedensel ifade olanakları konusundaki görüşleri ile günümüz tiyatrosuna etkili olmuştur.

Dadaizm, gerçekçi sanat anlayışına alaylı bir karşı çıkıştır. Politik baskılar sonucu İsviçre'ye sığınan sanatçıların girişimi ile Zürih kentinde başlatılmış, Almanya ve Fransa'da destek görmüş, 1920 yıllarında gücünü yitirmiştir. Bu akımın sözcüsü olan Tristan Tzara (1896-1963) belli bir anlamı olmayan ve bebeklerin ilk hecelemelerinden esinlenen "dada" sözcüğünü yeni akımın adı olarak önermiştir. 1916-1920 yılları arasında yedi bildirge sunan dadaizm, savaşan dünyaya karşı duyulan kuşkuyu, inançsızlığı dile getirir. Yöntemi, tasarlanmış çılgınlık, düzensizlik ve uyumsuzluk olarak tanımlanan gürültülü gösterilerde bütün yerleşik değer yargıları, akıl, sağduyu, sağbeğeni, edep ölçüleri hırpalanmıştır. Bu gösteriler, söyleşilerden, ses-şiir okumalarından, kısa oyunlardan oluşmakta, seyirciye öfkeyle yaklaşılarak alışılmış düşünme biçimlerinin sarsılmasına çalışılmaktadır. Amaç, düşüncenin uyuşukluktan kurtarılması, şaşkınlık yaratılmasıdır. Madem ki dünya çığırından çıkmıştır, ona en uygun sanat uyumsuz ve birliksiz olacak, bir kaosu dile getirecektir. Bu sanat anlayışı, aynı zamanda özgür, doğmaca, kapsamlı ve içten anlatımın savunusunu yapmaktadır.

Dadaizm, fütürizm savaş hayranlığına karşı olmakla beraber, eşzamanlı anlatım tekniğini ve farklı anlatım araçlarını bir arada kullanması bakımından fütürizmin yönteminden yararlanır. Gösteriler Almanya ve Fransa'da hem ilgi çekmiş, hem de skandal yaratmıştır. Tiyatro gösterileri çokluk kavga ile son bulmuştur.

Sürrealizm, dadaizmin açtığı yolda, 1924 yıllarında Fransa'da gelişmiştir. Dadaizm, tüm ölçüleri ve değerleri yadsımasına karşın, Sürrealizm yadsınanın yerine konacak olanın arayışı içindedir. Sürrealizmin önderi olan André Breton (1896-1966) Sürrealizmin ilk bildirgesini 1924 yılında yayımlar. Bu bildirgede bilinçaltının önemi vurgulanmıştır. 1926'da yayımlanan ikinci bildirgede ise Marksist görüşler önem kazanır. 1924-1929 yıllarında *Révolution Surrealiste* dergisi bu akımın sözcüsü olmuştur. Pek çok ünlü yandaşı topluluktan çıkmış, ya da çıkarılmış, 1938'deki son büyük uluslararası sergisi ile bir çıkış daha yapmış, giderek gücünü yitirmiştir. 1942'de yayımlanan üçüncü bildirge, 1947 ve 1960 yıllarında düzenlenen sergiler sürrealizmin yeniden güçlenmesine yeterli olmamıştır.

Sürrealizm, şiirde, resimde, mimarlıkta, sinemada ve tiyatroda etkili olmuştur. Yaşamın anlamsızlığı ve günün sanatının yetersizliği karşısında, görünen gerçeğe sırtını dönerek mutlak olanı ruhun derinliklerinde arar. Bilinçaltının karanlıklarına yönelmiştir. Bilinçaltı gerçeğinin hiç saptırılmadan ortaya çıkarılabilmesi için, insanı tutsak eden koşulların aşılmasını, ahlak, akıl, mantık, estetik kurallarının kırılmasını zorunlu görür. Yeniden doğacak insanlığın gizilgücünü, bilinçaltındaki gerçek enerji kaynağından üretmek ereğindedir. Bunu başarmak için süper egonun baskısını kaldırmalıdır. Ancak o zaman güçlü, dinamik gerçek yüzeye çıkabilecektir.

Sürrealizm öncelikle bir başkaldırıyı, bir yadsımayı dile getirmiştir. İnsanı bağımlı kılan makineleşmeye, otomatizme öfkeyle karşı çıkar. Sürrealist yazarlara göre, toplumun yüzeydeki uyumu düzmece bir uyumdur;

iki yüzlülüğü maskelemektedir. Aslında dünya çıldırmıştır. Savaş bir saçmalıktır, yokluktur; gene de insan savaşa susamıştır. Bunun için insanın kendini alışılmış bağlardan kurtarması gerekir. Yaşama başka açıdan bakmalı, düşünceyi canlandırmalıdır. İnsan mutlak özünü bulabilmek için dış gerçeklerden kurtulmalıdır.

Sürrealizm, psikanalizme olan eğilimi ile, Freud etkisinde olduğunu gösterir; insanı karmaşık bir bütün olarak kabul eder. Bilinçaltının parçalı, kopuklu, tutarsız imgelerinin ardına yönelerek çelişik ve tutarsız gibi görünenin ardındaki bütünlüğe ulaşmaya çalışır: İnsan kendi korkunç iç gerçeği ile yüz yüze gelmeli, bastırılmış istekleri bilinçlendirerek kişiliğini genişletmeli, bilincin ussal yapısı ile bilinçaltının düşsel ve karmaşık yapısını birbirine bağlayıp bütünlüğe kavuşturmalıdır. Düşüncenin özgürleşmesi ve ruhsal gücün yeniden elde edilmesi için bu zor görevi üstlenmek gerekir. İnsan kendi cehenneminin başdöndürücü uçurumuna yuvarlanmayı göze almalıdır. Ancak bu süreçten sonra düşünce gerçeğe sıçratılabilecek, gerçek ve düş evrenlerini kapsayan yepyeni felsefi bir tavıra ulaşacaktır.

Sürrealizm, çevresine, alışkanlıklarına koşullu, kalıplaşmış değer yargılarının tutsağı olan insan kavramını yıkarak yeni insanı biçimlerken, yeni toplum düşüncesini de geliştirmiştir: Tıpkı, yasak, günah, ayıp korkusunun birey tarafından aşılması gibi, sınıf ayrımı kavramı da ortadan kaldırılmalıdır. Sürrealizm, siyasal içerikli olan ikinci bildirgesinde düşünce özgürlüğünü işçi sınıfının devrimine bağlamaktadır ve bu ikili ilişkiyi birleşik kaplar ilişkisine benzetir. Kişinin kendini yeniden yaratması, iç ikilemini birleştirmesi ile, evrenin ve toplumun yeniden yaratılması ve sınıf ayrımının ortadan kaldırılması arasında koşutluk kurulmuştur. Yeni evrende sınıfsal düzenin ayırıcı, bölücü kalıpları geçerli olmayacaktır.

Sürrealizm, fantaziyi, imgelemi, olağanüstüyü, masalımsı olanı kullanarak bambaşka bir büyülenme yaratmak amacındadır. Nesnel gerçeğin alışılmış biçimlerinden tümden uzaklaşılacaktır. Rastlantısal olan, beklenmedik olan kullanılacak, ilkel kargaşaya dönülecektir. Mistik olmayan düş, özgürlük içinde kapıp koyuverilecek, düşünce, kendiliğinden işlemeye başlayacaktır. Sürrealizmin yöntemlerinden biri de mizahtır. Mizahın alaylı bir gülüşü ile usçu mantığın sınırları aşılacak, baskılara karşı çıkılacaktır.

Sürrealizmin tekniği gizli beni, doğanın gizli isteğini, derindeki gerçeği dile getirmek için sözcükleri gelişigüzel kullanmak, çağrışımlardan yararlanmak, paranoyak, benmerkezci çarpıtmalar yapmak, sık sık değişen, birbirine karışan, birbiri içinde eriyen görüntüler ve biçimlerle imge sarsıntısı yaratmak, böylece özgür fantezinin tartışılmaz gücüne inanılmasını sağlamaktır.

Sürrealizm'in tiyatroya etkisi dolaylı olmuştur. Savaş sırasında tiyatro etkinlikleri kısıtlandığından ve oyuncuların çoğu ordu için temsil vermek üzere tiyatrodan ayrılmış olduğundan, tiyatro sanatı bir duraklama dönemine girmiştir. Savaş sonrasında ise sanatsal niteliği olan oyunlar değil, eğlenceli bulvar oyunları rağbet görmeye başlamıştır. Bu durumu değiştirmek isteyen öncü tiyatro sanatçıları yeni bir sanat arayışı içinde cüretli denemeler yaparlar. Alfred Jarry'nin (1873-1907) *Kral Übü* adlı oyunu özde ve biçimde alışılmış tüm değerleri alt üst ederek şaşkınlık yaratmıştır. Guillaume Apollinaire (1880-1918), mantık dışı olaylarla ördüğü *Les Mamelles de Térésias* (1917) adlı oyununa "Sürrealist Dram" altbaşlığını koymuştur. Sürrealist tiyatronun görüntü dilinin ortak özelliği, zamanın ve mekânın mantık bağını koparması, sahnede şekilleri bozması, çarpıtması, değiştirmesidir. Tiyatro sanatının teatral etkinliğinin, tiyatro olarak taşıdığı önem üzerinde durulur.

Yeni anlatım olanakları arayışı içinde gülünçlük, müzik, dans, ışık, renk karışımı ile şaşırtıcı etkiler yaratılmakta, akrobatlığa, komedya, tragedya, burlesk türlerinin öğelerine bir arada yer verilmekte, bu tutarsız karışım ile şaşırtıcı etkiler sağlanmaktadır. Jean Cocteau'nun (1892-1963) bale, pandomim, tiyatro düzenlemeleri sürrealist sahne sanatının en ilginç örneklerini oluşturmuştur. Bu oyunlarda güncel ile gizemli, günlük gerçek ile masal karışık olarak kullanılmış, antik efsaneden çağdaş anlam üretilmiştir. Picasso, Matisse, Derain, Braque, Leger, Chirico, Miro gibi ünlü ressamların dekorlarını yaptıkları bale temsilleri görüntü dilini zenginleştirmiştir. Bununla beraber sürrealist akım tiyatro türünde fazla etkin olmamıştır. Bu akımın uzantısı olarak en önemli görüşleri ileri süren ve tiyatro düşüncesinde bir aşama gerçekleştiren yazar ve kuramcı Antonin Artaud olmuştur.

ANTONIN ARTAUD VE KIYICI TİYATRO

Antonin Artaud, çağdaş tiyatro kuramcılarının en ilgincidir. Birinci Dünya Savaşı'ndan hemen önce yayımladığı görüşleri günümüz tiyaro anlayışını çok etkilemiştir. Başlangıçta şiirleri ve tiyatro çalışmaları ile Sürrealizm akımı içinde yer almıştır. Fakat onu bir kuramcı olarak sürrealist düşüncenin sınırları içinde değerlendirmek eksik olur. Artaud, savaş öncesi öncü tiyatro anlayışı ile günümüz modern tiyatro anlayışını birbirine bağlayan önemli bir halka, daha doğru bir deyişle günümüz öncü tiyatro anlayışını ateşleyen bir kaynak olmuştur. Kıyıcı tiyatro konusundaki iki bildirgesi ile tiyatro konusundaki yazılarını ve mektuplarını *Tiyatro ve*

İkizi (1944) adlı kitabında toplamıştır.[4] Artaud'un etkisi öncelikle Fransız öncü tiyatrosunda, daha sonra da öteki Avrupa ülkelerinde ve Amerika Birleşik Devletleri'nde görülmüştür. Absürd tiyatro yazarları ile Jean Louis Barrault, Roger Planchon, Peter Brook, Jerzy Grotowsky gibi tiyatro adamları onun görüşlerini uygulamışlardır.

Antonin Artaud tiyatroya yeni bir yaklaşım getirmiştir. Fakat onun önemi bu yaklaşımdaki şaşırtıcı biçim ve üslup önerilerinden ibaret değildir. Artaud, alışılmış tiyatro biçimlerine, Avrupa tiyatrosu geleneğine karşı çıkarak tiyatronun yeniden ilkel büyü törenlerindeki niteliklerine ve bu törenlerdeki etki gücüne kavuşturulmasını istemiştir. Artaud'ya göre tiyatro gerçek işlevini ancak böyle yerine getirebilecek, çok eskiden olduğu gibi toplumu iyi etme gücüne kavuşacaktır.

Artaud tiyatronun toplumu değiştirme gücüne inanmış, bunun gerçekleştirilebilmesi için yeni bir tiyatro tasarısı sunmuştur. Artaud bu tiyatroyu "kıyıcı tiyatro" olarak adlandırmıştır. Kendi sahne uygulamalarında gerçekleştiremediği bu tasarı günümüzde uygulanmaktadır.

Artaud tiyatronun kaba bir eğlence, boş bir avuntu sayılmasına karşıdır. Çağının tiyatrosunu bu yönlerinden dolayı eleştirir. Halkın tiyatroyu böyle değerlendirmeye koşullanmış olmasını yerer. Kendi tiyatro çalışmalarında bu koşullanmışlığı kırmaya çalışmıştır.

Artaud'nun tiyatro anlayışını şöyle özetleyebiliriz: Yaşam anlamını yitirmiştir. Kültür, yaşamdan kopmuştur. Uygar insan denildi mi, akla belli sistemleri ezberlemiş, belli biçimler içinde düşünebilen, "*eylem ile düşünceyi özdeşleştireceği yerde eylemden düşünce çıkaran*" bir hilkat garibesi gelmektedir. Oysa kültür eylemle gerçekleşmeli, "*içimizde yeni bir organ gibi, ikinci bir nefes gibi büyümelidir.*"

Çağın tiyatrosu ve sanat anlayışı da, tıpkı kültürü gibi yaşamdan, yaşamın öz gerçeğinden koparılmıştır. Bir tiyatro, konuşma dilinin kalıpları, deyimleri, sınırları ile koşullanmış yapay bir avuntu haline gelmiştir. Tiyatro yeniden temelindeki canlılığa kavuşturulmalıdır. Tiyatro bir oyun değil, hem oyuncu hem seyirci için gerçek bir yaşantı olmalıdır.

> "Eğlence arama alışkanlığımız bize ciddi tiyatroyu unutturdu. Oysa bu tiyatro tüm önyargılarımızı altüst eder, imgelerinin yarattığı yakıcı bir çekimle bizi esinler, ruhsal bir tedavi gibi etkiler ve etkisi hiçbir zaman unutulmaz."
>
> "Kıyıcı Tiyatro"

Bunun için ilkel büyülere dönmek, büyü ile, kendinden geçme ile, insanın içindeki gizli güçlere ulaşmak gerekir. İnsan varlığının kaynağı harekete geçirilmeli, taşırılmalıdır. İlkel büyü törenlerinin asal niteliğini taşıyan bir tiyatro, acılı bir yaşantı olacaktır. Yaşantıyı paylaşana acı çektirecektir. Onun için bu tiyatro "Kıyıcı Tiyatro" olarak adlandırılmıştır.

> "Kıyıcı tiyatro bir kitle gösterisi olacaktır. Müthiş kalabalıkların, heyecan içinde gerilip birbirine gireceği bu tiyatroda şimdi pek ender olarak görülen, halkın sokaklara döküldüğü bayramların, kalabalıkların şiirinden bir parça bulunsun isteriz."
>
> Tiyatro suçta, aşkta, savaşta, çılgınlıkta var olan şeylerin hepsini vermelidir ki eski gereksinmeyi yeniden uyandırsın."[5]

Kıyıcı tiyatroda acının kaynağı insanın bilinçaltıdır. Orada bastırılmış istekler, heyecanlar, tutkular yaşamaktadır. Tiyatro büyüsel işlemi ile bu gizli dürtüleri, içgüdüleri, heyecanları acıta acıta ortaya çıkaracaktır. Bu acılı işlem bir sağaltma, bir iyileştirme işlemidir. Kıyıcı tiyatro insanın gizilötesi güçlerini tanıma süreci olacaktır. Tiyatro bunu sağlayabilmek için bu gizli ve gizemli işleri sahnede nesnelleştirecek, somut olarak görüntüleyecektir. Bale dansçıları, dansları, hareketleri, çığlıkları, kostümleri, müzikleri ile bunu başarmakta kozmik güçleri dile getirmektedirler. Bu bakımdan Doğu tiyatrosu Avrupa tiyatrosunun başaramadığını gerçekleştirebilmektedir.

Kıyıcı tiyatro çağın özelliği olan gerginliği, huzursuzluğu, sözde uygarlaşmış insanın asal tutkularını dile getirecek konular seçecektir. Fakat karakterlerin psikolojik gerçeklerini serimlemeyecek, toplumdaki kargaşayı, doğal güçler, ırklar ve halklar arasındaki savaşımı, yazgının, talihin yarattığı çatışmayı dile getirecektir. Bunu yaparken yalnız görünen gerçeklerden değil, düşten, imgelemden yararlanacaktır. Bu tiyatroda insanın gizli suç işleme zevki, erotik takıntıları, ilkelliği, karabasanları, hatta insan yiyiciliği dışlanacaktır. Hem de öyle yalandan değil, gerçekten yaşanmışçasına dışa vurulacaktır.

Kıyıcı tiyatro veba hastalığına benzeyecektir. Veba nasıl acılı bir süreçle insanın tüm sıvılarını boşaltıyor, boşaltırken öldürüyor, fakat öldükten sonra hiç iz bırakmıyorsa, tiyatro da oyuncu ve seyirci üzerinde gerçek bir iz bırakmadan, onu yaralamadan bu kanlı işlemi gerçekleştirecektir.

Bu gerekli bir işlemdir; çünkü insan kötücüldür ve kötülük süreklidir. İyilik ancak irade ile yapılır. Zorbalık, kıyıcılık, yaşama ve elde etme isteği, cinsel istek vazgeçilmez, doğal içgüdülerdir. Bunları örtbas etmekle, sözde uygar olmakla, gerçek iyileştirme sağlanamaz. Kıyıcı tiyatro bu asal güdüleri somutlaştırıp yaşatarak, bu gizli güçleri özgür bırakarak toplumsal işlevini yerine getirecektir.

"İtiraf edilsin edilmesin, bilinçli olsun olmasın, insanların aşk yaparken, suç işlerken, uyuşturucu kullanırken, savaşırken ve ölüp yeniden dirilirken temelde aradıkları şiirsel bir durum, aşkın bir yaşantıdır. Kıyıcı tiyatro, tiyatroya tutkulu, gerilimli bir yaşam anlayışını yeniden kazandırmak için yaratıldı. Bu tiyatroda acımasızlığı sağlayan sahne etmenleri bunun için korkunç derecede canlı ve son derecede yoğun olarak kullanılmıştır."[6]

(II. Bildirge)

Kıyıcı tiyatro somut nesnel anlatımı seçmiştir. Sahnede görüntünün dili kullanılır. Bildiğimiz tiyatroda dil öğesi gerçekleri saptırmada, söz, anlama engel olmaktadır. Tiyatro dile köle olmamalıdır. Tiyatro yapıtı, bir edebiyat yapıtı gibi düşünülmemelidir:

"Tiyatro, düşünce ile hareket arasındaki o kendine özgü dili yeniden elde etmelidir. Bu dil, konuşmanın ifade olanakları değil, uzamın dinamik ifade olanakları dikkate alınarak tamamlanabilir."

"Kıyıcı Tiyatro" (İlk Bildirge)

Tiyatro anlatımında somut göstergeler kullanmalıdır. Oyuncu, tavrı, hareketleri, sesi ile Mısır hiyeroglifi gibi ifadeli olmalıdır. Sahne dili konuşma dili değil, görüntü dilidir.

Sahne yalnız boyutları ve hacmi ile değil, harekete tanıdığı mekân olanağı ile değerlendirilmelidir. Bu ortamda bol hareket, ses, titreşim, ışık ve renk yoğunluğu, haykırma, çarpışma, susma, tekrarlama, göstergeler olarak kullanılacaktır. Bütün bu göstergeler tıpkı rüyalardaki gibi yapay bir uyuma sokulmadan, kendine özgü iç düzeni içinde ele alınacak, seyircinin duyularına yönelecek biçimde bir şiddet gösterisi yaratarak evrenin yeni bir görünümünü verecektir.

"Böylece, dilin ve konuşmanın engellenmesine uğramadan, doğrudan doğruya zihinde yaşanan ve duyumsanan eski halk tiyatrosuna yeniden katılmış oluruz."

(İlk Bildirge)

Kıyıcı tiyatroda en büyük sorumlu yönetmendir. Yönetmen somut gösterge dilini tıpkı bir şair gibi kullanacaktır. Oyuncunun kendi kişiliğinden vazgeçip seyirciyi geliştirmiş olması gerekir.

Kıyıcı tiyatroda sahne ile salon ayrımı ortadan kaldırılmıştır. Seyirci oyun yerinin ortasında oturur. Oyun, onun çevresinde oynanır. Hareketli sandalyeler seyircinin istediği yöne dönerek oyunu izlemesini sağlar.

Dekor yoktur. Fakat kostümler renkli ve gösterişlidir. Işık, titreşimleri, havai fişek gibi patlamaları ile sihirli bir etki sağlayacaktır. Müzikten sesten yararlanılacak, müzik yaparken eski unutulmuş sazlar kullanılacaktır.

Antonin Artaud ölümünden bir hafta kadar önce şu şiiri yazdı:

"Bundan sonra kendimi
tümüyle
tiyatroya adayacağım.
Benim anladığım tiyatroya.
Her temsili bir kazanç olan tiyatroya
bedenimle
oynayana ve oyunu görmeye gelene
üstelik insan oynamaz
eyler.
Gerçekte tiyatro yaradılışın ilk kitabıdır.
Yapılacaktır."[7]

24 Şubat 1948

DIŞAVURUMCULUK [EKSPRESYONİZM]

Gerçekçi tiyatro anlayışına karşı çıkan ve yeni biçim arayışı içinde olan öncü akımlar arasında, tiyatro sanatını en uzun süre etkilemiş olanı ekspresyonizm (dışavurumculuk) olmuştur. Bu nedenle amaçları birbirinden farklı olan öncü çalışmaların ortak özelliği, oyun yazarlığında, sahneye koyuculukta çok yeni ve çarpıcı teknikler kullanılması, sanatçının öznel duygu ve düşüncelerinin son derece özgür biçimler içinde ifade edilmesidir. Dışavurumcu tiyatro uygulamasında, olayların, sahnelerin mantıklı bağlantısı, konuşmaların normal akışı parçalanmış, gittikçe daha çok önem kazanan sahne görüntüsünde biçimler çarpıtılmıştır. Oyun kişileri simgesel tiplere indirgenmiş, yazarın, ya da sahneye koyucunun düşüncesi ön plana geçmiş, oyunun tezi kalın ve etkili çizgilerle dile getirilmiştir.

Dışavurumculuk yirminci yüzyılın ilk çeyrek diliminde o günün gerçekçi-doğalcı tiyatro anlayışına ve anlamsız piyasa oyunlarına güçlü bir karşı çıkış olarak tiyatro düşüncesinde yeni bir aşamayı gösterir. Bu akım özellikle Almanya'da etkin olmuştur: Birinci Dünya Savaşı'ndan önce başlamış, 1925 yıllarında gücünü yitirmiştir.

Dışavurumculuk, 1901 yılında, Fransa'da, resim sanatında empresyonizm (izlenimcilik) akımına tepki olarak ortaya çıkar. İzlenimci sanat anlayışında, doğadan alınan izlenimler doğadakine benzer biçimler içinde yansıtılmaktadır. Bu özelliği ile izlenimcilik, edebiyattaki gerçekçilik anlayışına akraba olan bir sanat anlayışını temsil eder. Monet gibi, Manet gibi ressamlar, belli bir anda, belli bir ışık altında yakaladıkları görünümün resmini yapmışlardır. Dışavurumculuk ise bir soyutlama anlayışı getirmektedir. Bu yeni soyutlamada nesnenin kendi değil, ressamın o nesne hakkındaki güçlü duygularının ifade edilmesi öngörülmektedir. Soyut ve içsel olanın, gözde değil zihinde yaşayanın ifade edilebilmesi için yeni anlatım yolları, yeni renk ve biçim düzenleri aranır. Resimde dışavurumculuğun en belirgin biçimsel özelliği, heyecanların, tutkuların ifade edilebilmesi için doğadaki biçimlerin görünümünün değiştirilmesi, yeni renk ve biçim uyumları aranması olmuştur. Resim sanatı, çarpıcı düzenlemelerle, karşı konulmaz bir iç itilimi dile getirmekte, yeni ve zorunlu bir gerçeğin yaratıcısı olmaktadır. Van Gogh gibi, Gauguin gibi ressamların temsil ettikleri bu akım, iç yaşantının dışa vurulması anlamında dışavurumculuk (ekspresyonizm) olarak adlandırılmıştır. İlk kez kimin tarafından kullanıldığı bilinmeyen "ekspresyonizm" terimi 1910-1911 yıllarında görsel sanatlarda ve yazında ortaya çıkan yeni eğilime verilen ad olur. Resim sergileri, tiyatro gösterileri, okuma geceleri ile yaygınlık kazanır. 1912-1925 yıllarında tiyatroyu etkiler. Özellikle Alman tiyatrosunda etkin olan dışavurumculuk, en başarılı örneklerini Alman tiyatrosunda verir.

Tiyatroda ondokuzuncu yüzyıl sonlarında yazılmış olan ve dışavurumcu özellikler taşıyan oyunlar da vardır. Buchner'in, Wedekind'in, Strindberg'in oyunları bu akıma öncülük etmiştir. Dışavurumculuğu tiyatroda bilinçle temsil eden ilk oyunlar ise ressam Kokoschka tarafından yazılmıştır. Bu akımın tiyatroda ilk önemli yapıtı, Reinhard Johannes Sorge'un (1842-1916) *Dilenci* adlı oyunu sayılır. Georg Keiser, Ernst Toller, Karel Çapek bu akımın önemli yazarlarıdır. Dışavurumculuk tiyatroda 1925 yıllarında sona ermiştir.

Dışavurumculuk, başlangıç döneminde ve gelişme döneminde farklı eğilimler göstermiştir. Başlangıçta iç gerçeğin özgürce ifade edilmesi görüşünü benimseyen dışavurumcular, giderek daha iyi bir dünya yaratma ereğine yönelmiş, siyasal ve toplumsal yönü ağırlık taşıyan oyunlar yazmışlardır.

İç Gerçeğin Özgürce İfade Edilmesi

Düşler, düşlerin karmaşası, iç itilimler, insanın yaşamına yön veren gizli güçler olarak önem kazanmıştır. Bu tercihte psikanaliz biliminin bulgularına duyulan ilginin payı vardır. Ruh hastalıkları, kompleksler ele alınır. Bunların rahatça ifade edilmesine çalışılır. Bu yüzden ilk dışavurumcular özde ve biçimde her türlü sınırlamaya karşı çıkmış, sanatta mantık kurallarının, ahlak kısıtlamasının, dış gerçeğin baskısının kaldırılmasına çalışmışlardır.

Dışavurumcu tiyatro sanatçısı, çağın toplum sorunlarının kendi iç dünyasında meydana getirdiği bunalımı rahatça ifade edebilmek için gerçekçi tiyatronun mantıklı oyun yapısına da, popüler tiyatronun avutucu düzenlemelerine de karşı çıkmıştır. Fantezi ile gerçeğin sık sık yer değiştirdiği özgür bir biçimleme önerilmiştir. Bu akımın öncülerinden August Strindberg *Rüya Oyunu* adlı eserine yazdığı önsözde şöyle söyler:

> "Her şey olabilir. Her şey mümkün, her şey muhtemeldir. Yer ve zaman yoktur. Belli belirsiz bir gerçek zemini üzerinde düç gücü yeni düzenler örer, işler. Anılar, yaşantılar, saçmalıklar, fantazi ürünü ve doğmaca olan şeylerdir."[8]
>
> (*Rüya Oyunu* Önsözü)

Dışavurumculara göre gerçekçi tiyatro yaşamı açıklayabilmek için gerçeği parçalamış, "otopsi yapmak için öldürmüştür." Seyirci ile uzlaşma yolu seçmiş olan popüler dram ise melodram öğeleri ile yüklüdür ve oyun kurgusunu kullanarak, geleneksel değerlerin sırtını sıvazlayarak, mutlu sonlarla işi tatlıya bağlayarak seyirciye ödün vermektedir. Yeni romantizm, sembolizm gibi akımlarda ise, toplum sorunları ihmal edilmiştir. Oysa bilinçaltının korkunç karmaşasını, insan ruhunun derinliklerinde yatan tutkuları dile getirmek, yozlaşan toplumun canalıcı sorunlarını deşmek gerekir. Resim sanatında daha önce başlatılmış olan bu atılımı dışavurumcu tiyatro, cesaretle sürdürmek amacındadır.

Dışavurumcu tiyatro anlayışına göre, bireyin bilinçaltında biriken itilimlerin, sanat yoluyla boşaltılması bireyin ruh sağlığı ve yeni toplumsal uyumlar kurabilmesi için gerekli olan ilk aşamadır. Sanat bireyin iç dünyasına yönelmekle onu toplum ilişkilerinden soyutlamamıştır. Bilinçaltının karmaşasını çözmek, parçalanmışlığı onarmak, insanı topluma kazandırmak içindir.

Daha İyi Bir Dünya Ülküsü

Dışavurumcu akım yazarları savaşın yarattığı dehşete karşı tepki göstermişlerdir. Bu tepkiyi dünyanın anarşik durumunu sergileyerek dile getirirler. Kan dökücülük sanki bir alışkanlık olmuştur. Öldürme, diri diri gömme, intihar, işkence sahneleri yazarın toplumsal ve bireysel yozlaşmaya karşı protestosudur. Sosyal adaletsizliği ele alan, devrim ülküleri taşıyan eserler yazılır. İnsanın umutsuzluğuna karşı bir çare aranmaktadır. Mekanik ve insafsız bir düzenin koşullarını aşmanın yolunu bulmaya çalışan yazarlar, insansızlaşmaya karşı yeni değerler getirirler.

Dışavurumculuk, bir korku ve umarsızlık ortamında çeşitli kurtuluş teklifleri sunmuştur: Bu teklifler, a) Doğanın temelindeki salt doğruya yönelmek, b) İlkel olana inanmak, c) Toplum düzenini erkinleştirmek olarak özetlenebilir. Yalana, ikiyüzlülüğe, savaşa karşı sevgi ve adaletin egemen olduğu bir düzen özlenmektedir. Bu arayış içinde hümanist değerlere başvurulur. Savaşsız, hilesiz, öfkesiz, daha insanca bir dünya kurmaya çalışılır. Böyle bir düzende sanatçı kendini hiç kısıtlamadan belirtecektir. Dışavurumculuk bu yönü ile ütopyacıdır.

Dışavurumcu akım aynı zamanda yıkıcıdır. Özlenen dünyanın kurulması için eski, kötü, hastalıklı, yoz düzenin yıkılmasını gerekli bulur. Yıkmak, yapmak demektir. Bu mucizenin gerçekleşebilmesi için kişi sorumluluğunun bilincine varmalıdır. Bu da insana saldırarak, onu korkutarak, onu tehdit ederek sağlanacaktır. Ancak böyle acılı bir süreçten sonra insan yeniden yaratılacaktır. Ludwig Rubiner dışavurumculuğun amacını 1917'de şöyle açıklamıştır:

> "Yaşamın amacı yalnızca ahlakidir. Biz bir an için insan yaşamına yoğunluk getirmek istiyoruz. Yüreği sarsan saldırılarla, tehlikelerle, korkularla insana toplumdaki sorumluluğunu hatırlatmak istiyoruz. Biz, hor görülen, süprüntü sayılanlarız. Biz kutsal kalabalığız. Çalışmak istemiyoruz, çünkü çalışarak yapılan işler ağır gidiyor, gelişim olmuyor: Biz mucizelere inanıyoruz. Bizim için yıkmak, dinsel bir kavramdır, yaratıcılıktan ayrılmayan bir kavram".[9]

Dışavurumculuk, alışılmış ölçülere karşı öfkeli tepkisiyle, ruh derinliklerine yönelmesiyle, devrimci yönüyle tiyatroyu etkilerken, tiyatro yazarlığında ve sahnede yeni anlatım yöntemlerinin denenmesini sağlamıştır. Oyun yapısında ve sahne düzenlemesinde önemli değişiklikler yapılmıştır. Dışavurumculuk, geleneksel tiyatro biçimlerini kökünden sarsmış, kendinden sonraki gelişmelere öncülük etmiştir. Dışavurumcu tiyatronun uygulamada başardığı ve tiyatro düşüncesine kabul ettirdiği değişiklikler de şu başlıklar altında kümelenebilir:

Düşünce Öğesi Üzerine Odaklanma

Antik tiyatrodan başlayarak oyun içeriğinin en önemli öğesi ya konu ya da oyun kişileri olmuştu. Oysa şimdi düşünce öğesi ön plana geçmektedir. Oyunun olay dokusu, oyunun sunmak istediği bildiriye göre düzenlenir.

Bu yüzden konunun, neden-sonuç ilişkisine göre düzenlenmiş bir olay dizisi içine sunulmasına gerek kalmamıştır. Tüm ilgi oyunun teması üzerine toplandığından olaylar ve durumlar da tema çevresinde yoğunlaştırılır. Sahnede birbirini mantıklı olarak izleyen olaylar yerine, yan yana, eşzamanlı olarak sunulan olaylar ve durumlar yer alır.

Baş Oyun Kişisinin Daha İyi Bir Dünya Ülküsüne Kurban Edilmesi

Oyunun tek önemli kişisi vardır. Olaylar onun bakış açısından verilir. Bu baş oyun kişisi, maddesel değerlere düşkünlüğün, yalanın, kötülüğün kurbanı olur. Aynı zamanda gelecek mutlu günler için bir adak kurbanı değeri taşır.

Dışavurumcu tiyatroda oyun kişileri karakter boyutları içinde ele alınmamışlar, tipik birkaç çizgi ile belirtilmişlerdir. Bu tipler iletilmek istenen görüşle ilgili olarak bireysel, ya da toplumsal bir özelliği simgelerler; soyut ve kavramsal tiplerdir.

Asal Olanla Yetinme

Yalınlık ve kesinlik, dışavurumcu tiyatronun en belirgin özelliğidir. Oyunun konusu, temanın, ya da tezin açılışından ibarettir. Bir iki cümlelik kısa konuşmalarla yetinilir. Yoğun heyecanlar jestle, mimle iletilir. Hareketler stilize edilmiştir. Makine toplumunun insanları, makine gibi devinmektedirler.

Anlatımda Kesin Karşıtlıklar

Sözde, görüntüde, anlamda karşıtlıklardan yararlanılarak heyecansal etki sağlanmıştır. Gerçek ile fantazi, Tanrısal olanla dünyadaki vahşet, lirizm ile pornografi, kısa anlatım ile uzun monolog, düzyazı ile koşuklu yazı yan yana getirilir. Karşıt öğeler sık sık birbiri ile yer değiştirir. Sahneler ve sahnelerdeki küçük birimler ivedi olarak değişmekte, bu devinimle karşıtlık daha çarpıcı olmaktadır. Karşıtlık, devinim, ivedilik, dünyanın anarşik durumunu sergiler.

Görüntüde Çarpıtma

Günlük, olağan gerçek görünümü bozmak, yeni bir izlenim yaratabilmek için biçimlerde, renklerde çarpıtma yapılır. Dış gerçek iç gözün bakışı açısından, içimizden bize göründüğü gibi anlatılmaktadır. Bu öznel bakış açısı dış biçimi bozar. İçe doğru eğilimli duvarlar, iskelet görünümlü ağaçlar, makine gibi devinen insanlar, bir karabasan havası yaratır. Mezardan çıkan ceset, kafasını sırtındaki torbada taşıyan adam gibi görüntülerle yüreklere korku salınır. Işık düzeni ile, alışılmamış renkler kullanılarak bu atmosfer, yoğunlaştırılır. Dünyanın anarşik düzeni, görüntü dili ile de sergilenmiş olur.

Özetlersek, dışvurumculuk, gerçekçi akıma karşı çıkan öteki akımlar gibi öncü bir atılımla ortaya çıkmış, toplumda meydana gelen değişimlerle beslenmiş, kendinden sonraki yeni atılımları da bünyesinde özümlemiştir. Dışavurumculuk, başlangıçta bireysel heyecanların, bilinçaltı baskılarının özgür ifadesi iken, giderek toplumsal sorumluluk yüklenmiştir. Gerçekçiliğin tersine, toplumda gözlenen yazgı kesinliğindeki koşullar karşısında, etkin bir tavır alır. Kurban vermek pahasına da olsa, çağdaş toplumun makine duygusuzluğundaki ilişkilerini, savaşlara yol açan yırtıcılığını ve adaletsizliğini değiştirmek ister.

Dışavurumculuk, ömrünü çeyrek yüzyılda tamamlamış fakat tiyatroya getirdiği yeniliklerle tiyatronun gelişimini etkilemiştir. Günümüzün tiyatrosu da bu yeniliklerden yararlanmaktadır.

Yirminci yüzyılda, öncü deneyci eğilimleri ile dikkati çeken tiyatro anlayışını şöyle özetleyebiliriz: Gerçekçi-doğalcı akıma, bu akımın yansıtma kuramına karşı tepkiler sürmektedir. Ondokuzuncu yüzyıl sonlarında ortaya çıkan mistik ve estetik güzelliğe yönelik akımlardan farklı yeni akımlar ortaya çıkmıştır. Bu akımların ortak amacı tiyatro sanatına yeni bir işlev kazandırmak ve bu işlevin gerçekleştirilebilmesi için tiyatroda daha önce kabul edilmiş olan bütün ölçüleri, kuralları yadsıyarak özgür bir ifade ortamı yaratmaktır.

Yirminci yüzyıl öncü ve deneyci akımlarının daha önceki akımlardan farklı amaçları ve yöntemleri vardır. Gerçekçi akımın çevre etmenine ve toplumsal koşula verdiği önem yerine, görünen gerçeğin ötesine ilgi duyar. Fakat simgecilikten farklı olarak mistik eğilimli değildir. Bilinçaltı karmaşasında gelecekteki insanı yaratacak gizli güçler keşfeder ve güçleri özgür bırakmaya çalışır. Ondokuzuncu yüzyıl sonunda ortaya çıkan karşıgerçekçi akımların amaçladığı gibi uyumlu güzellikler peşinde de değildir. Bu yeni deneysel çalışmalarda uyumun bilhassa bozulduğu, biçimin parçalandığı görülür. Daha önceki eğilimlerin sahnede gerçekleştirmeye çalıştığı uyumlu devinimin yerini, makine devinimi ve dinamizmi almıştır.

Yirminci yüzyıl tiyatrosu sanat tadı vermekten başka bir görev üstlenmiştir. Bu, insanı yeniden yaratma görevidir. Onun için acı ve hayvansal gerçekleri değil, yaratıcı ve yaşatıcı gücü ortaya çıkarmaya çalışır. Ancak insanın korkunç, kan dökücü, saldırgan yönünü de görmezlikten gelmez.

Yirminci yüzyılın öncü deneyci yazarları oyun yazarlığında ve uygulamasında önemli değişiklikleri kabul ettirmişlerdir. Oyunun mantıklı, düzenli yapısı parçalanmıştır. Konuşma dilinin kendi iç mantığına da uyulmaz. Sahne görüntüsü, uyumlu ve gizemli bir atmosfer yaratmaz. Tersine bu görüntünün ürkütücü olmasına çalışılır. Görüntü dili, uyumsuzluğu ile ifade olanaklarını genişletmiş, çeşitlemiştir.

Yönetmen daha önceki yıllarda kazandığı önemi korumaktadır. Fakat artık yalnızca oyuncu, dekor, kostüm ve diğer sahne etmenlerinin yaratıcı düzenleyicisi değildir; sahne mekânını ustalıkla değerlendiren yetkili bir sanatçıdır. Oyuncu canlandırdığı tipin özünü ifade etmekle görevlendirilmiştir. Gerçekçi tiyatroda ayrıntılı karakter portresini en inandırıcı biçimde canlandıran aktörün yerini, gizli içsel nitelikleri sezip ifade edebilen ve bunu ayrıntılı bir canlandırmayla değil, kesin ve yalın çizgilerle ileten oyuncu almıştır.

Sahne seyirci ilişkisi yeni bir açıdan ele alınmıştır. Artık seyirci yalnızca kendine sahneden uzatılanı almakla yetinen edilgen bir birim değildir, tepki gösteren etkin bir güç olarak önem kazanmaktadır.

Yirminci yüzyıl tiyatro düşüncesi deneysel uygulamalardan hız almıştır. Ressamlar, şairler, sahneye koyucular çağdaş tiyatro konusundaki görüşlerini dile getirirler. Uygulama ile kuram birbirini tamamlar.

11
Siyasal Amaçlı Tiyatro Düşüncesi

Birinci Dünya Savaşı'ndan sonra Almanya'da halkın ilgisi politik sorunlara yönelmiştir. Bu genel eğilim tiyatro sanatını da etkisi altına almış, tiyatro sahnesi siyasal konuların tartışıldığı bir alan olmuştur. Daha önceki öncü akımların başlattıkları yenilikler bu kez propaganda oyunlarında kullanılmış ve propagandanın amacı doğrultusunda geliştirilmiştir. Sahne tekniğinde, görsel anlatımda önemli buluşlar öne sürülür ve uygulanırken amacın, biçimde yenilikler yaparak ortaya daha özgün, daha çarpıcı eserler çıkarmak değil, seyirciyi etkilemek olduğu belirtilmiştir. Artık dikkatler seyircide yoğunlaşmakta, seyircinin istenen düşünce sürecine sokulması için çalışılmaktadır. Erwin Piscator, görüntüsel anlatım olanaklarını geliştirerek, yeni iletişim araçları deneyerek, tiyatronun biçiminde ve tekniğinde büyük yenilikler yapar, kendi uygulamalarından yola çıkarak "politik tiyatro", "epik tiyatro", "belgesel tiyatro", "total tiyatro" kavramlarını geliştirir. Tiyatronun işlevinin yeniden tanımlanması ve bu doğrultuda denemeler yapılması tiyatro düşüncesini etkilemiş, tiyatronun amacı, öyküsü, biçimi, anlatım yöntemi, tekniği yer ve zaman kavramları, dil ve görüntü ilişkisi ile ilgili yeni betimlemeler yapılmıştır.

Siyasal amaçlı tiyatro düşüncesi Bertolt Brecht'in epik diyalektik tiyatro kuramı ile yeni bir aşama yapar. Epik tiyatro akımı, karşı gerçekçi ve deneyci arayışlardan sonra gerçekçi-doğalcı tiyatroya en güçlü antitezi getirmiştir. Epik tiyatro kuramı, sahne uygulamaları ile kendi içinde evrimleşmiş, diyalektik tiyatro anlayışını oluşturmuştur. Bu gelişim dünya tiyatro çalışmalarını etkileyerek tiyatro düşüncesinin çok yeni bir doğrultuya yönelmesini, bilinen geleneksel tiyatro kalıplarının yeniden gözden geçirilmesini ve her konuda yeni öneriler getirilmesini sağlamıştır.

Tiyatronun siyasal sorunları tartışmakla görevlendirilmesinin nedeni, savaştan sonra ve ekonomik bunalım sırasında Alman toplumunun bu çeşit tartışmalara gerek duymuş olmasıdır. Birinci Dünya Savaşı'ndan yenik çıkmış olan Almanya yenilginin burukluğunu yaşamaktadır. Prusya ordusunun kendi toprakları üzerinde yenilgiye uğratılmadan savaştan yenik çıkması bu burukluğun acısını artırmıştır. Halk da, ordu da bu sonuçtan politikacıları sorumlu tutar. Oysa Sosyal Demokrat Parti savaş sona ermeden birkaç gün önce cumhuriyet rejimini kurmuştur. Weimar'daki ulusal meclis 31 Haziran 1919'da anayasayı ilan etti. 1933 yılında Hitler'in diktatörlüğünü kabul ettirmesine kadar süren dönem, Weimar Cumhuriyeti, 1919 Anayasası da Weimar Anayasası adı ile anıldı. 1919-1933 döneminde Almanya iki büyük ekonomik kriz yaşadı. İşsizlik ve enflasyon, halkı, özellikle işçi kesimini büyük ölçüde etkilemiş, savaş yenilgisinin burukluğuna, yoksulluğun bunalımı eklenmiştir. Bu sırada Batı ve Orta Avrupa ülkelerinde sosyalizm düşüncesi yaygınlaşmaktaydı. Marksizmin ve tarihsel maddeciliğin ışığı altında kapitalist ekonominin eleştirisi yapılıyor, düşünsel düzeydeki karşıtlıklar giderek çatışmaya dönüşüyordu. Toplumcu örgütler Marksizmin uygulanabileceği bir ortam hazırlama çabası içine girmişlerdi. Çıkar çevreleri bu çalışmalara tepki gösterdi. Bağımsız sosyalistlerin ve spartakistlerin başlattıkları devrim hareketi, ordu tarafından kanlı bir biçimde bastırıldı. Bu olay sağ ve sol eğilimlerin kesinlik kazanmasına, ideolojik karşıtlıkların iyice belirlenmesine yol açmıştı. 1919 seçimlerinde Sosyal Demokratlar'ın oyların yüzde kırkını kazanmış olması, Versay Antlaşması'nın imzalanması, sorunlara bir çözüm getirmekten uzak kalmıştı. Bu ortamda aydınlar ve sanatçılar sanatı kendi görüşlerine yaygınlık kazandırmak amacı ile kullanmaya başladılar. Tiyatronun, toplum sorunlarının tartışıldığı bir alan, hatta siyasal savaşta bir silah olarak kullanılması görüşü benimsendi.

Almanya'da tiyatro her zaman ciddiye alınmış bir sanattı. Toplum tiyatrodan yalnızca eğlendirici oyunlar beklemiyordu, XVIII. ve XIX. yüzyıllarda tiyatronun ahlak açısından eğitici olması, toplumun değer yargılarını güçlendirmesi, birey vicdanını biçimlendirmesi, insanın karakter yapısının oluşmasına katkıda bulunması gerekli görülmüştü. Oysa şimdi parasal bunalım tiyatroları da etkilemiş, sahnelerde halkı kolay yollardan eğlendiren içeriksiz oyunlar, müzikli oyunlar oynanmaya başlanmıştı. Seyirci şatafatlı gösterilerle oyalanmaya çalışılıyordu. Tiyatronun seyirciyi denenmiş kalıplarla ve kolay yöntemlerle eğlendirmesine karşı çıkan öncü deneyci tiyatro akımları ise, biçim arayışları içinde soluğunu yitirmeye başlamıştı: Oyun yazarlığının bir duraklama dönemine girdiği 1923-1929 yıllarında tiyatroda bireyin bilinçaltı dünyası gibi savaş alanından dönen askerin barış ortamına ayak uydurmakta çektiği zorluklar gibi, okul ve ergenlik döneminin bunalımları gibi, sosyo-psikolojik sorunlara değinen, bu konuları geleneksel oyun kalıpları içinde işleyen bir yeni realizm eğilimi görüldü. Oysa siyasal çalkantılar tiyatroyu daha ciddi sorunlara yer vermeye zorluyordu. Tiyatrodan, değişen duruma ayak uydurması, değer yargılarında meydana gelen değişimi, halkın huzursuzluğunu ve bunu yaratan etmenleri ele alması bekleniyordu. Günün gereksinimine cevap veremez olmuş, içeriğini yitirmiş oyunlar yerine, politik, ekonomik, sosyal sorunları sahneye getiren oyunlar önemseniyordu. Tiyatro düşüncesi bu kez de tiyatroya siyasal yaşamda rol oynama görevini vermişti.

Tiyatronun siyasal bir görev üstlenmesi, biçimde ve anlatım yöntemlerinde değişiklik yapılmasını gerektirmiştir. Daha önce sahnede başlatılmış olan deneyler bu amaç doğrultusunda geliştirildi. Sahne arkası mekanizmasında uygulanan teknikler, yeni ışıklama sistemi, sinema, projeksiyon, hoparlör gibi anlatım araçlarının kullanılması bu yeniliklerin başlıcalarıydı. Bu çalışmaların daha önce yapılan deneylerden en büyük farkı biçimsel bulgular olarak değil, seyirciyi etkileme gücü olarak değerlendirilmesiydi. Her çeşit denemenin geçerlik kazanması için işlevsel olup olmadığına bakılıyordu. Önemli olan, bilginin seyirciyi etkileyecek ve onu bilinçlendirecek biçimde iletilmesiydi. Biçimsel yenilikler ve teknik bulgular bu görev anlayışına hizmet ediyordu.

Piscator'un "politik tiyatro" düşüncesi de bu görev anlayışına temellendirilmiştir. Tiyatroda toplum sorunlarının gerçeğe en yaklaşık biçimde ele alınması önerisi ise "belgesel tiyatro" uygulaması ile gerçekleştirilmiştir. Bir başka öneri tiyatronun doğa bilimlerinin verileri ile yetinmeyip toplumbilim verilerinden yararlanması doğrultusundadır. Bertolt Brecht'in bilim çağının tiyatrosunu yapmak düşüncesi toplumbiliminin insan ilişkileri konusundaki bulgularına yer veren bir tiyatro anlayışını gündeme getirmiştir. Brecht tiyatrosunda seyircinin ilgisi, bu ilişkilerin diyalektik niteliğine çekilmek istenir ve "epik diyalektik tiyatro" kuramı geliştirilir.

Tiyatroya siyasal ve toplumsal bir görev verilmesine koşut olarak seyircinin niteliği de yeniden saptanmıştır. Tiyatronun, orta sınıf seyircinin düşünce, alışkanlık, gelenek ve beğeni sınırlarını aşarak daha geniş kitlelere, özellikle emekçi kesimine yönelik bir sanat olması öngörülmüştür. Bunun başarılabilmesi için yazarlıkta, sahneye koyuculukta, oyunculukta bilinen kalıpların aşılması gerekmiştir. Piscator, sahne ile emekçi kesiminden oluşan seyirciyi bütünleştiren bir "total tiyatro" düşüncesini savunmuştur.

Birinci Dünya Savaşı sonrasının deneyci, politik tiyatrosu geleneksel iletişim yöntemini aşabilmek için yeni kaynaklar aradı. Uzak Doğu tiyatrosunun göstermeci biçiminden, ortaçağ misterlerinin eşgörünümlü (simultane) sahne düzenlemesinden, Elizabeth Dönemi tiyatrosunun yöntemlerinden, Avusturya, Bavyera halk oyunlarından, olay akışını hızlandıran; zaman ve mekân sınırlarını kaldıran sinema tekniğinden, çağdaş yaşamın makineleşmiş insanını simgeleyen Charlie Chaplin filmlerinden, sirk soytarılarının tekniklerinden, on dokuzuncu yüzyıl müzikholünün eğlendirme yöntemlerinden yararlanıldı. Oyunun yazılı metni önemini iyice yitirmekte, konuşmalar çok kısa cümleciklerden oluşmakta, konuşmanın yerini hareket almaktaydı.

Yönetmen yalnızca oyunculara, görüntü düzenine değil, yazara da egemen olmuştur. Film, projeksiyon, hoparlör, görüntüyü destekleyici olarak oyuna katılır. Sahne mekanizması geliştirilir, dönen, yürüyen sahneler ve gelişmiş ışıklama donatımı kullanılır. Tiyatroda yenilik düşüncesi tiyatro yapısını da kapsayacak biçimde geliştiriliyordu. Sahne ile seyirci arasındaki iletişimi güçlendirecek tiyatro yapısı tasarıları hazırlandı. Walter Gropius'un, Piscator için hazırladığı ve çok karmaşık mekanik düzeninden dolayı bugüne dek gerçekleştirilememiş olan tiyatro tasarımında, hareketli bir sahnenin istenirse çerçeve sahne olarak, istenirse öne çıkıntılı Elizabeth çağı sahnesi olarak, istenirse de seyircinin çevresini kuşattığı arena sahnesi olarak kullanılması öngörülmüştür. Bu tasarım deneysel tiyatro mimarisinin özlemi olarak kaldı. Fakat tiyatronun anlatım yöntemlerinde, sahne tekniklerinde gerçekleştirilen yenilikler, günümüze dek önemini koruyan ve etkisini sürdüren modern bir tiyatro anlayışının yerleşmesini sağlamıştır. Piscator'un kuramını ve uygulamasını izleyen Bertolt Brecth'in "epik tiyatro" düşüncesi tiyatronun yepyeni bir doğrultuda gelişmesini sağlamış, uygulamadaki başarılı örnekleri ile dünya tiyatrosuna etkin olmuş, sahne yönetmenliğini, oyunculuğunu ve yazarlığı kapsayan bir akım oluşturmuştur.

PISCATOR VE POLİTİK TİYATRO

İki dünya savaşı arasında güçlenen ve etkisini bir ölçüde günümüz dünya tiyatrosunda sürdüren siyasal amaçlı tiyatro düşüncesinin ilk kuramcısı Alman tiyatro yönetmeni Erwin Piscator'dur. Piscator, siyasal tiyatro kuramını kendi uygulamalarından yola çıkarak saptamıştır. Uygulamalarında sürekli olarak kendini yenileyen Piscator'un kuramsal yazıları bu gelişimi yansıtır. Agit-prop tiyatro uygulamaları ile sanat yaşamına başlayan Piscator, giderek "politik tiyatro" ve "belgesel tiyatro" görüşünü gerçekleştirmiş, seyircinin sahne ile bütünleşmesini sağlayacak olan "bütünsel tiyatro" kuramını ortaya atmıştır. Piscator, siyasal amaçlı tiyatronun biçiminin dramatik değil, epik, yani anlatımsal olması gerektiği düşüncesi ile Bertolt Brecht'in "epik tiyatro" kuramının ön hazırlığını yapmıştır.

Siyasal amaçlı tiyatro tanımında ve uygulama yönteminde değişim ve gelişim olmuştur. Fakat bu tiyatro kuramının amacını, sanat anlayışını belirleyen ilkeler değişmemiştir. Bu ilkeleri şu başlıklar altında özetleyebiliyoruz:

TİYATRO BİR ARAÇTIR

Siyasal amaçlı tiyatro düşüncesi tiyatronun, yaşamın sorunlarına ilgisiz kalmaması gerektiğini kabul eder. Amaç, seyircinin çevresini yeni bir gözle görmesi, gerçekleri doğru bir biçimde algılamasıdır. Bunun için tiyatro, seyircinin önceden koşullandığı kalıplaşmış değer yargılarının aşılmasını sağlamalıdır. Bu değer yargıları, toplumun günlük yaşama biçimine, ahlak anlayışına, sanat alışkanlığına egemen olmuş durumdadır. Tiyatronun görevi seyircisini bu koşullanmışlıktan kurtarmak olmalıdır.[1]

Güdümlü tiyatro anlayışı Marksist felsefenin tarihsel maddecilik ilkesine dayanır ve tiyatronun sınıf savaşımında araç olarak kullanılmasını öngörür. Burjuvanın sanat anlayışı suçlanmakta, hiç ödün vermeden siyasal amaca hizmet eden sanatın arı ve anlamlı sanat olduğu kabul edilmektedir.

Piscator sanat yaşamının başlangıcında tiyatroda kitleleri harekete geçirecek bir etki yaratmaya çalışmıştır. Agit-prop oyunlarında oyunun kendi değil, seyirci üzerindeki etkisine önem verilir. Bu yüzden Aristoteles'ten beri izlenen oyun kurgusu formüllerinin, karakter betimlemelerinin, tür tanımlamalarının yerini, seyirciyi etkileme yöntemleri üzerindeki görüşler almıştır. Tiyatronun araç olarak taşıması gereken nitelikler üzerinde durulmuştur. Bu nitelikler bir silahta bulunması gerekenlerdir. "Tiyatro bir silahtır."

Burada bir çelişkiye değinmek gerekir: Agit-prop tiyatrosu seyirciye bir siyasal görüşü benimsetmeye çalışırken onu heyecanlandırma yöntemini uygular. Oysa bir görüşün benimsenmesi için ikna olmak, yani akılla kabul etmek gerekir. Heyecanlanma ile sağlıklı düşünme birbirine karşıt süreçlerdir. Heyecanlar insanı bir görüşe ikna etmekten çok inandırmaya elverişlidir. Bu yüzden Piscator ilk dönemdeki Agit-prop çalışmalarından sonra daha ciddi ve özenli tiyatro çalışmalarına yönelmiş, tiyatroyu çeşitli anlatım olanakları ile karmaşık bir araç olarak kullanmıştır. Bununla beraber Piscator'un tiyatrosu baştan sona kadar heyecansal bir tiyatro olma özelliğini korumuştur.

TİYATRONUN KONUSU GÜNCEL OLAYLARDIR

Tiyatro siyasal bir görüşü savunduğuna göre bu görüşün temellendiği toplumsal gerçekleri göstermesi gerekiyordu. Siyasal amaçlı tiyatroda yaşam, tarihsel maddecilik açısından yeniden yorumlandı. Piscator'un politik tiyatrosu konusunu güncel olaylardan seçerken, çağdaş yaşamın gerçeklerini sınıf çatışması açısından göstermeye çalışıyordu. Seyircinin tanıdığı, içinde yaşadığı olaylar, güncel sorunlar, yaşam pratiğinin içinden seçilen olgular sahneye getirildi. Gerçeğin doğru bir görüntüsü yansıtılmalı, seyirci çevresini yeni bir gözle görüp değerlendirmeliydi. Bunun için olgular arasında bir seçme ve eleme yapılması, çağdaş yaşamdan alınan sahnelerin yaşamın çeşitli yönlerini birden gösterecek biçimde düzenlenmesi gerekli görüldü. Böylece yaşamın karmaşası gözler önüne serilmiş olacaktı. Gerçeğe doğrudan bağlı kalmak yeni bir oyun anlayışı gerektiriyordu. Seyirci, sahnede bir gerçeğin taklidi ile değil, kendisi ile karşı karşıya gelecekti. Tiyatronun koşullandığı geleneksel estetik ölçülerin, klişelerin, tiyatrosal tavırların, tiyatroya özgü düşlemenin tümüyle kaldırılması ve güncel olanın doğrudan sahnede yaşanması, seyircinin bu gerçeklere ve gerçeklerin kaynağı olan kendi çevresine yeni bir gözle bakmasını her şeyi yeniden ve en doğru biçimde algılanmasını sağlayacaktı. Böylece tiyatroda bir kez daha çevre öğesi sahneye getiriliyor, fakat gerçekçi akımda olduğu gibi bir arka plan, bir ortam olarak değil, işlevsel bir öğe olarak kullanılıyordu.

BELGESEL TİYATRO

Piscator siyasal tiyatrosunda seyirciyi inandırmak için belge sunmak yöntemini benimsedi. Geleneksel tiyatro akımlarında çeşitli yollarla inandırıcılık sağlandığını anımsıyoruz. Klasik tiyatro akla ve sağduyuya yönelerek ve yerleşik değer yargılarını paylaşarak inandırıcı oluyordu. Duygusal dramda inandırıcılık duygusal yakınlaşma ile sağlanıyordu. Seyirci duygularını paylaştığı kişilere ve onların içinde bulunduğu duruma eleştirici gözle bakma gereği duymadan her şeyi olduğu gibi kabul ediyordu. Romantik tiyatronun coşkusu, seyirciyi sahneye heyecanları ile bağlamıştı. Gerçekçi tiyatronun bilimsellik çabası seyirciyi doğru bilgi ile ikna ediyor, ayrıca sahnede yaratılan ilüzyon, seyircinin sahne ile özdeşleşmesini ve ona içten inanmasını sağlıyordu. Piscator'un siyasal tiyatrosunda ise doğrudan gerçekler sunuldu. Seyirci kendisinden saklanmış olan, ya da görmeye alışık olmadığı gerçekleri belgelere bakarak tanıyor, belgelere inanıyordu.

Piscator'un tiyatrosunda belgeler, filmle, hoparlörden verilen konuşmalarla, fotoğraflarla, istatistik bilgilerle sunuluyordu. Belgelerin sunuluşunda görüntü ağırlık kazanmıştı. Olay akışı sık sık kesilerek belgeler gösteriliyor, böylece tiyatro bir hareketi canlandırma sanatı değil, olguyu bildirme sanatı oluyordu. Bu uygulama "epik" tiyatro kavramını getirdi. Epik sözcüğü Almanca'da yazın sanatının roman gibi, öykü gibi anlatımsal olan türlerini akla getiriyordu. Piscator'un sahnede belgeler sunarak gerçekleri kanıtlaması, "epik belgesel" türü belirlemiş oldu.

YALIN KONU, HIZLI VE ETKİLİ DÜZENLEME

Siyasal tiyatro yapmanın ve bunu çalışan kitlelere götürmenin koşulu oyunu elden geldiğince kolay anlaşılır yapmaktı. Tiyatro sanatına alışkanlığı olmayan, üstelik günlük yaşamında bile belli koşullanmışlıklar içinde kendi çevresini doğru dürüst değerlendiremeyen insanlara yönelecek tiyatronun açık seçik olması, yaşamın bir yönünü doğru algılanacak biçimde göstermesi gerekiyordu. Hem çevreyi doğru bir yorumla sahneye getirmek ve seyircilerin yeni bir görüş kazanmasını sağlamak, hem de bunu emekçi kesimi gibi, sanatsal gösterilere yabancı kalmış, anlatım tekniklerine alışmamış bir seyirciye ulaştırmak için epik yöntemden yararlanıldı.

Siyasal amaçlı tiyatroda oyunun konusu yalındır. Olaylar eşgörünümlü (simultan) bir düzen içinde sunulur. Oyun kişileri çok kalın çizgili tiplerden oluşur. Bunlar ak ve kara güçleri temsil eden soyut tiplerdir. Gerçekçi tiyatronun somut ve karmaşık karakterlerine gerek duyulmaz. Bu kişilerin içinde bulundukları durum çok yalın bir biçimde sunulmuştur. Konuşmalar yalınlaştırılmıştır. İnce duygulara, psikolojik anlamlara yer verilmez. Oyunun iletmek istediği düşünceyi en kolay biçimde seyirciye aktarmak için gülünçleştirmeden, abartmadan yararlanılır. Heyecanların yoğunlaşması için ise açıklamalar, yinelemeler yapılır. Amaç en yalın, en kesin, en çocuksu biçimde ve doğrudan doğruya etki sağlamaktır. Klişe sözler, sloganlar, sahne üzerindeki akrobatik hareketler bu etkiyi sağlamakta yardımcı olur. Aynı biçimde sahnenin mekanik olanakları seyirciyi doğrudan etkilemek üzere kullanılır.

GÖRÜNTÜSEL İLETİŞİM KURMA

Siyasal amaçlı tiyatroda dilin işlevi en aza indirilmiş, buna karşın seyirci ile kurulmak istenen iletişimde görüntü öğelerinden alabildiğince yararlanılmıştır. Böyle bir seçim yapılmasının nedeni, görüntünün daha kolay etkileyebilmesidir. Seyirci uzun uzun düşündürülmeden kısa, inandırıcı ve hızla değişen sahnelerle etki altına alınmak istenir. Sözde de, görüntüde de doğaçlamadan yararlanılır. Piscator dia ve film kullanarak görüntü öğesini güçlendirmiş, iletilmek istenen bildiriye yoğunluk kazandırmıştır. Film, bilgi vermek, sahnede işlenen konuya açıklık getirmek, daha etkili biçimde inandırmak için elverişli bir anlatım aracı olmuştur. Atmosfer sağlamada, büyük ve çarpıcı görüntülerle istenilen etkiyi yaratmada da işlevseldir. Perde ile sahnenin işbirliğinde film başat öğedir. Oyuncular film perdesinin önünde küçük, durağan ve yapay kalırlar. Oyun, sinemada sunulan konunun bir yan dalı gibi kalmıştır. Sahnede oynanan oyun, filme üçüncü boyutu getirmekte, buna karşın film sahnedeki oyunun temposunu hızlandırmakta, zaman ve mekân sınırlarını genişletmektedir.

Piscator, tiyatrosunda, renk, ışık, ses işbirliği ile, hızlı bir devinim sağlamıştır. Sahne mekanizması bu devinime ayak uydurmuştur. Dönen, yükselip alçalan, değişen, gözden yiten dekorlar, döner sahne, kaleidoscope ışık düzeni; geleneksel oyunculuk sanatının yerini almıştır. Oyuncu bu hareketli düzene akrobatik hareketlerle, köşeli jestlerle ayak uydurur. Böylece özgür istemi olan, kişilikli birey yerine istatistik bir figür olarak insan görüntülenmektedir.

Siyasal amaçlı tiyatroda görüntüsel iletişimin amacı ilgiyi uyanık tutmak, değişik konulara dağıtmamaktır. Kabare tiyatrosunda olduğu gibi değişik üsluplar, karşıt görüşler, farklı biçimler bir araya getirilmez. Seyircinin tepkisi, alay ve sevgi gibi iki karşıt kutba bölünmez. Amaç etki birliği ve ilgi bütünlüğü sağlamaktır. Görüntü, konuşmayla beraber bu ortak etkiyi yaratacak biçimde kullanılır.

SAHNE MEKANİZMASININ ÖNEMİ

Siyasal amaçlı tiyatroda sinema, projeksiyon, hoparlör gibi yan anlatım araçlarının kullanılması, eşgörünümlü sahneler yapılması, döner sahneden, döner banttan yararlanılması, sahne mekanizmasının önemini artırmıştır. Sahneler, akrobatik hareketler, dia gösterileri, birbirine bağlanmakta, film bu sahnelere eşgüdüm sağlayacak biçimde kullanılmaktadır. Hareketli basamaklar, rampalar sahne devinimini hızlandırır. Teknik yenilik ve hareket, bu tiyatronun ayırıcı özelliği olmuştur. Bu konuda durmadan deneyler yapılmakta, yeni düzenlemeler denenmektedir.

> "Deneysel bize göre tamamlanmamış demek değildir. Çağımız insanın düşüncesi ve eylemi için temel teşkil edecek sanatsal, düşünsel, toplumsal ve siyasal ilkeleri aramak demektir."

Tiyatroda teknik yeniliklerin, sahne mekanizmasının böylesine önem kazanmasının nedeni şöyle açıklanmaktadır: a) Sahnenin sınırlarını genişletmek, sokağı tiyatroya getirmek, dram ile gazete dünyasının gerçek olayları arasında bağlantı kurmak, b) Uzamsal hareketi sonuna kadar kullanmak, c) Yüzyılın mekanik karmaşasına, teknik inceliklerine sahne üzerinde nesnel bir karşılık bularak çağdaş toplumun teknolojik niteliğini yansıtmak. Bu açıklamalardan anlaşıldığı gibi sahne tekniklerindeki deneyler, heyecan verici biçimsel yeniliklerle göz boyamak amacıyla yapılmamaktadır. Teknik bulgular, çağın gerçeğini ve çağın niteliğini saptayan faktör olarak değerlendirilmiştir. Sahne, şiirin, efsanenin, büyük törenlerinin görüntülendiği bir alan olmaktan çıkmış, makinenin egemenliği altına girmiştir. Makine, duyumlar üzerinde etki yapmaktadır. Geleneksel tiyatronun düşündürücü, duygulandırıcı, düş kurdurucu etkisi yerini duyumların uyarılmasından gelen heyecanlara bırakmıştır.

BÜTÜNCÜL [TOTAL] TİYATRO

Siyasal amaçlı tiyatronun, ilgisini oyundan çok seyirciye yöneltmiş olduğunu biliyoruz. Sahnenin tüm teknik olanakları, seyircide istenen etkiyi uyandıracak biçimde kullanılmaktadır. Bu görüş *Bütüncül (Total) Tiyatro* kavramının gelişmesini sağlamıştır: Seyircinin, amaçlanan siyasal görüşe katılması için sahne ile bütünleşmesi gerekli görülmüştür. Oyuncu ile seyirci, sahne ile seyir yeri arasında yeni bir ilişki kurulmuştur. Tüm iletişim araçları bu bütünleşmeyi sağlamak üzere kullanılır. Işık, ses, görüntü, müzik, seyirciyi sahnedeki olayla bütünler. Bu bütünleme olayında estetik kaygıların yeri yoktur. Bu bakımdan Wagner'in tüm anlatım araçlarını uyumlu bir bütün içinde kullanmayı amaçlayan "Birleşik Sanat" anlayışı ile, Piscator'un seyirciyi sahnedeki olaya katan "Bütüncül Tiyatro" anlayışı arasında fark vardır. Bütüncül tiyatroda yaşam ile oyun arasındaki ayrım ortadan kalkmaktadır. Sunulan belgeler zaten gerçek ile oyunun sınırlarını kaldırmıştır. Seyirci ile oyuncu arasındaki yeni ilişki bu ayrımı iyice siler. Tiyatro yapılarında oyun yeri ile seyirci arasındaki sınırın kaldırılması bu bütünleşmenin son aşaması olacaktır. Gropius, ünlü sahne tasarımında sahneyi her türlü oyuna göre değiştirilebilecek hareketli bir mekanizma ile donatmış ve tiyatrosuna "total tiyatro" adını vermiştir. Mimarlık terimi olarak "total" sözcüğü Piscator'un "total tiyatro" kavramına yeni bir boyut kazandırır.

Özetlersek, siyasal amaçlı tiyatro, tiyatro düşüncesinde yeni bir aşamadır. Bu aşamada tiyatro bir araç olarak kullanılmakta, tiyatronun tüm öğeleri bu anlayışla yeniden ele alınmaktadır. Tiyatronun bir propaganda aracı olması, seyircinin önemini artırmış, tiyatronun tüm anlatım olanaklarının seyirciyi etkileyecek biçimde kullanılması öngörülmüştür. Bu gelişim sahne tekniğinin, sahne arkası mekanizmasının, ışıklama sistemlerinin yeni ve değişik biçimlerde kullanılmasını gerektirmiş, bu alanda cesur deneyler yapılmasını sağlamıştır. Siyasal amaçlı tiyatroda yazar ve yazılı metin önemini yitirmekte, görüntü ile etkileme eğilimi yaygınlık kazanmaktadır. Yirminci yüzyılda deneysel çalışmalar, görüntüden sonra sahne mimarlığını da içine alacak biçimde geliştirilmekte, sahne ile seyirciyi bütünleştirecek yapı biçimleri aranmaktadır. Siyasal tiyatro, son aşamasında seyircinin oyuna heyecanla katılmasını eksiksiz sağlayacak, oyun ile yaşam arasındaki sınırı kaldıracak bir "Bütüncül Tiyatro" olmak amacındadır.

BERTOLT BRECHT VE EPİK-DİYALEKTİK TİYATRO

İki dünya savaşı arasında gerçekçi-doğalcı akıma karşı çıkan, görünen somut gerçeğin değil, onun derininde olanın anlatımına önem veren ve bu anlatımı gerçekleştirmek için yeni biçimler arayan akımların tiyatro sanatı açısından en önemlisi "epik tiyatro" akımıdır. Epik tiyatroda sanatçının ilgisi fizikötesine, ya da bilinçaltına yönelmiş değildir. Atılımını biçimsel denemelerle, estetik sorunlarla da sınırlamamıştır. Bertolt Brecht'in kuramını saptadığı ve uygulamasını yaptığı epik tiyatronun amacı, toplumun karmaşık yapısını, toplumsal ilişkilerin diyalektik örgüsünü açıklamak, seyircinin bu konularda düşünmesini ve bilinçlenmesini sağlamaktır. Epik tiyatro, siyasal bir sorumluluk yüklenmekle beraber, Piscator'un politik tiyatrosunda olduğu gibi seyircisini heyecanlandırarak ona siyasal bir görüşü benimsetmek yerine, sorunlar yaratan durumu tarihsel koşulları içinde sergileyerek bu durumun değişebilirliğini göstermek ister. Batı ve Orta Avrupa'da sosyalizm düşüncesinin yaygınlaşmasına koşut olarak epik tiyatro, toplumculuğun uygulanmasına elverişli bir ortam hazırlama çabasına girmiştir. Nazizm'in güçlenmesi, çıkar çevrelerinin sosyalist görüşlere tepkisi Marxçı dünya görüşünün saygınlık kazanmasına yol açmış, bu ortamda tiyatro, sömürü düzeninin haksızlıkları, sınıf ayrımı, sınıflar arası çatışma konularını dile getirmek, gerçekleri tarihsel maddeciliğin ışığı altında yorumlamak ve kapitalist ekonominin eleştirisini yapmak görevini üstlenmiştir.

Epik tiyatro, gerçekçi-doğalcı akıma olduğu gibi, popüler tiyatro anlayışına da karşı çıkmıştır. Bertolt Brecht bu tiyatroların toplum ilişkilerini, değişmelerini yansıtmaya yeterli olmadığını belirtir. Oysa epik tiyatro özel yöntemleri ile çelişkileri göstermeyi başaracaktır.

Bertolt Brecht, epik tiyatro kuramını kendi uygulamaları ile sınayıp geliştirmiştir. Daha ileriki yıllarda epik tiyatro adının daha çok belli teknikleri akla getirdiğini gören Brecht, epik tiyatronun özündeki diyalektik anlayışı dile getirmek üzere tiyatrosuna "diyalektik tiyatro" adını vermeyi yeğlemiştir. Ancak bu akım Bertolt Brecht'in adı ile de özdeşleşerek "epik tiyatro" olarak yaygınlık kazanmıştır. Bertolt Brecht (1898-1956), 16 normal uzunluktaki oyunu, 16 kısa oyunu ve 6 uyarlaması ile epik tiyatro kuramının yetkin uygulayıcısıdır. Epik tiyatro kuramını 1920'lerden başlayarak gerçekleştirmiştir. Yaşamının son yıllarında ve ölümünden sonra, özellikle Berliner Ensemble topluluğunun başarılı temsilleri ile üne kavuşmuştur. Bu tiyatronun 1954 yılında Paris'te verdiği temsiller bir fırtına yaratarak, Avrupa tiyatrosunu ve tiyatro düşüncesini etkilemiştir. Epik tiyatro akımı, öncü tiyatro çalışmalarını seven, politik ilgileri yoğun olan ülkelerde destek görmüştür. Epik-diyalektik tiyatro kuramı ise, tiyatronun özü ve biçimi konularında geleneksel tiyatro düşüncesine çok yeni boyutlar getirdiği ve dramatik tiyatro anlayışını kökünden değiştirmeyi amaçladığı için tartışma gündemindeki yerini korumaktadır.

Bertolt Brecht, "epik tiyatro" sözünü 16 Mayıs 1927'de *Der Neue* adlı dergiye yazdığı bir makalede kullandı. Bu yazısında Brecht çağımıza uygun olacak, "*büyük epik ve belgesel bir tiyatronun yaratılması*"ndan söz ediyordu.[2] Brecht, epik tiyatro konusundaki bellibaşlı görüşlerini *Üç Kuruşluk Opera, Mahagony, Adam Adamdır* oyunlarına yazdığı açıklamalarda belirtti. *Mahagony* için yazılmış bir program yazısında bu oyundan, "*Şimdiki sınıf yapımızın kaçınılmaz çöküşünden mantıklı sonuçlar çıkaran küçük bir epik oyun*" diye söz edilmiştir. Bu yazının Brecht tarafından yazılmış olması gerekir[3]. Brecht, 2 Haziran 1927'de Berliner Borsen-Courier'de "*eski estetiği yıkacak büyük epik tiyatroya doğru bir gelişim*"den söz etmiştir. Epik tiyatro sözcüğü de, epik tiyatro kavramı da Brecht'ten önce bilinmekteydi. 1924 yılında Münih'deki devrimci sahne deneylerinde sık sık epik sözcüğü kullanılıyordu. Brecht bu deneylerden ve kendi çalışmalarından yola çıkarak oluşturduğu tiyatro anlayışına "epik tiyatro" adını verdi. 27 Kasım 1927'de *Frankfurter Zeitung*'da epik tiyatronun zorlukları konusunda yazarken epik tiyatroyu, aktör, sahne tekniği, dramaturgi, sahne müziği, film ve temsili içeren bir tiyatro üslubu olarak tanımlamış ve çağın tiyatrosunun epik tiyatro olduğunu ileri sürmüştür.[4] 1930 yıllarında epik tiyatro kavramı üzerinde önemle duruluyor ve modern tiyatronun ancak epik tiyatro olabileceği belirtiliyordu.

Almanca'da epik sözcüğü "anlatımlı şiir" anlamına geliyordu. Antik Yunan'daki, epik-dramatik ayrımından kaynaklanan bu anlam, hareketi canlandıran tiyatro edebiyatı ile hareketi anlatan destan edebiyatı arasındaki farkı belirtmiş oluyordu. Brecht, kendi tiyatrosunun dramatik bir gerilim yaratacak biçimde kurgulanmadığını, olaylara uzak açıdan ve eleştirel bir bakışla bakmayı sağlayacak biçimde ve sanki ikinci elden anlatılıyormuş gibi sunulduğunu belirtmek için "epik" sözcüğünü kullanmıştır. 1927'de yazdığı "Epik Tiyatronun Zorlukları" adlı yazıda şöyle söylüyordu:

> "Epik tiyatro ilişkisini birkaç alımlı söz kümesi ile ifade edemeyiz. Epik tiyatro kavramı ayrıntıları, oyuncunun oyununu, sahne tekniğini, dramaturgiyi, sahne müziğini, film kullanılışını kapsamalıdır. Epik tiyatronun asal konusu seyircinin duygularından çok aklına yönelmesidir. Seyirci bir yaşantıyı paylaşmak yerine, olaylarla karşı karşıya gelir. Gene de bu tiyatronun duyguyu yadsıması yanlıştır."[5]

Brecht, epik tiyatro kuramını açıklarken özellikle dramatik tiyatro ile farkını belirtmiş, farklılıktan yola çıkarak epik tiyatroyu tanımlamıştır.

GELENEKSEL TİYATRONUN ELEŞTİRİSİ

Epik tiyatro kuramı, geleneksel Avrupa tiyatrosunun özüne ve biçimine karşı çıkışlarda belirlenmiştir. Bertolt Brecht, klasik tiyatro biçimlerini eleştirirken çağının tiyatrosunun nasıl olması gerektiğini de belirtmiş, böylece "epik-diyalektik" tiyatro düşüncesini olgunlaştırmıştır. Brecht, burjuva tiyatrosunun çağdaş tiyatroda beklenilen işlevi yerine getiremeyeceği kanısındadır. Burjuva tiyatrosu derken 1920'lerin Alman tiyatrosunu ve genel olarak "gerçekçi-doğalcı" tiyatroyu kastetmektedir. Bu tiyatroyu hem özündeki cılızlık, hem tekniğindeki yetersizlik açısından eleştirmektedir. Bertolt Brecht, gelenek çizgisinden ayrılmayan bu tiyatronun insanlığın önemli sorunlarına değinmediğini, yaratıcılığını yitirmiş ve donuklaşmış olduğunu söyler. Bu tiyatronun seyirci için çekiciliği kalmamıştır. Çünkü bu tiyatro orta sınıfın kültürünün bir parçasıdır ve orta sınıfın güçlenme dönemindeki yaratıcılığını yitirmiş, içinden koflaşmıştır. Bununla beraber Brecht geleneksel kültürün tümüyle yadsınmasından yana da değildir. Özü gizleyen kabukların, mermerin üstündeki alçının temizlenmesine, özdeki cevherin korunmasına ve bu birikimden yola çıkılarak çağdaş gereksinmeye cevap verecek yeni bir tiyatro anlayışının yerleştirilmesine çalışır. Bu yeni tiyatro her şeyden önce toplumun önemli gerçeklerini, işsizlik, ekonomik çöküntü, açlık, savaş gibi sorunlarını ele almalıdır ve bunları toplumun yazgısı gibi kabul etmeyip derinde yatan nedenleri ortaya çıkartmalıdır. Oysa gerçekçi tiyatro bu büyük sorunlara el atmamış, derindeki ilişkileri açıklamamıştır. Bu yanılgının nedeni gerçekçi tiyatronun bir burjuva tiyatrosu olması, kendi sınıfının çıkarı ile koşullu bulunmasıdır. Bu bakımdan gerçekçi yazarların nesnel bir görüşe sahip olduklarını iddia etmeleri de kuşkuyla karşılanmalıdır. Çünkü onlar da gerçekleri bu koşullanmışlık içinde değerlendirmişlerdir. Yazarın nesnel ve bilimsel bir tavır takınması olayları ve durumları kendi çıkarı açısından değerlendirmesini engellemez.

Bertolth Brecht, gerçekçi tiyatronun bireysel çekişmelere eğilmesini, bireyin ruh durumunu abartarak işlemesini de eleştirmekte, ruhbilimsel yaklaşımın tarihsellik ve deneysellikten yoksun bir yaklaşım olduğunu belirtmektedir. Bu tiyatronun oyun kişilerine önem vermesine karşın, tipleştirmede ve karakter çiziminde doyurucu olmadığı şöyle açıklanmıştır: Gerçekçi tiyatro tipleştirme yaparken değişik yüzyıllardan ve farklı sınıflardan aldığı kişileri, aynı tip kümesi altında toplayabilmekte, böylece tarihsel gelişimi ve sınıfsal ayrımı görmezlikten gelerek evrensel özellikler üzerinde durmaktadır. Bu tipleştirme anlayışı hatalıdır. Oyun kişileri karakter olarak ayrıntılı biçimde ele alındığında ise, gereksiz ayrıntılar ve iç gözlemle saptanmış normal olandan sapma gösteren nitelikler üzerinde durulmakta, bu tutumla karakter zenginliği yaratıldığı varsayılmaktadır. Bu karakterler oyun içinde gelişmez, yeni işlevler yerine getiremezler. Ayrıca bu karakterler çevrelerine koşulludurlar, çevreyi değiştiremezler.

Bertolt Brecht gerçekçi tiyatronun olay dizisi ve konu işleyişini de yanlış bulmuştur. Brecht'e göre bu oyunlarda tarihsel bir olay doğru saptanmış bile olsa gelişimi durdurulmuş gibi gösterilmektedir. Doğalcı yazarların savaşı anlatırken gelişme sürecini göstermemiş olmaları bu tutuma örnektir. Böyle bir gerçekçilik kapsamlı olamaz, gerçeğe egemen olmayı sağlayamaz. Bu anlayış içinde gözetilmiş olan olasılık kuralı da ince hesaplara dayalı bir aldatmacadan başka bir şey değildir. Organik bütünlük ise gerçek bir bütünlük olmayıp, zorlama ve yapaydır. Çünkü Lessing'den beri Alman tiyatrosunun benimsediği bütünlük ilkesi ile çelişkiler ortadan kaldırılmakta, çatışmalara son verilmektedir. Klasik Alman sanat düşüncesinin temel ilkesi olan, Tanrının ölümsüz yaratısı gibi uyumlu bir bütünlük yaratma anlayışı siyasal amaçlı tiyatro anlayışına uygun değildir. İdealist tiyatronun tüm öğeleri bir bütün içinde eritmeyi amaçlamasına karşın, siyasal tiyatro, çelişkileri yok etmeyen, diyalektik bir sanat anlayışını benimsemiştir. Bu sanat anlayışı ile üretilen tiyatroda, olasılık ve bütünlük zorlama ve yapay olarak değil, toplumsal yasaların doğru olarak tanımlanmasıyla elde edilmektedir. Epik tiyatro bu yasaları ele alarak çok yönlü ve karmaşık gerçeği kökünden kavramayı amaçlamıştır.

Bertolt Brecht gerçekçi tiyatronun yansıtma yöntemini de yetersiz bulur. Brecht'e göre somut ve duyumsal gerçeklerin olduğu gibi taklit edilmesi toplumsal süreçlerin kavranabilmesini engellemektedir. Düş gücü bir yana atılmamalı, somut gerçeklerden soyutlamaya gidilebilmelidir. Yazar, gerçeğe egemen olmak için yalnız taklitten değil, bütün yansıtma ve anlatma araçlarından yararlanabilmelidir.

Gerçekçi burjuva tiyatrosunun biçimi şöyle eleştirilmiştir: Bu biçimlemede tek yönlü, yüzey gerçeğini kabul ettirmek için dramatik denilen olay örgüsüne başvurulmaktadır. Bu örgü seyircinin ilgisini olayın sonucuna yöneltmekte, düğümün çözüleceğini merak ederek izlemesine yol açmaktadır. Oysa önemli olan, seyircinin olayın kendine, gelişimine, olayı yaratan nedenlere ilgi duymasıdır. Bunun için epik tiyatro, dramatik denilen olay örgüsünü kullanmamakta, tiyatrosunu "Aristotelesçi-olmayan" olarak betimlemektedir. Bertolt Brecht epik tiyatro kuramını açıklarken sık sık dramatik ve epik tiyatro farkını belirtmiştir.

Bertolt Brecht, dramatik ile epik tiyatro ayrımını açıklarken özellikle bu iki tiyatroda seyircinin tepkilerini dikkate almıştır. Dramatik tiyatro seyircisi, sahnedeki durumu paylaşmakta, oyun kişilerini olduğu gibi kabul etmekte, hatta kendini onların yerine koymakta, onlarla birlikte duygulanarak kendi düşünme, eleştirme ve hareket gücünü askıya almaktadır. Oysa epik tiyatro seyircisi, sahnedeki durumun dışında kalıp bir gözlemci durumunda insanları inceler, eleştirir. Epik tiyatronun dramatik tiyatrodan en büyük ayrımı, seyircinin oyunda sunulan durumu olduğu gibi kabul etmeyip, eleştirici, yorumlayıcı bir düşünce sürecine girmesi ve bu durumu değiştirme yollarını araştırmasıdır. Bu noktada Brecht, yalnızca gerçekçi tiyatroya değil, Tanrısal yazgıyı değişmezmiş gibi gösteren Antik tragedyalara da karşıdır. Shakespeare de dahil tüm klasik oyun yazarlarının üstün kişileri ele almalarını, hareketi onların tutkusu doğrultusunda düzenlemelerini eleştirir. Bu oyunlarda dramatik tanımının, heyecanlı, tutku dolu, devingen anlamına geldiğini ileri süren Brecht, epik tiyatronun kişisel tutkular, gerilim yaratan durumlar üzerinde değil, düşündürücü toplumsal süreçler üzerinde durduğunu, bunları seyircinin eleştirisine açtığını ve değişebilirliklerini gösterdiğini söyler.

Bertolt Brecht, eski tiyatroya karşı saldırgan bir tutum içinde oluşunu açıklarken, ne kadar çok saldırırsa o kadar iyi anlaşılacağı savından hareket ettiğini belirtmiştir. Bununla beraber eskiyi eleştirirken eskiye benzememek için katı olmamaya, esnek tutumunu korumaya özen göstermiştir.

BİLİM ÇAĞININ TİYATROSU

Bertolt Brecht, epik tiyatroyu, "bilim çağının tiyatrosu" olarak nitelemiştir. Bu tanım 1948'de yayımlanan *Küçük Organon*'da sık sık yer alır. Brecht bilim çağının tiyatrosu sözü ile toplumbilimini ve insanlar arası ilişkileri maddeci diyalektik açısından inceleyen tiyatroyu anlatmak istemiş, çağdaş tiyatronun böyle bir bilimsellik anlayışı içinde bulunmasını zorunlu saymıştır.

Brecht'e göre insanlar fen bilimleri konusunda oldukça bilgili olmalarına karşın, kendi toplumlarını yöneten kuralları bilmezler. Bu bilgisizliğin nedeni, orta sınıfın toplum ilişkilerinin bilimsel olarak incelenmesinden tedirginlik duyması, böyle bir incelemenin kendi çıkarını zedelemesinden endişe etmesidir. Sanatın görevi, tıpkı biliminki gibi, bu engellemeyi aşarak insanın doğaya egemen olmasını, onu kullanmasını, yaşamını kolaylaştırmasını ve üretici olmasını sağlamaktır. Fen bilimleri bunu başarmıştır. Kömürü, suyu, petrolü üretici biçimde kullanan insan, doğa gücünü kendi yararına çevirmekte, çevresini hızla değiştirmektedir. Ancak aynı bilimsel ve üretici görüş insan ilişkileri ile ilgili konulara yöneltilememiştir.

> "Yeni bilimler çevremizde bunca köklü değişikliklere yol açmış ve çevremize değişebilirlik niteliği kazandırmış olmakla birlikte, yine de bu bilimlerin ruhunun yapmakta olduğumuz her şeye yön verdiğini söylemek henüz olanaksız. Yeni düşünme ve duyma biçiminin büyük insan kitlelerine henüz inmemiş oluşunun nedeni, doğanın sömürülmesinde ve altedilmesinde bunca başarılı olan bilimlerin, ona egemenliğini borçlu olan bir sınıfca, burjuva sınıfınca başka bir bölgeyi işleme konusunda engellemesinde aranmalıdır. Bu bölgenin hâlâ karanlıklar içinde yüzmesi, doğanın sömürülmesi ve altedilmesi, sırasında insanların birbirleri arasındaki ilişkiler yüzündendir. (...)
> Doğaya ilişkin bakış açısı topluma yönelmedi."
> ....

> "İnsanlar bir vakitler ne vakit geleceği bilinmeyen doğa afetleri karşısında ne durumda idiyseler, bugün kendi girişimleri karşısında da öyle duruyorlar."[6]
>
> (*Küçük Organon*)

İşte bilim çağının tiyatrosu, bu bilgisizliğin aşılmasına, insanların yaşamının kolaylaştırılmasına katkıda bulunan bir tiyatro olmak savındadır. Bunu başarabilmek için öncelikle gerçeği *doğru* ve *etkili* bir biçimde göstermeyi amaçlamıştır. Doğru ve etkili sözcüklerinin taşıdığı anlam açıklığa kavuşturulmuştur:

> "Eğer kendimizi bu büyük üretim tutkusuna kaptırmak istiyorsak, o zaman insanların birlikte yaşamını ne tür görüntülerle canlandırmalıyız?"

Bertolt Brecht bu soruya "*eleştirici olmalıdır bu tutum*" yanıtını vermiştir. Eleştirme, değiştirme amacına yöneliktir. O halde daha önce değindiğimiz doğru ve etkili tiyatro düşüncesi, *eleştirici ve değiştirici* tiyatro düşüncesi ile bütünlenmektir. Bu kavramları açıklayabilmek için Bertolt Brecht'in karşı olduğu Avrupa tiyatro geleneğinde ve özellikle gerçekçi-doğalcı tiyatroda neyin yanlış ve etkisiz, ya da yanlış ve etkileyici olduğunu, gene bu tiyatronun neden eleştirici ve değiştirici olmadığını göstermek gerekmiştir.

Bertolt Brecht, burjuva tiyatrosu olarak adlandırdığı Avrupa tiyatrosunun geleneksel değerlendirilmesinde doğruluk ve yanlışlık üzerinde durulmadığı, daha çok güzellik ve iyilik niteliklerinin dikkate alındığı kanısındadır. Oysa bilim açısından yanlış olanın güzel ya da iyi olması önemli değildir. Brecht genellikle sanatçıların bilim karşısında çekingen kaldıklarını anımsatır. Tanrısal gerçekleri dile getirdiğine inanan, boş inanlara yaslanan sanatçı, sanatı bilimden ayıragelmiştir. Aslında bu korkunun kökeninde bilimsel verilerin kesinliği karşısında yaratma özgürlüğünün yitirilmesi endişesi de yatmaktadır. Sanatçı sezme ve esinlenme hakkını ve özgürlüğünü elinden kaçırmak istemez. Oysa sezgisel bilginin, bilimsel bilgiye yeğ tutulması demek, insanın düşünmekten alıkonması demektir. Böyle bir sanat insanı başkası tarafından beslenen çocuklar gibi hazır yanıtlarla besler. Ona kendi başına görüp tanıma hakkını ve yetkisini sağlamaz. Sezmenin hazzı ile yetinmek ise yalnızca avunmadır. Okurun ya da seyircinin, bilmenin, düşünmenin sevincine ermemesi, boş inanlarla avunması, sömürücünün işine gelmektedir. Onun için seyirci bir düş, bir yanılsama içinde tutulmuştur. Epik tiyatro, sanatın gerçekler karşısındaki bu bilimdışı tutumuna karşı çıkar. Epik tiyatro anlayışına göre sanat, insanın bu dünyada yaşayabilmesi için ona doğru bilgi vermelidir.

"Sahne bilgi vermeye başladı. Petrol, enflasyon, savaş, toplumsal savaşımlar, aile, din, tahıl, et, pazar, hepsi tiyatroda yansıtılabilecek konular oldu. Korolar, seyirciyi bilmediği gerçekler konusunda aydınlattı. Filmler tüm dünya olaylarından parçaları birleştirip gösterdi. Buna projeksiyonla istatistik bilgi eklendi. Olayların arka planı sahnenin önüne getirildiği için insanların davranışları seyircinin eleştirisine açılmış oldu. Doğru ve yanlış davranışlar gösterildi. Halk ne yaptığını bilenleri de, bilmeyenleri de tanıdı. Tiyatro felsefecilerin konusu oldu; dünyayı yalnız açıklamakla yetinmeyip onu değiştirmek isteyen felsefecilerin."[7]

Epik tiyatronun bilimsellik savı, gerçekçi-doğalcı tiyatronun bilimsel yaklaşımından farklıdır. Doğalcı tiyatronun fizyoloji, psikoloji ve doğa bilimlerinin verilerinden yararlanmasına ve somut gerçekleri yansıtmasına karşın epik tiyatro insan ilişkilerinin nedensellik ağını çözümlemeye çalışır. Somut ve görünen dış gerçeğin altında yatan nedenleri araştırır. Bunun başarılabilmesi için gerçekçi tiyatro anlayışına egemen olan nesnel bakış açısının yerini, gerçeğin kuşkuyla ele alınması ve yeni bir gözle değerlendirilmesi almıştır. Böylece gerçekçi tiyatroda çok doğal, doğal olduğu ölçüde inandırıcı, mantıklı, doğru görünen, seyircinin kendi durumuna, kendi yaşantısına benzeterek benimsediği gerçek, epik tiyatroda yanlış, çarpıtılmış, eskiden bildiğinden şaşılacak derecede farklı görünür. Bertolt Brecht, bu farkı dramatik ve epik tiyatronun seyircide yarattığı etkiyi karşılaştırırken yalın bir biçimde açıklamıştır:

Dramatik tiyatro seyircisi şöyle der: "Evet ben de bunu hissetmiştim." "Tıpkı benim gibi." "Çok doğal." " Hiç değişmeyecek bu." "İnsanın çektiği acılar kaçınılmazdır. Bu yüzden benim ilgimi çekiyor." "Ne büyük sanat; dünyanın apaçık gerçeğini gösteriyor." "Onlarla ağlıyor, onlarla gülüyorum."

Epik Tiyatro seyircisi şöyle der: "Böyle olduğunu hiç sanmazdım." "Böyle olmamalı." "Çok olağanüstü, inanılır gibi değil." "Böyle kalmamalı." "İnsanın çektiği acılar boşunadır. Bunun için ilgimi çekiyor. Ne büyük sanat; hiçbir şey apaçık belli değil." "Onlar ağlayınca ben gülüyorum, onlar gülünce ben ağlıyorum."[8]

Gerçekçi-doğalcı tiyatronun insanla doğa, insanla çevresi arasındaki ilişkileri ele almasına karşın; epik tiyatro, toplumsal ilişkileri süreçler olarak ele almakta ve tarihsel gelişimi göstermektedir. Bu yüzden gerçekçi tiyatronun, yazgı niteliğini taşıyan ve değiştirilmesine olanak olmayan çevreyi ve iç koşulları sergilemesine karşın, epik tiyatroda değişme ve gelişimlerin yasaları gösterilir. Epik tiyatroda dile gelen gerçeğin çok yanlılığı, hareketliliği ve evrimselliği seyircinin daha önceki edilgin gözlemci durumundan kurtulmasını sağlar. Bu karşılaştırmanın ışığında "gerçeği doğru ve etkili bir biçimde dile getirme" savı açıklık kazanmıştır. Doğru gerçek, yüzey gerçeğinin ardındaki toplumsal nedenlerdir ve belli çıkarlar açısından saptırılmamıştır. Toplum ilişkileri hakkındaki doğru bilgi, bu ilişkilerin karmaşıklığı çözümlendikten sonra edinilecektir. Bu bilgi daha önce bilinenden farklı oluşu, seyirciyi düşündürmesi ile anlam kazanır. Ayrıca sanatın, evrensel ve değişmez bir düzenin yansısı olarak değil de devingen ve durmadan evrimleşen bir gerçeğin ifadesi olarak ele alınması ona etkinlik kazandırmıştır. Tiyatro sanatı doğruluğu ve etkinliği ile toplumsal işlevini yerine getirecek ve bilim çağının tiyatrosu olmaya hak kazanacaktır.

DÜNYANIN DEĞİŞEBİLİRLİĞİ

Brecht bilim çağının tiyatrosunun, toplum ilişkilerini yöneten yasaları ve yaşamı yöneten kuralları açıklamaktan başka bir görevi daha olduğunu ileri sürmüştür. Bu görev, insanın dünyayı etkileyebileceğini ve değiştirebileceğini göstermektir. Epik tiyatro bu görevi başarabilmek için somut gerçeği yansıtmakla kalmayacak, bu gerçeği değiştirecek itici gücü de oluşturacaktır. Bu, tiyatronun "gerçeğin aynası ve dinamosu" olması demektir.

Brecht'in tiyatro düşüncesini temellendirdiği dünya görüşü, insanlığın durumunun korkunç olduğunu ve bunu değiştirmek gerektiğini ileri sürer. Bu bağlam içinde tiyatronun işlevi de dünyayı açıklamakla kalmayıp onu değiştirmek olmalıdır.

> "Günümüzün insanları soruları cevaplarına göre değerlendiriyorlar. Olay ve durumlara karşı ellerinden bir şey geliyorsa ilgi duyuyorlar. Birkaç yıl önce gazetede bir reklam görmüştüm. Tokyo'nun bir depremde yerle bir oluşunu gösteriyordu. Evlerin çoğu yıkılmış, ancak birkaç modern yapı ayakta kalmıştı. Reklamın alt yazısı şöyleydi: "Çelik yıkılmadı". Bu betimlemeyi Baba Pliny'nin klasik Etna Dağı patlaması ile ilgili anlatımı ile karşılaştırınca görülür ki, yirminci yüzyıl oyun yazma sanatının, bu tanımdan yola çıkması gerekmektedir.
>
> "Bilimin doğayı bu ölçüde değiştirip dünyayı neredeyse yaşanır duruma soktuğu bir çağda, insanı değişmez ve bilinmez bir ortamın konusu olan bir kurban olarak tanımlayamazsınız. Hareket yasalarını tenis topunun bakış açısından tanımak olası değildir.
>
> "Genel olarak doğaya karşıt olan bir insan toplumunun doğası hakkında aydınlatılmadığımız için hâlâ yaşanacak duruma pek de sokamadığımız bu gezegenin, bu konu ile ilgili bilim adamlarının iddialarına göre, tümden yok edilmesi sorunu ile karşı karşıya getirildik."[9]

Tiyatroya dünyayı değiştirme işlevi verildiği zaman ortaya iki soru çıkmaktadır: Değiştirilmesi gereken nedir? Tiyatro bu değiştirme işine nasıl katkıda bulunacaktır? Bu soruların yanıtlanabilmesi için öncelikle sanatın, doğanın yansısı değil, parçası olduğunu kabul etmek gerekmektedir. Maddeci görüşe göre, sanat, tıpkı bilim ve felsefe gibi, doğayı kopya etmez, onun gelişimini temsil eder. Sanatı gerçeğe açılan sihirli bir pencere saymak hatalıdır. Sanatın gerçeğe ayna tuttuğu görüşü de yanlıştır. Sanat, ne gerçeğin simgesel anlatımıdır, ne de onu kopya eder. Sanat gerçeğin oluşunun temsilidir. Brecht'e göre tiyatro, bu oluşumu gösterebilmek için insanı biçimleyen toplum ilişkilerini ele almalı ve değişebilirlik ilkesini bu ilişkiler içinde kanıtlamalıdır. Çünkü değiştirilmesi gereken de bu ilişkiler düzenidir.

Sanat ya da tiyatro bu işi nasıl başaracaktır sorusu da şöyle yanıtlanmıştır: Sanat doğanın gelişim olanaklarını araştırır, bu gelişimin kurallarını saptar. İnsanın tarih içindeki değişimini ve gelişimini görür. Tiyatroda bir oyun kişisini anlamak demek, onun kökenini, geldiği yeri, gelişimini ve gideceği yeri görmek demektir. Tiyatro insanın şimdiki zaman içinde dondurulmuş gerçeğini değil, geçmişten geleceğe akış içindeki yerini göstermelidir. Bunun başarılabilmesi için tiyatronun alışılmış, klasikleşmiş öz ve biçim anlayışı aşılmalıdır. Örneğin, oyun kişisi önceden belirlenmiş tip kalıpları içinde ele alınmamalı, onun sıradan nitelikleri arasındaki kendine özgü özellikleri, olağanüstü nitelikleri belirtilmeli, bu niteliklerin, değişimi sağlama olanakları keşfedilmelidir. Ancak böyle bir inceleme sürecinden sonra insanın toplumun itici gücü olarak taşıdığı değer saptanmış olur. Bu, yakından uzağa bakmak, gerçekleşmemiş bir gizilgücü görmek demektir. Böylece epik tiyatronun amacı olan, çağımızın özgürlüksüz, bilgisiz insanlarına bu dünyayı değiştirebileceklerini, kendilerine ve dünyaya egemen olabileceklerini gösterme görevi yerine getirilmiş olacaktır.

Brecht, bu yeni yarar anlayışının geleneksel tiyatronun yarar anlayışından farkı üzerinde durarak konuya açıklık getirmiştir. Brecht eski ve yeni tiyatroyu konu, amaç, yöntem açılarından karşılaştırırken tiyatronun bilinçlendirme ve değiştirme ilkesini sağlam bir ölçü olarak ele almıştır. Bu karşılaştırmaya göre, geleneksel tiyatro doğayı evrensel, değişmez ve ezeli olarak kabul etmekte, ancak yüzeydeki yöresel farklılaştırmalara izin vermektedir. Oysa epik tiyatroda doğa, koşullara bağlı olarak, değişmekte olandır. Eski sanat anlayışı idealist felsefeye temellendirilmiş olduğu için sanat yapıtının, önceden var olan şeylerin varlığını haber verdiğini kabul eder. Materyalist felsefeyi benimsemiş olan epik tiyatroda ise sanat, tarihsel gerçekleri ele almakta, insanın tarih içindeki değişimini görmekte ve dünyayı değişme olanakları ile tanımaktadır. Eski tiyatroda görünen gerçek, üzerinde hesap yapılabilen tutarlı, değişmez bir bileşimdir. Epik tiyatro ise gerçeği insanlaşma süreçleri olarak görmektedir; bu gerçeğe akıl ve mantık gözü ile bakmakta, insanın pek çok olasılığı içinde barındıran çelişkili bir bileşim olduğunu ve bu olasılıkların harekete geçmesiyle değiştiğini görmektedir. Böylece dramatik tiyatronun benimsemiş olduğu kaderci görüşe de karşı çıkılmakta, insanın yazgısını değiştirecek toplumsal eylemin gücüne inanılmaktadır. Klasik tiyatroda, evrenin yasası olan yazgının bilincine varılması tragedyayı, fark edilmemesi, komedyayı meydana getirmiştir. Epik tiyatroda ise tragedya, evrenin olanaklarını bilmemekten doğar. Dramatik tiyatronun estetik anlayışı yanılsamaya dayandırılmıştır. Seyirci yanılsama içinde, büyülenmiş gibi sahnedeki kişinin derinliğine inmeye çalışır. Epik tiyatroda ise konuya eleştirisel açıdan bakılmakta, insanın toplumsal olanakları gösterilmektedir.

Brecht, epik tiyatronun işlevini saptarken amacın ahlak dersi vermek olmadığını özellikle belirtmiştir. Brecht'e göre, bilim çağının tiyatrosu kalıplaşmış değer yargılarını ezberletmeye çalışmaz. Önemli olan, seyircinin gerçek hakkında derin ve karmaşık bilgiyi edinirken bunun iyice bilincine varması, durumu eleştirebilmesi ve kendi sorumluluk payını görebilmesidir. Tiyatro bunu başarabilmek için seyircisini önce şaşırtır. Gerçeğin yeni bir yüzünü, insanlar arası ilişkilerin derindeki nedenlerini göstererek onun önceden koşullandığı görme ve anlama biçimini sarsar. Sonra bu yeni gerçek üzerinde düşünmesini, onu iyice tanımasını, kavramasını ve bilincine varmasını sağlar. Gerçeği tanıyan seyirci eskiyi eleştirecek ve onu bilinçli olarak etkilemeye çalışacaktır. Son aşamada yeni ve doğru bilinmiş bir dünya ile uyum kurdurulacaktır. Bu, tıpkı doğanın yeni baştan biçimlenmesi gibi toplumun da yeni baştan biçimlenmesi demektir.

Bertolt Brecht epik tiyatronun yarar ilkesini böyle açıklamakla, görevci, eğitici, politik bir sanat anlayışını benimsemiş olduğunu göstermiştir. Bu tiyatro, gerçeğe egemen olmak savındadır ve bunu başarabilmek için tüm araç ve tekniklerden yararlanmayı önerir. Epik tiyatro düşüncesinin kapsadığı tüm biçimsel yenilikler, bu görev anlayışına uygun olarak saptanmıştır.

> "Ahlak adına değil, kurban adına konuşuyoruz. Bu ikisi birbirinden farklı şeylerdir. Çünkü kurbanlara çoğu kez kendi paylarına düşenle yetinmeleri, bunun bir erdem olduğu söylenmiştir. Bu çeşit ahlakçılara göre, ahlak insan için değil, insan ahlak içindir.

> "Seyircinin, sorunların çözülmesinde kaynağını bulan bilgelikle, ezilene karşı duyulan acımanın bir sonraki aşamasını oluşturan öfkeyle, insana karşı saygı duyulması karşısında duyulan saygıyla, kısacası bir şeyler üretenleri eğlendirenlerle eğlendirilmesi gerekir.
>
> Bu, tiyatroya aynı zamanda seyircilerin çağlarına özgü ve kaynağını üreticilikte bulan özel ahlakın tadına varabilmeleri için ortam hazırlama olanağını verir."
>
> (*Küçük Organon*)

Epik tiyatroda geleneksel yarar ölçüsü olan ahlak eğiticiliğinin yerini "kaynağını üreticilikte bulan özel ahlak" anlayışı almakta, tiyatronun böyle bir özel ahlaktan zevk alma ortamı yaratması önerilmektedir. Bu özel ahlak, insana saygı ilkesi üzerine temellendirilmiştir ve yalnızca ezilene karşı acımayı değil, ezene karşı öfke duymayı da gerekli görür.

TİYATRONUN EĞLENDİRME GÖREVİ

Epik tiyatro düşüncesi tiyatronun eğlendirici olmasını temel ilke olarak kabul etmiştir. Bunun nasıl bir eğlence olması gerektiği bilim çağının tiyatrosu tanımına uygun bir biçimde açıklanmıştır. Tiyatronun eğlendirici olması kuralı *Küçük Organon*'un başlangıç maddelerinde açıkça belirtilmiş, tüm epik tiyatro kuramı eğlendiricilik ilkesinden hareketle açıklanmıştır.

> "Tiyatro, insanlar arasında geçen tarihsel ya da imgelem ürünü olan olayların eğlendirmek amacıyla ve canlı görüntülerle yansıtılmasıdır."
>
> "Tiyatro en kapsamlı işlevinin eğlendirmek olduğunu söylemek zorunda kalacaktır. Bu işlev bugüne dek bulabildiğimiz en kapsamlı işlevdir."

Bertolt Brecht, epik tiyatronun nasıl bir eğlence ürettiğini açıklarken tiyatroda öteden beri uygulanmakta olan eğlendirme yöntemlerini eleştirmiştir. Brecht'e göre her çağın eğlenme biçimi kendi yaşam biçimine bağlı olarak başka başkadır. Tiyatro, kutsal törenlerden kopup bağımsız bir sanat türü oluştururken dinsel işlevini yitirmiş, fakat eğlendirme görevini sürdürmüştür. Tiyatro her çağda seyircisini eğlendirmekle yükümlü olmuştur. Çağdaş burjuva tiyatrosu ise, artık seyircisini eğlendirmemektedir. "*Biraz karton, biraz mimik, biraz metin gibi acımasız yoksullukta malzemeden çırpıştırılma bir dünyadır*" bu tiyatronun sunduğu. Bu tiyatronun seyircisi canlılığını yitirmiştir. Burjuva tiyatrosu seyirciyi oyalamakta, fakat ona zevk vermemektedir. Çünkü bu tiyatroda zorlama olarak merak uyandıran karmaşık durumların çözülmesinden, alışkanlıkla benimsenmiş biçimsel hünerlerin, dilin şiirinden, oyunun genel uyumundan yararlanarak, kısacası öykü anlatma ustalığına dayanan oyunlar sunarak bunları donuk bakışlarla izlettiren eğlence anlayışı hatalıdır. Bu ortamda zevk alma biçimi çağdışı olmaya başlamıştır.

"Şu tiyatrolardan birine girelim ve seyirci üzerinde uyandırdığı etkiyi izleyelim. Çevremize bakındığımızda, oldukça dingin bir takım kişileri, tuhaf bir durumda görürüz: Büyük bir çabayla –bitkinliğin etkisiyle artık güçsüzleşmiş olanların dışında– bütün kaslarını germeye çalışır gibidirler. Aralarında hemen hiç haber alışverişi yoktur. Beraberlikleri, uyuyan bir sürü insanın bir arada oluşu gibidir; karabasanların pençesinde kıvranarak uyuyanlarınki gibi. Gözleri açıktır ama görmezler, yalnızca bakarlar, tıpkı kulaklarının duymaması, salt dinlemesi gibi... Sahneye, kendilerinden geçmişcesine bakarlar; yüzlerdeki ifade, büyücülerin ve din adamlarının egemen oldukları zamandan kalmadır. Görmek ve duymak, sırasında eğlendirici olabilir; ne var ki bu insanlar artık her türlü eylemin dışındadırlar. Daha çok bir eyleme konu olan kişilere öykünürler. Belirsiz, ama güçlü duyumlara kapılıp gitmeleri oyuncular iyi oynadıkları ölçüde yoğunlaşır; öyle ki bu durumdan hoşlanmayan bizler, "keşke oyuncular alabildiğine kötü oynasalar" diyecek oluruz.

....

"Atılımımızın eşiğinde karşılaştığımız, işte böyle bir tiyatrodur. Ve bu tiyatroda bu güne dek, bilimsel yüzyılın çocukları diye adlandırdığımız iyimser dostlarımızı, sindirilmiş, inançlı, 'uyutulmuş' bir kitleye dönüştürebilmiştir."

(*Küçük Organon*)

Bertolt Brecht çağdaş tiyatrodan daha güçlü bir eğlence beklediğini belirtmiştir. Bu, insanların birlikte yaşamalarına ilişkin daha doğru, daha dolaysız, daha geniş kapsamlı ve etkileyici bir eğlence olmalıdır. Böyle bir eğlence, öğrenmekten ve usun deviniminden doğan sevinci, yaşam diyalektiğini algılamaktan doğan zevki, üretici duruma getirilmekten doğan hoşlanmayı içermelidir.

Brecht, insanların içgüdüsel olarak öğrenmekten hoşlandıklarını anımsatarak, epik tiyatronun seyircide gerçekleri öğrenmekten gelen bir hoşlanma duygusu yarattığını belirtmiştir. Bilim çağının tiyatrosu, anlamak ve görmekten tat alan insanın bu gereksinimini karşılamalıdır. Böyle bir eğlence, zorla öğretilmekten doğan bıkkınlığın aşılması demektir. Bu eğlencede kişi ruhsal ve düşünsel devinimini duymalı, düşünmenin, tartışmanın tadına varmalıdır. Bu etkin bir eğlence biçimidir: Yanılsamacı tiyatronun seyirciyi büyüleyen, donuk ve hareketsiz bir alıcı durumuna sokan eğlendiriciliğinden farklıdır. Bu eğlencede seyirci, bilgileri tadına vararak algılar. Artık düşünme bir görev değil, usun devinimini duymaktan gelen zevkli bir uğraş olmuştur.

Brecht, tiyatroda yaşam diyalektiğinin algılanmasının zevk verdiğini ileri sürer. Mantıklı gelişimde meydana gelen beklenmedik değişmeler, şaşırtıcı benzerlikler ve çelişkiler, konumların değişkenliği, kısacası yaşamın kendi diyalektiği tiyatroda bir zevk kaynağına dönüştürülür. Seyirci diyalektik ilişkileri tanımaktan hoşlanır. Karşılıklı etkileşimle, yaşam zevki tiyatrodan alınan zevki artırır; tiyatrodan alınan zevk de yaşam sanatının zevk düzeyini yükseltir. Böylece burjuva tiyatrosunda uyumun yarattığı zevkin yerini, karşıtların yarattığı hoşlanma duygusu almıştır. Bu aynı zamanda ruhsal ve fiziksel devingenliğin algılanması demektir. Seyirci uyanık olarak seyretmekte, seyrettiğini tanımakta, yeni düşünceler üretmekte, yaşamın devinimini duymaktadır. Bu karmaşık, karmaşık olduğu ölçüde güçlü bir eğlenme biçimidir.

Epik tiyarodan alınan zevkin bir başka kaynağı da üretimdir. Brecht'e göre seyirci, birlikte yaşayış içinde ortaya çıkan kuralların oyunda ele alınışını, bunların geçici ve eksik yanlarının gösterilişini seyrederken zevk duyar. Çünkü bu gerçeklerden yola çıkarak neyi düzelteceğini, kendi yaşamını nasıl kolaylaştıracağını, yeni üretim ilişkisini nasıl kuracağını anlar. Bu değiştirici bir uğraştır ve seyirciye gerçeklere egemen olmanın tadını verir.

> "Bütün ilerlemeler, üretim alanında gerçekleşen ve toplumda köklü değişime yol açan bütün doğadan bağımsız olma çabaları, insanlığın daha iyi bir yaşama kavuşma yolundaki bütün girişimleri, edebiyat alanında ister başarılı ister başarısız diye nitelendirilmiş olsun, bize bir zafer ve güvenlik duygusu aşılar ve her şeyin değişme olasılığından zevk almamızı sağlar."
>
> (*Küçük Organon*)

Değiştirici uğraşa tanık olmaktan ve yaşama egemen olma duygusundan gelen hoşlanma, burjuva tiyatrosunun seyircide uyandırdığı acıma ve korku duygularından ve bu duyguların sağladığı zevkten farklıdır. Burjuva tiyatrosunda seyirci edilgin durumdadır. Acıyarak, öfkelenerek umarsızlığını açığa vurur, heyecanlarını boşaltarak rahatlar. Oysa epik tiyatroda seyirci, yaşamını sanat yolu ile üretmenin tadını duymaktadır. Brecht, epik tiyatroyu "*üretimi eğlencenin ana kaynağı yapan tiyatro*" olarak tamamlamıştır. Bu eğlendirme işlevi birbirine organik olarak bağlı olan iki etkinlikle açıklanmıştır: Öğrenmek ve üretmek. Bu iki etkinlik de seyirciye güçlülük ve güvenlik duygusu verecektir. Böylece epik tiyatro eğlendirme işlevini yerine getirirken yaşamı kolaylaştırma amacına hizmet etmiş olmaktadır. Böyle bir eğlence, sanatın kusursuzluğu, canlandırmanın ustalığı ile yaratılan hoşlanma duygusundan çok daha zevklidir.

> "Şunu demek istiyorum: Canlandırma, canlandırılana, yani insanların toplum içerisinde birlikte yaşamalarına göre ikinci planda kalmalıdır. Canlandırılışın kusursuzluğundan alınan zevk, daha yüksek bir zevktir. Bu, birlikte

yaşayış içinde ortaya çıkan kuralların oyunda geçici ve eksik olarak ele alınmasından duyulacak zevkin düzeyine ulaştırılmalıdır. Böylece tiyatro, oyun bittikten sonra seyirciyi üretici durumda bırakmış olur. Umalım ki seyirci, tiyatrosunda bitmez tükenmez ve ona geçimini sağlayan çalışmasına ve geçirdiği sürekli değişimin dehşetine bir eğlence gözüyle bakıp zevk alabilsin; burada kendi yaşamını kolay yoldan üretsin; çünkü varoluşun en kolay biçimi sanat alanındadır."

(*Küçük Organon*)

Epik tiyatronun çağdaş eğlendiricilik anlayışı, kendiliğinden çağdaş eğiticilik anlayışına bağlanmakta, eğlendirirken nasıl bir eğitim sağlandığını açıklamaktadır.

HALKÇI GERÇEKÇİLİK-TOPLUMCU GERÇEKÇİLİK

Epik tiyatro halkın yararını gözetmek ve halka yönelik olmak savındadır. Bu, halkla ilgili gerçeklerin geniş kitlelerin anlayacağı biçimler içinde dile getirilmesi demektir. Burjuva tiyatrosunun sanat anlayışından farklı bir sanat anlayışını belirten bir yöneliş, tiyatronun malzemesinin, içeriğinin, biçiminin, anlatım yöntemlerinin yeniden saptanmasını ve tanımlanması gerektirmiştir. Şöyle de söylenebilir: Epik-diyalektik tiyatronun içeriğinin kapsamını ve biçim kurallarını koşullayan temel ilke, halkçı ve toplumcu bir sanat anlayışıdır.

Berrtolt Brecht halk sözü ile hangi kesimi kastettiğini ayrıca belirtmiştir. Böylece Batı dillerinde iki ayrı sözcükle anlatılan halk kavramı açıklık kazanmış olur. Bilindiği gibi Batı dillerinde "folk" sözcüğü ile gelenekleri, inançları ve yaşam biçimiyle bir kültürü yaşatan ve kırsal kesim insanını kapsayan az gelişmiş büyük kitle anlatılır. Bu halk kesimi, geleneksel sanat türlerini, kültür ürünlerini, fazla değişime uğratmadan yaşatır, değişen yaşam biçimi ile yitip gitmesine engel olur. Halk edebiyatı, halk oyunları, halk masalları, halk şiiri, halk müziği yüzyılların berisinden gelen bir kültür birikimini kanıtlar. Bu birikimin o halka özgü nitelikleri, sanat eserinde iyice belli olur ve her halk kültürünün ayırıcı özelliğini meydana getirir.

Sanatta çok konu edilen "popüler" sözcüğü ise, okuyucunun, dinleyicinin, seyircinin büyük kesimini ilgilendirmiş, eğlendirmiş olan, kolay anlaşılan, kolay hoşa giden, çabuk etkileyen, hatta çoğu kez bu kesimi en az çaba ile etkilemek için onun zayıf noktalarından yararlanan sanat için kullanılmaktadır.

Bertolt Brecht popüler sözcüğünü kullanırken bu sözcüğün belirttiği halk kavramını ayrıca tanımlamak gereğini duymuştur. Böylece onun halkçı gerçekçilik anlayışı da belirlenmiş olur. Brecht'e göre halk, gelişim sürecine katkıda bulunan, onu zorlayan, kendini ve dünyayı değiştiren insan topluluğudur.

Bu tanım geleneksel halk tanımına hiç uymaz. Halkı boş inanlara düşkün, gelenek ve göreneklerin tutsağı, dindar, eski sanat kalıplarını koruyan kesim olarak nitelemek yanlıştır. Brecht halkı, gelişimi belirleyen, tarihi yapan, dünyayı ve kendini değiştiren, savaşan ve geleceği etkileyen kesim olarak tanımlamıştır.

Bu halk tanımına koşut olarak halkçı sanat, emekçinin ve halkın ilerici kesiminin yanında olan ve öteki bölümünü aydınlatan sanat olmaktadır. Bu anlamda halkçı sanat, halkın geleneklerine bağlı olduğu kadar onu geliştirir de. Hem halkın anlatım biçimlerini kullanır, hem de o biçimleri zenginleştirir. Halkçı sanatın özü doğru olmalıdır. Halkçı tiyatro çalışan geniş kitlelere yönelmeli, onların sorunlarını ele almalı ve onlara yarar sağlamalıdır. Brecht'e göre böyle bir tiyatro geniş anlamı ile gerçekçi olacaktır. Çünkü halk gerçeğe benzeyen sanatı daha kolay anlar ve değerlendirir. Ancak bu gerçekçilik anlayışı politik ve estetik kısıtlamalardan arındırılmıştır; bilinen gerçekçi tiyatronun öz ve biçim kalıplarından kurtulmuştur; doğalcı tiyatro gibi duyumlarla algılanan somut, geçici gerçekleri yansıtmaz. Eski gerçekçi tiyatronun konusu olan insan ve onun bireysel sorunları bu tiyatro için yeterli malzeme değildir. Ondokuzuncu yüzyıl gerçekçi tiyatrosu insanın iç tepkilerine, duygusal yanına, iç çatışmalarına eğilmiş, insan ruhunun karmaşık yapısını çözümlemeye çalışmış, bunun için de iç gözleme ağırlık vermişti. Oysa halkçı gerçekçi tiyatro insanı toplumdaki işlevi açısından ele almakta, onu tepkilerine ve eylemlerine bakarak betimlemektedir.

Bertolt Brecht'e göre halkçı gerçekçi tiyatro toplumsal olay ve durumların arkasındaki nedensellik ağını serimlemeyi amaçlamaktadır. Bu tiyatro halkın gelişme potansiyelini değerlendirir ve işçi sınıfının dinamiğini vurgular. Halkçı gerçekçi tiyatronun ilgi duyduğu gerçek, atmosfer gerçeği değildir. Bu tiyatro, canlı, zengin, karmaşık ve değişmekte olan gerçeğe yönelir ve onun gelişimine katkıda bulunmak üzere kavgacıdır.

Gerçeğin böyle tanımlanması yansıtılış biçimini de etkilemiştir. Brecht, yeni sorunları ele almak için yeni teknikler gerektiğini söylemiştir: Canlı, karmaşık ve değişken gerçeğin sahneye getirilebilmesi için denenmiş denenmemiş her çeşit anlatma ve canlandırma yönteminden yararlanılmalıdır. Sanatçı her biçime açık olmalıdır, doğrudan betimlemeyi kullanabileceği gibi, benzetmelerden, şakadan, meselden yararlanabilir. Yazar, yaratıcılığını, düş gücünü ve özgünlüğünü korumalıdır.

Brecht, yeninin anlaşılabilirliği konusunda iyimserdir. İşçinin yeni ve deneysel olanı anlayacağına inanır. "Halk anlamaz" yargısını hatalı bulur. Brecht, yalnızca ruhsal incelemelerin, derin duygu ve heyecanların geniş kitleler için anlaşılması zor konular olduğunu kabul etmiştir. Brecht'e göre halk seyrettiği oyunda bazı şeyleri hemen anlayacak, bazılarını ise anlamaya başlayacaktır. Halkı geri kafalı ve tutucu saymak da yanlıştır. Halk yaşayan, çıplak, yalın gerçeğe ilgi duyduğu kadar, örtük, ince gerçeğe de ilgi duyar. Ya da anladıklarından hareketle anlamadıkları hakkında sonuçlar çıkarır. Hele kendi çıkarı söz konusu olduğunda yürekli dile gelişleri anlamakta zorluk çekmez. Önemli olan halka yanlış ve çarpıtılmış olanı vermemektir, onu yanlışa koşullamamaktır.

Brecht kendi uygulamalarında halk çoğunluğunun gerçeğe benzeyen sanatı daha kolay anladığını göz önünde tutarak, dış benzerliği koruyan bir tiyatro yapmayı yeğlemiştir. Bu bakımdan epik tiyatroyu genel anlamda gerçekçiliğin ileri bir aşaması sayabiliriz. Bu aşamada gerçekçilik, siyasal amaçlı sanatın resmen kabul ettiği "toplumcu gerçekçilik" olmaktadır. Bertolt Brecht, bazı yazılarında "halkçı gerçekçi", bazı yazılarında "toplumcu gerçekçi", veya "toplumcu bakış açısına göre gerçekçi" başlığını kullanmıştır. Epik tiyatroda sanatın savaşçı olması, gerçek yararla çelişen görüşlerle mücadele etmesi görüşü kabul edilmiş olduğuna, toplumun gelişim süreçlerinin gösterildiğine, tarihsel açıdan önemli olan modellerin ele alındığına ve yeni bir toplum oluşturacak güçlerin kavgasına yer verildiğine göre epik tiyatroyu "toplumcu gerçekçi" sanat akımı içinde değerlendirebiliriz. Ancak burada Bertolt Brecht'in sanat ve sanatın biçimi konusundaki görüşleri ile "toplumcu gerçekçi" kuramcıların aynı konudaki görüşleri arasındaki farkı gözden kaçırmamak gerekir. Bu fark, epik tiyatronun biçimi üzerinde durulurken açıklanacaktır.

ÖZDE VE BİÇİMDE EPİK TİYATRO

Epik tiyatro sözü, hem özde hem biçimde yeni bir tiyatroyu anlatır. Bertolt Brecht'in bu tiyatroyu açıklarken pek çok biçim sorunu üzerinde durmuş olması, biçimle ilgili açıklamalar yapması epik sözcüğünün daha çok bir biçimleme yönteminin adı olarak düşünülmesine yol açmıştır. Zaten "epik" sözü biçimsel özellikleri saptanmış bir anlatı türünün adı olarak kullanılageldiğinden bu özellikleri anımsatmaktadır. Oysa Brecht epik tiyatronun yalnızca biçim açısından farklı bir tiyatroyu akla getirmesine karşıdır. Brecht'e göre epik sözü tiyatronun özünü belirtmektedir. Ancak öz biçimden ayrılmadığı için epik sözcüğü biçimlenmiş bir özü anlatır.

Brecht, özden ayrı düşünülmemesi gereken biçimi açıklarken, yeni içeriklere yeni biçimler gerektiği, biçimin önemi, biçim kaygısı ile biçimselliğin farkı ve epik tiyatronun biçim özellikleri üzerinde durmuştur. Brecht'e göre sanatçı içeriği biçimle birlikte düşünür, zihninde biçim öz ile birlikte, bazen ondan da önce belirginleşir. Onun için sanatçı biçime içerik gözü ile bakar.

> "Bir sanat yapıtı, içeriğinin tümüyle düzenlenmesinden başka bir şey değildir. Bundan ötürü yapıtın değeri tümüyle bu düzenlemeye bağlıdır."
>
> "Politik alanda doğru olanın insana örnek olması için sanatın varlığı gereklidir."

Biçimin önemi kabul edildiğinde farklı bir seyirciye yönelen yeni bir tiyatroda eski estetik ölçülerin geçerli olamayacağı da görülür. Epik tiyatro malzemesine yeni bir gözle bakabilmek için eski biçimleri yadsımak zorundadır.

> "Yeni içerikler eski biçimlere zorla sokulmaya çalışıldığında derhal yine o sonuçları kötü olan içerik ve biçim ayrımı ortaya çıkar. Eski olan biçim yeni içerikten kopar ve işlevsiz kalır."
>
> "Sorun, dünyayı değiştirmeye yönelik bir özün kendi biçimini aramasında odaklanır."

Epik tiyatro yeni seyircinin ilgisini çekebilmek, onu şaşırtmak, düşünmesini, tartışmasını sağlamak, onu eyleme geçirecek bir itici güç olabilmek için yeni biçimler bulmak yolunda ısrarlıdır.

Bertolt Brecht, sanatta biçim bilincinin biçimcilik olarak yargılanmasına karşı çıkmıştır. Brecht'e göre, biçim özden ayrı olarak düşünüldüğünde biçimcilik ortaya çıkar. Yoksa ne yeni öz için yeni biçimler aramak, ne de eski bilinen biçimlerden yararlanılabiliyorsa yararlanmak, biçimcilik sayılmalıdır. Eski denenmiş biçimlemelerin, kurgu tekniklerini körü körüne yadsınması da, onlara sıkı sıkı sarılmak kadar hatalı olur. Toplumcu ve halkçı gerçekçiliği bir biçim sorununa dönüştürmemelidir. Yazar, sahneye koyucu, denenmiş, denenmemiş tüm biçim ve teknikleri kendi içeriğine uygun olarak istediği gibi kullanabilmelidir. Brecht, toplumcu gerçekçi tiyatronun yalnız belli bir biçimi olmasını isteyen, bu biçim dışındaki tüm yenilikleri yadsıyan, deneysel tiyatro yapanlara, yenilikçilere karşı çıkarak, onları saptırılmış ve yoz olarak niteleyen bağnaz toplumcuları eleştirmektedir. Brecht'e göre önemli olan gerçeği doğru olarak yansıtabilmektir. Bunu yaparken gerçekçilerin yönteminden de, geleneksel tekniklerden de, özgür biçimsel deneylerden de yararlanılabilmelidir.

Brecht sanatta eski veya yeni her çeşit gelenekten yararlanılması gerektiğini söylerken, dışavurumcu tiyatronun tekniklerinden, öncü denemelerden korkulmamasını önerirken, ünlü eleştirmen György Lukacs'a karşı çıkıyordu. Lukacs'ın klasik burjuva romanından yola çıkmasını, daha sonraki çalışmaları toptan yadsımasını eleştiriyor, yaratıcı sanatçının biçimcilikle suçlanarak özgürce çalışmasının engellenmesindeki yanlışa işaret ediyordu.

> "Sanatta belirli bir özgürlük tanınmalıdır, böylece sanatçıya gerçekçi olabilme fırsatı tanınmış olur. Eleştirmen mizahçıya mizah yapma, küçültme, abartma, fanteziye başvurma, coşkulu anlatım kullanma hakkını vermelidir. Eleştirmen gerçek bir sanatçıda bu özelliklerin bulunduğunu bilmelidir.
>
> "Ancak yazınsal biçimi, toplumsal içeriğe oturtmayan, üstelik gerçeklerle de çelişen yapıtları biçimci olarak niteleyebiliriz.
>
> "Biçimlendirme salt biçimsel bir iç olarak gösterilmek isteniyor. Gerçekte kurguyu araştırmamış, etki alanını ölçüp biçmemiş, gücünü denememiş olan kimileri kurgu yargılanırken ortaya çıkıyor, kanlı bir saldırıya geçiyor kurguya karşı, adı kötüye çıkmış türden bir metafiziğe saplanıyor. Salt estetik sözcükler kullanılarak estetiğe karşı savaşılıyor. Yalnızca biçimden söz edilerek biçimciliğe saldırılıyor. Edebiyatın görevi her şeyden önce edebiyat olmaktır. Yazarın görevi ise biçimini geliştirmek."[10]
>
> ("Biçimcilik Üzerine Notlar")

Brecht halka yönelirken incelikten karmaşıklıktan, yoğunluktan korkulmaması gerektiğini kanısındadır. Yazarın yaratıcı düş gücü özgürce üretebilmelidir. Yazarı belli biçimlere zorlamamalıdır. Gerçeği yansıtmanın farklı biçimleri olabilir. Biçimleri ön yargılarla ele almak yanlış olur. Yeniliğe karşı çıkmamalıdır.

Brecht biçimcilik kavramının estetik ile özdeşleştirilmesine de karşı çıkmıştır. Estetiği eserin sanat değerinin ölçüsü olarak kabul eder. Ancak estetik ölçülerin değişmez ve evrensel sayılmasına da karşıdır. İdealist felsefenin benimsediği yeniplatoncu sanat anlayışının güzel-iyi-doğru koşutluğu ilkesini son derece yanıltıcı bulan Brecht, güzellik duygusu yaratarak yanlışın doğru imiş gibi algılatılmasındaki tehlikeye işaret etmiştir. Brecht'e göre estetik ölçüler kullanım değerlerini korudukları sürece geçerli olmalıdır ve bir eser öncelikle güzelliğine bakılarak değil, doğruluğuna bakılarak değerlendirilmelidir.

> "Estetik ölçüler, kullanım değerleri çevresinde korunmalıdır. Yeni bir estetik yaratmak konusundaki olasılığa da pek güvenmemelidir. (....) Estetik bir

biçimde ortaya çıkan eserlerin yanlış olabileceği bir ortamda yaşıyoruz. Güzel olan artık bize kesinlikle doğru olarak görünmemeli; çünkü doğru güzel olarak duyumsanmıyor. Güzelden ne olursa olsun kuşkulanmalıyız."[11]

Bertolt Brecht, eserin özden ayrı düşünülmemesi gereken biçimini saptarken oyunun metni, sahneye koyuculuk, oyunculuk, sahne müziği, dekor, ışık gibi öğelerin hepsini ele almış, hepsinde gerçekleştirilmesi gereken biçimsel yenilikleri, uygulama yöntemlerini ve tekniklerini kendi uygulamalarından örnekler vererek açıklamıştır. Bunların tümünde görülen en önemli biçimsel yenilik, dramatik tiyatronun geleneksel yapısını değiştiren ve sahne illüzyonunu bozan yadırgatma yöntemi ve teknikleridir.

YANILSAMANIN BOZULMASI VE YADIRGATMA

Bertolt Brecht gerçekçi tiyatronun seyircide illüzyon (yanılsama) yaratmasını eleştirmiştir. Tiyatroda illüzyon olayı, seyircinin sahnedeki oyunu, oyun değil de gerçekmiş gibi seyretmesi, bir an için seyirci olduğunu unutup sahnedeki olayı yaşamasıdır. Batı tiyatrosu başlangıçtan beri tiyatronun illüzyon yaratma gücüne inanmış, inandırıcılık sağlamakta, hoşlanma duygusu yaratmakta illüzyondan yararlanmıştır. Aristoteles, seyircide korku ve acıma gibi duygular uyandırmaktan söz ederken tiyatronun yanılsatma gücüne inandığını göstermiş oluyordu. Klasik kuramcılar zaman ve yer birliği kurallarına uyulmamasının inandırıcılığı zedeleyeceğini iddia ettikleri zaman, yerde ve zamanda sık sık değiştirme yapmanın illüzyonu bozacağı endişesini dile getirmiş oldular. Romantik yazarlar illüzyon olayını, sahnede yaratılan düşlemeye etkin olarak katılma saymışlardır. Gerçekçi tiyatro ise yanılsamaya fazla ağırlık vererek seyirciyi edilgin bir düşleyici durumuna getirmiştir. Gerçekçi tiyatroda oyun o kadar gerçek yaşama benzetilir ki, seyirci bir oyun seyrettiğini unutup kendini gerçek yaşam karşısında sanır. Oyun yaşamdan aldığı malzemeyi yoğunlaştırdığı için gösteri, seyirciyi daha da çok etkilemektedir. Gerçekçi tiyatronun başarısı seyircinin oyun içinde yitip gitmesi, seyirci olduğunu tümden unutup kendini oyun kişisinin yerine koyması ile ölçülmüştür. Burada artık yaratıcı düşleme sürecine katılma değil, sahne gerçeğini birlikte yaşama söz konusudur. Bu birlikte yaşamada seyircinin katkısı söz konusu değildir. Seyirci sahnede yaratılan yanılsamanın edilgen bir parçası olmuştur. Kendi duyguları ile oyun kişisinin duyguları arasındaki ayrım ortadan kalkmış, kendini oyuncuda, oyuncuyu kendinde yaşatmaya başlamıştır. Bu özdeşleşme olayına "empati" denilmektedir. Bertolt Brecht'in karşı çıktığı bu çeşit bir illüzyon (yanılsama) olayıdır.

Brecht'e göre dramatik tiyatro seyirciyi büyülemekte, onu uyuşturucu madde gibi etkilemektedir. Sahne, seyircinin kendini tümü ile kaptırdığı bir masal evreni olmuştur. Seyir süresince seyirci kendini unutur ve düşsel evrene dalar. Düşsel kahramanlarla özdeşleşme, ona normal yaşamda bulamadığı bir kanatlanma, bir yükselme duygusu sağlar. Fakat eylemin dışında kalmıştır; büyülenmiş, hipnotize olmuştur.

Bertolt Brecht, gerçekçi tiyatronun güçlü bir illüzyon duygusu yaratmasına karşın, seyircinin seyrettiği gerçeklerle kendi gerçeği arasında sağlam, akılcı bir ilinti kuramadığını ileri sürmüştür. Yukarıda sözünü ettiğimiz özdeşleşme, duygusal bir yakınlaşmadır. Usun denetleyici ve değerlendirici işlevi kalmamıştır. Brecht'e göre, gerçekçi tiyatroda olaylar, durumlar, kişiler ne kadar yaşam gerçeğine benzerse benzesin seyirci bunları gerçekten tanımaz, yalnızca onlara körü körüne inanır. Kendi öz yaşamını unutmuş, eleştirel bakış açısını yitirmiştir. İllüzyon tiyatrosunda seyircinin gerçekleri tanımasına, bu gerçekler içinde kendi konumunu öğrenmesine, yanlış olanı eleştirmesine olanak yoktur. Sahne ile seyirci arasındaki duygu bağı seyircinin her gördüğünü tartışmasızca kabul etmesini sağlamıştır.

> "Oidipus'la özdeşleşiyoruz, çünkü tabular bugün de var ve bilmemek, yasalar önünde bireyi cezaya çarptırılmaktan koruyamıyor. Othello ile özdeşleşiyoruz, çünkü kıskançlık duygusu bugün de karşımızda ve her şeye sahip olma tutkusuyla biçimlenmektir. Wallenstein ile özdeşleşiyoruz, çünkü rekabet savaşı için özgür olmamız ve kurallara uymamız gerekli, yoksa savaşı sürdürmek olanaksızlaşır."
>
> (*Küçük Organon*)

Ancak Othello'nun kıskançlığını, Wallenstein'in özgürlük tutkusunu kendimizdekine benzetmek, onlara bizim sorunlarımızdan doğan duyguları yaşatmak, Othello'yu ya da Wallenstein'ı tanımak demek değildir. Bu yüzden gerçekçi tiyatro tarihsel bakış açısını yitirmektedir.

Bertolt Brecht eleştirisini daha da genelleştirerek tüm dramatik tiyatro anlayışına karşı çıkmıştır. Dramatik kurgu, düğüm, merak, gerilim öğeleri ile seyirciyi sahneye merakla bağlamaktadır. Seyirci kendini bu kurgusal mekanizmaya kaptırır ve olayın gelişimini merakla, heyecanla izler. Bundan başka sahnedeki zengin dekorlar, göz alıcı renkler, gönül okşayan müzik, zarif nükteler, gizli ışıklama düzeni, bu büyü havasını tamamlar. Seyirci bu hava içinde kendini iyice yanılsamaya kaptırır. Brecht bu büyülenme olayını yalnızca uyutucu olarak değil, ayıp olarak da nitelemiştir: Seyircinin hareketsiz gövdesi, hayretle açılmış gözleri, büyülenmiş gibi bakışları oyun sonunda birden rahatlamaya dönüşmektedir. Bu rahatlama bir gevşeme ve boşalmadır. Aristoteles'in "arınma" kavramı bu boşalmayı anlatır. Brecht, boşalmanın tüketim olduğunu belirtir ve bu boşalmada müstehcen bir yan görür. Seyirci arınmış ama düzelmemiştir. Oyun seyircide kalıcı bir iz bırakmamıştır.

Epik tiyatro illüzyonu bozma ilkesini benimsemiştir. Seyirci tiyatro oyunu karşısında olduğunu bilerek seyredecektir. Böylece sahnede gördüğü tarihsel olayları, tarihsel çerçeveler içine oturtabilecek, sahnede gördüğü gerçeklerle kendi tanıdığı gerçekler arasında karşılaştırma yapabilecek, benzerlikler varsa onları saptama olanağı elde etmiş olacaktır. Böyle bir oyun, seyircinin toplum yapısını tanıma süreci olacaktır.

Brecht bu süreci toplum açısından yararlı bulur. Brecht'e göre kapitalist sistemde kişinin üretime yabancılaşması ve kendini bir araç olarak görmesi onun gerçek yaşamla olan bağıntısını koparmıştır. Artık insan kendi yaşamına egemen olamamaktadır. Tiyatro, insanın bu durumu görmesini sağlamalıdır. Seyirciye şimdiye dek doğal olarak kabul ettiği ilişkilerin doğal olmadığı gösterilmeli, umarsız sanılan durumların değiştirilebileceğini öğretilmelidir. Toplumdaki yabancılaşmayı daha çarpıcı bir biçimde gözler önüne sermek ve yabancılaşmanın ortadan kaldırılmasına katkıda bulunmak için, tiyatro olaylar arasındaki bağıntıları, savaşı, devrim gibi büyük değişmeleri gösterebilmelidir. Seyirci, tümün akışını görebilmeli, *"kişi bu tarihsel koşullar içinde şöyle davrandı, oysa başka türlü de davranabilirdi"* yolunda düşünebilmelidir. Böyle bir seyretme süreci aynı zamanda bir düşünme süreci olacaktır.

Epik tiyatroda seyirci heyecanları ile yönetilen bilinçsiz bir kitle değildir. Agit-prop tiyatrosunda olduğu gibi siyasal bir görüşü benimsemesi için oyun sırasında coşturulmaz. Epik tiyatro, seyircisini, düşünebilen, karar verebilen, aklı ve duyguları olgun bireyler olarak kabul eder. Epik tiyatro ereğine ulaşmak için körü körüne inandırmayı değil, düşünerek ikna etmeyi yeğlemiştir.

Bu düşünme sürecinin ikinci aşamasında tiyatro bir değişim yaratacaktır. Başka bir deyişle tiyatro, insanı düşündürmekle kalmamalı, onu değiştirmelidir. Bunun için sahne ile seyirci arasında diyalektik bir ilişki kurulması, seyircinin çelişkileri görmesi sağlanır. Sahneye koyuculukta, oyunculukta, müziğin, ışığın, dekorun, kostümün kullanılışında çelişkilerin gösterilmesine dikkat edilir. Bu yüzden ilüzyonun bozulması, özdeşleşmenin engellenmesi zorunludur.

İllüzyonu bozan, seyircinin bir düşünme sürecine girerek bilinçlenmesini sağlayan, bunun için toplumun ilişkiler düzenindeki çelişkileri gösteren, sahne ile seyirci ve sahne öğeleri arasında diyalektik bir ilişki kurarak bu çelişkiyi somutlaştıran tiyatronun yöntemine *yadırgatma* (yabancılaştırma) yöntemi, bu yadırgatmayı sağlayan etmenlere de *yadırgatma etmenleri* (yabancılaştırma etmenleri) denilmiştir.

Yadırgatma sözcüğü daha önce Rus formalistlerinden Shklovsky tarafından kullanılmıştır. Formalistlerin yorumu ile yadırgatma (*ostrannenie*) estetik bir süreçtir. Şiirsel ve düşsel algılama biçimini gösterir. Şiirin bir yadırgatma oluşu, yaşama uzak açı kazandırması, aşina olduğumuzu yadırgar bir gözle yeniden görmemizi sağlamasından ileri gelir. Formalistlerin bu görüşü daha önce romantiklerin ileri sürdükleri "romantik ironi" kavramına benzer. Brecht yadırgatma sözcüğünü toplumsal yabancılaşmayı göstermek üzere doğal ve tanıdık olanı göze batıcı yapmak anlamında kullanmıştır.

Brecht yadırgatma yöntemini Avrupa'da temsiller veren ünlü Çinli oyuncu Mei-Lan-Feng'in tekniğinden etkilenerek saptamıştır. "Çinlilerin Oyunculuk Sanatında Yabancılaştırma Etmenleri" (1936), "Yabancılaştırma Etkisi Uyandıran Yeni Oyunculuk Tekniği Hakkında Küçük Bir Tanım" (1940) başlıklı yazılarında bunu belirtmektedir. Yadırgatma terimi ilk kez *Yuvarlak Kafalılar ve Sivri Kafalılar* için yazdığı notlarda kullanılmıştır.

Epik tiyatronun yadırgatma yöntemi şöyle açıklanmıştır:

> "Oyuncu bir an bile canlandırdığı karakterle bütünüyle özdeşleşmemelidir. 'Lear'i oynamıyordu, Lear'in kendisiydi' yolunda bir yargı gerçekte oyuncu için olumsuz bir yargıdır. Oyuncunun görevi karakteri göstermektir yalnızca, daha iyi bir deyişle, o karakteri yaşamaktan öte bir şeydir. Tabii bu oyuncunun tutkulu kişileri canlandırdığında kendisinin buz gibi kalması gerektiği demek değildir. Yalnız kendi duygularını, esas olarak canlandırdığı karakterin duygularıyla özdeşleştirmemelidir ki seyircinin duyguları da oyun kahramanının duyguları ile özdeşleşmesin. Seyircinin bu konuda salt özgür kalması gerekir."
>
> (*Küçük Organon*)

Brecht bu konudaki görüşünü bir örnekle açıklamıştır:

> "Bu ilke, yani oyuncunun sahnede aynı anda iki rolde birden, hem Loughton hem de Galile olması; canlandıran Loughton'un canlandırılan Galile'nin içinde eriyip gitmemesi –ki bu oyun türüne "epik" adını veren bu ilkedir–, yalnızca gerçek sürecin perdelenmemesi gereğini dile getirir. Sahnedeki adam, gerçekte Loughton'dur; yaptığı ise Galile'yi nasıl düşündüğünü göstermektir. (...)"
>
> (*Küçük Organon*)

Brecht açıklamasını sürdürerek oyuncunun, yarattığı karakter olduğu kanısını uyandırmaması gerektiği gibi, oyunda gösterilen olay ve durumları da sanki ilk kez oluyormuş gibi karşılamamasını, böyle bir aldatmacaya başvurmamasını ister. Oyuncu oyunun nasıl başlayıp nasıl biteceğini önceden bildiğini oyunuyla ortaya koymalıdır. Böyle yaparak olaylara uzak açı kazandıracak, olaylar arasındaki bağlantıları göstermeyi başaracaktır. Böylece seyirci olayın tümünü, olayların akışını, insanlar ile eylemleri arasındaki çelişkileri görebilecektir. Böylece oyun, bir yaşam deneyi olmakta, deney koşulları tanındıktan sonra karşı deney koşulları da düşünülebilmektedir. Böyle bir tiyatro anlayışı, seyirciyi, yansıtılan gerçeğin tek ve değişmez gerçek olduğuna inandıran, onda umarsızlık duyguları yaratan ve seyirciyi tümü ile edilgin durumda bırakan gerçekçi ve dramatik tiyatro anlayışından çok farklıdır.

Bertolt Brecht kuramları ve uygulaması ile kendi oyunculuk anlayışına uygun oyuncu eğitimini de saptamıştır: Her şeyden önce oyuncunun elindeki metni iyi tanıması gerekir. Brecht'e göre oyuncu metni ilk bakışta kavramaya çalışmamalı, iyice düşünmeli, kendi anlayışından kuşku duymalıdır. Oyun kişilerinin davranışlarına bakıp onlar üzerinde kafa yormalıdır. Onları rol yapan kişiler gibi görmeli, öteki oyun kişileri ile olan karşılıklı etkileşimi dikkate almalıdır.

Oyunculukta yadırgatmanın sağlanabilmesi için oyun kişilerini yaşayan insanların kopyası olarak düşünmemek gerekir. Epik tiyatroda oyuncu seyirciye oyun kişisini nasıl düşündüğünü gösterir. Seyirci oyuncuyu oyundaki karakterin ta kendisi gibi algılamamalı, onun oyuncu olduğunu unutmamalıdır. Oyuncu oyun kişisini seyirciye en belirgin özellikleri ile en anlaşılır biçimde gösterir. Bunu yaparken hem oyun kişisini canlandırmakta, hem de canlandırdığı kişiyi, ondan daha çok bildiğini, hatta yargıladığını belli etmektedir. Böylece seyirci oyun kişisini, olayların akışı içindeki yerini, konumların bütününü ve olaylar arasındaki bağlantıları görebilir.

> "Örneğin sahnede konuşan bir kadına kulak verirken, aynı kadının diyelim birkaç hafta sonra, başka türlü konuşacağını tasarımlayabilir, ya da o andaki başka yerlerdeki başka kadınların başka türlü konuştuklarını düşünebilir. Oyuncu, sanki canlandırdığı kadının içinde bulunduğu çağı sonuna dek yaşamış da şimdi anılarını yineliyormuş ve kendisi için en önemli noktalar üzerinde duruyormuş gibi oynadığı takdirde bu dediğimiz gerçekleşir; çünkü o anda önemli olan, "önemli olmuş" olandır. Bir kişinin "belli olan bu kişi" ya da "şu yaşanılan andaki belli kişi" biçiminde yabancılaştırılması, ancak oyuncunun canlandırılan karakterlerle, temsilin de gerçek olanla özleştirilmesi gibi bir yanılsama yaratılmazsa olanaklıdır."
>
> (*Küçük Organon*)

Brecht burada önemli bir açıklama daha yapmıştır: Oyuncunun göstermeci biçimde bir model insanı en belirgin çizgileri ile seyirciye sunması yeterli değildir. Seyirci o oyun kişisinin nasıl davrandığını gördüğü gibi daha başka nasıl davranabileceğini de düşünebilmelidir. Brecht'in sözleri ile, "*o bunu yaptı*"nın yerine "*o başka bir şey yapabilecekken bunu yaptı*" diyebilmelidir. Oyuncu bunu sağlayabilmek için oyun kişisini eleştirisel bir bakışla biçimler ve onu yargılar. Fakat provalarda oyun kişisini daha iyi tanıyabilmek için Stanislavsky yönteminden yararlanılabilir.

> "Provalarda canlandırılan karakterlerle özdeşleyimden yararlanabilirse de –ki asıl temsilde bundan kaçınmak gerekir– bu çeşitli yöntemlerden yalnızca biri olarak kullanılmalıdır. Provalarda bir özdeşleyim yararlıdır. Çünkü çağdaş tiyatro tarafından ölçüsüz oranda uygulanmış olmasına karşın, karakterlerin daha ayrıntılı çizilebilmesi gibi bir sonuca götürülebilmiştir.
>
> "a) Oyunda karakterlerle özdeşleyimden kaçınma yolundaki uyarının, bu uyarıya temel alınan görüş ne denli dogmatik gelirse gelsin, kuşağımızca dinlenmesi yararlıdır. Bu uyarıya ne denli kararlılıkla uyulursa uyulsun, gene de gereği eksiksiz yerine getirilemeyecektir; böylece bundan doğabilecek en olası sonuç, yaşama ile canlandırma, özdeşleyim ile gösterme arasındaki ayırıcı çelişkinin doğumuna yol açacaktır; erişilmek istenen amaç da budur. Eleştirisel öğeye bu yolla varılır.
>
> b) Oynamak (göstermek) ile yaşamak (özdeşleyim) arasındaki çelişki, bu konuda eğitilmemiş olanlarca sanki sanatçı açısından yalnızca biri, ya da öteki söz konusu olabilirmiş gibi anlaşılır. Başka deyişle sanki *Küçük Organon* yalnızca oynamayı, eski gelenek ise yalnızca yaşamayı öngörür. Gerçekte ise oyuncunun oynayış biçiminde birleşen birbirine düşman iki süreç söz konusudur (Sanatçının oyunu her ikisinden birer parça içererek oluşmaz.). Oyuncu iki kutup arasındaki savaşta, gerilimde ve derinlikte gerçek etkilerinin kaynağını bulur. (...)"

Brecht'in bu açıklaması epik tiyatronun yadırgatma yönteminin tümüne uygulanabilir. Brecht'in, bazı oyunlarının sahnelenişleri ile ilgili açıklamalardan anlaşılmaktadır ki yadırgatma, oyun boyunca sürgit uygulanmamaktadır. Oyunda yer yer yadırgatmalara gidilerek seyircinin sahne ile özdeşleşmesine engel olunmaktadır. Bundan şöyle bir sonuç çıkarabiliriz: Epik tiyatroda duygusal yakınlaşma ile eleştirel uzaklaşma bir arada gerçekleştirilir. Seyirci bu iki süreci birden yaşayarak, bunun gerilimini duyar ve bu güdü ile gerçekleri, nedenlerini, gelişim doğrultusunu daha iyi kavrayabilir.

Yadırgatmalı oyunculuk tekniği şöyle açıklanmıştır:

a) Birinci koşul sahnenin ve salonun büyüleyici havadan arındırılmasıdır. Sahne belli bir yerin havasını vermemeli, konuşmaların temposunu düşürüp bir atmosfer yaratmamalıdır. Seyirci, sahnede olup biteni gerçekmiş gibi kabul edeceği bir yanılsama içine sokulmamalıdır.

b) Sahne ile salon arasında bir dördüncü duvar olduğu hissi uyandırılmamalı, oyuncu seyircilere doğrudan doğruya yönelmeli ve canlandırdığı kişinin tavrını göstermelidir.

c) Seyirci oyuncuyla özdeşleşmemelidir. Fakat oyuncu seyirciyi psikolojik olarak etkilemekten tümü ile kaçınmamalıdır; özellikle provalarda oyun kişisiyle özdeşleşmeden yararlanmalıdır.

d) Oyuncu, oynadığı kişide özümlenerek eleştirisel tutumunu tümden yitirmemek için oyun kişisini canlandırmadan önce tekrar tekrar okuma provası yapmalıdır.

e) Bu okumada oyun kişilerini, olayları, durumları iyice tartıp biçmeli, hiçbir şeyi olduğu gibi kabul etmemeli, şaşırma, karşı çıkma güdülerini korumalıdır. Temsili yaratırken bu güdüler ona güç verecektir.

f) Oyuncu sahnede rolünü oynarken neler yaptığını gösterdiği gibi neler yapmadığını, başka deyişle daha neler yapabilecekken yapmadığını da gösterebilmelidir. Örneğin, "sana bunu ödeteceğim" dediği zaman "seni bağışlıyorum" demediğini fark ettirecektir.

g) Oyuncu oynadığı rolün içinde kendini unutmayacak, kendini bir Harpagon, bir Lear, bir Schweik zannetmeyecektir. Oyuncu sözlerini doğaçlama imiş gibi değil, başkasından alıntı yapıyormuş gibi söylemelidir.

h) Oyuncu bu alıntılarda doğru tonlama yapmayı ihmal etmemeli, aynı biçimde canlandırdığı kişinin tavrını gösterirken onu insani bir tavır içinde sunmalıdır.

ı) Oyunculukta yadırgatma sağlamanın üç yolu vardır: 1) Canlandırılan oyun kişilerinin davranışlarını ve sözlerini üçüncü şahsa nakletmek, 2) Geçmişe nakletmek, 3) Sahne tariflerini yüksek sesle okumak. Bütün bunlar oyuncunun metne uzaktan bakmasını sağlayacaktır. Oyuncu, oyunun sonunu, olayların nasıl gelişeceğini önceden bildiği için her cümleyi oyunun sonuna göre değerlendirebilir ve yargılayabilir. Konuşmalar doğrudan seyirciye yöneltildiği için her cümle, o cümleye verilen anlama göre tonlanır. Tıpkı bir tanığın mahkemede konuşması gibi.

k) Oyuncu, geleneksel tıyatroda "apar" yaparken ya da "monolog" söylerken yaptığından farklı bir biçimde seyirciye yönelmeli, ona yüzünü tam dönüp sözünü doğrudan iletmelidir. Tam bir yadırgatma sağlayabilmek için oyuncu provalarda cümleleri parçalarına bölmeli, metin koşuklu yazılmışsa düz yazıya çevirmeli, hatta belki koşuklu yazıya uygun el kol hareketleri ile düz yazıyı okuyup bu çelişkiyle yadırgatma yoluna gitmelidir.

l) Tüm heyecanlar dışlanmalı, tavıra çevrilmelidir. Her tavrın güçlü, etkili, abartılı, incelikli olması yadırgatma etkisini artırır. Çin tiyatrosu oyunculuğunda tavrın ustalıkla kullanıldığı görülür. Çinli oyuncu kendi hareketlerini gözlemleyerek yadırgatma sağlar.

m) Oyuncu oyununu ustalıkla oynamalı, daha önceden tüm teknik zorlukları yenmiş olmalı, seyirciye çok rahat, bilerek, işleklikle oynadığı hissini vermelidir.

n) Oyuncu olmuş ya da olabilecek bir olayı mükemmel bir biçimde seyircinin gözleri önüne serer. Bu rolü daha önce prova ettiğini, canlandırmada ustalaştığını saklamaz, olay hakkındaki kendi görüşlerini belirtir.

o) Oyuncu kendini oyun kişisiyle özdeşleştirmediği için o kişiye karşı belli bir tavrı vardır. Seyirciye de, özdeşleşmediği oyun kişisi hakkındaki görüşünü bildirmeye çalışır.

p) Oyuncunun tavrı toplumcu eleştiricidir. Oyun, toplumsal durumlar hakkında bir tartışmaya dönüşmüştür. Seyirci bu durumu kabul etmeye ya da ortadan kaldırmaya kışkırtılır.

r) Yadırgatma ile her olayın altında yatan toplumsal tavır soyutlanıp ortaya çıkartılır. Toplumsal tavır, belli bir zaman içinde insanlar arasındaki toplumsal ilişkinin oyuncunun jestleri ile anlatılmasıdır. Şu örnek açıklayıcıdır: Eğer Kral Lear, krallığını kızları arasında paylaştırırken İngiltere haritasını ortadan yırtarsa bu yırtma eylemi yadırgatma sağlar. Lear'in ülkesini öz malı saydığını, ailenin feodal yapısını belirtmiş olur. *Julius Caesar*'da eğer Brutus Caesar'ı müstebitlikle suçlarken kendi kölesine kötü davranırsa bu da yadırgatma sağlar. Helena Weigel, Maria Stuart'ı oynarken boynundaki haçı çapkınca eline almış ve onunla yelpazelenmiş, böylece yadırgatma sağlamıştır.

s) Olaylara tarihsellik kazandırmakla da uzak açı sağlanır. Böylece koşullara göre varolan ve evrimleşen gerçek belirlenir.

t) Güncel olayların da tarihsel bir bakış açısı içinde ele alınması görevi oyuncuya düşer.

u) Duygulara, heyecanlara gelince, bunlardan tümü ile kaçınmamalı, fakat nasıl bir heyecan üretileceği iyi hesaplanmalıdır.

v) Seyircinin eleştirisel bakış açısı aynı zamanda sanatsal bakış açısıdır. Çünkü olumludur, yapıcıdır, üreticidir. Bu nitelikleri ile de zevk verir.

y) Yadırgatma normal olmayan, zorlama bir teknik gibi düşünülmemelidir. Özellikle oyunculukta stilize hareketlere başvurup doğaya aykırı düşmemelidir.

z) Yadırgatmalı tiyatronun yararı dünyayı doğal haliyle göstermesi, mizahını hissettirmesi, onu, tutucu tiyatroların yüklediği mistik anlamlardan arındırması ve böylece dünyanın değiştirilebilir, yönetilebilir olduğunu gösterebilmesidir.

ARİSTOTELESÇİ OLMAYAN DRAM

Epik tiyatro, Aristoteles'ten beri benimsenen epik, dramatik ayrımını yeniden ele almış, fakat Aristoteles'in görüşünden farklı olarak bu iki anlatım üslubunun karışık olarak kullanılabileceğini göstermiştir. Bilindiği gibi dramatik üslubun ayırıcı özelliği, hareketle canlandırma, roman, öykü, masal gibi anlatıların üslubu ise, doğrudan anlatımdır. Aristoteles tragedya ile destan türleri arasındaki farkı açıklarken tragedyanın hareketin taklidi olduğunu, destanın ise öyküyü anlattığını belirtmişti. Hareketin taklidinde bir eylem birliği gözetilmesine karşın, öykü anlatımında kahramanın başından geçen tüm olaylar sırasıyla aktarılıyordu. Klasik tiyatro anlayışı dramatik olanın tüm çekiciliğini olayları neden sonuç bağı içinde iletmesinde, seyircide merak uyandırmasında görmüştür. Sürpriz, ironi, önseme gibi dram yazarlığına özgü ustalıklar, gerilimi arttırmak üzere kullanılmıştır. Olayların tek eylemde odaklanmasını sağlayan birliklilik ve olaylar arasında neden sonuç bağı gözeterek sağlanan bütünlük dramatik yapının asal özelliği olmuştur. Birlik, bütünlük gibi yapısal özellikler giderek kurgu ustalığına dönüşmüş, serim, düğüm, çatışma gibi, gerilimi arttıran hünerler geliştirilmiştir. Bertolt Brecht'in karşı çıktığı, bu çeşit kurgu ustalıklarıdır. Brecht bu ustalığın seyirciyi merak içinde sahneye bağladığını, onun, olayların nedenleri ve gelişimi hakkında düşünmesine engel olduğunu ileri sürmüştür. Oysa tiyatronun amacı, düzmece bir olay zinciri ile seyirciyi gerilime sokarak onu heyecanlandırmak ve bu heyecanlanmadan zevk duymasını sağlamak olmamalıdır. Bertolt Brecht, seyircinin, oyunun sonunu merak etmek yerine oyunun gelişimine ilgi duymasını sağlamaya çalışmıştır. Bunun için de geleneksel dramatik biçimlemenin aşılmasını önermiştir. Seyirciyi heyecanları ile değil, aklı ile sahnedeki olaya çekmenin yolu, ona olayları doğrudan bir anlatımla iletmektir. Anlatım tekniği tiyatroda uzun süreçlerin, diyalektik ilişkilerin ele alınmasına da olanak sağlayacaktır.

Epik tiyatronun yapısı her biri kendi içinde bütünleşmiş olan kısa episodlardan oluşmuştur. Bu episodlar birbirine neden sonuç bağı ile bağlı değildir; belli bir kriz noktasına doğru gelişmez. Her episod ayrı bir durumu gösterir. Her dilimin kendi başına ilettiği bir düşünce vardır. Her dilim kendi başına zevkli ve anlamlıdır. Bu episodlar anlatımla birbirine bağlanmıştır. Anlatıcı sürecin aşamalarını belirtir. Öykünün ayrı ayrı öğeleri önce soyutlanmış, ayrı birimcikler meydana getirmiş, sonra yeniden birleştirilmiştir. Fakat bu birleşme bir kaynaşma değildir. Bölümler arasındaki bağlantılar açıkça belirtilmiştir. Böylece düşünce gereksiz yere dolandırılmamış olur. Olayların, bölümlerin, dilimlerin dizilişinde montaj tekniği uygulanmıştır. İstenirse bunlar yer değiştirebilir.

> "Seyircinin kendini bir ırmağa atarcasına öyküye atması ve başıboş biçimde oraya buraya sürüklenmesi için çağrılmayacağına göre tek tek olaylar, bağlantı noktaları belli olacak biçimde birleştirilmelidir. Olaylar, bu noktaların algılanmasına olanak bırakmadan birbirini izlememeli, seyirci yargısıyla iki olayın arasına girebilmelidir. (...) Demek ki öykünün ayrı ayrı kısımları her birine kendine özgü yapısı verilerek, sanki oyun içinde oyunmuşçasına, birbirinin ardına dizilmelidir.
>
> "Epik tiyatroda en önemli öğe öyküdür. İnsan ilişkilerinin açıklanmasında, diyalektiğin anlaşılmasında öyküden yararlanılır.
>
> "Her şey öyküye bağlıdır; öykü, tiyatronun odak noktasıdır. Çünkü tartışılabilir, eleştirilebilir, değiştirilebilir olanların tümünün kaynağı, insanlar arasında olup bitenlerdir."
>
> (*Küçük Organon*)

Bertolt Brecht epik tiyatronun amacına uygun olarak insan tabiatını değil, insan ilişkilerini ele almıştır. Önemli olan tek karakter değil, en küçük toplumsal birim olan karşılıklı insanlardır. Tiyatronun amacı insanı yaşamak, davranışlarının iç nedenlerini çözümlemek değildir. Oyunun toplumsal işlevini olaylar gerçekleştirir. Epik, anlatımsal, tarihsel tiyatronun asal öğesi karakter değil, öyküdür.

Oyunun asal öyküsünün birimleri, en küçüklerine kadar birbirinden ayrıldığında her biri sanki bir cümleye indirgenir. Bu cümle sahnenin öz anlamını belirler. Oyuncular konuşmalarını, hareketlerini, gruplanmalarını bu öz anlama göre düzenlerler. Öykünün küçük birimlerinin özünü veren bu anlamlı özet cümle birimin tavrını (*gestus*) gösterir.

TAVIR KAVRAMI (*GESTUS*)

Bertolt Brecht seyircinin oyunu eleştirisel bir açıdan seyretmesi ve istenen düşünme sürecine girebilmesi için oyun kişilerinin, toplumsal ilişkilerin, belli bir tavır içinde sunulmasını, bu tavrın oyunculuk ustalığı ile, sahnelerin düzenlenişi ve olayların sunuluşu ile iyice belli edilmesini önermiştir. Almanca *gestus* ve *gestisch* sözcüklerinin anlamı, –biri isim, biri sıfat olmak üzere– sözle veya hareketle ifade edilen bir tavır ya da tavrın bir yönüdür. Bu terim daha önce Lessing tarafından kullanılmıştır. Kurt Weil, *gestus* sözcüğünü müzik konusu ile ilgili olarak kullanmıştır.

Bertolt Brecht oyuncunun canlandıracağı kişinin tipik tavrını dikkatle saptamasını, saptarken sınıfsal konumunu gözden kaçırmamasını, bu tavrın anlamını seyirciye iletecek biçimde abartmasını gerekli görmüştür. Bu tavır, toplumsal anlamı olan bir modeli tanıtır. Tavrı belirtilen oyun kişisinin ruh derinliklerine inilmemiş, karmaşık incelemeler yapılmamıştır. Onun için tavır kavramı klasik karakter kavramından da, tip kavramından da farklı bir kavramdır. Karakter gibi ayrıntılı içsel özellikleri göstermediği gibi klasik tip gibi kendine benzeyenleri temsil eden soyut bir genelleme de değildir. Epik tiyatroda oyun kişisinin tavrı, onun sınıfsal ve toplumsal niteliğini gösterdiği gibi bu niteliğin eleştirisini de yapar. Yadırgatmalı oyunculuk yöntemini incelerken gördüğümüz gibi tavrı belirtilen oyun kişisi hem içten yansıtılmış, hem de dıştan yargılanmıştır.

Bertolt Brecht "toplumsal tavır" kavramını şöyle betimlemiştir:

> "Bütün tavırlar toplumsal değildir. Sineği kovalamak toplumsal bir tavır olmamıştır henüz, köpeği kovalamak toplumsal bir tavır olabilir, eğer kötü giyinmiş bir adamın bekçi köpekleri ile sürekli savaşımını gösteriyorsa. Kaygan bir düzeyde dengesini korumaya çalışan insan, düşer düşmez piyasa değerini yitirecekse toplumsal bir tavır içindedir. Öte yandan canı acıma tavrı, genel ve soyut kaldığı sürece toplumsal değil, hayvansal tavır kümesine girer. Nedense tavrın toplumsal öğesini ortadan kaldırmak sanatın genel eğilimi olmuştur. (...) Toplumsal tavır toplumu açıklayan, toplumsal durum hakkında sonuç çıkarmaya elverişli olan tavırdır.
>
> "Konuya insani niteliğini veren oyuncunun toplumsal tavrıdır, tıpkı, eleştiri, alay, propaganda gibi. Faşistlerin azametli tavrı kendi içinde boş bir tavırdır. Sahnede bu azametli tavrı takınmakla anlamlı bir olgu yaratılamaz. Çalım atarak yürümek, kasıntılı duruş, göğsü ileri çıkarmak, bütün bunlar bir halk bayramında da görülebilen tavırdır. Ancak bu çalımlı yürüyüş cesetlere basılarak yapılıyorsa faşizmin tavrı anlatılmış olur. Demek ki sanatçı azamet olgusuna karşı belli bir tavır almalı, bunu belli etmeli, tavrın kendini anlatmasını beklememelidir."[12]

Epik tiyatroda oyun kişisinin tavrı, oyuncunun tavrı olduğu gibi her olayın, her öykü biriminin de bir temel tavrı vardır. *Küçük Organon*'da "*Bir tebeşir dairesinin yardımı ile çocuğun asıl annesi bulunur*", "*Woyzeck karısını öldürmek için ucuz bir bıçak satın alır*" örnekleri verilerek olayların temel tavrı (*gestus*) anlatılmak istenmiştir. Tavır gösteren özet cümle sahnelerde başlıklar biçiminde yer alır.

"(...) Başlıklar toplumsal görüş açısını içermeli, bunun yanı sıra oyunun sergilediği gerçek hakkında bir fikir verebilmelidir. Başka bir deyişle bir baladın, bir kroniğin, bir gazetenin başlığının tonunu taklit etmelidir."

(*Küçük Organon*)

SAHNE MÜZİĞİ, IŞIKLAMA, DEKOR VE TEKNİK DONATIMIN KULLANIMINDA DİYALEKTİK İLİŞKİ SAĞLAMA VE YADIRGATMA

Epik tiyatroda tüm yardımcı öğelerin kullanımında iki temel ilke göz önünde tutulmuştur: a) Bu öğelerin birbiri ile, seyirci ile diyalektik bir ilişki içinde kullanılması, b) Yadırgatma etkisinin yaratılması. Bu konular, Bertolt Brecht'in uygulamalarında ve kuramsal açıklamalarında belirtilmiştir.

Bertolt Brecht tiyatroda dekorun hem gerçekçi hem işlevsel olmasını ister. Gerçekçi olması gerçeğin kopya edilmesi anlamına gelmez. Oyunun anlamına göre seçme yapılmalıdır. Dekor gerçeği tanımakla kalmamalı, onu açıklamalıdır. Bir ev dekoru hem evi göstermeli, hem de evi yapanların bilgisini, ustalığını, evde oturanların yaşam biçimini açıklayabilmelidir. Bunun için dekor yapanın gerçekleri taklitle yetinmemesi düş gücünü kullanması gerekir. Dekor, yaratıcısının damgasını taşımalıdır. Epik tiyatroda dekor ayrıntıları titizlikle seçilecek, fakat bu ayrıntılar işlenirken seyirciyi illüzyona sokacak biçimde bir atmosfer yaratmaktan kaçınılacaktır. Dekor, müzik, koreografi kendi başına özerk öğeler olarak öteki öğelere karşıtlık yaratmalı, her biri oyuna kendi özgür katkısını getirmelidir. Bu bakımdan Brecht, Wagner'in tüm öğelerin bütünlüğünü amaçlayan "*gesamkunstwerk*" (*birleşik sanat yapıtı*) düşüncesine karşı bir tutum içindedir.

Bertolt Brecht sahnede kullanılan küçük eşyanın gerçek olmasını ve dikkatle seçilmesini, dekor yaparken tahtanın, demirin, bezin ustalıkla bir araya getirilmesini istemiştir. Malzeme düpedüz sergilendiğinden ve iddiasız olduğundan mükemmel olmasına özen gösterilmeli, oyunun gerçeğini ve amacına uygun olarak gerekirse bol bol gerekirse tutumlu olarak kullanılmalıdır.

Epik tiyatroda kostümün gerçekçi olması sağlanmalı fakat resimli kitaplardakine benzememesine, sahnenin bir folklor gösterisine dönüşmemesine dikkat edilmelidir. Kostümler bir yerin kişiliğini ve toplumdaki yerini belirtecek biçimde yalın, işlevsel ve doğru olacaktır.

Sahne ışığının büyülü bir hava yaratmasını önlemek için ışık sisteminin seyircinin görebileceği yere yerleştirilmesi öngörülmüştür. Epik tiyatroda bol ve parlak ışık kullanılmıştır. Saklı, aldatmaca, gerçeklik duygusu uyandıracak ışıklamadan kaçınılmıştır. Örneğin illüzyonun bozulması için, sahnede dolunay, bir lamba ile, aydınlık bir disk ile belirtilmiştir.

Müzik çalınan yerde seyircinin gözü önünde çalınır. Seslerin gizli, görünmeyen yerlerden gelmesi önlenmiştir. Müzikli pasajlar, oyunun akışını kesecek, olayları yabancı gösterecek biçimde yerleştirilir. Geleneksel sahne müziğinde olduğu gibi heyecanın doruk noktalarına rastlatılmaz. Olayı bölen şarkılar seyirciye düşünme zamanı sağlamaktadır. Şarkıların gelişi, ya ışıkta bir değişme ile, ya şarkının başlığını projeksiyonla perdeye yansıtarak ya da başka bir yöntemle önceden bildirilir.

Müzik de öteki öğeler gibi özerk bir öğedir. Öteki öğelerle karşıtlık yaratır. Müziğin içinde de melodi ile şarkının sözleri birbiri ile çelişir.

Bertolt Brecht, müziğin tavır müziği olmasını, sahnenin temel tavrını göstermesini gerekli görmüştür. Üzüntü, çekingenlik, direnme, boyun eğme gibi tavırlar müzikle rahatlıkla gösterilir. Müzik, söz ve davranışları daha kesin, daha kaçınılmaz yapar.

Bertolt Brecht, tiyatronun teknik donatımına değindiğinde bu donatımdaki gelişmelerin dramatik ve epik ayrımını ortadan kaldırdığını belirtmiştir. Film, projeksiyon gibi anlatım araçları, döner panolar, sahnenin mekanik kolaylıkla çabucak değiştirilebilmesi, geleneksel dramatik yapıya sığmayacak süreçlerin seyirciye iletilmesine olanak sağlamıştır. Tarihsel olayları dramatize etmeye, soyut görüşleri kişileştirmeye, fizikötesi güçleri aksiyona sokmaya gerek kalmamıştır. Film, bütün dünyanın olaylarını birbirine ekleyip gösterebilmekte, projeksiyon, gerekli istatistik bilgiyi gözler önüne serebilmektedir. Değişken dekor öne getirilerek eleştiriye açılabilmektedir. Bu durumda "epik biçim" konuyu iletmekte hem daha elverişli, hem de daha kapsamlı olabilmektedir. Epik tiyatronun, daha önce açıklanan, seyirciye eleştirisel bakış kazandırma ve ilişkilerin diyalektik niteliğini gösterme gücü teknik olanaklarla pekiştirilmiştir.

Özetlersek, yirminci yüzyıl tiyatro düşüncesi en cüretli atılımını epik tiyatro kuramı ile yapmıştır. Tıpkı bir zamanlar klasik kuralların egemenliğinin sona erdirilişi gibi, Avrupa tiyatrosuna egemen olan dram anlayışı kökünden sarsılmıştır. Dramatik tiyatro, ince kurgu tekniği ile, seyircide uyandırdığı illüzyon ile, geleneksel zevk ve yarar ilkesi ile yadsınmış, yerine seyirci ile yepyeni bir ilişki kurmayı amaçlayan farklı bir tiyatro anlayışı getirilmiştir.

Epik tiyatro, dramatik aksiyon yanında anlatımın da kullanılabileceğini, bunun halk tiyatrolarında, Uzakdoğu tiyatrosunda uygulanageldiğini göstererek, Aristoteles'ten beri tartışılmadan kabul edilmiş olan dramatikepik ayrımını ortadan kaldırmıştır. Epik diyalektik tiyatronun her biri kendi içinde tamamlanmış kısa birimlerden oluşan öyküsü, olayları, tarihsel gelişim içindeki süreçler olarak ve bu süreçleri oluşturan güçlerin diyalektik ilişkisini belirtecek biçimde sunar. Yazarken, oynarken, sahnenin yan etmenleri kullanılırken, oyunun iletmek istediği anlamı vurgulayacak yöntemler kullanılır. Böylece seyircinin gerçeği toplumsal ilişkiler biçiminde tanıması sağlanır. Seyircinin düş dünyasına dalıp düşünme ve eleştirme yeteneğini askıya almaması için yadırgatma adını verdiği bir yöntemle olaya uzak açıdan bakması, onun üzerinde düşünmesi, o konuda bilinçlenmesi amaçlanmıştır.

Epik tiyatro siyasal amaçlara yöneliktir. Avrupa tiyatrosunu daha çok tiyatronun biçiminde yaptığı yeniliklerle etkilemiştir. Bu yüzden batılı eleştirmenler Bertolt Brecht'in tiyatrosunu överlerken onun siyasal yönünü görmezden gelmeye ya da onu aklamaya çalışırlar. Politik yönüne önem verenler ise, bu tutumun Brecht'i koflaştırmak demek olduğunu belirtirler.

Epik tiyatro öz ve biçim bütünlüğünü başarmış, saptadığı amaca, benimsediği öze en uygun olacak biçimin kurallarını belirlemiş, böylece tiyatro düşüncesinin evriminde önemli bir aşamayı gerçekleştirmiştir. Seyirciyi yapay bir merakla değil, gerçek bir ilgi ile sahneye bağlaması, onu edilgin ve uyuşuk bir alıcı olmaktan çıkarıp, düşünen, kendine yeni eylem yolları arayan bir güç kaynağına dönüştürmesi ve en önemlisi tiyatrodan alınan zevkin bir avunma değil, tanımaktan, öğrenmekten doğan zevk olması gerektiğini göstermesi bakımından epik tiyatro, sahne-seyirci ilişkisine yeni bir boyut getirmiştir. Tiyatronun, bir "*ayna değil dinamo*" olması görüşü, Aristoteles'in "hareketin taklidi" olması görüşüne karşı güçlü bir antitezdir.

12
Absürd Tiyatro

İkinci Dünya Savaşı sonrasında ortaya çıkan ve yaşamın usa aykırılığını, bilinen tüm sanatsal uyumları bozarak sahneye getiren tiyatro akımına "absürd tiyatro" [uyumsuzluk tiyatrosu] adı verildi. Absürd tiyatro, gerçeği mantıklı, değişmez bir düzen, ya da tarihsel evrimi içindeki diyalektik ilişkiler örgüsü olarak değil, anlaşılmayan ve açıklanamayan bir karmaşa olarak görür. Bu uyumsuzluğun ancak geleneksel uyumların düzenini bozarak sahneye getirilebileceğini kabul eder. Oyunun yapısında, konuşma örgüsünde, görüntüde yeni ve usdışı düzenlemeler yapar.

Absürd tiyatronun ilke ve kuralları dondurulmuş, hatta belirlenmiş değildir. Bu akım içinde saydığımız her yazarın, her sahneye koyucunun kendine özgü bir deyişi, bir biçemi vardır. Onun için bu akım avantgarde (öncü) özelliğini korumaktadır. Bununla beraber yazarların, sahneye koyucuların, belli odaklarda kümelenebilen özellikleri dikkate alınarak bir absürd tiyatro akımından söz edilebilmektedir. Bu özellikler akımın sanatçıları tarafından değil, bilim adamları ve incelemeciler tarafından saptanmıştır.

Absürd tiyatronun kaynağı Fransız gerçeküstücülüğüne, hatta bu akıma öncülük etmiş olan Alfred Jarry'nin *Kral Übü* adlı oyununa kadar uzanır. Absürd tiyatronun seyirciyi şaşırtmayı, rahatsız etmeyi hatta acıtmayı amaçlayan yöntemi dikkate alındığında, tıpkı öteki çağdaş eğilimlerde olduğu gibi, Antonin Artaud'nun etkisinden uzak kalmadığı görülür. Önce Fransa'da, sonra öteki Avrupa ülkelerinde ve Amerika Birleşik Devletleri'nde yaygınlık kazanan Absürd tiyatro, Jean Louis Barrault, Roger Planchon gibi yönetmenler, Samuel Beckett, Eugene Ionesco, Jean Genet, Harold Pinter, Edward Albee gibi yazarlar tarafından benimsenmiştir.

Absürd tiyatro, ortak bir programı olan, ilkeleri, kuralları saptanmış bir akım olmamakla beraber, belli toplumsal koşulların ve ekinsel birikimin yarattığı ortak bilincin tiyatrodaki ifadesidir. İkinci Dünya Savaşını yaşamış olanların ruhsal durumunu dile getirir. Savaştan sonra bir umutsuzluk dönemi yaşanmaktadır. İnsan düşüncesi anlayamadığı korkunç güçler karşısında felce uğramıştır. Milyonlarca insanın ölmesi, kitle kıyımları, atomun parçalanması, kentlerin yakılıp yıkılması dehşet uyandırmaktadır. Korku ve güvensizlik gibi, nedeni az çok bilinen duygular yerini nedensiz bir endişeye, bunalıma, boşunalık duygusuna bırakmıştır. Daha iyi bir dünya ülküsünün yerini onarılmaz bir biçimde parçalanmışlığın kabul edilmesi almıştır. İnsan bu dünyada kendini ezeli bir sürgün gibi hissetmektedir. İlk absürd yazarların Fransa'ya göç etmiş yabancılar olması ilginçtir. (Samuel Beckett Fransa'da yaşayan bir İrlandalı, Eugene Ionesco Fransızca yazan bir Romanyalıdır.)

Varoluşçuluk insanlığın bu durumunu felsefe dili ile şöyle ifade etmiştir: İnsanda, sanıldığı gibi, uyumlu, düzenli bir evren bilinci yoktur. Her şey rastlantısal ve amaçsızdır. İnsan kendini bir kaos içinde görür. Dünyayı usla açıklamak olanaksızdır. İnsanın bilebileceği yalnızca yeryüzündeki varlığıdır. Bu varlığın özellikleri önceden saptanmamıştır. İnsanın doğuştan bazı nitelikler taşıdığı, eylemini bu niteliklerin yönlendirdiği görüşü yanlıştır. İnsan, niteliklerini eylemi ile kazanır ve kendini gerçekleştirir. Önce eyler, sonra varolur.

Varoluşçu düşünce, Avrupa kültürünün temel taşını oluşturan insancı (Humanist) düşünceye karşıttır. İnsancılık (Humanizm) insanın sevgiye, iyiliğe, doğruluğa, güzelliğe yönelik bir ruhu olduğunu kabul eder. Eylemini ateşleyen bu ruhun istekleridir. Usçu mantığı bu eyleme yol gösterir. İnsan, kendini usunun gösterdiği örneğe göre düzeltir. Çünkü, insancı düşünceye göre insan ahlaklıdır, görev bilinci taşır. İnsanlık bu nitelikleri ile bilge kişiler, sanatçılar, azizler ve kahramanlar yetiştirmiştir.

Varoluşçu düşünceye göre ise insan ilkel eğilimlerinin, içgüdülerinin baskısı altındadır. Yalnızca özdeksel (maddesel), duygusal ve cinsel yönleri ile yaşar, somut bireysel varlığına dayanır. İnsan, saçma bir dünyada ve evrenin kaosu içinde yaşadığını, yaşamının anlamsız olduğunu düşünür. Albert Camus, "absürd" yaşamı *Sisyphus* söylencesi ile örneklemiştir. Bu söylenceye göre Tanrı Zeus, Titan Sisyphus'a ağır bir kayayı bir dağın tepesine çıkarma cezasını vermiştir. Ne var ki bu kaya tam dağın doruğuna çıkarıldığı zaman geri yuvarlanmaktadır. Sisyphus her seferinde yeniden yuvarlanacağını bile bile taşı tepeye çıkarma işini sürdürür. Bu anlamsız uğraş içinde saçmalığın bilincine varır. İnsanoğlu da, ölümlü olduğunu, yaşamının bir amacı olmadığını, evrende bir düzen gözetilmediğini bile bile yaşamını ve uğraşını sürdürmektedir. Ne var ki Camus'ya göre insan saçmaya razı olmaz. Çünkü insan usunun yasası usdışılık değildir. Us, uyum arar. Bu yüzden dünyanın saçmalığını ele alan yazar, bu saçmaya, bu usdışılığa razı olmadığını, ona başkaldırdığını ifade etmiş olmaktadır.

Absürd tiyatronun amacı, dünyanın uyumsuz olduğunu, toplumda insanca bir düzen kurulamadığını, bireye usunun değil, ilkel güdülerinin egemen olduğunu göstermek, böylece insanın kendini yapıntı düzenlemelerle avutmaktan vazgeçip saçmanın bilincine ermesini sağlamaktır. Tiyatroda oyunla paylaştığı kısa yaşantı sürecinde kendi gerçeği ile yüz yüze gelen insan, yaşamın gerçek anlamı üzerinde düşünmeye başlayacaktır. Bu deney, insanın uyumsuzluğu görmezden gelmeyi bırakıp saçmayı yasallaştırmasını sağlayacaktır.

Absürd tiyatronun dayandığı yaşam görüşü, daha önceki öncü, deneyci akımların baskıya, savaşa, sömürüye, yoksulluğa, adaletsizliğe başkaldıran, düzmece bir uygarlık anlayışına karşı özgürlüğü ve insan haklarını savunan yaşam anlayışına benzemez. Absürd tiyatro kötümserdir ve eylemsizdir. Bu akım yazarlarını "nihilist" olmakla suçlayanlar vardır. Fakat genellikle absürd tiyatro oyunlarında bir hiçe sayma yerine bir umarsızlık görülür. Dünyanın trajik olduğu kadar komik olan saçmalığı onaylanmıştır. Toplumsal bir erek uğruna bu gerçeği görmezden gelmeye olanak yoktur. Bu yüzden absürd tiyatronun önde gelen yazarı Ionesco politik tiyatroya karşı olduğunu belirtmiştir.

Bir başka yoruma göre ise uyumsuzluğun açıkça onaylanması ile bunu aşma isteği de dile getirilmiş olmaktadır. Çünkü insan usunun temel eğilimi her şeyde usa uygun bir uyum görmeye çalışmaktır. Tiyatroda absürd olanı sergilemek demek, kötümserliğin derinlere işlediği, umutsuzluğun kol gezdiği bir ortamda, saçmanın sanatın kendine özgü uyumu içinde tanınmasını sağlamak demektir. Bu da sanatın ileri doğru atılmış bir adımı sayılabilir. Bu açıdan bakıldığında absürd tiyatro ölüme, boşuna yaşamaya, tüm aldatmacalara, korku ve güvensizlik uyandıran gizli düzenlere karşı sanatın protesto çığlığıdır.

Absürd sözcüğü, akla, mantığa uymayan, saçma, boş, anlamsız anlamına gelir.[1] Camus, bu sözcüğü biraz farklı bir anlamda, her şeyin akla mantığa aykırılığını, saçmalığını, tutarsızlığını anlamış kişi ya da us anlamında kullanmıştır. Martin Esslin, absürd dram tanımını yaparken Camus'den yola çıkarak, "insan durumunun saçmalığının verdiği metafizik acının dramı" açıklamasını yapmış, Ionesco'nun, Beckett'in, Genet'nin, Pinter'in, Albee'nin oyunlarında bu dramın nasıl yaşandığını göstermiştir.[2]

Absürd tiyatronun, birbirinden farklı amaçlar gözetilerek, farklı üsluplarda yazıldığı halde ortak bazı özellikler gösteren oyunlarından yola çıkılarak saptanabilen görüşleri şunlardır:

İNSAN DURUMUNDAKİ SAÇMALIK

İnsan ölümlüdür. Öleceğini bile bile yaşamak ve bir şeyler elde etmeye çalışmak anlamsızdır. İnsanın tutkuları ile ölümcül yazgısı arasındaki çelişki tüm davranışlarımızı saçma kılmaktadır. Bu saçmanın farkına varmak acı verir.

Evren bir kaostur. İnsan usu evrenin düzeninde bir uyum bulamamıştır. Bu kaos içinde insanca bir düzen yaratmaya çalışmak boşunadır. Yaşamımızın bir anlamı, davranışlarımızın bir amacı olduğunu varsaymak bir aldatmacadır. Bunun için tüm iyimser çabalar kuşku uyandırır.

İLETİŞİMSİZLİK, YABANCILAŞMA, İNSANSIZLAŞMA

İnsanlar arasında iletişim yoktur. Konuşma bir anlaşma aracı değil, anlamsız bir gevezeliktir. Sözün nesnel bir karşılığı yoktur. Konuşmalarda söz ile anlam birbiri ile çelişir. Bu yüzden konuşmalar anlamı açıklamaz, gizler. Gerçek anlamı boşaltılmış konuşma, yalan, düzmece bir gerçeğe işaret eder. Bilinçaltı gerçeklerden kopup gelen sayıklamalar, çağrışımlar, bu sözde mantıklı konuşmalardan daha doğru, daha anlamlıdır. Bütün bunlar dikkate alınarak tiyatronun sözlü anlatım öğesi yeniden değerlendirilmelidir. Yazın dilinden kaçınmalı, görüntü ile anlatım yolları aranmalı, konuşma gerektiğinde günlük yapay söyleşilere bağlı kalmaya çalışılmamalıdır.

İnsanlar birbirlerine yabancılaşmıştır. Totaliter rejimlerin egemen olduğu; insanların topluca yok edildiği yeryüzünde toplumsal ilişkiler de yok olmuştur. İnsanlar birbirine güvenmemekte, korku ve kuşku içinde yaşamaktadırlar. Ne Marksizmin ülküleri, ne psikoanalizin arındırma işlemleri, ne estetikçilerin güzellik düşleri insan varlığına anlamlı bir açıklama getirmemiştir. Bu çeşit yüzeysel çareler derindeki gerçeklere inilmesine, gerçeğin karmaşasının tanınmasına engel olmakta, ayrıntıları gözden kaçırmaktadır. Çağımız bir kuşku ve güvensizlik çağıdır. Toplum ilişkilerinde geçerli olan zorbalıktır. İnsanları ahlak kuralları değil, içgüdüleri yönetmektedir. Tehlike her zaman yanı başımızdadır.

İletişimsizlik, yabancılaşma, korku ve uyumsuzluk duygusu son aşamada insansızlaşmaya yol açmıştır. İnsanın özünde var olduğu düşünülen değerler yitirilmiştir. Çözülmüş bir toplumda insanın bu değerleri yaşatması ve kendini gerçekleştirmesi olanaksızdır.

Tiyatro insanın korkularını, kuşkularını, yabancılaşmışlık duygusunu, yalnızlığını, yeryüzünde bir sürgün oluşunu ve bu durumu fark etmesinden doğan iç dramı ifade edebilmelidir.

GERÇEĞİN YERİNDEN OYNATILMASI

Gerçek saydığımız şey bir aldatmacadır. Düşünce tembeli olduğumuz için bu aldatmacayı görmekten ve gerçeğin asal saçmalığını göğüslemekten kaçınırız. Uyumsuzluk tiyatrosu bu beyin kireçlenmesini, uyuşukluğu gidermek için gerçek sandığımızı kökünden sökmeye, yerinden oynatmaya çalışır. Salt alışkanlıkla kabul ettiğimiz gerçeklerden kurtulmak, düşünceyi özündeki tazeliğe kavuşturmak için bu gereklidir. İnsan ancak gerçeğin usdışı olduğunu tanıdıktan sonra varoluşun doğru bilincine varabilir. Absürd tiyatro aldatmaca gerçeğe karşı bir protestodur. Ionesco bu protestoyu şöyle dile getirmiştir:

> "Öncü sanat adamı mevcut sisteme karşıdır. Var olanı, şimdiki zamanı eleştirir. Onu haklı göstermeye çalışmaz. Geçmişi eleştirmek kolaydır, hele yetkili rejim bunu destekliyor veya hoşgörüyorsa. Bu, statükoyu sağlamlaştırmaktan, kireçlenmeyi kutsamaktan, zorbalık ve basmakalıpçılık önünde eğilmekten başka bir şey değildir."[3]

Absürd tiyatro, gerçeği yansıtma adına benimsenmiş olanı tüm basmakalıp kuralları temizlemek amacındadır. Bu işe, oyun, oyunculuk, sahne sanatı adına yerleştirilmiş eski formülleri silip atarak başlar. Her şeyden önce gerçeği yansıtma alışkanlığından vazgeçmeyi, gerçeği ayrıştırmayı önerir.

GERÇEĞE AYNA DEĞİL PRİZMA TUTMAK

Madem ki insanın durumu akılla ve mantıkla açıklanamamaktadır ve gerçek adına sunulmuş olan bütün formüller uydurmadır, o halde tiyatro doğru bir iş yapmak istiyorsa bu uydurma gerçeği yansıtmaktan vazgeçip onun uyumsuzluğunu göstermelidir. Bunu başarmanın en iyi yolu, gerçeği parçalamak, asal birimlerine ayrıştırmaktır. Absürd tiyatro yaşama ayna değil, prizma tutmalıdır. Saçma olanı saçmalayarak, akla ve mantığa aykırı olanı eski ussal sistemlerin dışına çıkarak dile getirmelidir. Uyumsuzluğu uyumsuzla ifade etmek absürd tiyatronun yapısal ilkesini belirler. Daha önce Jean Paul Sartre, Albert Camus gibi yazarlar da yaşamın uyumsuzluğunu dile getirmişler, fakat bunu bilinen roman ve oyun yazma tekniklerinden yararlanarak ve eski biçim kalıpları içinde yapmışlardır. Uyumsuz tiyatro ise olay dizisinin, diyalog düzeninin dışına çıkarak, saçmayı, saçma görünen biçimler içinde sahneye getirir. Bilinen bütün gerçek formüller yadsınmış olduğuna göre bu formülleri yansıtan sanatsal biçimlerden de vazgeçmek gerekmiştir.

> "Daha önce yapılmış yapının üzerine yeni yapı kurulamaz, düz zemin üzerine kurulur. Yapıyı yükseltmeden önce tabanı dümdüz etmek gerekir."[4]

KARŞI-TİYATRO, KARŞI-OYUN, KARŞI-KAHRAMAN

Absürd tiyatro yazarları Avrupa tiyatro geleneğinin vazgeçilmez saydığı özelliklerden çoğunu yadsımışlardır. Bu yüzden tiyatro konusunda görüşlerini açıklayan Ionesco, kendi tiyatrosunu "karşı-tiyatro", kendi oyunlarını "karşı-oyun" olarak adlandırmıştır. Tiyatro olarak kabul edilmiş olana benzemeyen, bu anlamda tiyatro olmayan tiyatro anlamına gelir bu adlandırma.

Karşı-tiyatroda zaman ve yer, yaşam mantığı içinde kullanılmaz, hatta bazen hiç bahsedilmez. Oyun kişilerinin özellikleri, bazen de adları belli değildir. Ne olayların gelişiminde, ne oyun kişilerinin karakter açılımında tutarlılık gözetilmemiştir. Oyunun öyküsünün akla yakın bir amacı yoktur. Absürd tiyatronun bu özelliği, amacı belli olmayan, usa aykırı olan insan yaşamına benzer ve bu benzeyişi ile yaşamı anımsatır. İnsan nasıl kendi yaşamını, tıpkı bir yabancı gibi anlamadan sürdürüyorsa, seyirci de oyunu, alışılmış tiyatro mantığı içinde bir anlama oturtamadan, fakat oyunun kendi yaşamına ışık tuttuğunu hissederek seyreder. Böyle bir tiyatroda seyircinin sahnedeki oyun kişileri ile özdeşleşmesi olanaksızdır. Bu bakımdan absürd tiyatrodaki yadırgatmanın Brecht tiyatrosundaki yadırgatmadan daha güçlü olduğu iddia edilmiştir.

Absürd tiyatroda oyunun bir olay gelişimini gösteren öyküsü yoktur. Öykü, kişilerin iç karmaşasını, endişelerini açıklayan uzun bir serimden ibarettir. Oyun kat kat iç gerçeğe doğru açılır. Fakat bu uzun serim ne kişilerin özellikleri, ne de içinde bulundukları durum hakkında kesin bir açıklama getirir. Sanki amaçsız bir açılım gösterilmektedir. Bu amaçsızlık, uyumsuzluk duygusu uyandırır. Absürd tiyatro yaşamın saçmalığını, usa aykırılığını böylece dile getirmiş olur. Absürd tiyatro üzerinde etraflı bir inceleme yapmış olan Martin Esslin, bu tiyatroda imgelerle ifade yönteminin kullanılışı üzerinde durmuştur. Esslin'e göre, oyunların alışılmış bir düzeni, mantıklı bir gelişimi, merakla beklenen sonu, merakı pekiştiren, düğüm, çatışma gibi gerilim öğeleri yoktur. Bütün bunlar yerini imgelerin dokusuna bırakmıştır. Oyunun yapısını bu doku oluşturur.

Absürd tiyatro yazarlarının her biri kendine özgü bir yöntem geliştirmiştir. Bu konuda en çok açıklama yapan Ionesco kendi oyun yazma yöntemini şöyle açıklamıştır:

> "Ben bir öykü anlatmak için oyun yazmam. Tiyatro anlatımsal (epik) olamaz, çünkü dramatiktir. Bence oyun, bir öykünün gelişiminin betimlenmesinden ibaret değildir. Öyle olsa roman ya da film senaryosu yazılmış olurdu. Bir oyun durumlardan, bilinçlilik hallerinden oluşur. Bu durum ve bilinç süreçleri yoğunlaştırılmış, sıklaştırılmıştır. Oyun, ya bu karışımın çözülmesiyle ya da dayanılmaz bir karmaşa ile son bulur."[5]

Absürd tiyatroda oyun kişilerinin tanıtımında alışılmış psikolojik açıklamalardan ve ruh derinliğini yansıtmaya özen gösteren gerçekçi oyunculuktan kaçınmak için, abartmaya, doğal olmayan oyunculuğa, karikatürleştirmeye başvurulur. Ionesco, seyircinin bu konudaki alışkanlıklarını bozmak, onu kalıplaşmış tepkilerden korumak için metinde yazılı olana ters düşen bir oyunculuk tekniği önermiştir. Örneğin, gülünç bir metin son derece ciddi ve törensel bir eda ile oynanmalı ya da dramatik bir metinde şakalar yaparak gereksiz duygusallıktan kaçınmayı sağlamalıdır. Ionesco, karikatürleştirmenin daha çok acı verdiğini, güldürü türünün umutsuzluğu daha iyi dile getirdiğini ileri sürmüştür. Kendi tiyatrosunun itici gücünü karşıtların bir arada kullanılması yaratmaktadır. Olağan ile şaşırtıcı, acıklı ile güldürücü, sıradan olanla olağanüstü, şiir ile düzyazı yan yana getirilmiştir. Bu zıtlık gerilim yaratır ve yaşam sancısını, ölüm korkusunu, nedensiz endişeyi ifade etmek için elverişli bir yöntemdir.

Samuel Beckett'in oyunlarında karşı-kahraman imgesi yaratılmıştır. Beckett'in oyunlarındaki sakat, zavallı, bilgisiz, umarsız, inançsız insanlar, geleneksel kahraman tipinin tam tersine hiçbir eylemde bulunamazlar.

Bu kişiler kuşkular ve karabasanlar içinde yaşar, hep aldanıp, hep yanılarak, hiçbir şeyden emin olmadan, saçma bir yaşamı sürdürürler. Kurtuluş umutları yoktur. Söylenecek sözleri bile kalmamıştır.

SAHNENİN SOMUT GÖRÜNTÜ DİLİ

Absürd tiyatroda görüntüsel anlatım konuşmadan daha önemli bir yer tutar. Konuşma, insanlar arasındaki iletişimsizliği göstermek ve saçma duygusunu yaratmak üzere kullanıldığından, yazarın bu saçma konusundaki görüşleri ancak görüntü yolu ile ifade edilebilmektedir. Özellikle Antonin Artaud'nun somut görüntü diline verdiği önem absürd tiyatro yazarlarını etkilemiştir. Absürd tiyatro bir yazın türü sayılmaktan kaçınmış, görüntüye ağırlık vermiştir.

GROTESK VE KARA GÜLDÜRÜ

Absürd tiyatroda tragedya ve komedyanın yeni bileşimi olan kara güldürü türü ile grotesk öğeler kullanılmıştır. Oyun kişisinin dramatik, hatta trajik olan uyumsuzluğu, bu uyumsuzluğu uzak açıdan seyreden seyirciye gülünç görünür. Ancak bu gülünçlükte korkutucu, şaşırtıcı bir şeyler de vardır. Absürd oyun yazarları toplumun günümüzdeki şizofrenik durumunu, insanların şaşkın hallerini sergilerken seyirciyi korkutma ve şaşırtma yöntemlerine başvururlar. Mantıklı bir gelişimi olmadığı için birdenbire ve nedensiz olarak meydana gelen olaylar seyirciyi irkiltir. Bu irkilmede dehşet duygusu ile gülme birbirine karışmıştır. Amaçsız, anlamsız, birleştirici ilkesini yitirmiş, çözülmüş, çılgın bir dünya ile karşı karşıya gelmek, seyircide şok etkisi yapar. Dilin ve görüntünün alışılmamış düzenlemeleri, grotesk öğesine bolca yer verilmesi traji-komik etkiyi artırır.

> "Başka türlüsü olmaz. İnsan trajik değilse gülünçtür, acı vericidir, aslında komiktir. Kişi yaşamın saçmalığını ortaya koyarak bir çeşit trajedi yazmayı başarabilir. Bence insan ya mutsuz olmalı (metafizik anlamda mutsuz), ya da budala."[6]

Trajik ve komik etkilerin karmaşık olarak algılanması seyircinin uyumlu ve mantıklı düzen düşünü yıkarak yaşamın temel saçmalığını algılamasını sağlar. Seyirci traji-komik durumu fark ederek kendini avutmama yolunda bir aşama yapar.

Absürd tiyatroda alay etme, taşlama, aşağılama yöntemlerine de başvurulur. İnsanın şaşkınlığı, budalalığı, korkaklığı, kötücül ve güvenilmez oluşu sergilenir. Aynı biçimde, tanrısız ve düzensiz bir evren, uyumsuz bir toplum sergilemesi yapılarak insanın umarsızlığı pekiştirilir. Kendi iyi olmayan, fakat hiçbir insanın layık olmadığı kadar güvensiz bir ortamda yaşayan insanın durumu hem komik, hem trajiktir. Absürd oyunlarda tehlike duygusu trajik etkiyi, beceriksizlik ise, gülünçlüğü pekiştirir.

SANATLI UYUMSUZLUK

Absürd tiyatro evrendeki uyumsuzluğu sahnede uyumsuzluk yaratarak dile getirir. Ancak, yaşamdaki uyumsuzluk ile sanattaki uyumsuzluk aynı şey değildir. Sanatsal uyumsuzluğun bir yöntemi vardır. Evrenin kaosunu doğru olarak iletebilmek için bu kaosu ifade edecek en uygun biçimi bulmak gerekir. Bu da günlük konuşmadaki anlamı ile saçmalayarak değil, dramatik anlamda geçerli olan saçmayı gerçekleştirerek sağlanır. Bunun başarılabilmesi için yazarın özgür olması, doğada karşılığı bulunmayan imgeler yaratacak yetenekte olması gerekir. Yazar bilinen gerçeğe benzemeyen, fakat, kendi ölçüleri içinde tutarlı olan ve bir anlam ifade eden bir düzen kurabilmelidir. Absürd tiyatroda bu düzen şiirsel imge dokusu ile kurulur. Sahnenin çok boyutlu ortamı, ışığın, sesin, hareketin, görüntünün, dilin eşzamanlı olarak kullanılması ile yaratılan imge dokusu bir bütünlük taşır. Bu bütünlük absürd tiyatronun şiirsel yaratıcılık ilkesidir.

Ionesco, tiyatro sanatı konusundaki görüşünü, yaratıcılık ilkesini de kapsayacak biçimde şöyle ifade etmiştir:

> "İlle bir işlevden söz etmek gerekiyorsa, tiyatronun tek işlevi tiyatro olmak, var olmaktır. Bir çiçeğe hangi işlevi yerine getirdiğini sorar mısınız? Çiçek vardır. Tıpkı varlığın kendi gibi vardır. Tiyatro hiçbir ereğe hizmet etmeyen, keyfi işler de olduğunu öğretir. Modern insan bir türlü yararlı olanın çoğu kez yararsız olduğunu, ezici bir ağırlık yarattığını anlamıyor. (...) Zamanımızda insanlar özgürlükten ve mizahtan son derece korkuyorlar. Bu nitelikler de olmasa yaşamanın mümkün olamayacağını fark edemiyorlar. Bu anlamda ele alınırsa tiyatro üstün bir oyundur. Tiyatro özgür bir harekettir ve kişi tiyatroda canlı bir dil bulmalıdır. Bu, gerçekçiliğin dili değildir; olağanüstünün, masal dünyasının, gerçek denilen şu dünyadan daha büyük bir dünyanın dilidir. Tiyatro, düşlerin, gölgelerin, imgelerin yeniden canlandırılmasıdır. Broadway dramı ya da Bulvar tiyatrosunda görülen gerçekdışılık, Brecht oyunlarının sosyalist gerçekdışılığı, tiyatronun yaratıcı güçlerini tehdit eden iki tehlikedir. Bir sanat eseri her şeyden önce zihnin serüvenidir; düşte, imgelemimizde yaşayan asal gerçeklerden bizim dünyamıza getirilen özerk bir dünyanın yaratılmasıdır."[7]

IONESCO'NUN SİYASAL AMAÇLI TİYATROYA KARŞI OLMASI

Ionesco'nun siyasal tiyatroya karşı olan görüşlerini tanımakta yarar vardır. Bu görüşlerin bütün Absürd tiyatro yazarlarına genellenmesi gerekmez. Ionesco sanatta güdümlülüğün her çeşidine karşı çıkmıştır. Oyunlarından siyasal, toplumsal anlamlar çıkaranlara da ısrarla karşı koyar. Bir siyasal doktrine hizmet eden toplumcu gerçekçi sanat anlayışını, bilim çağının tiyatrosu olma savındaki epik tiyatroyu eleştirir. Ionesco'nun tiyatronun işlevi ile ilgili görüşleri "Londra çatışması" diye anılan ve The Observer gazetesinde yer alan tartışmalarda sergilenmiştir. Londra'da 1958 yılında *Sandalyeler*'in ilk temsilinden sonra Kenneth Tynan bu gazetede Ionesco'yu olumlu bir görüş getirmediği ve çözüm göstermediği gerekçesiyle eleştirmişti. Bu eleştiriye verdiği yanıtta Ionesco, sanatçının ne bir peygamber, ne de kurtarıcı olmadığını, bu görevin din, ahlak, siyaset adamlarına düştüğünü ileri sürmüştür.

> "İnsanlığa bir bildiri vermek, insanlığın gidişatını yönetmek ya da dünyayı kurtarmaya çalışmak din kurucularının,ahlakçıların, politikacıların işidir. Laf aramızda, hepimizin de bildiği gibi onlar bu işi berbat ediyorlar ya. Oyun yazarı oyunlarında öğretici bir bildiri sunmaz. Kendi acılarına ve başkalarının acılarına tanıklık eder. Çok seyrek olarak da mutluluğuna tanıklık eder. Ya da trajik veya komik duygularını ifade eder."[8]

Ionesco, tiyatronun siyasal bir doktrini öğretmeye kalktığı zaman o doktrinin altına düştüğünü, doktrini kaba, basit çizgilere indirgediğini söylemiştir. Ionesco'ya göre politik ideolojiler insanlık dışıdır, insansızlaştırıcıdır. Bu ideolojiler, insanların saldırganlığını, nefretini maskelemektedir. Siyasal propaganda delisi olanlar budaladırlar. Tiyatronun böyle bir görev üstlenmesi hem tiyatro sanatına, hem insanoğluna zararlıdır.

> "Çağımızın bilimsel denilen, şiire karşı olan siyaset ve propaganda tiyatrosu, insanı tamamlayan ve derinliği ölçülemeyen üçüncü boyutu sildi, insanlığı dümdüz etti. İdeoloji, tez tiyatrosu, insanlığı kurtarmak için siyasal çözümler öneriyor, fakat gerçekte kimseyi kurtaramıyor. Ben insanlığı kurtarmak istemiyorum. Kurtarmak istemek, öldürmek demektir. Çözüm yoktur. Tek sağlıklı çözüm bunun fark edilmesidir."[9]

The Observer'de açılan tartışmada Kenneth Tynan ve Orson Wells, Ionesco'ya cevap verirlerken, bir ideolojiye bağlanıp onun propagandasını yapmaktan değil, yazarın yaşama karşı olumlu bir tavrı olmasından söz etmiş olduklarını anımsattılar ve insanın politikadan soyutlanamayacağını, her davranışın ister istemez politik bir anlamı olduğunu belirttiler. Bu açıklamaya karşı Ionesco'nun yaşam ve sanat görüşü şöyleydi: Her sanatsal anlatım bir iç isteği dile getirir ve bilinen gerçeğin sınırlarını genişletir; bir serüven, bir kumardır. Bu istek ilk kez dile getirildiği için önce saçma görünür. Anlamını açıklayabilmek için sözlerin mantığından yola çıkmamalı, eserin yapısını ve bu yapının iç mantığını incelemelidir. Bir us ürünü olan sanat yapıtının yapısı evrensel yapıların yansısıdır. Onun için sanatsal yaratma ile kendi gerçeğini tanıma arasında fark yoktur. Sanatsal anlatım kendi gerçeğinden başkasına hizmet edemez, bir ideolojinin tanıtılmasından ibaret olamaz.

Ionesco, insanın iç isteklerinin daha geniş bir toplum anlayışını ifade ettiğini, dünya tarihini bu gizli isteklerin ve özlemlerin yönettiğini ileri sürmüştür. Politik çalışmaların bunu ancak, hem de kusurlu bir biçimde yansıttığını ifade etmiştir. Ionesco'ya göre hiçbir politik sistem insanları yaşam sancısından, ölüm korkusundan, tanrısal olana duyulan susuzluktan kurtaramamıştır. Toplumsal durumu saptayan, insanın durumudur.

Ionesco Marksizme karşı olduğunu ifade etmiştir. Genel olarak baskı uygulayan tüm rejimlerin insansızlaşmaya yol açtığını ve sanatçının bunlarla savaşması gerektiğini belirtmiştir. Bireysel özellikleri silip atan, insanlığı amorf bir kitle gibi gören ideolojileri insanca olmamakla suçlamıştır.

Özetlersek, Batı Tiyatro geleneğinin tiyatro sanatı için vazgeçilmez saydığı birçok özelliği yadsıyarak, hatta tiyatroya karşı olan bir tiyatro anlayışını savunarak, bilinen tüm tiyatro kalıplarını parçalayan uyumsuzluk tiyatrosu sürrealizmle başlayan bir gelişimin devamını oluşturmaktadır. Uyumsuzluk tiyatrosu, saçma ve uyumsuz bir dünyanın ancak uyumsuzlukla anlatılabileceğini kanıtlamak üzere, oyun yazarlığında ve sahne uygulamasında uygulanagelen kuralları hiçe sayarak, kendine özgü bir anlatım biçimi oluşturmuştur. Bu anlatımla, gerçek parçalanmakta, temel birimlerine ayrıştırılmakta ve yaşamdaki uyumsuzluğu dile getirmek üzere yeniden düzenlenmektedir. Olay örgüsünden çok imge dokusunun biçim verdiği bu düzenleme insanın ve dünyanın mutsuz, umutsuz, güvensiz durumunu sergiler. Bu bakımdan didaktik tiyatrodan farklı bir görev ve işlev anlayışına sahiptir. İdeolojik görüşlerin taşıyıcısı olmaktan çok, insanın umarsızlığını gözler önüne sermekle doğru bir görev yaptığı inancında olan absürd tiyatro yazar ve uygulamacıları tiyatroyu yön verici bir sanat olarak değil, yön saptamada yararlı olacak verileri gözler önüne seren bir sanat olarak değerlendirmişlerdir.

13
Çağdaş Tiyatro Düşüncesi

Günümüz tiyatro düşüncesi, tiyatronun işlevini, biçimini, seyirci ile ilişkisini bir kez daha irdelemek, bu sanatı yeni baştan tanımak ve tanımlamak eğilimindedir. Sanatçıların ve kuramcıların günümüz tiyatrosundan hoşnut olmamaları yerleşik tiyatro anlayışına karşı başkaldırmalarına neden oluyor. Piyasada kendine sağlam bir yer yapmış olan yansıtmacı gerçekçi tiyatro, bir dünya görüşüne sahip olmamakla, orta sınıfın beğeni düzeyini kollamakla, yüzeysellikle suçlanıyor. Yansıtmacı gerçekçiliğe karşı çıkan, bilinen tüm biçimsel düzenlemeleri yıkarak cüretli denemeler yapan öncü tiyatrolar ise, bir sanatsal arayış içinde olmaktan çok, züppe aydınların desteği ile yeni bir moda yaratarak sürüm sağlamış olma kuşkusu altında tutuluyor. Tiyatrodan yeni sorumluluklar yüklenmesini isteyenler şöyle bir durum saptaması yapıyorlar: Toplumdaki yabancılaşmaya, parçalanmışlığa çare bulunamamaktadır. Toplumun kurulu düzeni haksızlığı, adaletsizliği yasallaştırmıştır. Ahlak değerleri, akıl ve mantık ölçüleri, din kuralları, hatta estetik ölçüler, baskıya, sömürüye, iki yüzlülüğe paravan edilmektedir. Sahtekârlık derinlere işlemiş, insanı kendi öz gerçeğinden, toplum bağlarından, asal değerlerinden ve doğadan koparmıştır. İnsan yalnızlığa mahkum edilmiştir ve güvensizlik içindedir. İnsanlık bu güvensizlik duygusunu, bu parçalanmışlığı onarmak için zorlama uyumlar aramaktadır. Genellikle bel bağlanan orta yolun bir ucu bağnazlığa uzanmakta, öteki ucu züppelikle noktalanmaktadır. Kitle iletişim araçları insanın iç boyutunu yok ederek onu sığ bir düzeyde tutmaktadır. Bu ortam içinde tiyatro da bir gerileme dönemine girmiştir. Endüstri toplumunun bu sanata karşı ilgisizliği, sinemanın ve televizyonun rekabeti, tiyatronun büyük kitlelere ulaşmamış oluşu gerilemeyi hızlandırmıştır. Tiyatroyu bu önemsiz durumundan, bu sınırlı seyirci çemberinden kurtarmak, ona yeni işlevler yüklemek, onu geniş bir seyirci kitlesiyle bütünleştirmek gerekir. Tiyatro, yabancılaşmış, mutsuz ve güçsüz insana çıkış yolu göstermeli, onun eski sağlığına, iç uyumuna ve toplumsal dengesine kavuşmasına yardım etmelidir.

Tiyatronun işlevi yeniden belirlenirken ortaya birbirinden farklı öneriler çıkmıştır. Bu önerilerin ortak noktası şöyle özetlenebilir: *Daha iyi bir dünya, daha güçlü bir insan ve daha mutlu bir yaşam ülküsüne adanmış tiyatro*. Daha iyi bir dünya, insan yaşamının, özgürlüğünün, onurunun korunduğu, insan gereksinimlerinin hakça karşılandığı barış ve kardeşlik ortamıdır. Daha güçlü insan, iç parçalanmışlığını onarmış, bilinçaltı dürtüleri ile usunu bağdaştırmış, özgürlük ve sorumluluk bilinci taşıyan insandır. Daha mutlu bir yaşam ise, insanın doğal çevresi ile yeniden uyum kurduğu ve çocuksu yaşam sevincine yeniden kavuştuğu yaşamdır. Tiyatronun bu çok yönlü işlevinin gerçekleşebilmesi için her şeyden önce eski tiyatro anlayışının yıkılması gerekir. Bu bakımdan günümüz tiyatrosu bir başkaldırı ve bir arayış tiyatrosu olarak nitelendirilebilir. Alışılmış tiyatro kavramlarının çoğunu temelinden sarsan bu başkaldırı, arayış sürecinin ilk aşaması sayılır. Çağdaş tiyatro düşüncesi bu başkaldırının hedefini, bu arayışın yöntemini saptamaya çalışır.

Çağdaş tiyatro anlayışı, en başta tiyatronun, özündeki yaşam cevherinden uzaklaştırılmasına karşı çıkar, tiyatronun insanın temel gereksinimleri ile ilgili bir işlevi yerine getiremez oluşunu eleştirir. Tiyatronun kaynağı olan kutsal törenlerdeki taklit öğesinin yaşamsal değeri üzerinde durulur. *Olay tiyatrosu, ritüel tiyatro, yaşayan tiyatro, bütüncül tiyatro, yoksul tiyatro, dolaysız tiyatro* gibi adlar altında ortaya çıkan çalışmalarda hep aynı çabayı, yaşamla tiyatroyu birbirine yakınlaştırma çabasını görürüz. Bu çabanın altında insanın iç parçalanmışlığını gidermek kaygısı bulunmaktadır.

Kuttörensel tiyatro (ritüel tiyatro), yabancılaşmışlığı, oyun yoluyla mistik bir yaşantı yaratarak aşmayı amaçlar. Tıpkı ilkellerin törenlerinde, hem doğanın gizli güçlerini çağırmak, hem de onları kabile yararına işletmek için taklitli oyundan yararlanılmış olduğu gibi, bu tiyatroda da aşkın bir tecrübe yaratılarak bireysel ve kollektif bilinçaltının deşilmesine, bastırılmış güçlerin serbest bırakılmasına ve böylece bir arınma ve yeniden doğma işleminin gerçekleştirilmesine çalışılır.

Olay tiyatrosu (theatre of happening), tiyatronun bir taklit, bir oyun olduğu temel görüşüne karşı çıkarak yaşam ile oyun arasındaki ayrımı ortadan kaldırır. Olay tiyatrosunda tiyatrosal eyleme katılanlar, ortak bir yaşantıyı paylaşırlar. Oyun birlikte var olma, büyüme, gelişme ve açılmadır.

Oyun yeri ile seyir yeri sınırını kaldıran, oyuncu ile seyirciyi bütünleştiren bütüncül tiyatro (total tiyatro), yirminci yüzyılın ilk yarısından beri gündemdeki yerini korumakta, tiyatro yapısı konusundaki yeni görüşleri etkilemektedir.

Jerry Grotowsky, yoksul tiyatro kuramı ve uygulaması ile tiyatro sanatını oyuncudan başka tüm süslerinden ayıklamış, oyunculuk anlayışına yeni bir soluk getirmiş, oynamayı bir yaşam süreci olarak değerlendirmiştir.

Peter Brook, dolaysız tiyatro görüşü ile sahne seyirci ilişkisini yeni baştan ele almakla ve bilinen tiyatro formülleri ile yeni ve bütüncül tiyatro anlayışı arasında bir uzlaşma sağlamaya çalışmaktadır.

Bu girişimlerin ortak amacı, oyun ile yaşamı birbirinden ayıran keskin çizgiyi ortadan kaldırmak ve tiyatroyu yaşamla kaynaştırmaktır. Böyle bir kaynaşma, insanın içgüdüleri ile uyum kurmasına, doğa ile bütünleşmesine, toplumsal yabancılaşmışlığı aşmasına koşut olarak değerlendirilir.

Burada bir tehlikeyi gözden uzak tutmamalıdır. Oyunun, tıpkı ilkellerdeki gibi yaşamla kaynaştırılması demek, sanat ile yaşam ayrımının ortadan kaldırılması, sanatın yaşama özümletilmesi demektir. Bu da sanatın uzak açısının yitirilmesi anlamına gelir. Böyle bir özümlenme, insanın parçalanmışlığını onarayım derken onun kişiliğini yok etmek ve kitle içinde erimesine neden olmakla eş anlamlıdır. Tiyatro düşüncesinde zaman zaman çeşitli adlar altında yer alan yabancılaştırma, yadırgatma görüşü bu tehlikeye karşı öne sürülmüş bir önlemdir. "Tragedyaya özgü uzaklık" (trajik distans), romantik ironi, komedyanın uzak açısı, epik yadırgatma kavramları, oyunun oyun olarak izlenmesini ve dolayısıyla oyunda canlandırılan yaşamın uzak açıdan değerlendirilmesini akla getirir. Bu bakımdan günümüz tiyatrosunda tiyatroyu yaşamla kaynaştırma çabasına karşın, epik tiyatronun yadırgatma görüşü önemini korumaktadır.

Çağdaş tiyatro düşüncesi yeni tiyatro arayışının yöntemini saptamaya çalışmaktadır. Fakat henüz çağdaş tiyatronun kuramı oluşmamıştır. Öncü çalışmaların ortak biçimsel özellikleri şöyle özetlenebilir:

a) *Geleneksel oyun yapısının bozulması; yer ve zamanın belirtilmeyip esnek tutulması ve mantık bağını zedeleyecek biçimde yer ve zaman değişikliği yapılması.* Tıpkı bir zamanlar üç birlik kuralının aşılmış olması gibi, günümüzde de oyun yerinde ve zamanında usun yapay ölçüleri aşılmaktadır.

Aynı biçimde oyunun öyküsünde mantıklı bir gelişim, baş-orta-son bağı aranmamakta, öykü, bir eylemi tamamlamaktan çok, bir durumu sergilemekle yetinmektedir.

Oyun kişileri ne psikolojik derinliği olan karakter, ne de belli özellikleri sivriltilmiş genel tiplerdir. Oyun kişilerinin belirlenmesinde geleneksel inandırıcılık ve tutarlık kurallarına uyulmaz.

b) *Oyunun otomatik olarak gelişmesi:* Modern oyunlarda gelişim doğaçlama izlenimi bırakır. Olaylar tıpkı yaşamdaki gibi önceden tasarlanmadan oluyormuş gibidir. Olayların, durumların, imgelerin sıralanmasında çağrışımlardan yararlanılır.

c) *Karmaşık Türler:* Çağdaş tiyatroda bütün türlerin özellikleri bir arada yer alır. Trajik olanla komik olanın iç içe bulunması çağdaş tiyatronun en belirgin özelliğidir. Traji-komedi, kara komedi türleri günümüz tiyatrosunun en çok yeğlediği türler olmuştur.

d) *Seyircinin şaşırtılması:* Çağdaş tiyatro seyirciye saldırma eğilimi içindedir. Amacı seyirciyi sarsmak, onu şaşırtmak, onda kalıcı bir etki bırakmaktır. Bunu sağlamak için çarpıcı görüntülerden, batıcı seslerden, tonlamalardan, stilize hareketlerden yararlanılır. Sahnede tiyatrosal bir acıtma sağlamak için tüm araçlara başvurulur.

Tiyatrodaki bu yeni ve çarpıcı girişimleri kuramsal olarak dile getiren oyuncu ve yönetmen Jerzy Grotowsky olmuştur. Grotowsky, yoksul tiyatro uygulaması ve kuramı ile çağdaş tiyatro düşüncesindeki son gelişmelere ilginç bir örnek oluşturmaktadır.

JERZY GROTOWSKY VE YOKSUL TİYATRO

Jerzy Grotowsky 1959 yılında Polonya'nın Opole kentinde kurduğu, 1965'de Wrocklaw'a taşınan tiyatro laboratuvarında oyunculuk sanatı üzerinde deneysel çalışmalar yapmıştır. Devlet ödeneği ile desteklenen bu laboratuvarın devamlı bir tiyatro topluluğu vardı. Topluluğun üyeleri hem sanat, hem yöntem alanında yaptığı araştırmaların sonuçlarını hazırladıkları oyunlarla sergilerler, hem de öğretmenlik yaparlardı.

Grotowsky'nin tiyatro konusundaki görüşleri bu uygulamalarla göz önüne serilmiş, ayrıca kuramsal açıklamalar yapılmıştır. Grotowsky'nin araştırmaları iki ana soru üzerinde odaklanır: Tiyatroyu tiyatro yapan, bu sanatı öteki sanatlardan ayıran nedir sorusu ve oyuncu-seyirci ilişkisinin nasıl bir ilişki olduğu. Grotowsky bu soruları yanıtlamak için yaptığı laboratuvar çalışmalarında oyuncuyu ön planda tutmuş, tiyatro sanatını bir oyunculuk sanatı olarak değerlendirmiştir. Bu durumda sahne seyirci ilişkisi de bir oyuncu-seyirci ilişkisi olarak sınırlanmış olmaktadır. Grotowsky, deneyleri ile birlikte geliştirdiği kuramsal görüşlerinde tiyatronun işlevi, konusu, biçimi gibi konulara fazla yer vermemiş, en çok oyunculukla ilgili teknik açıklamalar yapmıştır. Ancak bu açıklamalarda belirtilen görüşler belli bir tiyatro anlayışına ışık tutmuştur. Grotowsky'nin tiyatro laboratuvarının kuramsal temelini oluşturan yazıları *Towards a Poor Theatre* (Yoksul Tiyatroya Doğru) adı altında bir kitapta toplanmıştır.[1]

Jerzy Grotowsky'nin durum saptaması çağdaşı öncü yazarların görüşlerine koşuttur ve Antonin Artaud'nun etkisi altındadır. Artaud uygarlığın içten ve dıştan böldüğü insan üzerinde durur. Grotowsky, günümüz insanının gerçek benliğinin dış görünüşünden, duygularının ve düşüncesinin gövdesinden ayrıldığını ileri sürer: İnsanlar hem uygarlığın öngördüğü bilimsellik anlayışı içinde usunu kullanmak, hem de biyolojik zevklerinin, diriminin gereğini yerine getirmek zorunda kalınca bir ikilem içine düşerler. Çünkü toplum düzeni insanın bedenine aykırı olan kurallar koymuştur. Ruh ile bedenin birbirinden koparılması acı verir. Us ile içgüdü ikilemini yaşayan insan, bütünlüğünü yitirmiş olmanın sıkıntısını yaşar, isteklerini, niyetlerini maskeler altında saklamak zorunda kalır. Bu hızlı devinim çağında insan çeşit çeşit rollere bürünmüştür. Ailesi içinde başka, dostları arasında başka, toplumda başka maskeler kullanır. İşte uygar toplum yaşamının insanı böldüğü çağımızda tiyatronun görevi, maskeleri atıp gerçek öze kavuşmaktır.

BÜTÜNCÜL EYLEM

Oyuncunun sanatının ve tekniğinin son ereği sözü edilen bütünleşmeyi gerçekleştirmek olmalıdır. Bütünleşme, insanın rollerinden sıyrılıp gerçek özüne kavuşması demektir. Ussal ve fiziksel tepkilerin bir bütüne kavuşturulması demektir. Bütüncül eylem, insanı özünden ayıran engellerin yıkılmasını ve insan davranışlarının diyalektiğinin görülmesini sağlayan eylemdir.

Grotowsky tiyatrosunda seyirciye bir şok geçirtilerek kendi derinliklerine dalması sağlanır. İnsanı kendi özünden ayıran engeller ortadan kaldırılır. İnsanın kendi karanlığı saydamlaştırılır. Bu süreç içinde insan, kökenindeki diyalektik karşıtlığı tanır. Oyuncunun bütünleştirme eylemi, ona varlığının derinliklerinde yatan gizli isteklerle, sonradan edinilen yapay eğilimlerin çatışmasını gösterecek, kendi öz varlığı ile yaşamın zorla kabul ettirdiği kalıpların karşıtlığını tanıtacaktır. Kişinin kendi ile yüzleşmesi sürecinde, kökendeki karşıtlık, aşkla nefret, inançla inkâr uzlaştırılmış olacaktır.

SÖYLENCE İLE YÜZLEŞMEK

Tiyatro sanatı bütünleşmeyi toplum genelinde gerçekleştirebilmek için kollektif bilinçaltına inmelidir. Sosyal grup psikolojisinde grup davranışını etkileyen kollektif bilinçaltına inmek demek, dinsel ve geleneksel değerlerle karşı karşıya gelmek demektir. Dinlerin ve geleneklerin en alt katmanlarında söylenceler yatar. İnsan kültürünün özü bu söylencelerle yoğrulmuştur. Derindeki söylenceye varmak gerçek bir maske düşürmek olur. Çünkü günümüz insanı öz bütünlüğünü yitirmiş, parçalanmıştır. Eski inancın yerini akılla benimseme almıştır. Sosyal grup ile özdeşleşebilmek, evrensele ulaşabilmek için söylence ile yeniden karşılaşmak gerekir. İşte tiyatronun kutsal görevi, insanı, kendi kültürünün alt katmanlarında saklı duran söylence ile yüz yüze getirmek olmalıdır. Böyle bir tiyatro, tıpkı ilkellerin törenlerinde olduğu gibi kutsal bir eylem olacaktır.

Ancak, bu eylemi söylence ile özdeşleşme olarak düşünmemek gerekir. Bu bir özdeşleşme değil, yüzleşme sürecidir. Sorularımızın köklerle olan bağlantısını görebilmektir. Alt katmanlara inip derindekini sergilemek, böylece yaşam maskesini çatlatmaktır. Kişinin, kişisel gerçeğini söylencenin genel gerçeği içinde yeniden keşfetmesidir. Kutsalın anlamını ve korkusunu gereksiz eklentilerden arındırmak, onu özünde tanımaktır.

YOKSUL TİYATRO

Grotowsky tiyatrosunun en vazgeçilmez öğesi oyuncudur. Oyuncu asaldır. Oysa tiyatro, gelişimi içinde bu asal öğe ile yetinmemiş, başka sanatların katkısından yararlanmıştır. Tiyatro yazından, yontu, resim, yapı sanatlarından, ışıklamadan, teknik donatımdan, makineden hırsızlamalar yaparak, hepsini bir yönetmenin etkisi altında bir araya getirir. Böyle bir tiyatro varsıl tiyatrodur. Varsıl tiyatro hareketli, dinamik bir sanat olma, sinema ve televizyon ile yarışma savındadır. Oysa sahne ve/veya salon hareketli olmadıkça, seyircinin görüş açısı durmadan değişmedikçe böyle bir yarışmaya girmek anlamsızdır.

Yoksul tiyatro, tiyatronun özünde bulunmayan bütün yan sanatlardan ayıklanmış tiyatrodur. Oyuncu ile seyirci karşıkarşıya bırakılmıştır. Oyuncular seyircinin arasında oynayabilirler, çünkü sahne salon ayrımı da kaldırılmıştır. Fakat bu, seyircinin mutlaka oyuna katılacağı anlamına gelmez. Grotowsky'nin uygulamalarında bazen seyirci oyunda yer alır, bazen yalnızca gözlem yapar.

Yoksul tiyatroda özel tiyatro ışıklandırılmasına başvurulmaz. Yalnızca oyun yeri parlak bir biçimde aydınlatılır. Böylece bir yaşam süreci olan tiyatro bol ışığa boğulmuş olur. Bu tiyatroda dekor, kostüm, makyaj da kullanılmaz. Oyuncunun, yapma kaşa, göze, buruna ihtiyacı yoktur. O kendi gövdesini, kendi yüz kaslarını kullanır. Bunları ifadeli bir biçimde kullanmak oyuncunun hüneridir.

Oyun yerinde dekor ve eşya yoktur. Oyuncu oyun hüneri ile çıplak zemini denize, masayı rahleye, bir demir parçasını canlı oyuncuya dönüştürür. Kostüm kendi başına bir değer taşımaz, karaktere ilişkin olarak vardır. Canlı müzik ya da plaktan müzik kullanılmaz. Müzik olarak insan sesleri ve birbirine vurulan nesnelerin çıkardığı seslerden yararlanılır. Yoksul tiyatro asal olmayan her şeyden arındırılmıştır. Yalnızca kendi belkemiği üzerinde durur. Tiyatronun belkemiği ise oyuncudur.

KUTSAL OYUNCU

Tiyatronun asal öğesi olan oyuncu seyirciye kendini sunar. Aracı yalnızca gövdesidir. Özüne inmek, karanlığını deşmek için tüm maskelerini bir bir çıkartıp atar. Ruhsal itilimlerini çözer. Kendini yakıp kül eder. Kutsal oyunculuk bir kendini kurban etme işlemidir. Ancak büyük günahkârların azizlik mertebesine ulaşabilmeleri gibi, kutsal oyuncu da kendini aşağılayarak, teşhir ederek, yok ederek kutsallığa erişir. Kendini bir andaç gibi sunar. Bu bir tümdengelimdir. Öz cevherinden yeniden doğmadır. Varlığın en alt katmanlarından, bir çeşit iç aydınlanma ile fışkırmadır.

Kutsal oyunculuk piyasa tiyatrosunun rol yapan, kendini kullanan, bir çeşit yosmalık eden oyunculuk anlayışından farklıdır. Grotowsky tiyatrosunun oyuncusu hiçbir yan anlatım aracına başvurmadığı için kendi ses ve tavır dilini yaratmak zorundadır. Bu dil psikoanalitik bir dildir. Laboratuvar çalışmaları hep bu dil ve bu dilin aracı olan insan gövdesi üzerinde yoğunlaşmıştır. Oyuncu, gövdesinin sorunlarını çözmek için her parçasından nasıl bir ses çıkarılabileceğini araştırır. Tıpkı sözcükler kullanarak kendi dilini yaratan şair gibi, oyuncu da gövdesini ve sesini kullanarak kendi dilini yaratır. Grotowsky tiyatrosu oyuncunun anlatım aracının tüm olanaklarını keşfetmek ve onu kullanabilmek için çeşitli teknikler geliştirmiştir. Yıllar süren alıştırmalarla iç tepkileri dış tepkiye dönüştürme, organizmanın ruhsal sürece karşı direnişini ortadan kaldırma çalışmaları yapılır. Grotowsky bu yoğun ve ısrarlı çalışmaya, bir şeyi yapmak değil, yapmamaktan kaçınmak olarak ifade etmiştir. Oyuncu iç süreci görünene dönüştürmek için oyunculuk becerisini geliştirirken kendini bu çaba içinde yitirir.

Grotowsky oyuncu eğitiminin yöntemini, fiziksel alıştırmalar, plastik alıştırmalar, yüz maskesi alıştırmaları, ses tekniği, konuşma gibi bölümlemeler içinde açıklamıştır. Saptanan öz gerçeğin ifadesinde de doğalcı taklitten kaçayım derken başka kalıpların tuzağına düşme tehlikesi vardır. Önemli olan seyircinin ne beklediği, ne anladığıdır. Bunun için günümüzün tiyatrosu, seyirci ile doğrudan ilişki kurabilen dolaysız tiyatrodur.

PETER BROOK VE DOLAYSIZ TİYATRO

Günümüzün ünlü yönetmenlerinden Peter Brook, *The Empty Space* (Boş Alan) adlı kitabında çağımızın tiyatrosunun cansız, kurumuş, heyecan vermez oluşunu eleştirerek bu tiyatroyu "Ölümcül Tiyatro" olarak adlandırıyor. Ölümcül tiyatro seyirciden aldığı para karşılığında doyum sağlamayan, geleneksel kalıpları yinelemekle yetinen işe yaramaz bir tiyatrodur. Geleneğin bir zamanlar içinde taşıdığı gizilgüce sahip olmadığı için duygu inceliklerini ifade edemez. Seyirci bu tiyatroya alışkanlıkla gider ve kafasını hiç yormadan oyalanır. Ölümcül tiyatro renk ve cümbüş tuzağı ile seyirciyi çekse bile gerçek bir gereksinimi karşılamaz ve aldatmaca bir ilgiyi sömürür.

Peter Brook modern tiyatro eğilimlerini ve çalışmalarını ise iki kümede toplamıştır. Bu kümelerden birinde canlı, renkli, eğlenceli oyunlar bulunur. Sirk gösterileri, müzikhol gösterileri bu kümeye girer. Seyirci çoğunluğu bu oyunları tutmaktadır. Peter Brook bu tiyatroya "Kaba Tiyatro" demiştir. İkinci kümeye giren çalışmalarda genellikle mistik anlam taşıyan ve törensel özellikleri olan oyunlar üretilmektedir. Antonin Artaud'nun, Jerzy Grotowsky'nin tiyatrosu bu kümeye girer. Bu kümedeki çalışmalarda seyircinin oyuna katılması da söz konusudur. Peter Brook bu tiyatroyu "Kutsal Tiyatro" olarak adlandırmıştır.

Peter Brook'a göre günümüzün tiyatrosu bu iki kümeye giren oyunların özelliklerini bir araya getirmelidir. Böyle bir tiyatro hem insanın iç dünyasına ışık tutan bir büyüteç, hem de tümün yapısını görmemizi sağlayan bir küçülteç olacaktır. Bu tiyatro büyülü olduğu kadar, canlı ve neşeli olmalı, seyirci ile doğrudan ilişki kurmalıdır. Yazar bu tiyatroya da "Dolaysız Tiyatro" adını vermiştir.

Dolaysız tiyatroyu gerçekleştirebilmek için uzun deneyler yapmak, yeni yöntemleri sınamak ve geri dönüp aynı deneyleri yinelemek gerekir. Bu tiyatroda oyuncu kendini bilinen tiyatro kalıpları ile koşullamamalı, kendini içtenlikle ve özgürce ifade edebilmelidir. Ancak burada bir tehlikeye karşı uyanık olmak gerekir. Bu tehlike, oyuncunun tiyatroya özgü kalıplardan kaçarken, kendi yaşamından gelen kalıplara, kendi yaşam göstergelerine tutuklanmasıdır.

Peter Brook'a göre günümüz tiyatrosunun en zor sorunu seyirci sorunudur. Seyirci tiyatroya salt alışkanlıkla gidiyor, bu sanata karşı gerçek bir gereksinme duymuyorsa tiyatro yapmanın anlamı yoktur. Tiyatro yeniden eski işlevselliğine kavuşturulmalı, bunun için yeni biçimler, yeni deyişler bulunmalıdır. Önemli olan oyuncunun seyirciye ne söylediği değil, seyircinin onun söylediğinden ne anladığı, ne beklediğidir. Sahne, seyirciyi ilgilendirecek yeni biçimler bulmak zorundadır. Tiyatro seyiciyi de içeren bir bütüncül (total) yaşantı olmalıdır. Bütüncül yaşantıyı gerçekleştiren tiyatroda Kaba, Kutsal, Ölümcül tiyatro ayrımları ortadan kalkar. Bu tiyatro seyircisini hem rahatlatır, hem de onda kalıcı izler bırakır.

Peter Brook kendi uygulamalarından yola çıkarak sahne ile yaşamı birleştiren ve bunu tam anlamı ile yapabilmek için deneye başvuran tiyatronun çalışma yöntemini üç sözcükle özetlemiştir: Prova (Repetition), Temsil (Representation), Yardım (Assistance). Prova, en özgün anlatımı bulmak için tekrarlanır. Temsil özelliği, oyunun yaşamla ne kadar kaynaşsa gene de yaşamın kendi değil, temsili olduğunu belirten özelliğidir. Yardım ise yönetmenden gelir. Peter Book bu üç sözcüğün baş harflerinden yola çıkarak bu yöntemin formülünü RRA formülü olarak adlandırır. Dolaysız tiyatro hem yapıntı hem gerçek, hem doğaçlama hem biçimlendirilmiş, hem yakın hem uzak, hem içe yönelik hem soğukkanlı, hem rahatlatıcı hem iz bırakıcı bir tiyatro olma savındadır.

Özetlersek, çağdaş tiyatro düşüncesi tiyatronun eski işlevselliğine kavuşturulması için bir arayış dönemine girmiştir. Günümüz tiyatrosu eleştirilirken eski kalıpların tuzağına düşülmemesi için uyarılarda bulunulmaktadır. Çağdaş tiyatro bir deney tiyatrosu olma özelliği korumakta, bu bakımdan çağdaş tiyatro düşüncesi, bu deneylerin amacını ve yöntemini saptayan görüşler olarak değer taşımaktadır. Bu arayış döneminde üzerinde en çok durulan öğe seyirci öğesidir. Seyirciyi oyuna katan, seyirci ile bütünleşen, bir olay, bir yaşantı, bir tören olan tiyatro yeğlenmekte ve savunulmaktadır.

Notlar

1 Antik Yunan'da Tiyatro Düşüncesi

1) Platon, *İon*, (Çev. Niyazi Berkes), Hürriyet Yayınları 1973. (534 d)

2) Platon, *Sokratesin Savunması* (Çev. Niyazi Berkes) Hürriyet Yay. 1973. (22 b).

3) Platon, *Devlet* X. Kitap (Çev. Sabahattin Eyüboğlu). Remzi Kitabevi, 1971. (s. 598-599).

4) A.g.e., s. 605-606

5) İsmail Tunalı, *Grek Estetiği*, İstanbul Üniversitesi Yay., s. 51

6) Aristoteles, *Poetika*, (Çev. İsmail Tunalı), Remzi Kitabevi, İstanbul 1963.

7) Tiyatronun kaynağı hakkındaki bu açıklamalar önemini korumakla beraber bazı düzeltmeler yapılmıştır. *Dran* sözcüğünün *attia* sözcüğü olup olmadığı tartışma konusudur. *Dran* ve *drama* sözcüklerinin anlamı üzerinde çeşitli yorumlar yapılmıştır. Eleusis Misterleri gibi ciddi dinsel törenler için *dromena* sözcüğünün kullanıldığı ileri sürülmüştür. Bu bağlam içinde *dran*, bir şey yapmaya azmetmek anlamına gelmektedir ve bu anlamı ile tragedyanın asal öğelerini ifade etmektedir (Pickard Cambridge, Dithyramb, *Tragedy and Comedy*, Clarendon Press, Oxford, 1962). Aristoteles'in komedya sözcüğünün etimolojisi ile ilgili açıklaması da yeterli görülmemekte, *komedya* sözcüğünün "şenlikler" anlamına gelen *komos*'tan türediği kabul edilmektedir. (Oxford Companion To- Classical Literature).

8) *Poetika*'dan yapılan tüm alıntılar İsmail Tunalı çevirisinden aktarılmıştır.

9) S.H. Butcher, *Aristoteles Theory of Poetry* and *Fine Art* Dover Publications Inc., Londra 1951.

10) *Deus ex Machina*, teknik bir terim olarak sahneye vinçle indirilen Tanrı –tanrı rolündeki aktör– anlamına gelir. Yunan tıyatrosunda sorunlar olayların kendi iç mantığına uygun biçimde gelişirken, amaçlanan ahlaki sonuç elde edilemeyince sahneye bir Tanrı

çıkarılır, onun buyruğu ile istenen çözüm sağlanırdı. Giderek tiyatro eserinde kullanılan her çeşit zorlama çözüm aracına, inandırıcı olmayan raslantılara *deus ex machina* (makinadan çıkan tanrı) adı verilmeye başlandı.

11) S.H. Butcher, A.g.e.

12) G.M.A. Grube, *The Greek and Roman Criticism*, Methuen and Co., Londra 1965.

13) S.H. Butcher, A.g.e.

14) S.H. Butcher, A.g.e.

15) Arnold Hauser, *The Social History of Art*, cilt I. Knopf, New York 1951.

16) G.M.A. Grube, A.g.e.

17) Aristoteles'in bu görüşü, "olası görünen gerçekdışı, olası olmayan gerçeğe yeğlenmelidir." görüşüne karşıttır.

18) S.H. Butcher bu açıklamayı Bernays'dan naklen yaptığını söyler. A.g.e. s. 365.

19) Bernard F. Dukore, *Dramatic Theory and Criticism from Greeks to Grotowsky*, Holt Rinehard and Winston, Inc. 1974, s. 65.

2 Roma'da Tiyatro Düşüncesi

1) Clark, Barrett H. *European Theories of the Drama*, Down Publishers, N.Y. 1965. s. 23.

2) George Saintsbury, *A History of Criticism*, William Blackwood and Sons, Londra 1949. s. 308-324.

3) Plautus, *Amphitrion*, (Çev: Nurullah Ataç), M.E.B. Dünya Klasikleri, Ankara, 1958.

4) Terentius, *Andros Güzeli*, (Çev: Nurullah Ataç), M.E.B. Dünya Klasikleri, Ankara 1946.

5) Terentius, *Hadım*, (Çev: Nurullah Ataç), M.E.B. Dünya Klasikleri, Ankara 1946.

6) Terentius, *Formio*, (Çev: Nurullah Ataç), M.E.B. Dünya Klasikleri, Ankara 1946.

7) I.W.H. Atkins, *Literary Criticism in Antiquity*, Methuen. Londra 1952. s. 37-38

8) Barrett H. Clark. *European Theories of the Drama*, Down Publishers, N.Y., 1965)

9) A.g.e., s. 38.

10) A.g.e., s. 38-39.

11) G.M.E. Grube, *The Greek and Roman Criticism*, Methuen and Co., Londra 1965. s. 238.

12) J.W.H. Atkins, *Literary Criticism in Antiquity*, Methuen and Co., Ltd. Londra 1952. s. 68.

13) G.M.A. Grube. A.g.e. s. 240.

14) Atkins, A.g.e., s. 73

15) Horatius'un *Ars Poetika* adlı yazısı Barret H.Clark'ın *European Theories of Drama* adlı eserindeki C. Smart'ın İngilizce çevirisinden ve Bernard F. Dukore'nin *Dramatic Theory and Criticism From Greeks to Grotowsky* adlı eserindeki Edward Henry Blakeney çevirisinden incelenmiş, alıntılar bu çevirilerden yapılmıştır.

16) G.M.E. Grube, A.g.e., s. 254.

17) A.g.e., s. 254.

18) J.W.H. Atkins, A.g.e., s. 319-20.

3 Ortaçağda Suçlamalar

1) James Marshall Campbell, *The Confessions of Saint Augustine*, Prentice Hall, New York, 1911, s. 101.

2) Brooks Atkins, *Literary Criticism*, Methuen and Co., Ltd. Londra 1952.

3) Barret H. Clark, *European Theories of the Drama*, Down Publishers, New York 1951.

4) Bernard F. Dukore. *Dramatic Theory and Criticism from Greeks to Grotowsky*, Holt Rinehardt and Winston Inc., 1974.

5) Brooks Atkins, *Literary Criticism*, (Chaucer'in Prologue to Monk's Tale'inden)

4 Rönesansta Tiyatronun Savunulması

1) J.E. Spingarn, *Litetary Criticism. The Reneissance*, Columbia University Press, New York 1924. (İlk basımı Macmillan and Co., 1899)

2) G. Wickham, *Early English Stages*, Routledge and Kegan Paul, Londra 1963, s. 54-94.

3) Stephen Gosson, "School of Abuse", *European Theories of the Drama*, yay. haz. Barrett H. Clark, Crown Pub., New York 1945. s. 71.

4) J.W.H. Atkins, *Literary Criticism in the Reneissance*, Methuen and Co., Londra 1952. s. 22

5) Daniello, "La Poetika" *European Theories of the Drama*, s. 40-41.

6) A.S. Minturno, "De Poeta", A.g.e. s. 41-45.

7) Sir Philip Sidney, "An Apology for Poetry", *European Theories of the Drama.*

8) A.g.e., s. 38-39.

9) Lope de Vega, "Arte Nuevo", *European Theories of the Drama.*

10) Trissino, "Poetika", *Literary Criticism from Plato to Dryden*, Allan-Gilbert, American Book Company, 1940. s. 213.

11) Minturno A.g.e.

12) L. Castelvetro, "Poetika", *European Theories of the Drama*, s. 48-51.

13) Vida, "De Arte Poetika", *A History of Literary Criticism*, J.E. Spingan, Columbia University Press, New York 1930. s. 33

14) Minturno, A.g.e.

15) Julius Caesar Scaliger, "Poetices Libri Septem", *European Theories of the Drama*, s. 46-48.

16) J.E. Spingarn, A.g.e., s. 134-136.

17) Giangiorgio Trissino, "Poetica" (1529), *Literary Criticism from Plato to Dryden*, American Book Company, 1940. s. 212.

18) Robortello, *A History of Literary Criticism*, J.E. Spingarn, Columbia University Press, New York, 1930.

19) Trissino, "Poetica", A.g.e.

20) Daniello, A.g.e.

21) Scaliger, A.g.e.

22) Castelvetro, A.g.e.

23) Sir Philip Sidney, A.g.e.

24) Jean de Taille, "Art de la tragédie Saülle furieux", *European Theories of the Drama*, s. 55-57

25) Ben Jonson, A.g.e., s. 77-80.

5 Klasik Akım

1) John Dryden, "An Essay of Dramatic Poesie" (1668), *European Theories of The Drama*, Barrett H. Clark, Crown Publishers New York 1947, s. 130-147.

2) François Ogier, "Tyre et Sidon" Önsözü (1628), *European Theories of the Drama*, s. 83-88.

3) P. Corneille, "Discourses" (1660), *European Theories of the Drama*, s. 101-110.

4) J.B.P. Molière, "La Critique de l'Ecole des Fammes" (1663), *European Theories of the Drama*, Barret H. Clark, s. 111.

5) Georges de Scudéry, "Observations on the Cid" (1637), *Dramatic Theory and Criticism*, Bernard F. Dukore, Holt Rinehart Winston, Inc. 1974. s. 211-217.

6) F. Hédelin, "The Whole Art of The Stage", *Dramatic Theory and Criticism*, s. 238

7) Jean Chapelain, "Les Sentiments de l'Académie Française sur La Tragi-comédic du Cid" (1637), *European Theorie of The Drama*, s. 89-91.

8) René Rapin, "Reflections on Aristotle's Treatise on Poesie" (1674), *Dramatic Theory and Criticism*, Bernard F. Dukore, s. 264.

9) Jean Racine, Britannicus, (1670), Bérénice (1674), Phèdre (1677) adlı oyunlara yazdığı önsözlerden. *European Theories of The Drama*, s. 115-117.

10) Voltaire, Oidipus Önsözü (1729), *Dramatic Theory and Criticism*, s. 278.

11) Nicolas Boileau-Desperéaux, "Art Poétique" (1674), *European Theories of the Drama*, s. 119-123.

12) André Dacier, "Notes to Aristotle's Poetics" (1692), *Dramatic Essays of The Neoclassic Age*, yay. haz. Henry Hitch, Adams and Baxter Hathaway, Colombia University Press, New York, 1950.

13) John Milton, "Samson Aganistes" önsözü (1671), *European Theories of the Drama*, s. 157.

14) Ben Johson, "Timber, or Discoveries Made upon Men and Matter", (1620-1625), *Dramatic Theory and Criticism*, s. 191-194.

15) Cassius Longinus (İ.S. 220-273), Yeniplatoncu bir Yunan yazarıdır.

16) François Ogier, "Tyre et Sidon" Önsözü, *European Theories of the Drama*, s. 83-89.

17) Saint-Evremont, "De la Tragédie ancienne et moderne" (1672), *European Theories of the Drama*, s. 123-127.

18) P. Corneille, "Discourses" (1660), *Dramatic Theory and Criticism*, s. 226-237.

19) J.B.P. Molière, *Kadınlar Mektebi* Önsözü, *European Theories of the Drama*, s. 11 l.

20) John Dryden, "An Essay on Dramatic Poesy" (1668), A.g.e., s. 130-147.

21) A.g.e.

22) F. Hédelin, "The Whole Art of the Stage" A.g.e., s. 247.

23) P. Corneille, "Discourses", A.g.e., s. 100-110.

24) A.g.e., s. 114.

25) A.g.e., s. 111.

26) François Ogier, "Tyre et Sidon" Önsözü, A.g.e., s. 87.

27) Boileau, "Art Poétique", A.g.e., s. 120.

28) F. Hédelin, "La pratique du théâtre" (The Whole Art of the Stage), A.g.e. s. 93.

29) Jean Chapelain, "Sommaire d'une Poétique", A.g.e., s. 91.

30) Jean Chapelain, "Les Sentiments de l'Académie Française sur la Tragi-comédie du Cid", A.g.e., s. 89.

31) Georges de Scudery, "Observations on the Cid" (1637), A.g.e., s. 213.

32) René Rapin, "Reflections on Aristotles's Treatise on Poetry" (1637), A.g.e., s. 264-269.

33) John Dennis, "The Advancement and Reformation of Modern Poetry", *Dramatic Essays of the Neoclassic Age*, yay. haz. Henry Hitch Adams ve Baxter Hathaway, Columbia University Press, New York 1950.

34) Thomas Rymer, "A Short View of Tragedy" (1693), Dukore, A.g.e., s. 341.

35) Thomas Rymer, "The Tragedies of the Last Age Considered", *Dramatic Essays of the Neoclassic Age*, yay. haz. Henry Hitch Adams ve Baxter Hathaway, Columbia University Press, New York 1950, s. 155-156.

36) Georges de Scudery, A.g.e.

37) Jean Chapelain, A.g.e.

38) François Hédelin, A.g.e.

39) P. Corneille, "Discourses", A.g.e.

40) Saint Evremont. "On Ancient and Modern Tragedy", B. Dukore, A.g.e., s. 271-276.

41) Racine, *Phédre* Önsözü A.g.e.

42) René Rapin, A.g.e, s. 264-269.

43) John Dennis, "The Impartial Critic", *Dramatic Essays of the Neoclassic Age*.

44) John Dryden, "A Essay on Dramatic Poesie" A.g.e.

45) Andre Dacier, "Notes to Aristotle's Poetics (1692), *Dramatic Essays of the Neoclassic Age*, s. 165-170.

46) J.B.P. Molière "Tartuffe" Önsözü, Bernand F. Dukore, A.g.e., s. 252.

47) Jeremy Collier, "A Short View of the Immorality and Profaneness of the English Stage" (1698), Bernard F. Dukore, A.g.e., s. 357-358.

48) Jean Chapelain, A.g.e.

49) Pierre Corneille, "Discourses" (1660), A.g.e., s. 226-237.

50) Voltaire, "A Discourse on Tragedy (1731), Bernand F. Dukore, A.g.e. s. 280-285

51) Voltaire, A.g.e.

52) Ben Jonson, "Timber or Discoveries Made upon Men and Matter" (1620-1625), Bernard F. Dukore A.g.e. s. 191.

53) Thomas Rymer, "A Short View of Tragedy" (1693), A.g.e.

54) John Dryden, "An Essay on Dramatic Poesy", A.g.e.

55) Voltaire, "A Discourse on Tragedy", A.g.e.

6 Onsekizinci Yüzyılda Yeni Yorumlar

1) George Lillo, "Dedication to the London Merchant" (1731), *Dramatic Theory and Criticism*, yay. haz. Bernard F. Dukore, Holt Rinehardt and Winston, Inc., 1974.

2) Denis Diderot, "On Dramatic Poetry" (1758), *European Theories of the Drama*, Barrett H. Clark, Crown Pub. New York 1947. s. 238-251.

3) P.A.C. Beaumarchais, "Essay on Serious Drama" (1767) *Dramatic Essays of Neoclassic Age*, yay. haz. Henry Hitch Adams ve Baxer Hathaway, Columbia University Press, New York 1950. s. 379.

4) G.E. Lessing "Hamburg Dramaturgy" (1769), *European Theories of the Drama*, s. 215-227.

5) Houdar de la Motte, "A Discourse on Tragedy on the Occasion of Oedipe" (1730), *Dramatic Essays of the Neoclassic Age*. 248

6) Joseph Addison, "The Spectator, No. 39, 14 April 1711", *European Theories of the Drama*, s. 179.

7) Sir Richard Steele, "Tatler, No. 82, 18 October 1709", *Dramatic Essays of the Neoclassic Age*. s. 233.

8) Jean Baptiste du Bos, "Critical Reflections on Poetry and Painting" (1719), *Dramatic Essays of Neoclassic Age*, s. 252-263.

9) Denis Diderot, "On Dramatic Poetry" (1768), *European Theories of the Drama*, s. 237-251

10) B.A.C. Beaumarchais, "Essay on Drama" (1767), *European Theories of the Drama*, s. 253-259.

11) Sebastian Mercier, "On the Theatre" (1773), *Dramatic Theory and Criticism*, s. 309.

12) G.E. Lessing, A.g.e.

13) Oliver Goldsmith, "A Comparison between Sentimental and Laughing Comedy" (1772), *Dramatic Theory and Criticism*. s. 424.

14) D. Diderot, A.g.e.

15) Beaumarchais, A.g.e.

16) Kurt Wolfel, "Moralishe Anstalt zur Dramaturgie"

17) A.g.e.

18) F. Schiller, "Stage as a Moral Institution" ve "on the Cause of the Pleasure We Drive from Tragic Objects (1791), *Dramatic Theory and Criticism*, s. 445.

19) J.J. Rousseau, "Politics and Arts" (1758), *Dramatic Theory and Criticism*, s. 293-297.

20) Bernand Le Bovier de Fontenelle, "Reflections on the poetic Art" (1747), *Dramatic Essays of Neoclassic Age,* s. 287-295.

21) Francis Hutcheson, "An Inquiry Into the Origin of our Ideas of Beauty and Virtue" (1725), *Dramatic Essays of the Neoclassic Age,* s. 26

22) Sir Richard Steele, A.g.e.

23) Joseph Addison, A.g.e.

24) Edmund Burke, "A Philosophical Inquiry into the Origin of Our Ideas of Sublime and the Beautiful" (1756), *Dramatic Essays of the Neoclassic Age,* s. 363.

25) David Hume, "Of Tragedy", *Dramatic Theory and Criticism,* s. 418-423.

7 Romantik Akım

1) René Wellek, *A History of Modern Criticism* (The Romantic Age), Jonathan Cape, ABD 1955, s. 5-35

2) A.g.e. s. 36-73.

3) A.g.e. s. 74-82.

4) A.g.e. s. 88-91.

5) A.g.e. s. 100-109.

6) A.g.e. s. 82-88.

7) A.g.e. s. 151-187.

8) A.g.e. s. 168-191.

9) A.g.e. s. 124-129.

10) A.g.e. s. 130-I50.

11) A.g.e. s. 252-256.

12) A.g.e. s. 318-334.

13) A.g.e. s. 241-252.

14) A.g.e. s. 231-240.

15) "Shakespeare's Historical Plays" (1836), *European Theories of the Drama,* Barret H. Clark, Crown Pub. 1947.

16) René Wellek, *A History of Modern Critcism* (The Romantic Age) Jonathan Cape, ABD 1955, s. 261-264.

17) "Preface to Cromwell" (1827), *Dramatic Theory and Criticism,* yay. haz. Bernard F. Dukore, Holt Rinehardt and Winston s. 683-692.

18) René Wellek, A.g.e. s. 318-324.

19) A.g.e. s. 19.

20) A.g.e. s. 92-99.

21) "Symbolic, Classic and Romantic" (1818-1829), *Dramatic Theory and Criticism,* s. 526-532.

22) René Wellek, A.g.e. s. 216-230

23) "Preface to Cromwell", A.g.e.

24) A.g.e.

25) A.g.e.

26) A.g.e.

27) A.g.e.

28) "Racine or Shakespeare", *European Theories of Drama,* Bernard F. Dukore.

29) "Lectures on Dramatic Art and Literature" (1801-1811), *European Theories of Drama,* s. 505-510

30) "Dramatic Poetry" (1818-1829), *European Theories of Drama,* s. 522-545

31) René Wellek, A.g.e.

32) "Notes on Hamlet" (1836), *European Theories of Drama,* s. 506-598.
33) "Preface to Cromwell", A.g.e.
34) A.g.e.
35) A.g.e.
36) A.g.e.
37) A.g.e.
38) A.g.e.
39) A.g.e.
40) "Racine or Shakespeare", A.g.e.
42) Rene Wellek, A.g.e.
43) A.g.e.
44) A.g.e.
45) A.g.e.
46) A.g.e.
47) A.g.e.

8 *Gerçekçi Akım*

1) John Gassner, *Directions in Modern Theatre and Drama*, Holt Rinehart and Winston, Inc. 1965 (ilk basım, 1956).

2) Ernst Fischer, *Sanatın Gerekliliği* (Çev. Cevat Çapan), De Yay. 1968.

3) Damian Grant (yay. haz.), *Realism*, Methuen and Co., 1974. s. 20-21.

4) *Therese Raquin* Önsözü, *European Theories of the Drama*, Crown Pub. New York, 1945, s. 377.

5) Maria Magdelena Önsözü, *Dramatic Theory and Criticism*, (yay. haz. Bernard F. Dukore, Holt Rinehardt and Winston Inc., 1974. s. 535.

6) Alexandre Dumas Fils, "*How to Write a Play*", A.g.e. s. 719.

7) Émile Zola, "Naturalism on Stage", A.g.e. s. 719.

8) A. Strindberg, *Miss Julie* Önsözü, *European Theories of the Drama*, s. 322.

9) H. Ibsen, "On the Poet's Vision" *European Theories of the Drama*, s. 319-321.

10) Anton Çehov, "Kiselev'e Mektup", 14 Ocak 1887, *European Theories of the Drama*, s. 329.

11) G.B. Shaw. "The Problem Play" (1895), *European Theories of the Drama*, s. 443

12) G.B. Shaw, "Brieux'nün üç oyununa önsöz" (1904), *Dramatic Theory and Criticism*, s. 635.

13) A. Strindberg, "On Modern Drama and Modern Theatre" (1889), *Playwrights on Playwriting*, yay. haz. Toby Cole, Macgibbon and Kee, Londra 1960. s. 19

14) Émile Zola, "Naturalism on Stage" *Dramatic Theory and Criticism*, s. 719

15) H. Ibsen, "Christina'daki Norveçli Kadın Hakları Komitesi" için yaptığı konuşma, *European Theories of the Drama*, s. 320.

16) A. Çehov, A.S. Suvorine'e Mektup; 27 Ekim 1888, *Dramatic Theory and Criticism*, s. 913

17) A. Çehov, A.S. Suvorin'e Mektup, 30 Mayıs 1888, *European Theories of the Drama*, s. 329.

18) G.B. Shaw, "Mrs Warren's Profession", A.g.e.

19) A. Çehov, "Namiroviç Dancenko'ya Mektup, 2 Kasım 1903", *Dramatic Theory and Criticism*, s. 914.

20) Alexandre Dumas Fils, "Un Pere Prodique" Önsözü (1868), *European Theories of the Drama*. s. 371.

21) A. Strindberg, "An Effective Play" (1900), *Dramatic Theory and Criticism*, s. 575.

22) A. Çehov, "Ivanov" (1860-1904), *Playwrights on Playwriting*, yay. haz. Toby Cole, Macgibbon and Kee, Londra 1960, s. 184-192.

23) G.B. Shaw, *Quintessence of Ibsenism*, Major Critical Essays, Constable, Londra 1948.

24) Brunetiere, "Etude Critiques", *Dramatic Theory and Criticism*, s. 721.

25) William Archer, "Playmaking", *European Theories of the Drama*, s. 448

26) Gustav Freytag, *Die Technique des Dramas* (1863), *Dramatic Theory and Criticism* s. 804.

27) Henri Bergson, *Comedy*, Doubleday Anchor Books, New York, 1956.

28) H. Ibsen, "Edmund Gosse'a Mektup (1874), *Dramatic Theory and Criticism*, s. 560.

29) *Sahneye Koyma Sanatı* (Çev. Suat Taşer), Bilgi yay, Ankara, 1967, s.17.

30) A.g.e. s. 22-24.

31) *My Life in Art*, (Çev. J.J. Robbins) Geofrey Bles, Londra 1948.

32) *Stanislavsky on the Art of the Stage*, Faber and Faber, Londra 1961, s. 104.

33) Stanislavsky, *My Life in Art* (Çev. J.J. Robbins) Geofrey Bles, Londra 1948.

34) Stanislavsky, "Creating a Role", *European Theories of Drama*, s. 339.

9 Karşı Gerçekçi Eğilimler

1) "The Artwork of the Future" (1849) *Dramatic Theory and Criticism*, yay. haz. Bernard F. Dukore, Holt, Rinehardt and Winston, Inc. 1947. s. 77

2) *The Birth of Tragedy and the Geneology of Morals*, Doubleday Comp. Inc., New York 1906.

3) A.g.e. s. 106

4) Maurice Maeterlinck, *Dramatic Theory and Criticism*, s. 726.

5) Oscar Wilde, "Decay of Lying", *Dramatic Theory and Criticism*, s. 726.

6) W.B. Yeats, "Samhain'den Seçmeler", *Dramatic Theory and Criticism*, s. 656-659.

7) Adolphe Appia, *Music and the Art of the Theatre*. (Çev. R.W. Corrigan ve M.D. Dirks) Coral Gable, 1962.

8) Denis Bablet, *Edward Gordon Craig*, (Çev. Dapne Woodward) New York 1966.

9) *Sahneye Koyma Sanatı* (Çev: Suat Taşer) Bilgi Yayınevi, Ankara 1967, s. 52.

10 Yirminci Yüzyılın Öncü Akımları

1) F.T. Marinetti, "Fütürizm Bildirgesi, 1909", *Türk Dili*, Yazın Akımları özel sayısı, Ocak 1981. Sayı 394. s. 251.

2) Oscar Brocket and Robert R. Findlay, *Century of Innovation*, Prentice Hall Inc., New Jersey 1973. s. 291.

3) Toby Cole ve Helen Crich Chinoy, *Directors on Directing*, The Bobs-Meril Comp. Inc.

4) Antonin Artaud, *The Theatre and its Double*, Grove Press Inc., New York 1958.

5) A.g.e. s. 84-85.

6) A.g.e. s. 122.

7) Martin Esslin, *Artaud*, Fontana/Collins, 1976.

8) August Strindberg; "Dram Play Önsözü" *Dramatic Theory and Criticism*.

11 Siyasal Amaçlı Tiyatro Düşüncesi

1) John Willet, *Brecht on Theatre*, Hill and Wang, New York, 1964. s.22

2) Peter Demetz, *Brecht*, (Hans Agon Holthusen'in "Brecht's Dramatic Theory" adlı yazısı. s. 106.

3) John Willet. A.g.e. s. 23
4) *Sosyalist Gerçekçilik ve Toplum*, (çev. Ahmet Cemal), Günebakan Yayınları, s. 123.
5) A.g.e. "*Küçük Organon*"
6) A.g.e. "*Küçük Organon*"
7) John Willet, A.g.e. s. 71-72.
8) A.g.e s. 274
9) *Sosyalist Gerçekçilik ve Toplum*, "Küçük Organon" s. 126.
10) *Sosyalist Gerçekçilik ve Toptum*, "Küçük Organon" s. 23.
11) A.g.e. s. 127-129.
12) A.g.e. s. 155.

12 Absürd Tiyatro [Uyumsuzluk Tiyatrosu]

1) T.D.K. Sözlüğü.
2) Martin Esslin, *The Theatre of the Absurd*, Eyre and Spottiswoode, Londra 1965. [**Türkçede**: *Absürd Tiyatro*, Çev. Güler Siper, Dost Kitabevi Yayınları, Ankara 1999].
3) Julian H. Wulbern, *Brecht and Ionesco, Commitment in Contex*, University of Illionis Urbana, Chicago, Londra 1971.
4) Walter Wager (yay. haz.) *The Playwrights Speak*, Delta, New York 1967. s. 51.
5) "Theatre and Antı Theatre", Martin Esslin *The Theatre of the Absurd* içinde. s.147.
6) S.A. Weiss, *Drama in the Modern World*, D.C. Heath and Comp, Lexington, Mass. 1964.
7) Martin Esslin, A.g.e.
8) Julian H. Wulbern, A.g.e.

13 Çağdaş Tiyatro Düşüncesi

1) Jerzy Grotowski, *Towards Poor Theatre*, Methuen and Co Ltd. Londra 1975 (ilk basımı 1968).
2) Peter Brook, *The Empty Space*, Macgibbon and Kee, Londra 1968.